« BEST-SELLERS »

Collection dirigée par Henriette Joël et Isabelle Laffont

DU MÊME AUTEUR

Le royaume perdu du Quintana-Roo (Éditions Plon).
Mustang, royaume interdit (Éditions Arthaud).
Bhoutan, royaume d'Asie inconnue (Éditions Arthaud).
Les cavaliers du Kham (Éditions Robert Laffont).
Le grand passage de l'Himalaya (Éditions Robert Laffont).
Himalaya, continent secret (Éditions Flammarion).
Les portes de l'or (Éditions Robert Laffont).
Zanskar, royaume oublié aux confins du Tibet (Éditions Robert Laffont).
L'or des fourmis (Éditions Robert Laffont).

Livres pour enfants

Le pays où les enfants sont rois (Rouge et Or).
Voyages avec Sho-Sho (à paraître).

MICHEL PEISSEL

LA TIBÉTAINE

roman

traduit de l'anglais par Dora Pastré

ÉDITIONS ROBERT LAFFONT
PARIS

ISBN 2-221-05175-0

1

Jamais je n'avais été à Brighton. Et jamais je n'avais désiré y aller de peur de voir de pâles vieilles dames, exposées au vent de la Manche, dans l'attente d'un soleil fugitif, ou des alignements de façades géorgiennes, semblant attendre le fantôme du roi George IV. Bref, un monde que le bikini, le ski nautique, la vulgarisation des voyages aériens et la Méditerranée auraient dû balayer.

J'avais rendez-vous pour affaire à Brighton avec Charles Winston Percy, propriétaire des productions Percy, une de ces petites sociétés cinématographiques un peu mystérieuses qui fleurissent au cœur de Soho parmi les sex-shops. C'est à Calcutta que je l'avais rencontré pour la première fois. J'étais alors étudiant en anthropologie et lui, élégant oisif, vaguement courtier en poneys de polo. L'éclat dont manquait Brighton, Percy en débordait; cela aidait à supporter le fastidieux voyage en train.

D'interminables rangées de maisons de brique toutes pareilles bordaient la voie du chemin de fer aux abords de petites villes industrielles noires de suie, puant la crasse victorienne, une crasse grise, imbibée par un crachin continuel. Les trottoirs humides reflétaient un ciel terne, parsemé des lueurs jaunes de lampadaires nus, allumés toute la journée.

Je n'éprouvais pas grand bonheur à m'approcher de Brighton. Le temps où j'étudiais avec enthousiasme l'anthropologie à Oxford était loin, comme l'étaient mes rêves de réformer le monde et notamment l'Asie Centrale, où j'avais jadis défendu la cause tibétaine. L'âge mûr avait érodé mon énergie, endormi mes idéaux. J'en étais venu à n'avoir d'autre aiguillon que moi-même et mes petits plaisirs, à exploiter les atouts que la nature m'avait donnés ou que la chance avait placés sur ma route. Sans être tout à fait hédoniste, j'étais porté à sourire de l'idéaliste que j'avais été.

Telle était mon humeur dans le train de Brighton, lorsqu'une curiosité quelque peu morbide me fit jeter un coup d'œil à la rubrique nécrologique du *Times*, à la recherche d'un nom connu, de même qu'il m'arrive d'examiner dans *Vogue* les photos des réceptions mondaines pour y découvrir un ami. Comme si sa présence pouvait ajouter du prestige à ma vie sociale, personne ne songeant à photographier les ternes réceptions auxquelles je suis invité ou les dîners dont le souvenir s'efface avant le petit déjeuner. Je fus donc réconforté de trouver dans cette rubrique le nom de F.F. Stevens. Ce cher F.F., le grand Stevens, qui avait été mon professeur à l'Institut d'Anthropologie Sociale d'Oxford. Le souvenir embarrassant de mon idéalisme de jeunesse m'envahit. Drôle de type que F.F., bourreau des cœurs, comme l'est rarement un professeur d'Oxford. Spécialiste de l'Afrique, amateur de blondes, érudit mondialement connu, véritable humaniste enfin. Mais j'étais incapable de verser une larme, et j'allais poursuivre ma quête, quand je lus, inscrit sous son nom : « Les obsèques seront célébrées à l'église Saint-Gildas, Brighton, le 17 mars. » C'est curieux, pensais-je, tandis que le train roulait avec fracas sur les rails fatigués, nous sommes le 17.

J'insiste sur tout cela, parce que d'étranges circonstances font parfois cortège à de banales coïncidences.

Percy m'attendait à la gare pour me conduire chez lui dans sa Jaguar vert foncé. Je me demandais pourquoi il avait choisi de vivre à Brighton, lorsque j'aperçus, parmi les élégantes façades des maisons à colonnes, une église. Je lus son nom – Saint-Gildas. Et c'est ainsi que j'assistai à l'enterrement de F.F.

Des rangées de chaises vides, une voûte immense. Un cercueil étonnamment petit, car je me souvenais d'un homme grand et massif. Il y avait six personnes dans l'église, en dehors des quatre employés des pompes funèbres. Parmi elles, une femme d'environ quarante-cinq ans, l'air bouleversée, sa fille peut-être. Et cinq personnages très âgés dont je me disais, pendant tout le service, qu'ils devaient se demander quand viendrait leur tour.

La mort m'avait toujours paru gaspillage. Gâchis de savoir. Toutes les connaissances réunies, classées et stockées dans une tête, anéanties à jamais par le seul arrêt d'un muscle cardiaque.

Le service funéraire fut expédié en quelques minutes et le pasteur de Saint-Gildas s'en fut vers d'autres tâches. Je me disposais à rejoindre Percy, lorsqu'une main me saisit le bras ou plutôt une serre décharnée Agrippa ma manche.

– Un ami du cher professeur Stevens ? demanda une voix chevrotante.

– Pas vraiment. Son élève, m'entendis-je répondre, en posant mon regard sur le visage entièrement ridé d'une très vieille femme au type légèrement oriental.

Ce fut là ma première et dernière rencontre avec cette dame, qui se présenta sur les marches de Saint-Gildas comme Mme Pangda-Quelque chose.

– Un homme merveilleux, le professeur, expliqua-t-elle. Il a habité le Home pendant près de dix ans. C'était un ami très cher.

J'essayai de la réconforter et ne pus lui refuser le bras qu'elle me demanda pour regagner la maison de retraite. Je n'avais pas accompli de BA depuis le temps où j'étais scout et j'éprouvais un certain plaisir à conduire une vieille dame inconnue dans une ville qui ne l'était pas moins. J'étais heureux. Peut-être était-ce un accès de cet idéalisme oublié depuis longtemps. Qui peut savoir? Mais j'étais d'excellente humeur lorsque nous atteignîmes la porte en acajou et cuivre de la maison de retraite, élégante demeure d'où, imaginai-je, on devait voir la mer des étages supérieurs, ou plutôt la ligne grise de la Manche, promesse d'un monde meilleur, plus exotique.

Une fois dans l'appartement de la dame, je me sentis obligé d'accepter l'inévitable tasse de thé. Et c'est ainsi que tout commença. Dès que Mme Pangda découvrit que je connaissais l'Extrême-Orient et que j'étais en quelque sorte un tibétologue, elle se mit à parler avec volubilité et de façon tout d'abord incompréhensible d'une personne nommée Ariel. Elle fouilla fébrilement dans ses tiroirs pour en sortir une épaisse liasse de papiers. Elle me révéla alors que le professeur, ainsi qu'elle appelait F.F., l'avait aidée à chercher Ariel et me demanda d'avoir la bonté de poursuivre sa tâche en l'aidant à retrouver Ariel, qui, à ce que je compris, lui était apparentée. Mais peu m'importait alors de savoir qui elle était, car j'avais hâte de partir et de boire avec Percy un whisky bien tassé. Ma bonne action accomplie, je mis brusquement fin à cet entretien bizarre. J'étais déjà à la porte lorsque la vieille dame me fourra dans les mains les papiers qu'elle caressait et me supplia de les lire. Je pris donc la liasse et m'enfuis.

Ce fut seulement six mois plus tard que je trouvai enfin le temps de commencer la lecture des nombreux carnets que Mme Pardapa (c'était là son vrai nom) m'avait donnés. C'était lors d'un long et froid week-end en Écosse où je n'avais rien d'autre à faire que boire, me chauffer près du feu et lire. Ainsi entrai-je dans la vie d'Ariel, histoire inachevée et apparemment tragique que je découvris dans les lettres, les journaux intimes et les documents divers dont la lecture m'occupa tout le week-end. Il semblait que cette saisissante beauté eût disparu une vingtaine d'années plus tôt. Fasciné, je l'avoue, par sa beauté, autant que par la façon dont elle ranimait en moi la flamme presque éteinte de ma passion pour le Tibet, je décidai d'essayer de retrouver Ariel.

Je parvins non sans mal à me procurer le numéro de téléphone de la maison de retraite de Brighton pour dire à Mme Pardapa que je ferais de mon mieux pour découvrir ce qu'était devenue sa fille.

– Mme Pardapa ? me fut-il répondu. Oh, vous voulez dire la princesse Pema. J'ai le regret de vous dire que la princesse est morte il y a plus de deux mois.

Et c'est ainsi que le voyage de Brighton me conduisit une fois encore au Tibet.

2

En Inde, même les coolies sont snobs. Il n'était donc pas étonnant de voir le snobisme s'épanouir à Kalimpong, aux Postes et Télécommunications de Sa Majesté le roi George VI empereur des Indes par la grâce de Dieu. La couronne brodée sur leur uniforme conférait aux employés des postes un rang élevé et leur donnait le prétexte de se compter parmi les plus désagréables des fonctionnaires indiens de Sa Majesté.

Avec six enfants à nourrir et un salaire inférieur à celui d'un vulgaire muletier tibétain, la vie n'était pas facile pour Banerjee le postier. C'était un Bengali à la peau foncée, qui délivrait le courrier de Sa Majesté, arborant fièrement la couronne d'or cousue sur une chemise kaki, le plus souvent sale, rentrée dans des shorts trop grands.

Cette fierté n'empêchait pas Banerjee de haïr tous les Anglais, et en particulier George Stevens, frère cadet du célèbre anthropologue. Il était de fort méchante humeur, ce 6 février 1946 au matin, d'avoir à porter une grande enveloppe brune, frappée du sigle OHMS, au cottage victorien du George Stevens, situé en bordure de Kalimpong, station himalayenne qui méritait bien son nom de « porte du Tibet ».

– *Chokildar,* cria Banerjee au portier.

Un homme vêtu d'un *dhoti* arriva en traînant des sandales éculées sur l'allée sablée et ouvrit lentement le portail, provoquant une pluie de pétales de bougainvillées qui se répandit sur le postier. Banerjee traversa la pelouse en époussetant avec colère les petites fleurs pourpres.

– *Sirdar,* cria-t-il sur un ton nom moins agressif à l'adresse du premier boy.

Un serviteur népalais en pantalon blanc et gilet noir descendit en courant les marches de la véranda qu'un chèvrefeuille envahissant recouvrait presque entièrement.

– Le *Sahib* dort, chuchota le *sirdar*.

– Ça m'est égal, répliqua le postier avec un ricanement.

Bien que touché dans son orgueil, le boy ignora l'insulte.

George Stevens était dans son lit, lorsque le boy frappa à sa porte.

– Une lettre du Gouvernement, *Sahib*, annonça Calay, trop bien dressé, ou plutôt connaissant trop bien les habitudes de son maître pour ouvrir la porte.

Inutile d'être grand clerc pour deviner que le *Sahib* ne dormait pas seul. Il était par contre difficile de deviner avec qui, mais au bout de vingt ans, cela n'intéressait ni n'amusait plus Calay. Seul le troublait encore la présence d'une Tamang. Calay prenait comme une insulte le fait que le *Barah Sahib* dormît avec une vierge de sa propre tribu pour l'abandonner ensuite. George l'avait compris, et, préférant les services de Calay à la beauté plutôt grossière des Tamang, il se faisait un devoir de regarder ailleurs, lorsqu'il apercevait le visage ovale, les seins pleins et la peau dorée d'une Tamang au corsage noir chargé de bijoux de cuivre et de corail. Il goûtait désormais davantage, en tout cas le croyait-il, les Lepchas, les Rais et aussi les Bhotias, ces Tibétaines originaires des collines népalaises.

Les goûts de George Stevens étaient éclectiques et, bien qu'il multipliât les conquêtes, il ne cherchait pas, comme beaucoup de planteurs, à battre des records. Il se plaisait même à croire qu'il était, d'une certaine façon, fidèle. Avec l'expérience des années, il avait acquis une méthode infaillible dans la conduite de sa vie amoureuse. Pas de discours inutiles. On pouvait dire que ses aventures se finissaient par consentement mutuel. Après avoir épuisé son goût d'une « pupille » (terme qu'il affectionnait), il lui faisait comprendre qu'il n'y avait plus rien à attendre de leur liaison. Aussi n'y avait-il rien de désagréable ni de grossier dans ces ruptures. George s'y prenait avec la même sollicitude paternelle qui faisait l'essentiel de sa séduction sur les filles des plantations qui avaient l'heur de lui plaire.

L'actuelle maîtresse, celle des sept derniers mois, n'était qu'une enfant, dont le sourire malicieux trahissait l'innocence feinte. Nyma avait en fait largement dépassé son attente. La petite coquine n'était plus vierge. C'était une amante accomplie, rien d'étonnant chez une Sherpa, issue d'une société où les aventures amoureuses, loin d'être désapprouvées, étaient encouragées.

Pour se dédommager de leur isolement et de leur solitude, dans les jardins de thé perdus le long de la frontière reculée du Bhoutan, la plupart des planteurs de thé abusaient de l'alcool et du sexe. Pendant vingt ans George avait passé l'année entière sur sa plantation d'Hassimara, dont il ne sortait que pour se rendre à Calcutta, et à Kalimpong, où il finit par acheter la villa victorienne qu'il occupait lorsque lui parvint cette lettre. La villa lui offrait le refuge d'une maison fraîche durant les mois brûlants de l'été et l'époque brumeuse de la mousson, car, bien que moins élevée que Darjeeling, Kalimpong, qui n'était située qu'à 1 700 mètres d'altitude, offrait un havre agréable contre la chaleur. C'était là qu'il abritait ses aventures amoureuses, puisque aussi bien l'élue avait à charge de tenir la maison de Kalimpong durant la saison. Ces perpétuels changements d'hôtesse avaient le don d'inquiéter la minuscule et très conservatrice société européenne de Kalimpong. Cependant, en tant que célibataire, George était très recherché dans les dîners et les soirées qui se donnaient pour distraire les quelques Anglais vivant dans ce lieu décidément bien isolé. Le sens de l'humour et les goûts raffinés de George lui avaient acquis beaucoup d'amis, tous prêts à oublier ses faiblesses, à l'exception, bien sûr, du Dr Innes et des quelques enseignants du pensionnat du Dr Graham pour les orphelins anglo-indiens.

George voyait avec une certaine ironie le fait que le Dr Innes lui reprochât de coucher avec les indigènes, puisque le pensionnat avait justement pour mission de recevoir les fruits de semblables liaisons. Les bâtards, garçons et filles, des planteurs de thé étaient nombreux. George détestait l'hypocrisie et adorait les femmes. C'est pourquoi il était parti en Inde et son frère, le fameux anthropologue, en Afrique noire.

La « faiblesse » de George, comme on disait pudiquement, semblait inhérente à la famille Stevens. Leur tempérament de feu ne pouvait s'accommoder de l'étroitesse d'esprit de la haute bourgeoisie britannique. Les colonies avaient joué le rôle d'exutoire et George avait trouvé un certain bonheur dans ce métier de planteur de thé, qui lui permettait de satisfaire son goût du sport et sa passion des femmes, jeunes de préférence et toujours ravissantes.

Nyma était allongée à ses côtés, les yeux clos, les bras rejetés en arrière, comme un bébé endormi. Ses petits seins fermes étaient découverts. Entendant frapper, George tira délicatement le drap sur sa compagne, écarta la moustiquaire et traversa la chambre au plancher raboteux. Sans un mot, il passa le bras dans l'entrebâillement de la porte et saisit l'enveloppe brune sur laquelle ressortait en noir l'inscription *On His Majesty's Service*.

George n'aimait pas ces enveloppes officielles. C'est dans une enveloppe semblable qu'il avait reçu l'ordre de mobilisation de 1939 et plus tard celui de sa mutation aux « Renseignements » à cause de sa connaissance du népalais et du tibétain.

Il ouvrit nerveusement l'enveloppe en s'asseyant sur le lit. Nyma tourna vers le plafond un dos parfait, couleur thé.

C'était une longue lettre du ministère de la Défense. George dut relire plusieurs fois les deux premiers paragraphes pour comprendre de quoi il s'agissait. Il finit par enregistrer avec stupeur que Jane, sa chère sœur, avait été tuée en même temps que son mari, Herbert, dans un bombardement. Cela s'était passé en Angleterre deux ans auparavant. Leur fille unique, Ariel, qui avait aujourd'hui quinze ans, précisait la lettre, avait été mise dans un orphelinat, puisqu'on ne lui avait trouvé aucun parent. Le ministère n'avait pu prendre contact avec George ou son frère. En bref, la lettre demandait à George de voir s'il pouvait faire quelque chose pour sa nièce qui, depuis la mort de ses parents, était devenue pupille de la nation.

George était bouleversé par ces nouvelles. Ariel. Il croyait avoir résolu depuis longtemps le problème d'Ariel. Ariel. Ce seul nom rappelait un flot de souvenirs douloureux. Durant toutes ces années, ce nom était resté dans un coin de sa mémoire, telle une faible irritation qu'il préférait ne pas gratter de peur qu'elle ne se transformât en une plaie brûlante. Ariel. Et puis cette lettre.

Il lui fallut un certain temps pour comprendre que son unique sœur, sa Jane bien-aimée, qui ne se faisait pas faute de critiquer sa vie, était morte. Morte depuis presque deux ans déjà. Un éclair de remords et de regret lui traversa l'esprit au souvenir de l'attitude généreuse qu'avait adoptée cette pauvre Jane envers Ariel. Ce fut elle qui eut l'idée de la faire venir en Angleterre, sans se préoccuper du qu'en-dira-t-on, ni du bouleversement qu'allait entraîner l'éducation de l'enfant illégitime de George.

Ce sentiment de culpabilité avait d'abord fait de lui un correspondant régulier et un soutien généreux sinon ponctuel. Mais à son grand soulagement, à sa grande joie aussi, Jane avait bientôt épousé ce brave vieux Herbert Gordon qui avait bien voulu reconnaître Ariel. Herbert était fou d'elle, d'autant qu'il devenait clair, avec les années, que Jane et lui n'auraient pas d'enfants. George et Jane s'écrivirent de moins en moins, un peu par négligence de sa part et surtout parce que Jane, croyait-il, craignait qu'Ariel ne devinât à travers leurs lettres quelque chose de sa naissance.

George relut la lettre encore une fois. A la vue du dos lisse de Nyma, il s'irrita de la relation entre plaisir et conception, chaque consolation de la chair menaçant d'une responsabilité qui ne finit qu'avec la vie.

Ariel. A quinze ans les filles des tropiques étaient déjà des femmes, alors que les Anglaises étaient encore des enfants, songea George. Mais Ariel n'était qu'à moitié anglaise. C'est là que résidait le problème, l'identité de sa mère.

Que faire? Faire venir Ariel en Inde? Dès l'instant qu'il accepta cette responsabilité, George éprouva un grand soulagement, comme si un abcès lancinant avait crevé. Ariel viendrait donc à Kalimpong. Elle pourrait être externe dans la pension du Dr Graham. Tout était si simple. Calay serait ravi d'accueillir dans la maison une vraie *Memsahib*, et Kalimpong de faire fête à une jeune Anglaise, oiseau rare en Inde, où la plupart des filles de cet âge avaient été renvoyées en Angleterre pour y terminer leurs études. Mais dans quelle mesure Ariel était-elle anglaise ? Le terme « anglo-indien », terme péjoratif s'il en est, lui traversa l'esprit.

Devant l'expression tourmentée de George, Nyma, maintenant tout à fait réveillée, s'assit, effarée.

– *Yapo me*? demanda-t-elle en tibétain, ce qui signifie à la fois « malheureux » et « mauvais ».

George lui fit un vague sourire et se leva. Il enfila sa vieille chemise de brousse, ses pantalons kaki et ses brodequins militaires – il en possédait six paires, jalousement préservées de la moisissure et cirées par Sudra, le boy Rai, petit homme sec et effacé qui balayait et frottait la maison à longueur de journée.

La brume s'était depuis longtemps évaporée, dévoilant un ciel bleu, et les oiseaux s'étaient tus à l'approche de la chaleur de midi, lorsque George sortit de la véranda et traversa la pelouse pour se rendre à la pension du Dr Graham. Le *chokildar* ouvrit la grille et George s'engagea sur l'étroite route empierrée qui, descendant la colline entre les jardins fleuris des villas, débouchait sur le bazar.

Il est étrange, pensa George, que Kalimpong, qui est si laid, ait tant de charme avec son bazar hideux et grouillant dont les échoppes, méchantes baraques bordant la rue, ne tiennent debout que par les marchandises empilées contre leurs parois, pendues à leurs ouvertures, s'étalant jusque dans les rues, entreposées sur leurs toits. Antres débordant de marmites, de casseroles, de couvertures, de harnachements, de pièces de tissu, de pelotes de ficelle, de seaux et de paniers. Toutes ces boutiques étaient semblables à des tanières où les marchands à demi dissimulés, telles des araignées à l'affût, suivaient de leurs yeux perçants le va-et-vient des passants, prêts à fondre sur leurs proies et à les capturer dans les rêts de leurs boniments. Bien plus intéressants que les échoppes étaient les clients, moines tibétains, majestueux dans leurs robes rouges, musulmans enturbannés de noir, ou nobles bhoutanais en kilt écossais, chaussettes longues et souliers impeccablement cirés. A côté des Bhoutanais, une infinité de Tibétains, villageois et citadins, chacun avec son costume, ses bijoux, sa coiffure, superstructures en bois décorées de turquoises ou casques à volutes garnis d'or et d'argent où s'entrelaçaient des tresses enduites de beurre de yack. Les Tibétains éclipsaient souvent leurs femmes par leurs bonnets à oreilles de fourrure soutachés d'or, ou leurs chapeaux garnis de passementerie, chaque coiffure proclamant le rang et l'origine de leur propriétaire.

George traversa le bazar sans prêter grande attention à tous ceux qui le saluaient avec déférence. Car si partout en Inde les Anglais se sentaient indésirables, à Kalimpong, ancien village d'expression tibétaine du Sikkim, les Anglais étaient salués comme des oiseaux rares. Nombreux étaient ceux qui à Kalimpong voyaient pour la première fois de ces pâles créatures flasques aux yeux jaunes qu'Indiens et Tibétains appelaient *Sahibs.*

Absorbé par sa démarche, George ne voyait pas ce matin-là les muletiers tibétains, ni les prospères matrones du Sikkim. Son regard ne s'attardait pas davantage sur les jolies Népalaises appuyées à leurs piles de bois à l'entrée du bazar, gloussant au tintement des anneaux qui leur garnissaient le nez et les oreilles.

En songeant à l'accueil plutôt froid qui l'attendait à l'établissement du Dr Graham, il se demanda s'il ne devrait pas se mettre d'abord en rapport avec la mère d'Ariel.

– Le Dr Innes est-il là ? demanda George au *chokildar* qui occupait la triste loge de la pension, d'où s'échappaient des cris d'enfants emportés par leurs jeux. Le souvenir de ses propres années de collège en Angleterre ajoutait une note de nostalgie au sentiment de culpabilité et à la fureur qu'il éprouvait de devoir venir ici solliciter l'admission de sa fille naturelle. Et il devait en plus adresser sa demande à Wilbur Innes, qui méprisait en George le coureur de jupons, l'homme d'affaires et l'agnostique. Le révérend Innes représentait aux yeux de George tout le pharisaïsme auquel il avait espéré échapper en quittant l'Angleterre.

– Que puis-je pour vous ? demanda le Dr Innes, lorsqu'il pénétra dans la pièce humide qui servait de parloir; il y flottait une odeur de désinfectant industriel et les cris des enfants qui jouaient dehors y parvenaient étouffés. George s'éclaircit la gorge :

– Voilà, dit-il sans détour, j'aimerais vous demander de prendre comme externe ma nièce, Ariel Gordon. Elle a quinze ans; elle est orpheline et arrive prochainement d'Angleterre.

George crut discerner chez le Dr Innes un rictus vertueux, qui se transforma en sourire condescendant.

– Mais vous n'êtes pas sans savoir, dit-il, que la pension du Dr Graham est réservée aux enfants anglo-indiens. Nous ne pouvons pas accepter votre nièce, à moins bien sûr...

George rougit de colère autant que d'indignation.

– Ariel est anglo-indienne, fit-il.

– Dans ce cas nous pouvons prendre en considération sa candidature, déclara le Dr Innes sur un ton emphatique, où George crut percevoir une trace de mépris. Il nous faudra ses bulletins scolaires. Vous savez que nous attachons beaucoup d'importance au niveau. Quand pourrez-vous nous les faire parvenir ?

– Je ne peux pas vous le dire exactement. Cela prendra du temps, car la poste aérienne vient seulement de reprendre. Un mois, peut-être plus.

– Nous verrons, lorsque son dossier sera complet, dit Innes en se levant au son de la cloche marquant la fin de la récréation.

Les enfants se mettaient en rang dans la cour, au moment où George sortait de l'enceinte du collège. Prenant la direction du bazar, il passa devant la grille de la Maison du Bhoutan, grande bâtisse grise dont les murs en ciment étaient en partie recouverts de chèvrefeuille et les fenêtres en saillie drapées de bougainvillées.

Dans son *ko* à rayures safran et rouge, vaste vêtement des Bhoutanais, qui tenait du peignoir de bain, la sentinelle, au garde-à-vous, sourit en reconnaissant George. A travers la grille, George aperçut le magnifique jardin qui ne faisait qu'accentuer la tristesse de la maison dont les proportions, bien que médiocres, en faisaient l'édifice le plus important de Kalimpong. C'était l'unique représentation officielle du Bhoutan en Inde, le seul contact du monde avec ce « Royaume du Dragon » sans route ni ambassade que les Anglais connaissaient simplement sous le nom de Bhoutan, pays des Bhots ou des Tibétains, dont les mystérieuses montagnes vert sombre formaient à l'est de Kalimpong un impressionnant arrière-plan.

La Maison du Bhoutan rappela à George Ashi Pema, la mère tibétaine d'Ariel qui vivait maintenant au Bhoutan, où elle avait épousé une personnalité locale. George était préoccupé.

« Sa sœur a été tuée dans un bombardement en Angleterre », commenta Banerjee en apercevant George qui passait devant la poste. Sa haute taille ne passait pas inaperçue au milieu des petits hommes des montagnes, non plus que son visage pâle, ni sa démarche, celle d'un Anglais toujours raide et apparemment pressé.

Banerjee avait décacheté à la vapeur la lettre du gouvernement et ne manquerait pas d'aviser de son contenu le chef du parti du Congrès local, qui, comme lui, haïssait les Anglais. La fin de la guerre avait entraîné pour Banerjee une reprise des activités anti-anglaises. En signe de mépris pour le Sahib anglais, il se retourna et cracha sur le mur. Sa salive rouge se confondit avec les innombrables souillures laissées là par les chiqueurs de bétel.

George était inquiet. Ne s'était-il pas un peu trop hâté d'aller voir le Dr Innes. Élever seul un enfant à son âge n'était pas simple. La vie ne serait-elle pas infernale ici pour elle, une Anglo-Indienne ? Ne s'était-il pas montré léger en déclarant qu'Ariel était sa nièce ? Et si la vérité éclatait ? Que décider ? La faire venir tout de suite avec l'espoir qu'elle serait acceptée à la pension du Dr Graham ? Ou attendre ses bulletins ? Fallait-il prendre contact avec sa mère au Bhoutan ? Il avait hâte de se confier à quelqu'un, de demander un avis. Bien que Kalimpong fût un petit monde fermé, George n'y avait pas d'amis, seulement des relations avec lesquelles il entretenait des rapports superficiels.

Il y avait une seule exception, l'affection toute fraternelle qu'il nourrissait depuis longtemps pour Ani-la, fille d'une Tibétaine et d'un fonctionnaire anglais, qui avait vécu au Tibet. George s'apercevait aujourd'hui qu'il avait toujours été plus proche de ses amis du Sikkim, du Bhoutan et du Tibet que des Indiens ou des Anglais.

Il avait toujours eu un faible pour Ani-la, et cela depuis son arrivée en Inde comme jeune planteur de thé. Il avait été séduit par le parfum de mystère que lui conférait son origine tibétaine, perceptible malgré son teint clair. Elle était belle et l'était demeurée avec ses grands yeux noirs et ses sourcils parfaitement dessinés. Pourtant elle ne possédait pas cette grâce féline qu'il aimait chez les femmes. Il l'avait donc reléguée à la lisière de son cœur, là où demeurent les petites-cousines et les ex-maîtresses. Leur amitié avait survécu au passage des ans, mais George éprouvait quelque remords d'avoir, sans savoir pourquoi, repoussé son amour, alors qu'il l'aimait lui-même. Le fait qu'elle ne fût pas désirable ne pouvait guère être évoqué, non plus que son ascendance tibétaine, bien que cela eût compté. Il rêvait encore à l'époque d'un mariage mondain, peut-être même d'un mariage d'argent. En bref, Ani-la était sans doute trop gentille, trop parfaite. George aurait préféré quelqu'un qui le défiât davantage, une diva qui l'eût propulsé dans un monde auquel il était étranger.

Ils s'étaient depuis des années éloignés l'un de l'autre et il fallait qu'Ariel réapparût soudain dans sa vie pour que George s'aperçût qu'Ani-la était certainement sa meilleure amie.

– C'est trop tôt pour le rami, fit Ani-la en voyant George monter les marches de la véranda de son chalet, qui était situé non loin du sien.

Elle le précéda dans le salon, où des coussins s'entassaient dans de profonds fauteuils capitonnés recouverts d'indienne, qui avaient connu des jours meilleurs. Le vieux serviteur tibétain marmonnait des prières en astiquant le sol du vestibule. George ne savait pas comment aborder la question d'Ariel. Dehors les oiseaux s'étaient remis à chanter, car la chaleur de midi commençait à baisser.

– Je suis venu te demander un conseil, risqua enfin George d'un air embarrassé.

– Que se passe-t-il ? demanda Ani-la. Tu as des ennuis avec une de tes amies ? poursuivit-elle.

Allusion discrète à la dernière « pupille » de George.

– Non, il ne s'agit pas de cela, répondit-il.

Il se décida enfin à parler de sa « nièce ». Lorsqu'il eut fini, Ani-la s'appuya sur le dossier de son siège et se passa les mains dans ses longs cheveux noirs. Fortement charpentée, Ani-la possédait une beauté sculpturale que George admirait, bien qu'il n'eût jamais eu d'attirance physique pour elle. L'âge venant, il enviait sa santé et se sentait pour la première fois provoqué par ses seins fermes et généreux.

– Eh bien, c'est tout simple, dit Ani-la. Il faut faire venir l'enfant. Le seul problème c'est de savoir ce qu'on en fera quand elle sera ici.

– J'avais pensé à la pension du Dr Graham, suggéra George. J'en ai déjà parlé au Dr Innes, mais je ne suis plus tellement sûr que ce soit la bonne solution.

– Tu veux dire que son père était indien ? demanda Ani-la, incapable de cacher son étonnement.

George se leva, piqué par la réaction de surprise d'Ani-la.

– Je ne suis pas venu pour parler de l'origine d'Ariel, c'est un secret qu'elle-même ignore, répliqua George.

Malgré cette réaction inattendue, Ani-la insista :

– Mais c'est très important pour elle ! Tu sais aussi bien que moi ce qui attend une Anglo-Indienne. Écoute, George, ma mère était tibétaine, bien que ce ne soit pas la même chose. Tu ne sais pas ce que j'ai dû subir, les sarcasmes des mères de famille qui refusaient de m'inviter aux réceptions données pour leurs filles, les regards étonnés lorsque mon père présentait ma mère à ses amis de Sandhurst, les garçons qui me courtisaient mais ne daignaient pas me présenter à leurs mères. L'Anglo-Indien souffre sur les deux fronts ; Anglais et Indiens attaquent de concert.

Se sentant rougir de colère autant que de honte, George se reprit et dit :

– Ani-la, sache au moins qu'Ariel n'est pas vraiment anglo-indienne, bien que je ne puisse pas en dire plus.

Il eut alors le sentiment d'en avoir trop dit. Il avait juré de ne jamais révéler l'identité de la mère d'Ariel et, pas plus aujourd'hui que quinze ans auparavant, il n'avait l'intention de trahir le serment.

Quelques heures plus tard, George quittait Kalimpong au volant de sa jeep pour se rendre à son jardin de thé d'Hassimara. La descente dans la vallée, qu'il prit à vive allure, lui apporta un sentiment d'ivresse et de soulagement. Il aimait le mouvement, les routes indiennes avec leurs piétons et leurs véhicules, chars à bœufs se déplaçant paresseusement sous des monceaux de jute, ânes chargés jusqu'au sol, ou silhouettes décharnées. Nus sous des pagnes maculés, les coolies étaient l'image de l'Inde classique ; maigres, mais superbes, ils représentaient avec leur démarche cadencée toute la misère et l'intemporalité du sous-continent.

La route évoquait pour George la roue de la vie, les cycles des naissances et des morts auxquels croyaient les Bouddhistes de l'Himalaya. Roue actionnée par la passion, la colère et l'ignorance. Pour lui, elle l'était par la passion. Plongeant dans la vallée, il se rappela ce que la mère d'Ariel lui avait dit lorsqu'il lui avait demandé si elle n'était pas trop malheureuse de devoir abandonner son enfant, leur fille, à sa sœur à lui.

– Qu'importe? avait-elle dit. La vie est si courte, et puis elle recommencera. Le bébé et moi aurons le temps de nous retrouver sinon dans cette vie, au moins dans la suivante.

Cette absence apparente de sensibilité avait blessé et irrité George, mais aujourd'hui, avec le recul, il commençait à comprendre que la vie, la sienne, celle de cette femme, comme celle de leur enfant, faisaient peut-être partie de quelque mystère, plus puissant et durable que le présent.

George avait voulu épouser la mère d'Ariel, mais elle avait refusé. Elle se faisait une certaine idée de son futur, de sa dignité et de celle de sa famille et restait attachée aux valeurs d'un monde auquel il n'appartenait pas et n'appartiendrait jamais.

Il avait fallu des années à George pour se remettre de ce camouflet. Songeant à la fermeté, à la volonté, à la force de cette femme, il se sentait faible, victime et jouet de sa passion anarchique de la vie. Il voulait tout, immédiatement, car il éprouvait jusqu'à l'angoisse la brièveté du séjour humain sur la terre. On ne vit qu'une fois, pensait-il, et il se sentait obligé de tirer le meilleur parti de cette chance unique; après il serait trop tard. La fastidieuse béatitude du ciel ou la sinistre irrévocabilité de l'enfer viendrait clore l'unique épisode de passion, de mystère et de plaisir qu'était, à ses yeux, la vie.

Ils avaient atteint la plaine. Il faisait nuit noire et, dans la jeep recouverte d'une toile, George se sentait lié par une certaine force à Calay et au boy assis derrière. Il jeta un rapide coup d'œil à Nyma. La jeep roulait sur une route droite en direction de l'orient. De petits feux scintillaient à côté de chars à bœufs arrêtés pour le repas du soir. Ces foyers tremblotants étaient les seules lumières de la nuit, en dehors de la faible lueur émanant des yeux des chacals, des chiens et des vaches qu'ils croisaient. Après trois heures de conduite, George quitta la route principale et tourna à gauche sur un chemin de terre. La piste se mit à décrire des lacets à l'approche des premières collines, contreforts de la grande pyramide qui s'élevait jusqu'aux sommets couverts de neige des cimes inexplorées du Bhoutan. C'étaient les *douars* ou portes, comme on les appelait; les accès couverts de jungle aux vallées profondes qui permettaient d'entrer dans ce pays. Cette région deviendrait le centre indien de la culture du thé.

Franchissant le portail du domaine, George balaya de ses phares des alignements de buissons bas, sorte de haies taillées, dominées par les frondaisons majestueuses de grands arbres solitaires, vestiges de la jungle qui ici avait été défrichée, à l'exception de quelques sujets épargnés pour procurer de l'ombre. De sorte que de jour comme de nuit, on avait l'impression de pénétrer dans quelque magnifique parc privé entretenu par une armée de jardiniers.

George s'apaisa en atteignant ce qui, davantage que la villa récemment acquise de Kalimpong, était vraiment sa maison. Au détour d'une allée, ses phares éclairèrent les logements du personnel, rangées de baraques couvertes de palmes qu'occupaient les cueilleurs de thé, une armée d'environ six cents travailleurs qui constituaient avec leurs familles un village relativement important. Tout le monde dormait, à l'exception d'un vieillard debout au bord de l'allée, qui leva la main pour se protéger des faisceaux de lumière. Le chemin tournait encore pendant quelques centaines de mètres au-delà des baraques avant de s'arrêter devant la maison, vaste cottage sur pilotis dominé par un bouquet de grands arbres. George en était fier; il l'avait dessinée lui-même. C'était petit mais confortable, comme le sont en général les maisons de bois, lorsqu'elles ont des plafonds bas. Calay et le cuisinier dormaient sous la maison dans une petite hutte. Une volée de marches qui tenait davantage de l'échelle que de l'escalier menait au cottage, conférant à l'endroit le charme aérien d'une cabane de Robinson.

– Je suis convaincu qu'Ariel se plaira ici, marmonna George.

Il demanda à Calay de lui apporter un whisky et de mettre en marche le petit groupe électrogène, car le générateur principal était arrêté. Nyma grimpa l'escalier derrière George et disparut dans la chambre. Ils n'avaient pas échangé un mot pendant tout le voyage. Avait-elle compris ce qui l'occupait, ou bien était-elle idiote? Difficile à dire. Nyma était prompte à sentir les situations, mais George ne voulait pas parler d'Ariel avec elle. Il se demandait en quoi la présence de sa fille affecterait leur vie. Devrait-il, pourrait-il, pour Ariel, changer sa conduite? Comment réagirait-elle lorsqu'elle connaîtrait sa réputation de coureur? Installé dans son fauteuil préféré, George sirotait son whisky à la lumière vacillante lorsqu'il entendit un bruissement et vit apparaître à ses côtés Nyma entièrement nue. Son corps doré, net de tout poil, se fondait dans l'ombre; la chaude lumière de la lampe lui conférait une beauté presque irréelle. Nyma lui prit son verre, s'assit sur ses genoux et éteignit. George se leva et, sans peine, porta Nyma sur le divan le plus proche.

Mince et légère comme une plume, Nyma avait la force d'un bouquetin, ce qui autorisait George à s'abandonner à une délicieuse violence. Il se laissa donc emporter par toute la force de sa passion. Sans ménager sa vigueur, il bouscula sa proie, écrasant sous son poids d'homme mûr la frêle silhouette de Nyma, lui infligeant l'exquise douleur de ses puissantes étreintes, concentrant toute sa force en lui-même pour se libérer dans la convulsion d'un abandon total. Sans crainte de lui faire mal, il se laissa emporter par le frisson de son désir, le jaillissement de cette force mystérieuse qui défie la raison. George était reconnaissant à Nyma de lui donner le sentiment de ne faire qu'un avec le rythme de la nature, de se sentir libéré des caprices de l'esprit ou des pénibles ramifications de la logique. Avec Nyma comme avec les autres filles qu'il avait connues sur son exploitation, il se sentait de nouveau lié au reste de l'humanité et libéré de ce monde de convention.

Le corps épanoui, George s'éveilla le lendemain matin dans son lit, sans pouvoir dire comment il y était arrivé. Il se leva et s'assit à son bureau pour écrire à l'orphelinat une lettre à laquelle il joignit un chèque. George Stevens avait décidé de faire face à ses responsabilités.

3

Angelina était grosse, ce qui lui attirait les moqueries des autres filles. « C'est pour ça que je l'aime », se disait Ariel qui traversait en courant la cour de ciment de l'orphelinat pour la rejoindre. Leur amitié s'était nouée le jour de l'arrivée d'Ariel. Elle avait conservé de ce jour un souvenir plus intense que de la nuit où ses parents étaient morts. La lourde porte de chêne se refermant derrière elle, cette forte odeur de désinfectant spécifique aux écoles avaient en quelque sorte matérialisé le drame.

Ariel avait passé des nuits entières sans pouvoir fermer l'œil, à regarder les filles du dortoir, éclairées par la pâle lueur des vastes fenêtres sans rideaux, à écouter le ronflement d'un camion s'éloignant, libre, derrière les murs qui lui tenaient lieu de prison.

Les autres filles ne lui étaient d'aucun secours. Ariel, qui était plutôt timide, était la proie des grandes, des brutes; aussi se lia-t-elle d'amitié avec Angelina. Angelina était douce, un peu trop résignée au goût d'Ariel, qui avait du mal à trouver en elle un écho de la révolte qui la submergeait lentement. C'était trop injuste. « Quand je sortirai », ainsi Ariel commençait-elle toutes ses phrases, dévoilant à la triste Angelina un univers imaginaire, fruit de son invention. C'étaient précisément ces rêves qui la maintenaient en vie. Lorsqu'elle n'était pas avec son amie, Ariel se plongeait dans les livres qu'elle trouvait sur les rayonnages de la bibliothèque. Ils peignaient un monde dans lequel elle s'échappait, lorsqu'elle était étendue dans le dortoir sans pouvoir dormir. Un peu plus de deux ans s'étaient écoulés depuis son arrivée.

Les draps étaient froids et rêches, comme leurs chemises de nuit en flanelle grise, « achetées avec des tickets », car le rationnement, vestige de la guerre, sévissait encore dans l'Angleterre de 1946. Ce mot de guerre évoquait pour Ariel tous les chagrins et les peurs qui avaient bouleversé sa courte existence. La bombe, le gardien qui l'avait sortie de dessous la poutre, qui lui avait « sauvé la vie ». Les consolations dont elle avait été abreuvée : « Ils n'ont pas souffert, ils n'ont pas su ce qui leur arrivait. » Ariel savait bien qu'il n'en était rien; avant que les murs ne s'effondrent, ses parents pas plus qu'elle n'avaient ignoré que c'était une bombe. Ce fut pire lorsqu'elle apprit que la guerre était finie, elle comprit alors que rien désormais ne changerait plus.

« Quand je sortirai », disait-elle à Angelina. « Quand je sortirai » avait remplacé les mots « avant la guerre », qui avaient hanté son enfance. « Avant la guerre, il y avait des bananes, de la glace, de jolis habits. » La fin de la guerre avait apporté à Ariel l'orphelinat, les surveillantes et les autres filles.

– Quand je sortirai, j'épouserai un garçon riche et beau.

A son habitude, Angelina écouta sans un mot. Puis elle se mit soudain à pleurer.

– Toi, tu peux bien dire ça, sanglota-t-elle, mais regarde-moi donc. Toi, tu es belle, mais moi, que vais-je devenir?

Toute la matinée, Ariel en avait éprouvé de la peine. La nuit qui suivit, elle s'enfonça de nouveau dans ses rêves : elle était l'héroïne du dernier roman qu'elle avait lu. Dans un château quelque part en Europe, elle voyait des bougies et une ravissante femme toute vêtue de soie, qui miroitait à la lueur d'un feu de bois. Ariel se demanda à quoi pouvait bien ressembler la soie.

De même avait-elle du mal à se figurer l'amour, une étreinte, et tant d'autres mots qu'elle avait lus dans les livres. Elle ne comprenait pas très bien pourquoi les hommes y étaient toujours fous des femmes. Était-ce seulement pour la beauté? Que penser? Petite fille, elle avait souvent entendu dire qu'elle était jolie. A l'orphelinat, il n'y avait pas de miroir, à part une petite glace ovale dans la salle d'attente de la directrice, mais elle n'osait s'y regarder, de peur d'être surprise, que l'autre porte ne s'ouvrît et qu'apparût miss Froughtfull. Ah! comme elle craignait et détestait miss Froughtfull. Elle était tout sauf belle. Ariel se palpa la poitrine sous les couvertures. Elle n'avait pas d'aussi gros seins que cette brute de Jane, mais ils poussaient. Dans les livres, les seins semblaient avoir une grande importance. Ariel éprouva une légère émotion, teintée d'un vague sentiment de découragement.

Les fenêtres laissaient filtrer une pâle lumière qui éclairait le dortoir silencieux. Tout était calme. Seule Ariel demeurait éveillée au milieu de trente et une filles endormies, orphelines comme elle, accablées elles aussi par le fardeau de leurs propres tragédies. Ariel connaissait l'histoire de chacune. Elle ne supportait plus la tristesse ambiante, que n'arrangeaient pas les ombres redoutées des surveillantes. Elle étreignit son oreiller. Une fille se mit à pleurer. Prêtant l'oreille, Ariel entendit le ronflement lointain d'une motocyclette, qu'elle imaginait lancée à toute allure sur une route dégagée, la route de la liberté. Le bruit s'éteignit. Les pleurs avaient cessé, mais Ariel ne parvenait pas à dormir. De nouveau, elle vit la dame près du feu, raffinée, riche, belle, séduisante. Ariel crut, un instant, que c'était elle; elle se prit à souhaiter que le rêve devînt réalité. Puis sa pensée revint à la motocyclette; elle se demanda qui en était le conducteur, où il allait. Enfin, elle se jura de prendre un jour sa revanche, car c'est bien de revanche qu'il s'agissait. Revanche contre le sort qui l'avait conduite ici, contre la bombe qui avait tué ses parents. « A la fleur de l'âge », avait-elle entendu répéter, comme si elle ne comprenait pas. Mais elle n'avait que trop bien compris, à la différence d'Angelina, qui croyait encore aux contes de fées. Et elle ne laisserait pas la vie lui échapper, elle aurait une vie exaltante. Il se trouverait un homme qui la jugerait séduisante. Dans les romans, il y avait toujours une orpheline, toujours ravissante, dont la beauté constituait le seul espoir, le seul atout. Les plus grandes lui avaient appris beaucoup de choses sur le sexe, et bien qu'elle ne comprît pas très bien ce qui rendait les hommes fous, elle se croyait capable de les mettre à ses pieds, si seulement elle pouvait sortir d'ici. Mais quand? Un jour, elle serait riche, aimée, admirée, peut-être célèbre. Elle avait du charme, de la séduction, cela elle le savait, Angelina le lui avait dit, et elle avait la secrète conviction qu'elle obtiendrait un jour ce qu'elle désirait. Le monde réel se trouvait ailleurs, au-delà de ces grandes fenêtres. Ariel s'endormit sur cette pensée.

Quelques jours plus tard, elle fut convoquée dans le bureau de miss Froughtfull. Elle se préparait, le cœur battant, à recevoir un de ces savons dont la directrice avait le secret et d'où la plupart des filles ressortaient en larmes. Se faire réprimander par la directrice, c'était comme se sentir chargée de tous les péchés du monde.

– Miss Gordon, asseyez-vous, je vous prie, commença-t-elle, désignant à Ariel un fauteuil raide à barreaux verticaux, dont le vernis sombre avait presque disparu aux accoudoirs.

Ariel était terriblement impressionnée par le grand bureau noir avec sa sonnette et son encrier, son buvard taché d'encre violette, et tout autour les livres dans leurs bibliothèques vitrées. Miss Froughtfull chaussa ses lunettes, brandit une lettre et annonça :

– Elle est de votre oncle, George Stevens.

Ariel ne comprit pas tout de suite. Elle se rappela alors avoir entendu sa mère parler de son frère cadet le « planteur de thé ». Ce nom lui avait toujours semblé magique. Elle savait qu'il avait été zoologue, que sa mère avait été le voir, qu'il était devenu planteur de thé et vivait dans les Douars. Ariel n'avait jamais très bien compris ce que cela signifiait.

– Votre oncle, poursuivit miss Froughtfull d'un air important, m'informe qu'il a obtenu votre admission dans l'établissement du Dr Graham à Kalimpong, et qu'il souhaiterait que vous le rejoigniez en Inde pour le prochain trimestre. Il vous a envoyé un billet pour le paquebot de Bombay et un chèque, afin que nous vous achetions des vêtements appropriés au climat.

Ariel avait du mal à suivre. La directrice leva la tête :

– Ce sera tout, vous pouvez maintenant vous rendre au réfectoire, ajouta-t-elle, comme s'il n'était besoin d'aucune explication. Ariel sortit du bureau, hébétée.

– Angelina, Angelina, s'écria-t-elle, le visage inondé de larmes, dès qu'elle fut dans le couloir.

Une semaine plus tard, Ariel se rendait à Londres avec miss Appleby. Tout était excitant : l'attente du train à Gerard's Cross, l'arrivée à Saint-Pancrace Station, les foules de Londres ; même les ruines, maintenant couvertes de ronces, qui rappelaient les bombardements, ne parvenaient pas à assombrir son humeur. Elles se dirigèrent vers le magasin de l'armée et de la marine, près de Buckingham Palace. Une femme en uniforme leur montra des vêtements commodes, « parfaits pour l'Inde ». Ariel essaya une robe de madras écossaise à grand col blanc et se regarda dans une glace. Elle eut du mal à se reconnaître dans ce pâle visage encadré de cheveux sombres. La mauvaise nourriture, songea-t-elle. Elle se trouva pourtant bien jolie avec un grand chapeau de paille orné de rubans, « indispensable pour le soleil », avait dit la vendeuse. D'ailleurs miss Appleby eut un sourire approbateur.

Après cela, tout fut extrêmement précipité et confus. Enfin elle se retrouva à bord du *SS Montego Bay* qui appareillait de Southampton. Le hurlement de la sirène la fit sursauter. Sa vraie vie avait commencé, et elle se jura de ne pas laisser, comme ses parents, échapper ce qu'elle pouvait lui réserver. Elle était désormais décidée à prendre en main son destin.

4

On était en juin, la période la plus chaude de l'année. George se mit en route pour Bombay afin d'accueillir Ariel à l'arrivée du *SS Montego Bay*. La mousson n'avait pas encore éclaté, mais des nuages, lourds et humides, commençaient à s'amonceler au-dessus de l'Inde. Dans son compartiment de première classe, dont la porte avait été soigneusement verrouillée, George regardait s'éloigner Calcutta, « joyau de l'Empire », selon certains, grande cité industrielle, où la plus affreuse pauvreté côtoyait la grande richesse, où le climat était le plus malsain du monde.

Le lendemain soir, à l'approche de Delhi, l'atmosphère sèche et brûlante était irrespirable. Le ciel était rouge, chargé de poussière des déserts du Rājasthān, qui entrait dans les yeux et gênait une respiration déjà difficile, mais transformait le coucher du soleil en un spectacle éblouissant; sur l'horizon plat strié de rouge surgissaient çà et là des ruines de forts et de palais, signes du passé tumultueux de l'Inde, témoignages d'empires oubliés. Des paysans aussi vieux d'aspect que ces décombres et dont les yeux reflétaient l'indifférence issue de la misère et de la malnutrition occupaient des vestibules sans toit et des forts démantelés. C'était l'Inde. George regardait l'horizon s'assombrir en se disant qu'il l'aimait et la détestait tout à la fois. Quand le ciel tourna au violet sombre, il se demanda si l'Inde l'avait beaucoup changé et comment il apparaîtrait aux yeux d'Ariel. Le trouverait-elle bizarre, impénétrable ou exotique ? Et lui, saurait-il la comprendre ? A Bombay, deux jours plus tard, George avait atteint un tel degré d'angoisse et d'agitation, ajouté à la fatigue du voyage et à l'insupportable chaleur, qu'il faillit se trouver mal avant d'arriver aux docks. Dégoulinant de sueur, il harcelait des stewards ignorants afin de déterminer l'endroit exact où devait s'amarrer le *SS Montego Bay* et à quelle heure les passagers débarqueraient.

A quoi ressemblerait Ariel et comment la reconnaîtrait-il? se demandait George. Il ne possédait d'elle que quelques photos d'amateur qu'il avait examinées pendant des heures, essayant de deviner d'après ces images un peu floues ce qu'elle avait pu devenir. L'une d'elles représentait une petite fille brune, l'air renfrogné, un seau à la main sur une plage anglaise; l'autre, une enfant enlaidie par la perte d'une dent de devant. Impossible de nier qu'elle était quelconque avec son visage rond et joufflu. Mais bien des années s'étaient écoulées depuis, des années cruciales dans le développement d'un enfant. A cette pensée, George fut bourrelé de remords. Il s'efforçait de découvrir le paquebot sur les eaux miroitantes du port. En vain. Seuls des cargos entraient et sortaient de la forêt de grues qui bloquaient presque tout l'horizon. Sous la tôle du baraquement de la douane, la chaleur était insupportable; elle l'était plus encore dehors, au soleil. George se félicita une fois de plus de vivre en altitude et d'avoir acheté la villa de Kalimpong. Tout le reste de l'Inde, au sud de l'Himalaya, était, songeait-il, invivable en été pour des êtres humains. Rien d'étonnant à ce que les habitants fussent de plus en plus paresseux à mesure que l'on avançait vers le sud.

George était perdu dans ces pensées, lorsque le *SS Montego Bay* apparut enfin derrière les entrepôts Tata. Le majestueux navire doublait lentement la Porte de l'Inde, ce monument monstrueux élevé à la gloire britannique, qui se voulait la plus grande arche du sous-continent. Lorsqu'ils visitaient le pays, les vice-rois et les empereurs des Indes l'empruntaient. Mais, depuis cette guerre, que les Anglais venaient de justesse de gagner contre l'Allemagne, et maintenant que leur autorité sur l'Inde était plus contestée que jamais, tout cela paraissait bien périmé.

Le hangar de la douane bourdonna soudain d'excitation. Des mains s'agitèrent frénétiquement. Les douaniers franchirent la passerelle les premiers. Puis ce fut un désordre indescriptible. George parvint à grimper à bord où, au milieu d'un amoncellement de valises et de malles, les commissaires du bord rassuraient les passagers occupés à récupérer leurs bagages et à distribuer des pourboires aux stewards. La salle de bal et les salles à manger semblaient ravagées par une tornade. Dans le vain espoir de reconnaître Ariel, George tendait le cou en tous sens. Il se dirigea enfin vers le poste du commissaire principal, sur le pont supérieur, afin de connaître le numéro de sa cabine. Après des recherches laborieuses dans la liste des passagers, George obtint un numéro et se rendit à travers les couloirs du pont C jusqu'à cette cabine. Elle était vide. Un steward lui dit que sa nièce devait l'attendre sur le pont-promenade. Au comble de l'impatience, George se trouva pris dans une cohue de passagers assis au milieu de leurs bagages, à marchander avec les coolies qui avaient envahi le bateau comme une nuée de fourmis pour débarquer sacs, cartons, valises, malles et paquets. George remarqua alors une jeune femme extrêmement séduisante, qu'un réflexe de vieux beau lui fit regarder de façon appuyée. A sa surprise, la jeune fille parut répondre à son regard, car elle se dirigea vers lui, en souriant. Quoique déconcerté, il lui rendit son sourire.

Arrivée près de lui, elle demanda :

– Ne seriez-vous pas, par hasard, George Stevens ?

Pris au dépourvu, George bredouilla :

– Oui, mais à qui ai-je le plaisir de parler ?

La jeune fille se précipita alors dans ses bras en criant :

– Oncle George.

George faillit en tomber à la renverse de stupeur, puis, honteux de son attitude, il étreignit sa fille en riant. Il la repoussa ensuite pour mieux la contempler. Elle avait les yeux voilés de larmes dans un visage d'une éclatante beauté. Il avait peine à croire que c'était vraiment Ariel, car elle ne ressemblait pas du tout à l'enfant de quinze ans qu'il s'attendait à voir. C'était une jeune fille mince et longue de dix-huit ou vingt ans au moins à la tournure élégante. Un chapeau de paille ombrait ses beaux yeux pleins de larmes.

– Ariel, Ariel, répétait-il, ne sachant que dire.

Il regardait sa fille le cœur battant. Il ne lui trouvait rien de sa mère, si ce n'est ses yeux légèrement bridés qui la rendaient plus que jolie, d'une extraordinaire beauté. Il croyait trouver une enfant boutonneuse, aux traits résolument asiatiques.

Tandis que ces pensées lui traversaient l'esprit, il lui apparut que sa fille n'était pas seulement belle, qu'elle était divine.

Dans leur joie et leur exaltation, ils avaient débarqué en oubliant une partie des bagages. Ils regagnèrent en hâte le bateau à demi déserté pour récupérer une malle qu'un coolie décharné traîna au bas de la passerelle.

Assise dans un taxi qui les conduisait au Taj Hotel, Ariel regardait incrédule les foules bigarrées qui déambulaient dans le bruyant trafic de Bombay. Profitant de ce qu'elle regardait par la fenêtre, George examina son profil délicat. Jamais il n'avait vu de si beau visage à une Anglaise, car rien dans son apparence ne trahissait l'origine maternelle. Seuls, le Dr Innes et Ani-la savaient que les parents d'Ariel n'étaient pas tous les deux anglais. Il ne voyait pas de raison pour qu'elle eût à se sentir anglo-indienne, non plus qu'à fréquenter l'établissement du Dr Graham. Il lui faudrait s'assurer de la discrétion du Dr Innes, ce dont se chargerait Ani-la. La ravissante jeune femme assise à ses côtés devrait toujours demeurer sa nièce anglaise et orpheline.

Ariel ne pouvait certes pas se douter que de telles pensées

habitaient son oncle, tandis qu'elle respirait, avec les vapeurs d'essence, la lourde odeur de curry fumant, mêlée au parfum du chèvrefeuille et à la fumée des feux de bouse de vache qui dégageaient une senteur d'encens. Elle écoutait le meuglement des vaches, les cornes des *rickshaws,* le cri des colporteurs, le grincement des essieux de chars à bœufs, le léger bruissement des innombrables bicyclettes, et, mêlées à tout cela, les sonorités d'un langage étrange. Jamais elle n'avait vu de telles foules s'affairer de la sorte parmi les mendiants et les colporteurs qui encombraient les bords indécis de la route. Le spectacle était si éblouissant, horrible dans ses détails et enchanteur dans son ensemble, qu'Ariel ne prêtait guère attention à son oncle, qui, après plus de vingt ans en Inde, ne pouvait comprendre ce qui la fascinait à ce point.

Le taxi s'arrêta enfin devant le grand bâtiment en grès rouge de l'hôtel où, derrière le rutilant portier galonné d'or, des boys enturbannés attendaient de prendre leurs valises. Ariel gravit avec grâce les marches et pénétra dans l'immense et frais vestibule, suivie de George, qui, selon son habitude, les franchit d'un bond.

– Suite trente-cinq, annonça George au concierge.

Quelques minutes plus tard, George et Ariel, bras dessus bras dessous, gagnaient leur suite, escortés du sous-directeur, des chasseurs et d'une armée de boys. C'était un vaste appartement de plusieurs pièces ouvrant sur un hall ovale. Ils pénétrèrent d'abord dans une antichambre, sorte de corps de garde, qu'investirent les six boys attachés à leur service.

Ariel, qui n'avait jamais vu ni même rêvé un tel luxe, en demeurait éberluée, tandis que son oncle ouvrait les persiennes. Les rayons du soleil déclinant firent étinceler un énorme lustre victorien.

– *Limbu pani, Memsahib?* demanda le *sirdar,* grand sikh enturbanné qu'Ariel fixait sans le comprendre.

– Le *limbu pani* n'est qu'une limonade, qui se boit ici pour remplacer l'eau, dit George venant à son secours. Si tu préfères du thé...

– Je vais essayer le *limbu pani,* merci, répondit Ariel, tandis que George se commandait un double scotch.

Le *sirdar* s'éclipsa, les laissant à eux-mêmes. Ils se regardèrent un long moment en silence avant d'éclater en même temps de rire.

– Te voilà enfin arrivée, ma chérie, dit George de sa voix grave de séducteur.

– Oncle George, vous m'avez sauvé la vie, s'écria Ariel, les yeux soudain pleins de larmes.

Elle se jeta dans ses bras en sanglotant.

– Vous n'avez pas idée de ce que ce fut horrible, la bombe, maman et papa, et puis cet affreux orphelinat. Non, vous ne pouvez pas imaginer. Et les surveillantes, des monstres. C'était un cauchemar, dont je ne voyais pas la fin. Deux longues années, j'ai cru mourir, j'étais désespérée, désespérée... Et puis votre lettre, votre proposition généreuse de vous occuper de moi, vous ne pouvez pas...

Incapable de continuer, Ariel se tut et se mit à pleurer en silence, toute frissonnante contre son oncle.

George contemplait avec tendresse l'enfant qu'il n'avait pas tenue dans ses bras depuis qu'elle était un bébé minuscule blotti au creux de son bras dans un total abandon. Il la serrait contre lui pour la première fois depuis quinze ans, depuis le jour où sa sœur l'avait emportée. George dut retenir ses larmes.

– Je ferai tout ce que je peux pour vous rendre heureux. Je sais que je n'ai pas le droit de vous demander plus que ce que vous avez déjà fait pour moi, mais je vous supplie de ne pas me renvoyer dans un pensionnat.

George fut bouleversé par le ton suppliant de cette requête.

– Bien sûr que non, ma chérie, dit-il, confirmant ainsi ce qu'il avait déjà décidé dans le taxi.

En aucun cas il ne l'enverrait en pension.

George et Ariel passèrent à Bombay trois jours merveilleux. Ariel était sous le charme de son oncle. Il était si beau, si bon et possédait une nonchalante élégance qui la séduisait tant. Il l'entourait de son bras protecteur et lui confiait ses secrètes pensées, comme s'ils s'étaient toujours connus. Depuis qu'elle avait quitté le bateau, Ariel avait l'impression d'être entrée dans un monde de rêve, qu'elle craignait de voir finir. Après la longue solitude de l'orphelinat, il était merveilleux de retrouver quelqu'un qui se souciât d'elle et à qui elle pût se fier.

Autant pour présenter sa fille, dont il était très fier, que pour lui faire plaisir, George l'emmena voir son ami le plus exotique, Jamshed Fafa, le milliardaire Parsee dont la fabuleuse villa dominait la baie.

– Viens voir les jardins, proposa George après le déjeuner. Je vais lui montrer les serres, expliqua-t-il à son hôte en se levant de table.

Sur la terrasse il prit Ariel par la main et l'entraîna sur la pelouse.

Le jardin en terrasses dévalait la colline. Les gazons alternaient avec les allées sablées de palmiers, dont les frondaisons encadraient l'océan. Plusieurs jardiniers avançaient à croupetons sur les pelouses à la manière de canards.

– Que font-ils ? demanda Ariel.

– Ils coupent l'herbe, répondit George.

– Quoi ! Avec un couteau ! N'y a-t-il pas de tondeuse à gazon en Inde ? s'exclama Ariel.

– Un couteau fait aussi bien l'affaire et coûte moins cher. Regarde le bungalow, n'est-il pas ravissant au milieu des fleurs ?

– Je trouve tout cela un peu gênant : un palais de marbre que vous baptisez bungalow, vos amis indiens qui traitent les Indiens en étrangers, et ces malheureux accroupis sur le gazon.

Ariel s'arrêta et regarda au loin. Déjà pendant le déjeuner elle s'était sentie mal à l'aise. Leur hôte n'avait pas cessé de frapper dans ses mains en criant « boy » sur un ton désagréable pour réclamer à boire ou demander qu'on rapprochât un cendrier.

– Les domestiques me font de la peine, ajouta-t-elle pour conclure.

– Ne t'inquiète donc pas de cela, ma chérie, dit George en souriant. Je sais que cela peut paraître choquant, mais ici en Inde, plus on a de serviteurs, plus on rend service. Chaque boy a une nombreuse famille à nourrir. Viens voir leurs logements.

Il la conduisit derrière la maison, où, contre le mur de l'enceinte, elle découvrit un ensemble de petites cellules, un petit village d'alcôves de ciment, une par famille. Des femmes s'affairaient autour de feux de bouses de vache; elles faisaient cuire du riz pour leurs maris, leurs tantes, oncles, enfants et autres commensaux.

– Employer une personne équivaut souvent à en sauver une douzaine de la famine, ajouta George.

Ariel ne semblait cependant pas convaincue.

– Il y a un côté merveilleux et féerique, et l'autre... avec tous ces malheureux en haillons. Je ne sais pas. Ça me fait tout drôle, ça me gêne. Je n'y suis pas encore habituée.

Elle se tut. Quelque chose en Inde la mettait mal à l'aise. Était-ce la misère générale ou le sentiment d'être indésirable dans un pays étranger. Elle ne se sentait pas à sa place ici et, pour la première fois, la notion de privilège s'imposait à son esprit. Son sens inné de la justice était choqué par le mépris presque total dans lequel étaient tenus en Inde les plus pauvres, la caste à part, les moins que rien, les intouchables.

Comment, se demandait-elle, son oncle pouvait-il se sentir chez lui en Inde ? Elle craignait de ne pouvoir remplacer ici les racines qu'elle avait perdues en quittant l'Angleterre. Ariel n'osait pas avouer sa peur, cette angoisse qui la saisissait toutes les nuits depuis la mort de ses parents, le sentiment de ne plus avoir ni passé ni avenir, de ne plus être de nulle part. Ce n'est qu'après avoir quitté Bombay, dans le train de Calcutta, qu'elle se risqua à demander à son oncle :

– Cela ne vous est-il pas désagréable de vivre au milieu de tous ces misérables ?

– Tu t'y feras, ma chérie, répondit George sans lever le nez de son journal.

Mais songeant que la jeune fille était peut-être impressionnée, il abandonna la lecture du *Statesman* et la regarda tendrement.

– Je sais ce que tu ressens. Il est vrai que la situation de tous ces pauvres gens par rapport à la nôtre paraît injuste, et que nous sommes les envahisseurs.

Il hésita. Lui servirait-il le couplet classique sur la mission civilisatrice de la Grande-Bretagne ou lui livrerait-il le fond de sa pensée ? Envers sa propre fille il décida d'être sincère.

– La vérité, c'est que le monde est dur. En Europe, les injustices sont mieux camouflées. Là-bas, les pauvres ont leurs quartiers, les malades sont cachés dans les hôpitaux, on ne voit pas d'infirmes dans les rues. Les riches dissimulent leur richesse, de sorte qu'en Angleterre, il est plus facile d'oublier les injustices qui sont tellement flagrantes en Inde. Tout compte fait, mieux vaut voir la vérité en face, comme ici, plutôt que d'accepter l'hypocrisie qui prévaut si souvent dans le monde.

– Vous avez raison, dit Ariel. Je ne voyais pas les choses comme ça.

Elle s'arrêta, cherchant ses mots.

– C'est qu'il est difficile, poursuivit-elle, de voir tous ces mendiants, quand on est soi-même tellement plus favorisé que la plupart des gens.

– Hélas, tu t'habitueras à la souffrance, à la laideur et à l'injustice, mais tu sauras qu'elle existe.

George fut soudain submergé par une vague d'idéalisme. Les façons directes d'Ariel lui plaisaient et il lui était agréable d'évoquer avec elle ces questions fondamentales. Il était bien convaincu que l'hypocrisie était le péché capital dont chacun était coupable en Occident. George détestait tout faux-semblant.

A Calcutta, les contrastes qui avaient choqué Ariel à Bombay étaient encore plus agressifs. Ils devaient habiter à Alipour, au palais du maharadjah de Rampur. Pour atteindre Alipour, quartier chic du « Joyau de l'Empire », il longèrent le Maidan, immense espace vert, où s'élève le palais victorien des vice-rois, monstrueuse pièce montée de marbre blanc, rappelant que Calcutta avait longtemps été la capitale de l'Inde. Ils suivirent le Chowingree, principale avenue de la ville, bordée de grands immeubles en stuc, qui faisaient penser à Londres.

George lui désigna le Grand Hôtel. Le plus grand palace du monde, avant la construction du Waldorf Astoria à New York, lui expliqua-t-il. Sur le Chowingree se trouvaient les plus belles boutiques du sous-continent. Le snobisme de l'étiquette était, apprit encore Ariel, aussi fort en Inde qu'en Angleterre. Les magasins élégants étaient ici « fournisseurs des vice-rois » au lieu de l'être de George VI. George lui montra « Morrison et Tuttle », fabricant de selles et de bottes, « Van Ingen et Van Ingen », naturalistes réputés, et bien sûr « Firpo », fameuse pâtisserie italienne, célèbre pour ses chocolats et ses glaces, indispensable au succès d'un dîner à Alipour ou d'une chasse dans la jungle.

George décrivit pour Ariel la petite société européenne de Calcutta.

– En deux mots, on ne trouve ici que des fonctionnaires, des soldats ou des commerçants. Les hommes d'affaires, partout ailleurs en Inde méprisés, tiennent à Calcutta le haut du pavé. L'essentiel de la vie sociale se répartit entre les clubs et l'hippodrome. Je t'emmènerai un jour aux courses, et demain nous irons prendre le petit déjeuner au Toliganj Club.

– Le petit déjeuner ? fit Ariel, surprise.

– A cette époque de l'année, il fait beaucoup trop chaud pour y aller plus tard dans la journée, expliqua George. La mousson va bientôt arriver, mais jusque-là, la température peut atteindre 45°. Tu aimeras le Toliganj Club avec sa piscine, son terrain de polo et son champ de courses. Le tout dans un immense parc entouré de murs. Ses membres se vantent de ce qu'aucun des arbres qui le peuplent par centaines ne soit originaire de l'Inde! conclut George avec un sourire.

Ariel le regarda consternée.

– Je ne trouve pas ça drôle, dit-elle. Les Indiens, je suppose, ne sont pas admis dans ce club.

– Grand Dieu, non. Mais ils sont invités. Encore de l'hypocrisie. Les Anglais ne sont que trop fiers de fréquenter les maharadjahs et les milliardaires indiens, mais quant à les admettre dans leurs clubs, c'est une autre histoire. Je pense comme toi que c'est enfantin, pour ne pas dire injuste, mais depuis quand la société est-elle juste ?

George sentait bien que tout ce bavardage irritait sa fille. En fait, elle l'intriguait. A quoi s'intéressait-elle ? Qu'aimait-elle ? Il se souvint alors qu'elle avait passé deux ans dans un orphelinat. Cette pensée le désola et le mit mal à l'aise pour le reste de la journée.

A sept heures, le lendemain matin, George emmena Ariel au Toliganj Club. Malgré l'heure matinale, il transpirait abondamment. Ils sirotèrent leur *limbu pani* et mangèrent des œufs brouillés sur une terrasse ombragée en regardant des boys en livrées mener les chevaux de polo aux paddocks.

Voyant George en compagnie d'une aussi belle jeune fille, plusieurs jeunes gens s'empressèrent de venir le saluer. Devant le succès inattendu bien que logique de la ravissante Ariel, George se fit protecteur. Il surveillait avec méfiance les jeunes gens, prêt à intervenir si l'un d'eux se permettait de lui faire des avances.

– Ma nièce, Ariel Gordon, fit-il, la présentant à la ronde. Son Altesse, le Rajkumar de Tourta, plus connu sous le nom de Rolly, un de nos meilleurs joueurs de polo. Son Altesse, le Gerkwar de Para, Cubby pour tout le monde ici, Tom Gardswaith, Edward Moore...

Le jeunes gens entourèrent Ariel, lui demandant ses impressions, lui donnant des conseils.

– Il faut que vous alliez chasser dans les Sunderbunds, ou

« gooner » dans les Douars, ou simplement tirer des bécassines aux environs de la ville.

– « Gooner » ? demanda Ariel.

– Se balader à dos d'éléphant dans la jungle avec un fusil, expliqua George.

Ariel était enchantée de tous ces égards. Bien que timide, elle se sentait tout à fait à l'aise en compagnie de son oncle et s'en étonnait. Elle ne cessait de le consulter du regard, cherchant son approbation, son avis. George l'aidait de ses conseils, l'encourageait. Bien fin celui qui aurait deviné que l'oncle et la nièce avaient fait connaissance une semaine à peine auparavant. Ariel se prenait pour une grande personne, ignorant que son enthousiasme et sa sincérité enfantine étaient son plus grand charme. Comme les autres, George ne pouvait la quitter des yeux. Il contemplait avec admiration ses beaux cheveux ondulés, la grâce du moindre de ses mouvements, son long cou flexible et le léger sourire, qui relevait constamment ses lèvres pendant qu'elle écoutait ceux qui l'entouraient.

Il était neuf heures lorsqu'ils quittèrent le club. La plupart des jeunes gens avaient annoncé leur visite à Kalimpong, sans y avoir été priés.

George comprit alors qu'il aurait à jouer un rôle tout différent de celui qu'il avait imaginé, de chien de garde plus que d'éducateur. Si fier qu'il fût de la beauté d'Ariel et de son aisance, il se rendait bien compte qu'elle préférerait d'ici peu, à celle de son oncle, la compagnie de beaux jeunes gens. Il lui faudrait la guider avec l'aide d'Ani-la dans la jungle où elle aurait à mener sa vie sociale. « Dieu merci, pensa George, elle ne semble pas s'apercevoir de l'effet qu'elle produit. » En fait, depuis son arrivée à Bombay, Ariel n'avait vraiment regardé que son oncle, le seul homme à qui elle eût parlé ou qu'elle eût serré dans ses bras depuis la mort de son père. Les deux hommes étaient si différents l'un de l'autre. Oncle George était sûr de lui, élégant par ses manières et sa façon de s'habiller, à l'aise avec les riches, gai et amical avec le moindre porteur. Sa maîtrise de l'hindi, du népali et du tibétain lui permettait d'avoir avec les Indiens et les montagnards des relations que peu d'Anglais pouvaient se vanter d'avoir. C'était un sujet d'admiration pour Ariel, qui comprit bientôt que, s'il semblait parfois conventionnel, il était aussi original et même excentrique.

Ariel avait hâte d'arriver à Kalimpong, de connaître sa nouvelle maison et d'échapper à la chaleur. La traversée de la plaine du Gange fut longue et épuisante, et c'est avec joie qu'elle vit apparaître la ligne bleue des contreforts de l'Himalaya. En pénétrant dans les forêts qui couvrent les premières collines, elle éprouva un sentiment de surprise. Elles lui semblaient si banales, si européennes, si peu exotiques. Elle avait imaginé de grandes cascades dégringolant d'immenses falaises rocheuses, des paysages rappelant les montagnes du Canada, des champs de neige, bordés de sapins majestueux, alors qu'après avoir quitté la rivière Tista elle découvrait au détour de la route des collines verdoyantes, couvertes d'arbres, qu'on aurait très bien vues au nord du Devon; la seule différence, c'est qu'ici on appelait ces bois « jungle ».

– Y a-t-il vraiment des tigres dans ces bois? demanda Ariel, incrédule. Avec tous ces villages alentour, les tigres n'y restent sûrement pas.

– Les tigres peuvent être féroces et sauvages, mais, contrairement à beaucoup d'autres espèces animales, ils n'ont pas peur de l'homme, expliqua George. Ils n'ont guère à craindre des paysans indiens qui ne possèdent pas de fusils et n'ont de toute façon pas le droit de les tirer.

Ariel fixait la forêt, dubitatrice, lorsqu'ils atteignirent les abords de Kalimpong. Les premiers bungalows apparurent soudain entre les sapins, chalets de bois peints en vert, dont les toits pointus en tôle ondulée étaient peints en rouge, quand ils n'étaient pas simplement rouillés. Ces toits rouillés, qui se dressaient de part et d'autre du col boisé où s'élevait Kalimpong, donnaient au village un aspect délabré. Au-delà, la route piquait vers le nord à travers de plus hautes collines en direction du Tibet. Le bazar, dont les éventaires occupaient le centre du village, se trouvait nettement en dessous des villas qui bordaient la piste. En vain Ariel essayait-elle d'apercevoir les grands pics neigeux qui formaient, aux dires de son oncle, la toile de fond de Kalimpong, mais les gros nuages annonciateurs de la mousson les cachaient.

– Windmere, Holyoak, lisait Ariel.

C'étaient les noms tout à fait banals des villas devant lesquelles ils passaient. Il eût été difficile de se croire si près de la frontière du Tibet, s'ils n'avaient dépassé une caravane de poneys ombrageux, conduits par un homme de type oriental, vêtu d'une longue robe de laine bleu foncé et d'un curieux chapeau de brocart à rabats de fourrure.

L'auto s'arrêta devant un portail couvert de bougainvillées. Ils étaient arrivés.

Le *chokildar* ouvrit le portail avec un large sourire, suivi d'un respectueux « *salam* ». Calay et les autres domestiques, apparemment ravis de l'arrivée d'Ariel, vinrent la saluer. Elle gravit les marches de bois de la véranda recouverte de chèvrefeuille et adressa un timide sourire aux boys en pénétrant dans la maison. Elle se trouva dans un vestibule frais et un peu sombre où flottait une odeur de tabac et de cire. George la conduisit au salon qui ouvrait sur une pelouse. Ariel remarqua d'un coup d'œil les meubles bien cirés et trouva que tout était un peu trop propre et net, manquant d'âme et d'une présence féminine.

Dès qu'on eut apporté leurs bagages, George emmena Ariel à l'étage.

– Voici ta chambre, annonça-t-il cérémonieusement. La mienne est au bout du couloir, ajouta-t-il.

C'était une petite chambre étroite avec un lit d'un côté et un bureau devant la fenêtre donnant sur une pelouse qui s'étendait jusqu'à la lisière de la jungle. Les boys avaient placé au milieu du bureau et sur la coiffeuse deux énormes pots remplis de fleurs. Ariel inspecta la chambre avec une pointe d'angoisse, un peu déçue, sans pouvoir dire pourquoi. Le climat tempéré de Kalimpong et sa forêt presque européenne, après l'exotisme de Bombay et de Calcutta, en étaient peut-être la cause.

– C'est ravissant, oncle George, dit-elle avec un sourire forcé, décidée à prendre les choses du bon côté et à donner un peu de charme à cet intérieur un peu terne.

Ariel, aidée de Calay, avait à peine commencé à ouvrir ses valises que George appela :

– Descends, chérie, faire la connaissance d'Ani-la.

George avait organisé cette visite et il retint son souffle lorsque Ani-la se leva pour embrasser Ariel, tant il souhaitait les voir sympathiser.

– Bonjour, fit Ariel, plutôt réservée, en réponse au sourire chaleureux d'Ani-la et à son enthousiaste : « Quelle joie de faire enfin votre connaissance! »

Suivit un court silence d'observation. Ani-la craignait que la beauté d'Ariel ne rendît plus difficile sa tâche d'éducatrice aux côtés de George. Ariel quant à elle éprouvait une certaine méfiance envers la visiteuse. Sa soudaine intrusion n'allait-elle pas menacer le lien étroit qui l'attachait déjà à son oncle ? Cette vague inquiétude lui parut confirmée par cette remarque d'Ani-la :

– J'espère que vous me considérerez comme votre amie, comme un membre de la famille.

Ariel ne savait que répondre. Ani-la était-elle la petite amie de George ? se demandait-elle avec inquiétude. Son apparence négligée, sa manière masculine de fumer, ses chaussures indéfinissables, pratiques et inélégantes, la gênaient. Elle éprouvait une antipathie instinctive envers elle, mais son désir de faire plaisir à son oncle l'obligea à dominer sa première impression.

George tenta de ranimer la conversation défaillante :

– Prenons d'abord du thé. Je vois, Ani-la, que tu as apporté de ton exquis gâteau. Le gâteau aux noix d'Ani-la est célèbre d'Assam au Cachemire.

Le goûter se passa sans heurts. Ariel accabla son oncle et Ani-la de questions sur Kalimpong et les États voisins du Sikkim, du Népal et du Bhoutan. Lorsque Ani-la lui apprit qu'elle était à moitié tibétaine, elle n'en crut pas ses oreilles.

– Vous plaisantez! fit-elle en riant.

Comprenant qu'elle avait gaffé, elle ajouta :

– Excusez-moi, ce n'est pas ce que je voulais dire, mais voyez-vous, le Tibet, ce toit du monde et tout ça, est si extraordinaire. J'ai lu un jour à l'orphelinat un article sur le Tibet et ce pays me semblait si étrange, si isolé, si merveilleux.

– Il l'est, fit observer Ani-la, mais étrange est de trop. Le Tibet est surtout un pays intense.

Que voulait-elle dire par là ?

– Ani-la est-elle vraiment à moitié tibétaine ? demanda-t-elle à son oncle, dès que celle-ci fut partie.

Les ombres du soir envahissaient la pelouse et, à l'est, d'épais nuages s'amoncelaient menaçants sur le Bhoutan.

– Oui, ma chérie, elle l'est.

– J'ai beaucoup aimé le gâteau, continua Ariel. Nous en avions rarement à l'orphelinat.

Suivit un court silence. Se levant tout à coup, elle courut se jeter dans les bras de son oncle, où elle fondit en larmes.

– Je vous trouve fantastique, oncle George, murmura-t-elle. Je vous aime. Je prendrai soin de vous. Je veux que vous soyez le plus heureux des hommes.

Sentant les seins fermes de la jeune fille peser sur sa poitrine, George éprouva un léger sentiment de gêne.

Au bout de quelques jours, Ariel avait réussi à égayer la maison. Elle avait mis des fleurs dans toutes les pièces, arrangé les coussins, mis des embrasses aux rideaux, si bien qu'en dépit de son ameublement vieillot, héritage du précédent occupant, la villa était devenue confortable, agréable et gaie.

George avait veillé à effacer toute trace de la présence de Nyma à Kalimpong. Il se demandait quelle serait la réaction de sa fille, lorsqu'elle apprendrait son existence et sa réputation à lui. Il avait tout d'abord pensé la mettre au courant de la situation. N'était-elle pas d'accord avec lui pour dire que l'hypocrisie était la pire des fautes ? Mais qu'est-ce qu'une jeune fille de son âge pouvait comprendre de l'amour ? Il ne se voyait pas aborder le sujet. C'était la tâche d'une mère et jamais Ariel ne verrait la sienne.

L'existence de la mère d'Ariel, et le mensonge qu'il lui avait fait de se prétendre son oncle, entachait déjà le nouveau bonheur de George. Il prévoyait les rumeurs que ne manquerait pas de susciter son arrivée, et craignait qu'avant longtemps sa mère n'apprît au Bhoutan l'existence aux côtés de George d'une « nièce » d'Angleterre. Dans ce cas on pouvait s'attendre à tout.

5

Quelques mois après l'arrivée d'Ariel à Kalimpong, George avait toutes les raisons de la croire heureuse. Ani-la était la principale responsable de cet état de fait, car Ariel habitait chez elle, lorsque George allait au jardin de thé. En fait il y demeurait le plus souvent, car ses affaires, autant que Nyma, le retenaient à Hassimara.

– Je n'en reviens pas de la gentillesse d'Ariel, déclara Ani-la, un soir où George, le délégué du gouvernement auprès du Sikkim et un jeune anthropologue anglais, fraîchement arrivé, étaient réunis chez elle autour de la table à jouer ovale pour une partie de gin rami. Elle est si serviable et pleine d'enthousiasme, elle veut apprendre le tibétain et travaille au centre d'artisanat.

– C'est magnifique, répliqua George, mais pour te dire la vérité, j'ai du mal à la comprendre.

– Que veux-tu dire? demanda Ani-la en battant les cartes.

George hésita à s'expliquer devant les autres.

– Nous en parlerons plus tard, je la trouve un peu mystérieuse en ce moment. Elle m'échappe, dirait-on. En tout cas, pour moi, elle est une énigme.

– Les femmes ne sont pas si simples, tu devrais le savoir, fit-elle observer en souriant. A vous de donner, ajouta-t-elle en tendant les cartes à l'anthropologue.

– Nous jouons à quel taux, deux piasa le point? demanda le jeune savant. Et rappelez-moi combien il y a de piasa dans un ana. Je sais qu'il y a seize anas dans une roupie.

– Douze, répondit Ani-la.

Le jeu reprit.

Ariel se trouvait seule dans le salon voisin. Tendant l'oreille, elle pouvait entendre les joueurs marmonner, rire parfois, ou commenter à voix haute quelque beau jeu. Ariel n'aimait pas les cartes. A la grande déception d'Ani-la, elle avait une aversion pour tous les jeux, n'y voyant que perte de temps, d'un temps qui était compté. « La vie est trop précieuse pour la gâcher à jouer aux cartes », avait-elle déclaré.

« Mais, chérie, tu ne peux pas être toujours sérieuse », avait répliqué Ani-la.

Comme à son habitude en cas de désaccord, Ariel n'avait pas répondu.

Elle était en fait de plus en plus préoccupée par son avenir, par le sens à donner à sa vie. Elle méprisait les gens qui se satisfaisaient de la médiocrité d'une existence facile. Malgré toute l'affection qu'elle avait pour elle, Ariel ne pouvait pas admirer Ani-la. Elle se plongeait avec un intérêt croissant dans les livres qui racontaient des vies passionnantes, biographies d'hommes d'État, de généraux, de savants ou d'explorateurs. Elle se sentait menacée par le destin qui avait anéanti ses parents et obsédée par la crainte de mourir sans avoir rien fait. Elle se promit de donner un sens à sa vie, mais comment ? Résolution qui ne fit que souligner la banalité de l'existence des Anglais à Kalimpong. Pour aggraver les choses, Ariel ne pouvait parler de ses soucis ni à Ani-la ni même à son oncle par crainte de les blesser. D'autant plus qu'ils s'étaient mis dans la tête qu'elle était une fille sans histoire. Ils n'imaginaient pas une seconde qu'il pût exister une autre Ariel, violente, angoissée et secrète.

Ariel avait très envie de rencontrer des jeunes gens, mais ce n'était pas si facile, car la plupart des jeunes Anglais faisaient leurs études à l'étranger.

– Attends les vacances de Noël, il y aura beaucoup de soirées, promit Ani-la. Tu as raté la saison d'été, quand le gouvernement se déplace de Calcutta à Darjeeling, mais tu verras à Noël comme Kalimpong est animé.

Capitale d'été du Bengale, Darjeeling accueillait une fois par an, dans le sillage du gouverneur général, ses principaux fonctionnaires. Cette migration officielle du gouvernement vers les montagnes était suivie par la majeure partie de la société élégante de Calcutta qui possédait des maisons à Darjeeling, à Kalimpong, ou dans leurs environs. La saison d'été était marquée par des bals somptueux aux *Planters Club* et des « garden-parties » à la résidence du gouverneur. Se donnaient aussi d'innombrables dîners et soirées dansantes dans les villas des hauts fonctionnaires, des riches hommes d'affaires et des maharadjahs.

Cette vie estivale recommençait à Noël. Elle était alors rehaussée par la présence de membres de la famille royale du Sikkim, de seigneurs bhoutanais et de princes tibétains, descendus à Kalimpong pour y faire des achats et des affaires, et voir ceux de leurs enfants qui étaient pensionnaires dans les collèges anglais de Darjeeling.

Les Sikkimais, les Bhoutanais et les Tibétains étaient mieux compris et acceptés par les Anglais que la plupart des Hindous. Il y avait chez les Tibétains quelque chose de direct, d'ouvert et de naïf qui les rendait plus accessibles à l'esprit occidental; par contre les Anglais trouvaient les Hindous sournois, complexés, et leur reprochaient de se refuser, pour des raisons de caste, à les fréquenter trop étroitement. Les Tibétains, qui ne connaissaient pas le système des castes, n'étaient pas du tout inhibés. Ils aimaient danser au son des musiques européennes, boire et jouer aux cartes, souvent pour de l'argent. Aussi étaient-ils accueillis dans la plupart des demeures anglaises. En fait les Anglais étaient flattés de recevoir ces étrangers titrés, car, si le Sikkim était un protectorat britannique, le Bhoutan et le Tibet étaient indépendants.

Lorsqu'arriva Noël, Ariel fut invitée, comme Ani-la l'avait prévu, à toutes les réceptions. Elle aimait tout particulièrement les soirées à la Maison du Bhoutan, où les jeunes gens et les jeunes filles de son âge se pressaient autour des enfants occidentalisés et pleins d'entrain de Raja Dorji, Premier ministre de ce pays.

A l'hôtel Everest de Darjeeling, à moins d'une heure de Kalimpong, Ariel assista au grand bal de Noël, suivi quelques jours plus tard par celui du Nouvel An au *Planters Club*. Plusieurs nobles du Sikkim et du Tibet vinrent à ces deux bals. Ils étaient éblouissants dans leurs vastes robes longues de soie aux couleurs éclatantes, qui tranchaient sur les costumes stricts et sombres des commissaires de district, des délégués gouvernementaux et des juges de Calcutta. Le gouverneur général lui-même était en grand uniforme, emplumé et doré, suivi de ses élégants aides de camp et de ses boys en livrées, qui ajoutaient encore à la splendeur de ces soirées.

Ariel portait de superbes robes qu'Ani-la lui avait fait faire par un tailleur sikkimais de la ville, passé maître dans l'art de copier les modèles des journaux de mode européens.

La gentillesse d'Ariel et son charme avaient rapidement conquis la petite communauté de Kalimpong. Le climat tempéré et une vie plus entourée avaient commencé de l'épanouir. Elle était toujours aussi mince et élancée avec ses jambes interminables et ses longs bras. Son teint doré par le soleil, son sourire communicatif éclairaient son visage où brillaient ses grands yeux sombres, mais pétillants.

Elle fut quelque peu désorientée par le changement de vie que lui apporta cette première année en Inde. Elle avait le sentiment de se trouver au théâtre devant une pièce qu'elle ne comprenait pas toujours. La situation lui échappait, alors que les acteurs faisaient partie de sa vie. Elle se croyait au spectacle, dans un monde de rêve, auquel elle avait du mal à se rattacher et dans lequel elle se regardait évoluer avec une sorte de permanente surprise. Lorsqu'elle en parla à Ani-la, cette dernière se contenta de rire de bon cœur, ce qui ne manqua pas de vexer Ariel. Peut-être son oncle la comprendrait-il mieux et pourrait-il l'aider ? Mais chaque fois qu'elle se trouvait seule avec lui, elle ne parvenait pas à trouver les mots qui auraient expliqué ce qui la contrariait.

Habitée par ce sentiment d'incertitude, Ariel passait des heures à s'inquiéter de son avenir et à se demander si elle tomberait jamais amoureuse. Était-elle trop moche, trop pauvre ou inculte pour inspirer ces passions rapportées dans les livres.

– As-tu déjà été amoureuse ? avait demandé Ariel à Ani-la, un après-midi qu'elles se préparaient à aller chez des amis.

– Mille fois, répondit Ani-la.

– C'est sûrement neuf cent quatre-vingt-dix-neuf fois de trop, répliqua Ariel. Je veux dire vraiment amoureuse.

Elle réfléchit, puis ajouta :

– L'amour qu'on trouve dans les livres, avec le sol qui se dérobe et la tête qui chavire. Tu connais sûrement.

Mais Ani-la resta muette. Que pouvait-elle dire à Ariel ? D'attendre, ou bien que, oui, elle avait été plusieurs fois amoureuse avec le sol qui chavire et tout le reste, mais qu'en fin de compte cela ne lui avait apporté que déception et solitude. Ani-la était frappée par la beauté éclatante d'Ariel, sa sensualité ingénue, ses bras félins, souples et lisses qui ondoyaient à chaque mouvement.

– Ani-la, il faut que tu m'aides. Il faut que tu m'aides à découvrir ce qu'est l'amour. Dis-moi pourquoi ni toi ni oncle George n'êtes mariés.

Ariel s'arrêta. Un long silence s'installa. Ani-la voulait parler, mais ne trouvait pas ses mots.

– Je suis au courant des amours interdites et de tout ça, poursuivit Ariel, voulant avoir l'air informée. Mais je ne comprends pas où se situe la frontière entre l'amour vrai et le simple plaisir.

– Eh bien, dit Ani-la avec hésitation. Je n'aime pas le mot sexe, mais c'est pourtant ce qui fait la différence. Le sexe, c'est l'amour par plaisir sans engagement, et l'amour, c'est le sexe, mais aussi l'engagement, le désir et la volonté de rester fidèle. Est-ce clair ?

– Non, fit Ariel en riant. Pas du tout, mais je comprends. J'aimerais savoir quel effet cela fait de tomber amoureux. Rends-toi compte, Ani-la, je vieillis. Je vais bientôt avoir dix-sept ans et je ne veux pas que la vie passe et me retrouver seule et sans amour, c'est trop triste.

Et puis je songe à oncle George et ça m'inquiète. Tu devrais l'épouser.

Ariel rit de nouveau. Compte tenu des bruits étranges qui lui parvenaient depuis quelque temps sur les aventures amoureuses de son oncle, peut-être n'était-ce pas une si mauvaise idée.

Ani-la éluda la suggestion. Pour conclure, elle dit en se levant :

– Ne t'inquiète pas, ma chérie, tu t'apercevras bien assez tôt que l'amour nous occupe beaucoup trop. L'amour vrai est tendresse.

Ariel fut déçue par cette réponse. Cette nuit-là, elle resta longtemps allongée, les yeux ouverts sur son lit. Et si Ani-la avait raison ? Si l'amour n'était pas ce qu'elle espérait ? Alors peut-être la vie ne valait-elle pas la peine d'être vécue. Non, elle ne pouvait pas croire Ani-la. Il devait y avoir quelque chose, un secret caché dont personne ne voulait lui parler, quelque chose de magique que même les romans ne faisaient que suggérer, une force mystérieuse qui rendait fous hommes et femmes, quelque secret qui donnait un sens à l'absurde, qui expliquait tout, le comportement humain, sa folie, la bizarrerie des grandes personnes... Lorsqu'apparut la pâle lueur de l'aube, Ariel s'endormit.

Quelques semaines plus tard arriva la soirée donnée pour les dix-sept ans d'Ariel. La nuit précédente, George avait eu avec elle la conversation qu'il redoutait depuis longtemps. Au sujet de Nyma. Considérant qu'elle avait l'âge d'entendre aborder ces questions, il s'était lancé dans l'éloge de la chasteté et de l'importance pour une jeune fille de se garder pure pour son mari.

Elle était plus mûre qu'il ne l'aurait cru. L'orphelinat lui avait manifestement ouvert les yeux sur certains sujets. C'est lui qui fut interloqué par la question d'Ariel :

– Pourquoi ne vous êtes-vous pas marié ?

En fait George ne se l'était jamais posée. Il n'avait jamais éprouvé le besoin ou l'envie de se marier, sans doute parce qu'il avait résolu d'une autre façon le problème de la solitude et celui du sexe. Mais il ne pouvait pas expliquer cela à Ariel, aussi marmonna-t-il quelque chose dans le genre :

– J'ai encore le temps.

Il entendit alors, à son grand étonnement, Ariel demander :

– Pourquoi n'épousez-vous pas Nyma ?

George se troubla. Il savait qu'Ariel était au courant de son existence, mais ils avaient toujours évité d'en parler.

– Est-ce la couleur de sa peau ? risqua Ariel.

– Non, non, protesta George. Ça n'a rien à voir. Mais il faut que tu comprennes.

Il s'arrêta. Pouvait-elle comprendre ? Devait-il expliquer ?

– Il faut que tu te rendes compte, poursuivit-il, que d'un point de vue social, ou plutôt culturel, ça ne pourrait jamais marcher. Tout le Gotha des collines vient à ta soirée, ajouta-t-il pour changer de sujet.

– Le Gotha ? fit Ariel intriguée.

– C'est-à-dire l'élite. L'Almanach de Gotha recensait les plus grandes familles d'Europe. C'est le Bottin mondain du super-gratin.

– Comme c'est drôle de vous entendre parler du gratin, dit Ariel en riant. Pour vous les gens sont comme des objets posés sur une échelle. Cette pauvre Nyma est tout en bas, j'imagine.

George fut irrité par cette remarque, mais il se contenta de sourire et dit simplement en la regardant droit dans les yeux :

– Écoute, ma chérie, il faut que je t'avoue quelque chose : ton oncle est un mauvais garçon. C'est-à-dire que je suis faible et incapable de résister au charme des dames. Il faut que tu comprennes que, quels que soient tes sentiments envers les hommes, ils ont, comment dire, une attitude différente vis-à-vis des femmes. Tu connais la différence entre l'amour et le désir ?

Ariel acquiesça, interloquée.

– On peut désirer une femme sans l'aimer vraiment, ajouta-t-il. Certains disent que c'est mal. Pour moi, c'est inévitable.

C'est avec soulagement que George dit bonsoir à Ariel. Une fois dans son lit, il dut chasser la vision qui le hantait depuis Bombay. Il ne voyait en Ariel ni son enfant ni sa nièce, mais l'objet de ses désirs. George s'endormit en maudissant sa nature.

L'arrivée des invités, l'après-midi suivant, ne dissipa même pas sa mauvaise humeur. Il espérait que cette fête permettrait d'oublier un moment les nuages qui s'amoncelaient sur la scène politique. Les premiers invités n'étaient pas là depuis dix minutes que le ton était donné.

« Avez-vous entendu ? » « Avez-vous lu ? » « Savez-vous ? » Ces phrases chuchotées avec des accents bouleversés couraient, comme un vent de panique, autour de la tente dressée pour l'occasion sur la pelouse. Sans même se saluer, les gens se jetaient dans le vif du sujet : l'arrivée du nouveau vice-roi, Lord Mountbatten, que ses projets avaient précédée. Tout le monde était d'accord : ignorant l'administration locale et la colonie anglaise, Mountbatten bradait l'Inde.

– Après tout, l'Inde que nous cédons n'a jamais vraiment existé, fit observer le major Trushman. Nous avons fait ce pays par collage d'une multitude de morceaux. Qu'arrivera-t-il sans la colle ? La séparation des musulmans et des hindous n'est qu'un début. Je prédis qu'ils voudront tous leur indépendance, les Bengalis, les Sikhs, les Cachemiris. Notez bien ce que je vous dis.

L'accord était unanime. La détermination de Mountbatten de se débarrasser au plus vite de l'Inde, même si elle reflétait l'opinion des cercles libéraux de Londres, était jugée sur place irresponsable.

– Nous faudra-t-il partir ? demanda Ariel à son oncle après la soirée. En tant qu'Anglais nous ne pourrons pas rester toujours ici. Qu'allons-nous devenir ?

– Ne t'inquiète pas. Rien ne nous fera partir. Après tout, l'Inde fait partie du Commonwealth.

Ariel n'était pourtant pas convaincue. Elle était habitée par le doute et la crainte de devoir renoncer à la vie qu'elle s'était faite ici, comme s'était évanoui le monde de son enfance.

A Kalimpong, Ariel était de plus en plus attirée par les jeunes Tibétains et les jeunes Bhoutanais, petit groupe insolent et turbulent qui donnait les réceptions les plus réussies. Ils constituaient une bande tapageuse dans une société plutôt calme et souvent ennuyeuse. C'est à une de ces réceptions à la Maison du Bhoutan qu'Ariel rencontra un grand et beau jeune homme très mince à la peau basanée, le fils aîné du maharadjah de Sarduja.

Il était tranquillement assis dans un coin, tandis que les autres, des Bhoutanais pour la plupart, parlaient haut et fort. Prabaka avait un air mélancolique qui attira Ariel. Au bout de quelques minutes, ils devisaient comme de vieux amis. Ariel se surprit à parler à ce jeune homme qu'elle connaissait à peine de la mort de ses parents et de l'orphelinat. Prabaka lui raconta alors que sa mère à lui était morte lorsqu'il était tout petit et qu'il avait été entièrement élevé par son *ayah*.

Évoquant avec Prabaka le manque d'affection dont ils avaient tous les deux souffert, Ariel éprouva pour lui une profonde sympathie. Personne ne lui avait jamais demandé avec une telle sensibilité ce qu'elle avait ressenti à la mort de ses parents. Elle fut séduite par la sincérité de ce jeune homme appuyé contre un mur dans un coin de la pièce. Il se pencha timidement vers elle et dit d'une voix basse, chargée de conviction :

– J'imagine que vous comprenez encore mieux que moi ce qu'est la solitude. Prendre conscience que la personne qui vous connaît et vous aime le plus n'est pas là.

– Oui, c'est exactement ça, répondit Ariel. C'est comme, comment dire, vivre sans cesse en état de manque. Comme parler à quelqu'un qui ne répondra jamais, qui ne reviendra jamais. Depuis que papa et maman sont morts, j'ai le sentiment que la vie ici-bas n'est peut-être pas aussi importante que de l'autre côté. C'est bête, mais il m'arrive de penser qu'après la mort je serai peut-être de nouveau moi-même.

Un long silence s'ensuivit.

Ariel n'avait jamais eu l'occasion de partager ces pensées avec quiconque. Oncle George, elle en avait bien conscience, ne pouvait pas comprendre. Avec Prabaka, c'était différent, il était si sensible et timide qu'elle n'avait pas à craindre qu'il se moquât d'elle.

Prabaka répondit enfin sur un ton pénétrant :

– Vous savez, j'ai aussi l'impression que dans ma prochaine vie je serai en quelque sorte plus heureux, plus moi-même, et que ma mère sera là. Je sais que c'est un peu idiot, mais vous pouvez le comprendre.

– Tout à fait. Je ne crois pas que la mort soit la fin de tout. Nous devons beaucoup à nos parents, nous sommes une part d'eux-mêmes. Il n'est pas normal que nous les perdions.

Ariel sentait des larmes lui brûler les yeux. Pourquoi devaient-ils mourir ? Mourir en héros, pour une cause, ou mourir de vieillesse, lorsque tout a été dit et fait, très bien, mais mourir dans son sommeil en pleine maturité...

– Je suppose, poursuivit Ariel, je suppose que le fait de se savoir mortel est un stimulant, un stimulant de l'activité. Je ne cesse de me dire : Et si tu meurs demain, qu'as-tu fait de ta vie, que laisseras-tu derrière toi ? Ce n'est pas que je sois ambitieuse, mais je ne veux pas partir avant d'avoir commencé.

Prabaka eut l'air dérouté :

– Je ne sais pas, les actes ont-ils une telle importance, ne faut-il pas tout rapporter au destin, à ce que nous appelons karma ?

– Je ne sais pas si je crois au destin, annonça Ariel, avant de sombrer dans le silence.

Tout le monde en Inde parlait du destin. Elle était allergique à cette vision des choses. Elle ne supportait pas l'idée de n'être qu'une mécanique, dont les actes seraient prédéterminés. C'était, au dire de son oncle, la raison pour laquelle les Indiens étaient paresseux, résignés et passifs. Par crainte de blesser Prabaka, Ariel crut bon de garder le silence.

– Dansons, proposa-t-elle, pour faire diversion.

Saisissant la main de Prabaka, elle le conduisit vers la piste de danse.

Lorsque la fête s'acheva, ils étaient toujours ensemble. Ariel apprit de Prabaka que son père, le superbe maharadjah qu'elle avait rencontré à Calcutta, était tellement occupé qu'il n'avait guère le temps de s'intéresser à son fils. Quant à la nouvelle maharani, elle préférait ses propres enfants, Siddah et Moora, qui, à dix ans et huit ans, étaient deux gamins trop gâtés.

Après avoir quitté Kalimpong, Prabaka écrivit à Ariel une longue lettre pour lui dire combien il aimerait la recevoir à Sarduja, palais de sa famille. Lorsqu'elle en parla à son oncle, il refusa de la laisser partir seule. Par chance, il fut invité le mois suivant par le maharadjah lui-même à une chasse. L'invitation comportait un post-scriptum qui demandait qu'Ariel vînt aussi. Ariel en fut tellement excitée qu'elle reprit son journal pour raconter sa première chasse au tigre.

Assise à côté de son oncle dans la jeep ouverte qui descendait à vive allure les lacets conduisant au pont de la Tista, Ariel goûtait la fraîcheur de la brise. Le vent soulevait par intervalles sa jupe jaune, dévoilant ses longues jambes minces, tandis que des mèches de cheveux lui barraient le visage.

A l'entrée d'un petit hameau, George bloqua soudain les freins.

– Quel vieil imbécile! grogna-t-il.

Une silhouette décharnée, courbée en deux et enveloppée dans un châle crasseux traversa lentement la route devant la voiture.

– Cela vous ennuie-t-il de vieillir? demanda Ariel à son oncle, comme ils atteignaient la plaine.

– Non, pourquoi? répondit George en lui lançant un regard de côté. Et toi? ajouta-t-il en souriant.

Mais Ariel ne plaisantait pas.

– Songez-vous, voulais-je dire, à la signification de votre vie?

Sans attendre de réponse, elle poursuivit :

« Je me demande quel sens avaient la vie de papa et celle de maman. Leur mort soudaine est incompréhensible. Mourir avant d'avoir pu, je ne sais pas, faire vraiment quelque chose.

– Eh oui, ma chérie, je comprends, fit George, mais le destin est parfois cruel.

– Je ne parle pas du destin. Je veux dire que chaque vie doit avoir un sens. Cela m'obsède. Quel est le sens de la mienne? Le but de la vie pour moi, ce n'est pas s'amuser, avoir des bébés et vivre heureuse. Je veux faire quelque chose, quelque chose d'important, mais je ne sais pas quoi.

La jeep roulait maintenant entre de grandes touffes de roseaux en direction de l'est. La route était large; chars à bœufs et bétail encombraient les bas-côtés herbeux. Ici et là, sous des guenilles tendues sur des poteaux, campaient des déracinés, des cantonniers ou autres vagabonds familiers des grandes routes de l'Inde.

Après un silence, George prit la parole.

– La vie, c'est comme conduire sur cette route. Nous sommes tous sur cette route. Nous sommes tous sur la même route, mais chacun a une destination différente. Certains sont ambitieux, d'autres se laissent mener n'importe où. Je pense que l'important n'est pas tant de savoir où l'on va que la façon dont on y va. Regarde Ani-la, elle ne va nulle part, mais sa vie n'est que bonté et tout le monde l'aime.

– Est-ce suffisant? demanda Ariel. J'adore Ani-la, mais je détesterais mener la vie qu'elle mène. Rien ne l'attend qu'elle ne connaisse déjà. Lorsque je pense à certains personnages importants, ambitieux, énergiques et courageux, je ne peux pas m'empêcher de les admirer. Mais que puis-je faire ?

– Ne t'inquiète pas. Tu trouveras un jour ou l'autre quelque chose. Je voulais être un grand zoologue, eh bien, je me contente d'être planteur de thé. Tu vois, ce qui compte, c'est d'être heureux.

George regretta immédiatement cette remarque épicurienne. Curieuse Ariel, parfois si superficielle, d'autres fois si exaltée, songea George, en dépassant avec force coups de klaxon une longue file de chars à bœufs transportant chacun une famille de nomades du Rājasthān, les perpétuels vagabonds de l'Inde. Un sens à la vie ? Combien il était difficile d'en trouver un lorsqu'on était confronté aux masses humaines de l'Inde, où la vie semblait souvent si dénuée de valeur. Y a-t-il un sens ? Le Seigneur Bouddha n'avait-il pas raison de dire que la vie telle que nous la voyons n'est qu'illusion des sens ? Mais George pouvait-il le dire à Ariel qui avait l'âge où toutes les illusions sont encore perçues comme réalité ?

– Nous devrions tous nous fixer de nobles idéaux, ajouta George sans conviction.

Ariel avait le don de soulever des sujets qui le laissaient mal à l'aise.

– Si tu veux mon avis, l'amour est la seule chose qui donne un sens à la vie, dit-il pour conclure.

Ariel ne répondit rien et ils continuèrent en silence leur route vers Sarduja.

Va-t-elle devenir aussi ambitieuse que sa mère ? se demandait George. Il n'arrivait vraiment pas à comprendre sa fille, un instant, douce et fragile, l'instant d'après, résolue. Était-ce un effet de l'âge ?

6

Ashi Pema, la mère d'Ariel, était née au Tibet au sein de la noble famille des Pardapa, dont l'ancêtre le plus illustre avait été Premier ministre du VIIIe Dalaï-Lama. En fille soumise, la princesse Pema avait consenti à épouser le mari choisi par ses parents. C'était un jeune seigneur bhoutanais. Ashi Pema n'en avait pas été enchantée, car elle trouvait la plupart des Bhoutanais plutôt rustres. Elle ne leur reprochait pas seulement d'aimer les gros quartiers de porc bouilli et les plats de riz non décortiqué, mais, comparés aux Tibétains, elle les trouvait par trop grossiers.

Pas plus grand que la Suisse, le « Pays du Dragon », comme on appelle le Bhoutan, est situé à l'est de Kalimpong, sur le versant méridional des Himalayas, qui est là escarpé et humide. Ses sombres et imposantes montagnes couvertes de forêts, que séparent des vallées isolées, sont continuellement ensevelies sous un linceul de brume, ce qui rend le climat du Bhoutan tout à fait lugubre.

Depuis son mariage, Ashi Pema vivait au centre du Bhoutan, dans la vallée de Bumthang, à trois semaines de cheval de Kalimpong. Long et pénible voyage qui coupait Ashi Pema de ce qu'elle considérait comme la civilisation.

– Voilà bientôt quinze ans que je suis dans cette maudite vallée, fit remarquer la princesse Pema, tandis que Chucki, sa servante tibétaine, arrivait dans sa chambre lambrissée et basse de plafond pour la peigner.

– La journée ne sera pas belle, annonça la servante en ouvrant le petit volet de bois, qui fermait la fenêtre sans vitrage.

Une lumière laiteuse accompagnée de bouffées de brouillard glacé entra dans la pièce.

– Pas belle ? Que veux-tu dire ? coupa Ashi Pema. Dans ce misérable pays, on ne peut guère espérer mieux.

Ashi Pema était assise en tailleur sur sa couche recouverte de tapis, de sorte que Chucki dut se baisser pour la coiffer. Elles étaient toutes deux minces et séduisantes dans leurs chubas ajustées, qui tombaient avec grâce jusqu'au sol. A l'œil inexercé, elles eussent pu paraître sœurs. Erreur condamnable, que peu de Bhoutanais commettaient, car Ashi Pema respirait l'élégance et une certaine arrogance, dont manquait Chucki.

– On va bientôt arriver dans la semaine de la fabrication du papier, lança Chucki en rassemblant la longue chevelure de jais d'Ashi Pema.

– L'orfèvre et les tisserands viennent aussi. Où logerons-nous tous ces gens ?

– Ça, c'est leur affaire, ils peuvent dormir en bas avec le bétail, grommela Pema. Aïe ! Espèce de maladroite ! s'écria-t-elle, tandis que Chucki lui séparait les cheveux avant de commencer à les natter.

– Pardon, marmonna Chucki, sachant parfaitement qu'elle ne lui avait pas fait mal, mais connaissant aussi son sale caractère.

La princesse avait besoin de rouspéter, et de crier ; en fait elle adorait ça. Elle est frustrée, se disait Chucki, qui n'ignorait pas que, depuis quelque temps, le seigneur de la forteresse, le dzong-dpon, délaissait sa femme. Chucki le savait parce qu'ils ne partageaient plus la même chambre, et surtout parce qu'Ashi Pema le lui avait dit. Car, en dépit de l'agressivité de la princesse à l'égard de sa servante, elles ne se cachaient rien.

Ce matin-là, Chucki était heureuse. La semaine du papier signifiait que les garçons du pays allaient arriver chargés d'écorces et resteraient le temps de mettre en route le moulin à papier. L'année précédente, Chucki avait eu une aventure avec l'un de ces magnifiques garçons de la haute vallée, et elle espérait bien qu'il reviendrait.

– Arrête, arrête donc ! Tu te crois peut-être en train de tresser la queue d'une mule. Fais attention et dépêche-toi. Il faut que je voie le dzong-dpon avant qu'il ne parte.

Ashi Pema prenait plaisir à se fâcher contre Chucki. Elle savait que la fille n'en avait cure, et puis ses cris effrayeraient ces paresseuses de servantes bhoutanaises. Ashi Pema aimait inspirer la crainte, bien petite revanche, en face de tout ce qu'elle devait supporter. Ainsi raisonnait-elle. Mais en fait, elle devenait de plus en plus amère à mesure que les années passaient. Elle incriminait l'ennui de sa vie à Bumthang.

– Si c'est la semaine du papier, faisons une fête, qu'en penses-tu ?

– Quelle bonne idée ! fit Chucki avec enthousiasme.

– Tu veux te payer du bon temps, répondit Ashi Pema avec un ton brusque. Espèce de petite traînée, tu ne penses qu'à coucher avec tous les hommes que tu rencontres. Je n'ai pas oublié le fabricant de papier dont tu es tombée amoureuse l'année dernière. Je devrais peut-être t'envoyer passer la semaine à Wangdu Photrang. Une bonne petite marche te ferait du bien; huit jours aller, huit jours retour, tu serais juste revenue après le départ des fermiers.

– Vous êtes jalouse, répliqua Chucki en fourrant le peigne de bambou dans les plis de sa robe, et elle sortit.

– Hors de ma vue! hurla Ashi Pema, dans l'espoir que toute la maison l'entendrait.

Elle se leva alors et s'arrêta à la fenêtre, sur le volet de laquelle elle avait suspendu un petit miroir ovale. Elle fut satisfaite de ce qu'elle y vit. Elle avait la peau plus lisse que jamais, avec une blancheur et une jeunesse qui, elle le savait, ne laissaient pas indifférents les paysans de la région et leurs seigneurs. Chucki avait bien travaillé, pas un cheveu ne dépassait de ses tresses dont le noir vernissé et la netteté ajoutaient à son élégance naturelle. A leur brillant répondait l'éclat de ses yeux. S'approchant encore davantage du miroir, Ashi Pema força un sourire, qui fit rayonner ses traits austères, la rendant, croyait-elle, irrésistible. Hélas, il n'y a personne à qui sourire, songea-t-elle en contemplant les forêts de pins, recouvertes de brume, qui cernaient sa maison. Combien lui manquaient le Tibet, ses fêtes, et les conversations raffinées avec les élégants jeunes gens qu'elle regrettait aujourd'hui de ne pas avoir épousés.

– C'est le climat qui rend les gens d'ici si déprimants, aimait-elle à crier, lorsqu'elle était de mauvaise humeur et que son mari, le chef de la forteresse de la vallée de Bumthang, ne pouvait entendre.

Chacune des vallées du Bhoutan forme un monde à part, avec son dialecte, ses coutumes et ses traditions. Jusqu'à ces derniers temps, les guerres étaient fréquentes entre dzongs, comme on appelait les grandes forteresses, de sorte que le seul mot de « dzong » faisait trembler la plupart des paysans.

Ashi Pema n'avait pas eu de chance, avait-elle confessé à Chucki, que ses parents l'aient promise en mariage au jeune maître de Bumthang, pour lequel elle n'éprouvait guère de sentiments, et dont les chevaux, avait-elle découvert plus tard, étaient l'unique centre d'intérêt. Bhumtang était une des vallées les plus secrètes du Bhoutan, à au moins deux semaines de poney de la grande forteresse de Punaka, où vivait le roi.

Ce que ni son mari, ni Chucki, ni personne ne savait, c'est qu'Ashi Pema avait eu le malheur de rencontrer George Stevens, alors qu'elle se trouvait à Kalimpong pour y faire des emplettes en vue de son prochain mariage.

Que de fois Ashi Pema s'était remémoré cette rencontre. George étudiait le tibétain, elle, l'anglais. Lors d'une soirée à la Maison du Bhoutan, ils s'étaient assis dans le jardin pour s'exercer à parler dans la langue de l'autre. Le grand et bel Anglais l'avait prise par la main et, en la reconduisant à l'intérieur, il lui avait passé le bras autour de la taille et lui avait effleuré la poitrine. Plus tard, à la nuit tombée, au moment où les invités s'en allaient, George l'avait ramenée dans le jardin et l'avait embrassée. Ainsi avait commencé leur romance.

La fois suivante, il l'avait séduite, et pendant ces quelques harcelantes semaines, ils avaient réussi à se voir tous les jours. Ils s'étaient quittés désespérés. George avait menacé d'aller au Bhoutan pour empêcher le mariage de Pema. Il était décidé à demander sa main. Pema était follement amoureuse de ce charmant et, pour elle, exotique jeune homme. Mais en dépit de ses promesses d'amour éternel, elle savait, non sans fatalisme, que son avenir se trouvait avec le fils du dzong-dpon de Bumthang.

De retour au Bhoutan, Pema avait découvert, au milieu des préparatifs du mariage, qu'elle était enceinte. Au Tibet, cela n'aurait pas constitué un drame, mais elle savait que c'était au Bhoutan une cause de rupture de fiançailles. De plus, les Bhoutanais, pas plus d'ailleurs que les Tibétains, ne pourraient accepter le fait que l'enfant fût à moitié anglais. Aussi Pema avait-elle décidé de retourner en Inde et d'y accoucher en secret. Comme ni les Tibétains ni les Bhoutanais ne voudraient adopter un Eurasien, elle avait espéré trouver une famille indienne ou népalaise qui prît le bébé.

Bien que scandalisée, la mère de Pema avait approuvé le plan de sa fille. Il n'était pas rare au Tibet d'abandonner aux soins d'une autre famille l'éducation d'un enfant. La soudaine décision d'aller à Calcutta pendant les couches de Pema supposait l'ajournement du mariage. La chose n'était pas facile, car une date propice avait déjà été choisie par les moines de Bumthang, le trousseau acheté, et les préparatifs du mariage avaient déjà commencé. La face fut sauvée par l'heureuse visite d'un proche ami de la famille, un très haut lama arrivé de Lhassa. Avec moult cérémonies, le prêtre déclara que ses collègues bhoutanais avaient fait une erreur terrible; qu'il serait tout à fait fâcheux pour le dzong-dpon de Bumthang de se marier dans « l'année du lièvre tigre ». Le mariage, avait-il déclaré, devait être repoussé de douze lunes. Les deux familles, ainsi que les lamas bhoutanais durent céder devant l'insistance de ce savant Tibétain, très considéré par les moines bhoutanais, qui ne brillaient pas par leur raffinement.

Après leur séparation, George avait écrit plusieurs lettres à Pema, auxquelles elle n'avait pas répondu. Elle ne souhaitait pas le revoir. Ce fut un pur hasard si, cinq mois plus tard, il tombait sur elle et sur sa mère chez Firpo à Calcutta.

Remarquant que Pema était enceinte, il avait tout de suite compris. Pema avait tenté de quitter les lieux sans lui parler. Pris de panique, George avait pratiquement provoqué un scandale. Il avait suivi Pema et sa mère dans la rue. Furieuse, Ashi Pema avait annoncé à George que l'enfant, le misérable enfant, selon ses propres termes, était de lui. Elle l'avait également informé de son intention d'abandonner le bébé. George en avait été outré, anéanti. Sous aucun prétexte, avait-il déclaré, il ne la laisserait abandonner « son » enfant. Dans son agitation, il avait décrété vouloir l'épouser. A son étonnement, Ashi Pema et sa mère avaient ri de cette proposition, et lui avaient dit qu'il était impensable qu'une princesse épousât un planteur de thé, novice de surcroît. A ces mots, George s'était mis en colère. Ils s'étaient disputés dans le vestibule de leur hôtel. George l'avait traitée de mère indigne, lui avait dit qu'il lui interdisait d'abandonner « son » enfant. Pema en avait été bouleversée, mais que pouvait-elle faire ? Elle avait éclaté en sanglots, et l'avait traité d'ambitieux, d'aventurier, de séducteur et de scélérat.

Cette nuit-là, après avoir ruminé ses regrets en buvant une demi-bouteille de whisky, George avait été hanté par la vision de son enfant, élevé par quelque famille indienne inconnue. Peut-être pourrait-il trouver un couple anglais qui acceptât de l'adopter. Mais quel est le couple qui adopterait un bébé eurasien ? George avait alors songé à sa sœur aînée, la douce et maternelle Jane. Si seulement elle était mariée, il était sûr qu'elle serait trop heureuse de prendre l'enfant de son frère. Mais elle était célibataire. Cependant, en désespoir de cause, George lui avait écrit une longue lettre.

Jane lui avait répondu par retour de courrier. Elle adopterait l'enfant, le ramènerait en Angleterre, l'élèverait comme si c'était le sien, sans prêter la moindre attention au qu'en-dira-t-on. Dès que l'enfant serait assez fort pour supporter le voyage, elle viendrait en Inde.

Muni de ces bonnes nouvelles, George avait essayé de voir Pema, mais elle avait refusé de lui parler, aussi avait-il décidé de lui écrire pour avoir son accord. La mère de Pema avait consenti à rencontrer George et accepté cette solution sans la moindre gratitude, comme s'il s'agissait d'une affaire sans importance. George avait cru reconnaître le cœur insondable des femmes orientales.

Mais les faits étaient tout autres. Pema était au bord du désespoir. Elle était trop jeune et trop timorée pour envisager de ne pas obéir à sa mère. Elle était sincèrement convaincue qu'elle n'avait d'autre choix que d'abandonner son enfant. Le monde de l'Anglais lui était si étranger qu'il lui paraissait irréel. Il lui avait fallu se soumettre à la tradition, en piétinant ses sentiments. C'est ainsi que sans la moindre émotion, la mère de Pema avait remis la petite fille à la sœur de George, quatre mois après sa naissance. Personne, absolument personne ne sut jamais combien Pema avait pleuré.

Quinze années s'étaient écoulées depuis ces tristes événements, et Ashi Pema était toujours mariée au seigneur du dzong de Bumthang. Elle lui avait donné trois enfants, deux fils et une fille. Mais Pema n'était pas heureuse.

Bien que tous les paysans et les nobles de Bumthang fussent fiers de leur princesse, Pema s'ennuyait dans cette vallée reculée, vouée à la culture du riz. Après son mariage, elle avait essayé de faire pousser des fleurs et des arbres à fruits exotiques, mais cela ne lui avait pas apporté le bonheur. Elle avait désiré une vie d'honneurs et de prestige, mais elle avait été bien déçue. Elle avait espéré que son mari serait envoyé à la cour de Punaka ou à Kalimpong, comme représentant, mais de telles promotions ne semblaient pas s'annoncer.

Ses enfants lui avaient donné quelque satisfaction, mais maintenant qu'ils avaient grandi, elle sentait qu'ils lui échappaient. Le plus jeune des garçons avait déjà quitté la maison pour faire des études au monastère de Wangdu Photrang, tandis que sa fille était bientôt en âge de se marier. Pema espérait secrètement avoir l'autorisation d'aller à Lhassa pour y trouver un prétendant digne d'elle, mais son mari ne lui avait pas, jusqu'à présent, permis d'entreprendre ce voyage. En fait, il refusait de la laisser partir, sous prétexte qu'il ne pouvait se passer d'elle.

Par cette froide matinée de novembre, après s'être fait coiffer par Chucki, Ashi Pema se débattait comme d'habitude contre l'ennui en scrutant l'horizon par la fenêtre, lorsqu'elle remarqua une longue caravane qui s'enfonçait dans la vallée. Voici quelqu'un qui vient égayer nos soirées, se dit-elle en regardant les poneys dégringoler le long de la piste.

– Chucki, Chucki ! Où es-tu ? cria Ashi Pema par la porte.

– *Kare re*, qu'y a-t-il ? fit Chucki en arrivant haletante.

– Va t'assurer que le chef de cette caravane dîne bien avec nous ce soir. Nous allons faire une fête.

Chucki sourit et s'en fut précipitamment.

La caravane, qui se révéla de taille modeste, se dirigeait vers Tashigang, dans la partie extrême orientale du Bhoutan. Elle était conduite par le ramjam, le commandant en second de la forteresse de Tashigang. C'était un beau garçon sportif.

Le ramjam se montra enchanté de l'invitation de Pema. Il ordonna à ses serviteurs de camper en dessous de la forteresse et de mettre les poneys au pâturage, puis il se prépara pour la soirée, ravi à la perspective d'un bon repas et d'une nuit au chaud, après les difficultés des Montagnes Noires.

Le modeste intérieur d'Ashi Pema était en rapport avec l'austérité de la vie de la plupart des Bhoutanais. Pour des raisons religieuses, elle n'avait le droit ni de vivre ni de dormir à l'intérieur des grands murs de la forteresse de son mari. Aussi sa maison se trouvait-elle à côté de la grille de la forteresse; c'était un modeste chalet traditionnel en bois et torchis avec un grand toit de pin incliné, en raison des pluies fréquentes. Le seul luxe en était les magnifiques tapis tibétains, que Pema avait reçus en dot et qui recouvraient les matelas bourrés de laine, disposés de part et d'autre de l'âtre d'argile de la salle.

Ce soir-là, le dzong-dpon était, selon la coutume, assis à gauche du feu, dos aux fenêtres. Il était vêtu d'une vaste robe de soie à rayures jaunes et rouges, sur laquelle se détachait la longue épée d'argent, signe de sa charge. Son honorable invité, le ramjam, fut prié de s'asseoir à sa gauche; les femmes se tenaient assises en face. Devant eux étaient disposées des rangées de tables basses, semblables à des boîtes, abondamment dorées et décorées de fleurs et de dragons peints. La table du dzong-dpon était la plus haute, et leur taille diminuait à mesure qu'on s'éloignait de la place d'honneur.

Le bruit se répandait que le dzong-dpon recevait. Une foule de gens étranges, que nul n'avait songé à inviter, mais que l'usage exigeait de bien recevoir, envahit sa maison. A tour de rôle, les hommes s'inclinèrent profondément devant le maître du lieu, qui assigna à chacun une place en fonction de son rang, le long des tapis. Pas de présentation, mais les nouveaux arrivants pouvaient librement se joindre à la conversation. Les mendiants étaient aussi bien reçus que les nobles; les hommes autant que les femmes composaient la cour du chef de la forteresse.

Le ramjam fut assailli de questions, car les voyageurs étaient la seule source d'information du Bhoutan.

– D'où venez-vous?

– Kalimpong, répondit l'invité.

– Où avez-vous campé la nuit dernière?

– Juste en dessous du col.

Puis on parla affaires. Les villageois de Bumthang avaient hâte de connaître les cours du riz et de l'orge, pratiqués dans le reste du pays.

La soirée s'avançait. La bière d'orge coulait à flots, et le ramjam se mit à raconter son séjour à Kalimpong. Il avait rencontré, lors d'une soirée à la maison du Bhoutan, un Anglais, qui l'avait frappé par sa connaissance du bhotia. Cet Anglais, ajouta le jeune homme, était accompagné par sa nièce, ravissante fille de seize ans, qui fréquentait les garçons de Dorje et apprenait le tibétain.

Cette nuit-là, lorsque Pema se fut retirée, les paroles du ramjam lui revinrent à l'esprit. Un Anglais parlant couramment bhotia... langue qu'une demi-douzaine à peine d'Anglais avaient jamais réussi à apprendre.

Après une nuit agitée, Pema se leva, décidée à parler au ramjam avant qu'il ne quitte le camp. La brume estompait les sommets couverts de forêts qui entouraient la vallée de Bumthang. Encore une froide journée d'hiver en perspective. Pema trouva le ramjam et ses porteurs buvant du thé autour d'un feu fumeux. S'approchant du ramjam, Pema lui demanda s'il se rappelait le nom ou la profession de l'Anglais. Incapable de retrouver son nom, le ramjam le décrivit comme étant très grand avec des yeux bleus. Puis il insista sur la beauté de sa fille.

Jamais le ramjam ne comprit pourquoi la femme du dzong-dpon était brusquement partie sans dire un mot. Il venait juste de se souvenir que l'étranger était planteur de thé.

7

Il fallait cinq heures d'une route poussiéreuse pour atteindre Sarduja, aussi Ariel était-elle épuisée, lorsque George lui montra le dôme du palais au-delà d'une étendue marécageuse d'herbe à éléphant.

– C'est la réplique de la demeure d'un duc anglais, hurla George, comme ils abordaient l'allée à grand train. On a fait venir cent maçons d'Italie pour le construire.

– Il y a longtemps? demanda Ariel ébahie par le dôme de cathédrale qui dominait l'ensemble.

– Non, quarante ans seulement. L'humidité et la mousson font tout vieillir très vite. A droite, tu vois les jardins à la française aménagés autour de six fontaines, une par saison, parce qu'ici le printemps est précédé par la « saison de la rosée » et l'hiver par celle des brouillards.

Les jardins étaient entourés d'une élégante caserne à colonnes où logeaient autrefois les gardes et l'armée du maharadjah. Car le maharadjah était non seulement responsable de l'ordre et de l'enseignement dans son État, mais aussi de l'armée. Les Anglais avaient laissé les princes indiens conduire leurs affaires à leur gré. L'indépendance devait changer tout cela puisque les maharadjahs allaient perdre leurs États au profit du gouvernement central indien.

Lorsque la voiture s'arrêta, Prabaka sortit pour les recevoir. Il salua timidement George avant d'adresser un sourire à Ariel. Un boy enturbanné alla ranger la jeep, après que trois autres serviteurs en jodhpurs blancs eurent pris leurs bagages. Pénétrant dans le vaste hall de marbre, surmonté de l'imposante coupole, le maharadjah, d'une voix tonitruante d'Oxonien, accueillit George avec chaleur.

– Et comment va la demoiselle ? demanda-t-il.

– Pendant qu'on défait vos valises, je vais vous emmener voir les éléphants, proposa Prabaka à Ariel.

– Oui, sauvez-vous, fit le maharadjah. Et montre-lui aussi les paons.

Une fois dehors, Prabaka prit Ariel par la main et lui fit traverser la grande cour couverte de gravier et passer sous une voûte pour déboucher au-delà de la caserne dans un bosquet d'eucalyptus. Là, attachés aux arbres par des chaînes, étaient parqués les éléphants entourés de *mahouds,* vêtus de pagnes sombres.

– Sarduja est un État très pauvre, traversé par le Brahmapoutre et donc essentiellement formé de marécages. Mais le terrain est incomparable pour la chasse aux tigres, vous verrez, poursuivit Prabaka avec enthousiasme.

Ariel était fascinée par les éléphants qui se balançaient dans l'ombre ; leurs yeux paraissaient sourire à ceux qui étaient autour. La scène était tellement exotique qu'Ariel croyait rêver. Elle alla avec Prabaka à la recherche des paons dans les jardins à la française.

Prabaka la conduisit ensuite jusqu'à sa chambre et lui présenta les deux femmes de chambre chargées de la servir.

« Elles avaient déjà défait mes valises et m'avaient fait couler un bain, écrivit Ariel ce soir-là dans son journal. Elles ont dit que j'étais *ramro,* m'ont touché les cheveux et se sont extasiées devant mes nouvelles robes. Je me suis regardée dans une glace en pied pour la première fois depuis mon séjour à Calcutta ; à Kalimpong, les salles de bains sont plutôt rudimentaires. Ici, ma salle de bains est en marbre jaune pâle avec d'immenses miroirs sur tous les murs. Je crois que je suis amoureuse de Prabaka. Il dit qu'il est fou de moi. Nous avons été nous promener après le dîner dans les jardins, pendant qu'oncle George et le maharadjah parlaient chasse. Nous nous sommes tenu la main, mais il n'a pas essayé de m'embrasser. »

Le jour suivant, la chasse commença. Au palais, l'excitation était à son comble. Toutes les heures un *shikari* venait donner la position des tigres qu'on avait repérés. Ariel fut attristée d'apprendre que des buffles vivants avaient été attachés dans la jungle entourant le palais afin d'appâter les tigres.

Les chasseurs étaient divisés en deux groupes. Les uns souhaitaient tirer les tigres du haut des *machans,* affûts perchés dans les arbres au-dessus des buffles ; les autres, plus audacieux, dont George et le maharadjah faisaient partie, préféraient se poster sur le dos des éléphants.

« L'idée de tuer des tigres me fend le cœur, écrivait encore Ariel dans son journal. Surtout après avoir vu toutes ces magnifiques bêtes empaillées dans le palais. Cependant Prabaka veut absolument m'apprendre à tirer. Je le trouve un peu trop passionné d'armes. Son père et lui ont une collection impressionnante. Prabaka en parle avec amour.

« Il m'a dit hier soir qu'il m'aimait, mais que notre amour est impossible, car je ne pourrais jamais comprendre ce que c'est que d'être indien. Je dois avouer que je le trouve un peu compliqué. Pour lui, rien n'est simple, et il est tellement embarrassé de lui-même.

« J'ai fait le tour du palais avec Prabaka et j'ai été gênée de voir certains serviteurs lui baiser les pieds. Il est extrêmement gentil avec tout le monde et tout le monde l'aime. Prabaka veut aller à Oxford comme son père, mais il craint que le gouvernement le lui interdise.

« Le père de Prabaka est très beau; en fait, avec oncle George ils forment une paire éblouissante. Prabaka est si désarmé en comparaison. Parfois je l'aime parce que je le sens si fragile, mais il m'arrive aussi de le trouver un peu niais. Nous passons nos journées ensemble et je vais l'accompagner au campement à une trentaine de kilomètres du palais. Nous occuperons le même *howdar* pendant la chasse aux tigres. Je suis tellement excitée que, dès que je ferme les yeux, je vois des tigres.

« Prabaka est vraiment amoureux de moi. Aujourd'hui, il m'a tenu la main toute la journée et m'a dit qu'il m'aimait et avait besoin de moi, qu'il m'adorait; tout cela avec une grande timidité. Il m'a dit que j'étais tellement belle qu'il était incapable de penser à autre chose depuis notre rencontre. Je pense à beaucoup d'autres choses en dehors de Prabaka, aussi ne suis-je peut-être pas vraiment amoureuse de lui. Cependant je me sens bien avec lui, j'aime sa compagnie, j'aime voir, sentir et penser en accord avec lui.

« La chasse m'a bouleversée. Il faut être myope ou avoir la tremblote pour rater un tigre qui rampe sous votre *machan* à moins de dix mètres de votre éléphant. Un superbe tigre qui feulait devant nous a été abattu de trois balles avant d'avoir eu le temps de se rendre compte de quoi que ce soit. Nous étions tous les deux très tristes, mais Prabaka m'a consolée d'un baiser (le premier) et puis, ce soir-là, il est venu dans ma chambre voir si “ j'allais bien ” et m'a embrassée de nouveau. Je n'étais pas sûre de vouloir qu'il s'en aille, mais il s'est enfui à toute vitesse. Je n'ai pas fermé l'œil de la nuit. »

Après la chasse, Ariel retourna à Kalimpong. Elle ne sut pas trop pourquoi, mais l'endroit lui semblait avoir changé. Sa chambre lui parut plus petite, à cause, sans doute, de la magnificence de Sarduja. Elle se crut tout d'abord amoureuse de Prabaka, aussi passait-elle son temps dans sa chambre à lui écrire des lettres. Il lui avait promis de venir la voir, mais maintenant, loin de lui et du palais, elle commençait à s'interroger sur ses propres sentiments.

– Il est gentil, mais un peu ennuyeux, raconta-t-elle à Ani-la. En tout cas, c'est l'opinion des jeunes Bhoutanais, mais je l'aime.

– Quand vient-il? demanda Ani-la.

– Je ne sais pas. Peut-être le mois prochain.

Ariel n'était pas certaine de souhaiter sa venue. Elle n'était pas sûre de vouloir se trouver avec lui au milieu des Bhoutanais et des Tibétains qu'elle voyait d'habitude. Ils allaient se moquer d'elle; ils étaient malveillants et taquins. Ariel n'en avait cure, mais elle craignait qu'ils fussent impitoyables avec le pauvre Prabaka.

– Certains de ces garçons sont si méchants, continua Ariel en suivant Ani-la dans la cuisine.

– Quels garçons? demanda distraitement Ani-la.

– Les Bhoutanais. Ils ont beaucoup bu hier soir et ont dit des grossièretés aux Tibétaines et aux Sikkimais qui ont rougi et ils les ont traités de cochons.

Ariel n'avait pas tout compris, bien qu'elle eût fait des progrès en tibétain, mais ce qu'elle avait compris l'avait choquée.

– Tous les Tibétains sont-ils aussi agressifs, Ani-la?

– C'est un peu dans leur caractère, répondit-elle, se redressant pour mieux observer Ariel.

Elle surprit un pétillement dans ses yeux. Ariel voulait parler du garçon qui l'avait ramenée la nuit précédente, mais elle n'osait pas. Il était plus âgé, vingt-six ans peut-être. Il s'appelait Tsering et lui avait fait un semblant d'avances dans un anglais hésitant. Ariel s'était mise à rire, ce qui l'avait décontenancé, mais ne l'avait pas empêché de déclarer qu'elle était la plus belle fille de Kalimpong. Ce qu'Ariel trouva extrêmement flatteur, car les princesses tibétaines invitées à la soirée étaient d'une étonnante beauté dans leurs robes de soie qui les faisaient paraître si minces et raffinées.

Le jeune homme avait raccompagné Ariel chez elle. Il était grand et beau, avec des yeux sombres dans un visage tout à fait européen. Sa vaste robe tibétaine lui donnait une allure majestueuse. Il était un peu bizarre, mais s'était montré à la fois chaleureux et amical, causant et plaisantant avec Ariel comme s'il l'avait toujours connue. Elle se sentait bien avec lui. Il lui avait simplement dit au revoir devant le portail et avait disparu avant qu'elle ne fût entrée dans la maison.

– Est-ce que les Tibétains embrassent comme nous? demanda-t-elle à Ani-la après un long silence.

– Oui, bien sûr, mais jamais en public, répondit Ani-la, surprise par cette question. Pourquoi?

Mais Ariel ne répondit pas. Depuis quelque temps son attitude surprenait Ani-la. Elle ne lisait plus, mais traînait dans la maison en rêvassant. Ayant remarqué que ces changements dataient de la chasse aux tigres, Ani-la essaya de lui parler, mais ses questions se heurtèrent à un mur. Ani-la crut de son devoir d'en parler à George.

– Ariel me préoccupe. Elle est morose. Et depuis quelque temps, elle critique de plus en plus la vie à Kalimpong et dans les collines.

Trois mois après la chasse, Prabaka vint séjourner à Kalimpong.

– Je ne sais pas s'il faut s'en réjouir ou non, fit observer Ani-la à George, mais Prabaka a acheté une bague pour Ariel, une énorme topaze montée sur or. Je ne peux pas m'enlever de l'esprit que ce qu'il aime le plus chez elle, c'est le fait qu'elle soit anglaise. Et puis je crains aussi qu'elle soit amoureuse de lui parce qu'il est maharadjah, ou au moins *rajkumar*.

George ne répondit rien. Mais il s'employa par la suite à observer plus attentivement sa fille. Ariel était maintenant une jeune femme et George ne se sentait plus capable de lui parler comme avant. Il lui arrivait de la considérer comme une étrangère, une belle étrangère qui logeait sous son toit, présence mystérieuse et parfois embarrassante. George se rendait compte qu'Ariel n'était pas elle-même pleinement consciente de sa propre féminité et de ce qu'elle impliquait.

Coupée d'Ani-la et de son oncle, Ariel se tourna vers son journal pour essayer de démêler ses sentiments.

« Pour la première fois, j'ai conscience de ne plus être maîtresse de moi-même, peut-être est-ce ce qu'on entend par amour. J'aime Prabaka et en même temps je ne l'aime pas. Peut-être suis-je amoureuse de l'amour. Comme tout est compliqué. Peut-être devrais-je coucher avec lui.

« Mercredi dernier, j'ai décidé de coucher avec Prabaka. Comme ça. Mais c'est là que commencent les problèmes. Quand, où, comment ? Impossible chez Ani-la, impossible à la maison avec Calay et les autres boys. Impossible dans la nature à cause des fourmis et des animaux sauvages. Et puis Prabaka ne semble rien vouloir comprendre. Je ne suis plus que honte et frustration. Et je commence à le mépriser. Ce n'est qu'une mauviette et un geignard. Je le lui ai dit. Il m'a regardée avec des yeux pleins de larmes. Je me suis enfuie en pleurant et maintenant je le déteste autant que je me déteste. »

Le lendemain du départ de Prabaka, George, voyant Ariel déprimée, lui proposa de l'emmener aux courses à Calcutta.

Ariel était transportée d'aller à Calcutta seule avec son oncle. Elle se sentait moins nerveuse avec lui, moins anxieuse. Elle se sentait plus femme aussi, car son oncle savait se montrer galant avec elle; il lui tenait les portes, au restaurant il lui présentait le menu, ce qui l'enchantait.

Mais toutes ces attentions ne parvenaient pas à lui faire oublier ce qui la préoccupait. Était-elle désirable! Y aurait-il un autre homme pour tomber vraiment amoureux d'elle? Peut-être manquait-elle de charme?

Sur quoi, Ariel alla s'acheter de la lingerie de soie.

Dès la première réunion hippique, elle rencontra plusieurs Anglais charmants et fut grisée d'être invitée par le maharadjah de Raupur en personne à la réception qu'il donnait le soir même dans son palais. Il l'avait complimentée sur son élégance. Mais Ariel fut très déçue de découvrir au cours de la soirée que le maharadjah préférait les jeunes gens. Du coup elle s'intéressa au jeune et grassouillet Raja de Dardipur, coureur de jupons invétéré. C'était un affreux individu adipeux, qui avait la détestable habitude de tordre la bouche en tous sens, lorsqu'il s'empiffrait de nourriture, ce qui était presque permanent. Il entretint Ariel de chocolat et de jeunes Anglaises. De dégoût elle finit par le plaquer là en se demandant ce que les femmes pouvaient bien lui trouver.

A la suite de la grande réception donnée par le directeur des Filatures de jute associées, Ariel eut une longue conversation avec son oncle. Peut-être était-il légèrement ivre; elle, pour sa part, se sentait pleine d'audace. Pour la première fois ils parlèrent librement d'amour.

– Bien que tu doives songer à te marier, si j'étais toi, je m'amuserais d'abord un peu, lui avait-il déclaré avec malice. Apprends à t'aimer davantage, un soupçon d'égoïsme arrange bien les choses.

Ariel n'était pas sûre d'avoir bien compris ce que voulait dire son oncle, mais en y repensant, elle vit que, d'une certaine façon, il avait raison. Elle ne s'était jamais demandé ce qu'elle aimait vraiment.

Dans un accès d'hédonisme, Ariel s'était commandé un fourreau en soie naturelle rouge vif, profondément décolleté et fendu sur les côtés, chez un couturier français de Chowingree. C'était une folie, pensait-elle, mais oncle George ne regardait pas au prix. Peut-être serait-elle enfin désirable, se disait-elle, contrariée de ce que personne n'eût jamais essayé d'abuser d'elle. Son oncle même n'avait jamais manifesté d'intérêt pour son physique. Pourtant elle avait lu un roman dont le héros séduisait sa nièce. Pouvait-elle inspirer aux hommes ces passions qu'elle avait découvertes dans les livres ?

La robe fut prête pour la grande soirée donnée au Toliganj Club après la Coupe du président.

Ariel enfila d'abord la lingerie neuve en dentelle et soie qu'elle s'était achetée. Les quelques centimètres de dentelle qui dépassaient de sa robe lui vaudraient une entrée remarquée sous le grand lustre de la salle à manger de marbre. Elle se sentait à son avantage et, dans son enthousiasme, elle se précipita dans la chambre de son oncle, séparée de la sienne par le couloir. George était en manches de chemise. Il était mince et romantique et lui souriait. Il l'observait d'un regard où elle crut discerner une nuance de désir. Ariel se jeta dans ses bras. Elle sentit alors ses bras lui étreindre la taille et ses mains remonter le long de son corsage à la hauteur de ses seins. Un frisson la parcourut. Peut-être son destin la portait-il vers lui ? Elle ferma les yeux et s'abandonna à un sentiment de bien-être délicieux, violemment interrompu par une si brutale poussée qu'elle faillit tomber. Confuse, abasourdie, elle regarda son oncle dans l'espoir d'une explication. Le visage en feu, il lui lança un regard furieux qui la laissa interdite.

– Mais qu'y a-t-il, oncle George ? demanda-t-elle d'une voix implorante.

– Sors d'ici et laisse-moi m'habiller, ordonna-t-il.

De retour dans sa chambre, Ariel se regarda dans la glace, se remaquilla, se recoiffa et se sourit à elle-même en plaignant son oncle.

Au dîner Ariel fut éblouissante; jamais elle n'avait été plus belle. Aux tables voisines on ne parlait que d'elle. George s'en rendit compte et remarqua qu'elle fut la première à danser. Pendant deux heures, elle fut entraînée dans un tourbillon par des soupirants empressés. N'en pouvant supporter davantage et agité de sentiments confus et contradictoires, George vida les lieux sans même saluer sa fille ni son hôte. Lorsqu'elle s'aperçut qu'il était parti, Ariel fut d'abord ennuyée, puis, se rappelant l'incident qui avait précédé la soirée, elle se dit qu'elle s'en moquait bien.

Peu après minuit, Ariel et une demi douzaine de jeunes gens s'empilèrent dans l'énorme voiture de quelque maharadjah pour se rendre au Club 300, où elle dansa jusqu'à six heures du matin. L'aube pointait lorsqu'elle se rendit compte qu'elle était seule avec quatre hommes et Boris le propriétaire russe du club. Quatre hommes de trop, pensa-t-elle, légèrement éméchée et passablement fatiguée.

Le soleil se levait lorsque Edward March, sans conteste le plus beau, lui proposa de la ramener à son hôtel. Ariel avait fait la connaissance d'Edward deux ans auparavant, peu après son arrivée en Inde; ils étaient en quelque sorte de vieux amis. Edward était grand, élégant et d'une charmante timidité. Il demanda la clé d'Ariel au gardien de nuit et la conduisit jusqu'à sa chambre. Le boy de service dormait devant sa porte; ils enjambèrent en pouffant la forme endormie et pénétrèrent dans sa suite. Derrière la porte fermée, Ariel remercia Edward d'un baiser. Mais les yeux fermés, elle se laissa mener jusqu'au divan où ils se blottirent. Elle se serra contre lui et n'offrit aucune résistance lorsqu'il se mit à la déshabiller. Il commença, puis s'arrêta, joua de ses doigts hésitants avec les boutons de sa robe. Ariel prenait toutes ces hésitations pour de la maladresse, de la crainte; et Edward n'avait pas conscience qu'elles étaient pour elle autant de brûlures. Il lui passa la main autour de la taille et atteignit la naissance de ses seins, promesse de caresses qu'elle attendait depuis si longtemps.

Les mains d'Edward glissèrent sur la soie et se mirent à jouer avec les boutons du dos. Ariel se décida à l'aider. Ayant, en désespoir de cause, défait elle-même les deux derniers, elle laissa tomber le corsage de sa robe autour de sa taille, puis, retirant une bretelle de son soutien-gorge, elle dénuda un de ses seins, lourd et tendu par l'attente, sensible au moindre effleurement de la soie, au moindre mouvement de ses vêtements, maintenant tout froissés contre le costume d'Edward.

Elle souhaitait être entièrement nue, mais Edward restait étendu, silencieux et immobile, manifestement ivre, une jambe pendant sur le bord du divan, comme prêt à bondir. Ariel devenait de plus en plus nerveuse. Des frissons d'impatience lui parcouraient le corps, tandis qu'Edward, lentement, gauchement, reprenait sa lamentable entreprise. Par timidité, par peur d'offenser son inepte soupirant, Ariel n'osait pas prendre l'initiative, elle laissa cependant sa main remonter le long de son bras, puis glisser sur sa poitrine où ses doigts se frayèrent un passage dans sa chemise, s'attardant sur chacune de ses côtes avant d'atteindre sa taille où ils s'arrêtèrent, hésitants.

La saisissant par le poignet, Edward lui retira la main. Au bord des larmes, près de crier de dépit, Ariel reconnut sur le visage d'Eward ce sourire inimitable qu'elle avait si souvent vu chez son oncle, celui de quelqu'un qui a trop bu.

– Non, non, s'écria-t-elle en le repoussant.

Edward se leva d'un bon, l'air peiné.

– T'ai-je fait mal ? demanda-t-il d'une petite voix coupable.

– Non, espèce d'imbécile, non! Non! Non!

Ariel se leva à son tour. C'était désespéré. Mais elle ne pouvait pas supporter cette tension.

– Je t'en prie, déshabille-toi, supplia-t-elle d'une voix douce.

Edward se contenta de sourire avant de s'éloigner.

– Non, fit-il enfin. Je crois que je ferais mieux de partir.

Là-dessus, il se dirigea vers la porte, s'arrêta un instant pour lui envoyer un baiser et enjamba précautionneusement le boy.

Hébétée, déçue, irritée et frustrée, Ariel alla devant la glace. Avec ses cheveux ébouriffés autour du visage, ses yeux brillants, comme enfiévrés, elle se trouva plus belle que jamais. Pour se venger, elle retira sa robe devant le miroir et arracha son soutien-gorge, laissant ses seins jaillir, droits et provocants.

Elle se pencha jusqu'à toucher de ses mamelons le verre glacé; un frisson apaisant lui parcourut le ventre; elle n'abandonna cette position que lorsque ses cuisses lui firent mal. Alors, tremblante de désir, elle se précipita dans son lit pour y maudire sa propre faiblesse. Elle dominait de moins en moins ses désirs. Était-ce, se demandait-elle, l'effet de l'âge ? Dans combien de temps y céderait-elle ? Quelle était donc la violence de cette force que d'autres appelaient passion ?

L'amour mettrait sans aucun doute un terme à ce malaise exquis. Elle fut très longue à trouver le sommeil.

8

A peine rentré à Kalimpong, George Stevens partit pour le jardin de thé d'Hassimara, laissant Ariel chez Ani-la. Pendant la semaine qui suivit, Ariel se montra déprimée. Elle errait toute la journée comme une âme en peine dans la maison.

– Ariel, veux-tu venir avec moi ? cria Ani-la, un matin dans la cage d'escalier. Je vais dire au revoir aux McPherson. Ils rentrent la semaine prochaine en Angleterre et font une vente de tout ce qu'ils n'emportent pas.

– Bon, d'accord, répondit Ariel d'un air renfrogné du haut de l'escalier. Les McPherson ne seront pas une grande perte, ajouta-t-elle, une fois en bas.

Elle détestait les ventes de charité et il s'en faisait maintenant presque toutes les semaines.

– Que veux-tu dire ? demanda Ani-la, interdite.

– Lui, je ne l'ai jamais aimé, avec ses lunettes noires et la manière dont il parle du ministère des Eaux et Forêts, comme de son domaine réservé.

– Je t'en prie, ne sois pas désagréable, répliqua Ani-la, plus surprise que fâchée par le jugement d'Ariel. Il a fait beaucoup de bon travail et sauvé des forêts que les squatters népalais se seraient sinon empressés de couper. Bien sûr, il n'est pas très drôle, mais la vie n'est pas qu'amusement.

– C'est bien ça, poursuivit Ariel, enhardie par sa propre audace. Toute une vie de sacrifice et de service, et quoi ? Voir les Indiens prendre la relève, alors qu'ils se fichent autant des arbres que des intouchables.

– Qu'est-ce que tu as ce matin ? demanda Ani-la avec un demi-sourire, tandis qu'Ariel se versait une tasse de thé dans la cuisine.

– Je souhaiterais qu'oncle George ne passe pas tant de temps à Hassimara, dit Ariel sur un ton de reproche, tirant une chaise près de la table. C'est à cause de cette misérable fille. J'aimerais beaucoup y aller, mais évidemment elle s'y opposera. Je n'ai le droit de m'occuper de mon oncle qu'ici à Kalimpong. Ani-la, pourquoi oncle George est-il comme ça ? Je ne le comprends pas. Dès que je dis quelque chose de sérieux, il le tourne en blague. Son humour est comme, un... un mur au-delà duquel je ne peux rien voir.

Ani-la alla, sans répondre, chercher son manteau.

– Dépêche-toi, nous allons être en retard.

Ariel attrapa son long manteau marron à col de loup qui encadrait si joliment son beau visage.

Le bungalow des McPherson semblait avoir été traversé par un ouragan. Un boy offrait du thé au milieu des sièges, des tables et des vieux lits, exposés dans le jardin où la lumière du grand jour les faisait paraître plus fanés encore. On aurait dit que la maison avait été vidée de ses entrailles.

Les McPherson, remarqua Ariel, étaient déjà comme des étrangers, incapables de trouver le ton juste pour s'adresser à ceux qui restaient.

– Je suppose que vous ne tarderez pas non plus à rentrer, fit Mrs McPherson, tournicotant au milieu de ses vieux meubles, s'attardant près de la table du Cachemire trop ornée, « achetée pendant leur lune de miel », et du disgracieux samovar que personne n'avait jamais été capable de faire fonctionner.

– C'est du fer-blanc, et non de l'argent, expliqua-t-elle, au milieu d'un bavardage d'où il ressortait que sa sœur leur avait trouvé une maison en Cornouailles.

– Il fait plus chaud en Cornouailles, pourtant je crains que nous regrettions le climat, et les boys, ça fait si longtemps, bientôt quarante ans.

Ariel regarda Mr McPherson, son long visage fatigué, blême et sec, en se demandant combien de temps il survivrait à ce retour au pays.

– Ani-la, qu'allons-nous devenir, si tout le monde s'en va ? demanda brusquement Ariel.

Occupée à fouiller dans une pile de vieux livres, Ani-la ne répondit rien.

– Uniquement des livres sur l'Empire, fit-elle remarquer en passant en revue les volumes, dont certains avaient été publiés à Bombay, d'autres à Calcutta. D'épais volumes où il n'était question que de l'Inde, de son gibier ou de son peuple. Quel dommage, pensa-t-elle, que tout soit fini.

De nombreux Anglais, dont son père, avaient éprouvé pour l'Inde une longue passion. Ils étaient persuadés d'y avoir un rôle à jouer. Un rôle civilisateur. L'instauration d'un ordre juste. Tant de jeunes idéalistes de l'administration indienne s'étaient appliqués à étudier la civilisation du pays, sa faune et sa flore. Qu'allaient-elles devenir, la Société asiatique du Bengale et toutes les sociétés savantes qui rivalisaient en nombre avec les clubs mondains. Les Indiens se souciaient-ils vraiment de toutes ces bibliothèques et de ces centres culturels ouverts par ces Anglais qui aimaient sincèrement l'Inde ?

– Qu'y a-t-il ? demanda Ariel remarquant une larme sur la joue d'Ani-la.

– Ces sales échoppes ne me manqueront pas, non plus que la viande de buffle.

C'était la voix de Mr McPherson.

– Filons, dit doucement Ani-la. Et puis tout le monde ne partira pas, ajouta-t-elle en s'éclipsant sans dire au revoir. Et de toute façon qu'importe ceux qui partent. Ce sont ceux qui restent qui aiment vraiment le pays.

– Crois-tu qu'oncle George partira un jour ? demanda Ariel.

Pour la première fois depuis son départ de l'orphelinat, elle se sentait gagnée par la panique, cette terreur qu'elle connaissait bien d'être étrangère partout, de ne pas être aimée comme elle voulait. La seule mention de l'Angleterre que tout le monde en Inde appelait « la patrie » emplissait Ariel de tristes souvenirs. Et voilà maintenant que l'Inde qu'elle considérait comme sa nouvelle patrie était hostile aux Anglais. Kalimpong, Ariel commençait à s'en rendre compte, n'était qu'une étape commerciale, un point de jonction entre deux mondes. Ce n'était pas un lieu où s'enraciner.

– Ani-la, n'as-tu jamais peur ?

– De quoi, ma chérie ? répondit Ani-la, tandis qu'elles entraient dans le bungalow.

– Eh bien, de la vie, de l'avenir. De la solitude.

– Mais je ne suis pas seule. J'ai des amis, le bungalow. Ma voie est tracée. Que l'indépendance ne te tracasse pas. Le monde change, mais pas si vite qu'on croit. Et puis l'Inde fait toujours partie du Commonwealth, non ?

– Mais justement, tu es d'ici, mais pas moi. J'ai le sentiment de n'être chez moi nulle part. Je suis contente de vivre ici avec toi et oncle George, mais au fond de moi-même je me sens étrangère. Je n'en dors pas. Tout le monde a des racines, des amis, un pays, un avenir. Moi pas.

Ariel éclata en sanglots.

– Allons, allons, ne pleure pas, ma chérie. Mais bien sûr que tu as un avenir. Tu as la vie devant toi. Tu es belle, et très intelligente, tu n'as pas à t'inquiéter.

Gênée, comme elle l'était toujours par les larmes, Ani-la tournait autour d'Ariel qui s'était laissée tomber dans un des fauteuils du salon. Elle ne savait que dire ni que faire, lorsqu'à sa surprise, Ariel se leva d'un bond. Grande, mince, elle traversa la pièce d'un air déterminé.

– Tu ne peux pas comprendre, murmura Ariel, je veux dire un avenir qui ait un sens. Je n'ai qu'une vie et je ne veux pas la gâcher, mais que puis-je faire ? Que devrais-je faire ?

Ani-la ne répondit pas. Il lui arrivait d'être effrayée par l'arrogance d'Ariel, mais elle savait aussi combien elle pouvait être gentille et douce.

Ariel monta dans sa chambre et s'allongea sur son lit. Pleurer lui avait fait du bien. Elle se rendait compte qu'elle aurait du mal à faire comprendre à Ani-la la raison de son souci.

Seule l'étude du tibétain apaisait quelque peu ses angoisses. Elle aimait, malgré son vocabulaire limité, converser avec les Tibétains du bazar. Elle avait pris l'habitude de descendre la grand-rue tous les jours de bon matin. Elle en aimait l'atmosphère d'excitation, les groupes bruyants de paysans rassemblés devant les éventaires des marchands marwari étendus sur les matelas blancs qui tapissaient les sols de leurs boutiques. Le bruit courait que ces matelas étaient bourrés de billets, fortune cachée, que personne ne voyait jamais, car les plus riches de ces marchands s'habillaient comme les plus misérables de longs et flasques caleçons de médiocre coton, surmontés de vastes chemises dont les pans leur tombaient aux genoux.

Le lendemain de la vente, attirée par le tintement de grelots d'attelage, elle était entrée dans une petite enceinte de brique, dont un des côtés était fermé par un bâtiment bas qui servait d'entrepôt et d'écurie. Dans la cour, une douzaine de mules attachées par les pieds à des cordes reliées à des piquets. Plusieurs Tibétains de haute taille, probablement des Khambas, originaires du Tibet oriental s'en occupaient. Ils regardaient Ariel en souriant. Gênée, elle était sur le point de partir, lorsqu'elle reconnut parmi eux Tsering, le jeune Tibétain qui l'avait ramenée chez elle après la soirée à la Maison du Bhoutan.

Tsering traversa la cour pour la rejoindre. Il martelait le sol jonché de paille de ses hautes bottes de cuir noir. Avec sa *chuba* bordeaux qui lui tombait autour de la taille et dont une manche remontée sur l'épaule lui pendait dans le dos, il ressemblait à un dragon des temps anciens. Nul doute qu'il était beau, songeait Ariel, comme il s'approchait souriant, suivi de plusieurs muletiers, curieux de voir la jeune Anglaise de plus près.

– *Tashi di leg,* dit-elle, incertaine de son accent.

Tsering sourit et se passa les mains sur ses longs cheveux, tressés et enroulés sur le sommet de sa tête.

– *Yapo yin,* comment allez-vous ? demanda-t-il poliment.

Ariel chercha en rougissant la bonne réponse. Ne la trouvant pas, elle dit :

– *Khod gagi duk.*

Elle rougit plus encore en s'apercevant de son erreur. Elle voulait dire qu'elle aimait l'endroit et, au lieu de cela, elle avait dit qu'elle l'aimait lui. Tsering sourit et débita une longue phrase qu'elle ne comprit pas. Devant son désarroi, il répéta sa phrase, ajoutant « beaucoup, beaucoup ». Puis la prenant par la main, il la conduisit vers les autres hommes pour la leur présenter. Et, l'entraînant dans une pièce où rougeoyait un petit feu, il lui demanda si elle prendrait du *seu cha,* le thé tibétain.

Il prit un tapis de selle de couleurs gaies, l'étala sur le sol à côté du feu et invita Ariel à s'asseoir.

Dans sa robe courte Ariel dut s'asseoir de biais, tandis que Tsering, assis en tailleur à côté d'elle, attisait le feu pour réchauffer le thé qui frémissait dans la bouilloire. Ariel connaissait le *cha* tibétain pour en avoir goûté à plusieurs reprises, aussi s'arma-t-elle de courage pour affronter ce breuvage salé et huileux, qui tenait davantage de la soupe que du thé.

Ariel était gênée et ne savait que dire, mais Tsering, de sa voix douce et profonde, prit la parole. Elle ne comprit pas tout, mais comprit qu'il l'aimait. Surprise et quelque peu effrayée par les déclarations du Khamba, Ariel ne savait que répondre. La lumière qui pénétrait dans la pièce enfumée par une étroite fenêtre sans vitre était heureusement trop faible pour éclairer son visage écarlate.

A court de mots, Ariel chercha son petit dictionnaire tibétain dans l'espoir d'y trouver quelque phrase appropriée. Mais à peine avait-elle commencé de feuilleter le livre que Tsering le lui enleva et lui saisissant le poignet, le porta à ses lèvres. Elle n'opposa aucune résistance lorsqu'il baisa doucement les fines veines bleues de son pouls. Puis comme si de rien n'était, il lui lâcha la main et se pencha pour remuer le feu. Enfin, se redressant, il la regarda droit dans les yeux, comme pour dire quelque chose, mais il resta silencieux.

Ariel se surprit elle-même à répéter consciemment :

– *Kyo gagi duk.*

A présent, elle se sentait bien. Elle se leva, prit un chiffon pour saisir la bouilloire bouillante et, comme elle l'avait vu faire à plusieurs reprises, elle s'inclina légèrement et offrit à Tsering la théière de cuivre.

Il plongea instinctivement la main dans les plis de sa *chuba* et en retira son *puru,* tasse de bois revêtue d'argent qu'il lui tendit.

Respectueusement, avec un sourire affectueux, Ariel la remplit, puis attendit, comme le lui avait appris Ani-la, qu'il en eût bu une gorgée et lui eût présenté le *puru* pour le remplir à nouveau. Tsering lui prit alors la bouilloire des mains pour lui verser à boire.

– Je n'ai pas de tasse, dit timidement Ariel, sachant que les Tibétains ne se séparaient jamais de la leur.

Tsering se leva d'un bond et alla fouiller dans un sac de selle, d'où il rapporta, après une recherche laborieuse, un minuscule *puru* d'argent, qu'il essuya dans les plis de sa chemise de soie avant d'y verser le breuvage. Il le présenta à Ariel, qui était debout comme lui. Au moment où elle plongeait les lèvres dans le thé salé, Tsering posa la bouilloire et, l'enveloppant de ses bras, l'attira violemment contre sa poitrine. Il la regarda un instant dans les yeux. Lorsqu'il l'embrassa, la vue d'Ariel se brouilla et elle laissa tomber la petite tasse d'argent.

Quand il la lâcha enfin, Ariel pouvait à peine tenir debout. Dès qu'elle eut recouvré ses esprits, elle quitta en courant la pièce enfumée et se retrouva dans la cour baignée de soleil, où elle dut en trébuchant se frayer un chemin au milieu des bêtes, suivie, elle le sentait, par le regard des muletiers.

Dans son trouble elle ne remarqua pas les yeux perçants de Banerjee le postier qui, la voyant sortir en courant, se demandait ce que la nièce de George Stevens fabriquait dans l'entrepôt des Khambas, qu'il considérait comme un repaire de contrebandiers.

Un des secrets désirs de Banerjee était de prendre les Khambas en flagrant délit de contrebande, bien qu'il connût parfaitement la timidité de la police devant les Tibétains et plus encore devant les féroces Khambas.

Parmi les Tibétains, les Khambas du Tibet oriental avaient toujours pâti d'une réputation douteuse. D'aucuns les traitaient de *chalpas,* brigands, d'autres les baptisaient « gentilhommes de fortune »; quoi qu'il en fût, le seul nom de Khamba faisait peur, car ils étaient violents, agressifs et ne respectaient que leurs seules lois. Plus grands que la moyenne des Tibétains, les Khambas, avec leurs membres déliés, leur long et fin visage, leur nez aristocratique, ressemblaient à des Européens. Rien d'étonnant à cela, puisqu'ils descendaient d'aryens qui avaient autrefois peuplé les grandes plaines septentrionales du Tibet qui relient l'Inde au Cachemire.

Sur le chemin du retour, Ariel traversa rapidement le marché sans se laisser distraire par son habituelle animation. Elle était amoureuse de Tsering et se sentait envahie d'un bonheur indicible. Ses sentiments envers lui s'accroissaient de l'admiration qu'elle éprouvait pour tous les Tibétains, peuple dont la bonne humeur et la courtoisie faisaient paraître les Anglais, et plus encore les Hindous, sombres et prétentieux.

De retour chez Ani-la, elle ne dit rien de sa rencontre, mais demanda :

– Ani-la, pourquoi tous les Tibétains sont-ils si aimables avec tout le monde, sont-ils sincères ou simplement polis ?

– Oh non, ils sont sincères. Ce qu'on méprise le plus au Tibet, c'est l'hypocrisie et l'affectation.

Ariel brûlait de parler de Tsering, mais elle ne pouvait pas se résoudre à le faire. La journée s'écoula sans qu'elle songeât à autre chose qu'à lui. Quand le reverrait-elle ? Et s'il partait ? se demandait-elle en se retournant dans son lit sans pouvoir trouver le sommeil. Devrait-elle lui écrire ? Mais peut-être ne savait-il pas lire l'anglais ? Comment le revoir ? Devrait-elle le retrouver dans le bazar ?

Il était très tard lorsqu'elle se réveilla le lendemain matin. Elle avait décidé d'aller au bazar et, comme Ani-la était sortie, lorsqu'elle descendit, elle s'échappa, le cœur battant, sans même avoir pris le petit déjeuner.

Un petit Khamba au visage jovial vint lui dire que Tsering n'était pas là, mais l'attendrait à trois heures près du *chorten* qui se détachait au-dessus de la corniche dominant Kalimpong. Ariel ne pouvait contenir sa joie. La journée n'en finissait pas. Elle avala son déjeuner à toute vitesse, ce qui n'avança pas les choses. Elle n'arrivait ni à lire ni à rien faire d'autre. Lorsqu'arriva l'heure, elle n'éprouva aucune peur, mais de la timidité. Peut-être ferait-elle mieux de ne pas y aller ? Mais elle éclata de rire. Elle se sentait coupable et se demandait pourquoi elle n'avait jamais éprouvé le même sentiment avec Prabaka.

Au comble de l'excitation, elle se mit en route pour le *chorten,* vaste monument bouddhique blanc et arrondi, qu'elle avait à peine remarqué au-dessus du col où s'accrochait Kalimpong. Son cœur se mit à battre lorsqu'elle aperçut Tsering de dos, assis sur les marches du *chorten,* le regard perdu sur les crêtes vert sombre du Bhoutan.

S'approchant par-derrière, Ariel surprit Tsering, qui devait être en train de rêvasser. Il sourit et se leva. Il ne l'embrassa pas, ni ne lui prit la main. Il lui dit simplement :

– *Sho,* viens.

Et il l'entraîna sur un sentier abrupt, qui descendait au milieu des rizières. Tout en marchant, il rompit le silence. Il ne lui dit pas qu'il l'aimait, bien que ses yeux trahissent son cœur.

Ils évoquèrent des amis communs, les Bhoutanais et d'autres connaissances, appartenant à la petite communauté de Kalimpong. La voix de Tsering était douce et basse et Ariel comprenait presque tout ce qu'il disait, sans qu'il parlât un mot d'anglais.

Ariel rentra chez elle, illuminée de bonheur. Elle avait encore sur les lèvres le brûlant baiser d'adieu de Tsering. Elle était enfin amoureuse.

9

Plus d'une année avait passé depuis qu'étaient parvenues au Bhoutan des nouvelles de la ravissante nièce orpheline du planteur de thé anglais. Depuis, Ashi Pema, la mère d'Ariel, ne songeait qu'à trouver une bonne raison de se rendre seule à Kalimpong. L'occasion se présenta enfin, lorsque son mari décida d'aller acheter des chevaux en Assam.

Prétextant de mystérieuses douleurs que les médecins locaux étaient incapables de guérir, Ashi Pema obtint la permission d'aller se faire soigner à Kalimpong. Annonçant la bonne nouvelle à Chuki, sa femme de chambre tibétaine, Ashi Pema ne pouvait cacher sa joie.

– Pour une malade, vous paraissez un peu trop heureuse, la taquina Chuki.

– Occupe-toi de ce qui te regarde et dépêche-toi de faire les bagages, rétorqua Ashi Pema d'un ton cassant.

Puis elle ajouta en souriant :

– Tu ne peux pas savoir comme je suis contente de quitter cette misérable vallée. Le *dzong-dpon* m'autorise à m'absenter aussi longtemps que nécessaire, c'est-à-dire aussi longtemps que je le désire.

Ashi Pema avait envie de parler de sa fille à Chuki, mais elle hésita.

– Chuki, je ne peux plus tenir. Je n'ai pas quitté cette sombre vallée depuis deux ans. Tu devrais être aussi heureuse que moi. Songe à tous les beaux Tibétains que tu y verras. Peut-être trouveras-tu un amoureux, ou mieux un mari.

– Allez-vous revoir un ancien amant ? demanda Chuki avec insolence.

Elles partageaient tous leurs secrets. Les Tibétains ne voyaient rien de mal en amour, même hors mariage. Le sexe, considéré comme l'union de l'affection et du plaisir, était une des rares consolations d'une vie de souffrance. Dans le peuple les enfants étaient toujours les bienvenus. Et Chuki espérait même revenir enceinte de ce séjour, car il était évident qu'elle ne trouverait pas de mari parmi les Bhoutanais, et elle allait sur ses trente ans. Elle ne doutait pas que l'enfant serait bien accueilli dans la maison avec ceux des autres serviteurs.

– J'espère être bientôt enceinte, hasarda Chuki. J'aimerais tant avoir un enfant.

– Espèce de traînée et de bonne à rien, je te préviens que si tu te fais engrosser, je ne veux plus entendre parler de toi. Je te jetterai dehors, cria Ashi Pema. Ou bien tu devras abandonner l'enfant.

– Mais Ashi, comment pouvez-vous dire cela? protesta Chuki, habituée aux explosions de fureur de sa maîtresse, mais néanmoins choquée par ces cruelles paroles.

Ashi Pema ne répondit pas. Elle regrettait déjà son accès de colère, provoqué par le souvenir amer de ses premières couches. Mais elle était trop fière pour l'admettre.

– Fais les bagages, espèce de songe creux, fit-elle pour couper court. Nous devons partir avant midi pour arriver au col avant la nuit. Dépêche-toi donc.

En général, Chuki n'en voulait pas à sa maîtresse, mais cette fois elle plongea d'un air boudeur dans la grande malle en peau de yack pour y ranger les plus belles robes et chemises de soie d'Ashi Pema.

C'était une froide matinée de novembre. On entendait les clochettes des poneys tout harnachés qui attendaient leurs bagages. Les meilleurs poneys et les meilleures mules de la vallée avaient été réquisitionnés dans les fermes proches de la forteresse et sellés de tapis orange vif, brodés de centaines de minuscules fleurs bleu foncé. Il fallait que selles et poneys fissent honneur à l'épouse du *dzong-dpon*, et donc au gouverneur de la forteresse lui-même. Tous ces harnachements entraînaient de grandes dépenses.

– Piètre caravane, mais quelle joie de s'en aller! fit remarquer Ashi Pema en dénouant la ceinture de sa *chuba* qui s'étala en larges plis, pour monter à califourchon à la façon des Tibétaines. Refusant toute aide, elle sauta prestement sur la selle en velours rouge ornée d'argent du poney qu'un domestique maintenait au pied des marches de pierre de sa demeure.

– J'ai hâte d'arriver en Inde, fit remarquer Chuki en tendant à sa maîtresse une cape bleu foncé à revers de brocart. Pensez à tous ces Lhasséens que nous verrons à Kalimpong.

Ashi Pema se contenta de sourire d'un air entendu. Elle aimait le caractère insouciant et frivole de sa servante, somme toute assez semblable au sien, mais hélas, elle n'avait guère eu l'occasion de laisser libre cours à sa gaieté naturelle. Leur commun exil dans cette vallée reculée du Bhoutan avait fait d'elles des complices, toujours prêtes à se moquer des sombres Bhoutanais. Le sérieux perpétuel du mari d'Ashi et des autres officiers de la forteresse encourageait les jeunes femmes à rire de ces hommes lourds et solennels.

Ashi aimait bien son mari. C'était un brave homme; il n'était pas idiot, mais son éducation, quelque peu ascétique, n'avait guère développé son sens de l'humour ni sa sociabilité. Cela dit, on ne pouvait nier qu'il était un magnifique cavalier, un excellent tireur à l'arc de bambou et qu'il s'était longtemps montré le plus ardent des amants. Qualité, avait avoué Ashi Pema à Chuki, qui « ne comptait pas pour rien ». Mais il ne semblait plus attiré par elle, bien qu'elle n'eût que trente-six ans et fût plus belle que jamais.

Pour elle, comme pour beaucoup de Tibétains, l'amour, tel un oiseau dans le ciel, devait se saisir au vol. Il n'était pas un chant ou un poème tibétain qui ne l'évoquât, jusqu'à ceux du très saint Cinquième Dalaï-Lama, grand chantre de l'amour et lui-même amant réputé. La vie, comme les maîtres bouddhistes aimaient à le dire, était une illusion des sens et l'amour en était la plus parfaite. L'homme et la femme étaient faits pour s'unir et le plaisir qu'ils tiraient de cette union n'était qu'un avant-goût sacré de la félicité qui attendait les élus dans le nirvāna.

La grande affaire, au Bhoutan comme au Tibet, de tous les hommes seuls était de trouver des femmes qui réjouissent leurs nuits, et celle de toutes les jeunes femmes, veuves ou célibataires, de trouver ici et là, et peut-être pour toujours, la consolation d'un amant. Certains moines et nonnes prônaient même une voie sexuelle vers la perfection. Voie peu pratiquée au Bhoutan, où prévalait la très austère secte Karguya – férue de démons et de magie –, mais nul, moine, nonne ou laïc, ne l'ignorait. Les sourires bienheureux des bodhisattvas, représentés dans la moindre chapelle, enlacés à des dakkinis nues, l'évoquaient avec assez d'éloquence.

Le souvenir d'un mari empressé ne faisait que renforcer l'actuelle insatisfaction d'Ashi Pema. Elle aimait à se souvenir des moments enivrants vécus dans sa jeunesse à Lhassa et Kalimpong avec ses cousins. Elle se rappelait l'humeur insouciante des jeunes Tibétains, leur impertinence, ses amourettes et sa malheureuse liaison avec ce George Sahib, si grand et divinement beau. Et ses pensées en vinrent fatalement à son premier enfant pour reporter inconsciemment sur elle tous les espoirs que n'avaient pas su combler ses autres enfants. Ses fils, qui avaient atteint l'âge de la puberté, étaient boutonneux, arrogants et gauches; leur sœur, quant à elle, ne serait sans doute jamais belle. Enfin, elle ne cessait de se demander ce qu'était devenue sa fille aînée.

10

De retour dans l'enceinte après sa longue promenade avec Ariel, Tsering entra dans la petite pièce, où il l'avait pour la première fois embrassée, et demanda à ce que Nordrop, son meilleur ami, l'y rejoignît. Dès qu'ils furent assis, Tsering annonça :

– J'ai décidé d'épouser l'Anglaise.

– Tu ne sais même pas qui elle est, protesta Nordrop.

– Bien sûr que si, répliqua Tsering, qui expliqua qu'il avait suivi Ariel pendant plusieurs semaines.

Il savait tout d'elle, en grande partie grâce au serviteur tibétain d'Ani-la. Tsering avait appris qu'Ariel était orpheline et que son oncle l'avait recueillie. Il savait surtout qu'elle était libre et n'avait pas d'amant.

– Mais tu es inconscient! Comment veux-tu qu'une fille comme elle accepte de vivre avec toi? Tu es toujours sur les pistes ou bien à Tsume. Peux-tu imaginer cette fille tenant ta grande maison? Elle ne doit même pas savoir la différence entre un yack et un *dzo*, et je la vois mal coupant le beurre dans tes réserves. Il y a plein de jolies filles dans le Kham, laisse donc cette étrangère tranquille, ou bien amuse-toi avec elle, si tu le souhaites, mais tu serais fou de l'épouser.

Tsering insista, expliquant que depuis la mort de sa femme il voyait son fantôme dans chaque Tibétaine. Il s'était trouvé incapable de tomber de nouveau amoureux, et moins encore de songer au mariage. Jusqu'au jour où il avait vu Ariel.

– Cette fille est différente. Je peux maintenant oublier le passé et commencer une nouvelle vie.

Nordrop ne sut que répondre. Il savait son ami profondément

malheureux depuis la mort en couches de sa jeune femme. Toutes les tentatives pour l'égayer avaient échoué. Tsering, qui dirigeait alors le domaine familial de Tsume, village proche de la frontière chinoise, avait, dans son désespoir, quitté sa maison pour rejoindre son vieux père, négociant à Lhassa.

Le charme des jolies filles de Lhassa, invitées aux réceptions de son père, n'avait pas réussi à vaincre sa morosité. En désespoir de cause, il avait décidé d'accompagner les caravanes sur les difficiles pistes du Tibet.

Pendant quatre ans Tsering avait surtout convoyé des armes et des munitions de Kalimpong en Chine, pour approvisionner les troupes de Tchang Kaï-chek bloquées à Chongqing. Trafic extrêmement lucratif qui avait fait du père de Tsering et de quelques autres Khambas des millionnaires en dollars chinois en argent. L'opération était triple, car ils rapportaient au retour des briques de thé chinois qu'ils vendaient à Lhassa, où ils achetaient de la laine pour la vendre à Kalimpong. Le circuit complet demandait pratiquement une année aux longues caravanes de mules et de yacks. Tsering prenait quelque repos à Kalimpong après un voyage particulièrement éprouvant lorsqu'il avait aperçu Ariel pour la première fois. Elle flânait dans le bazar sans but précis, avançant lentement d'une démarche nonchalante en regardant autour d'elle avec l'expression rêveuse qu'il aimait tant. Elle avait une grâce teintée de mélancolie qu'il n'avait jamais vue chez personne. Il avait été trop timide pour l'aborder, bien qu'il eût remarqué qu'elle parlait volontiers avec des étrangers. Avant peu il avait appris qui elle était et s'était arrangé, grâce à des amis, pour la rencontrer à une réception à la Maison du Bhoutan.

Si cette première rencontre n'avait pas laissé à Ariel de souvenir impérissable, pour Tsering ce fut le coup de foudre. Mais alors qu'il se creusait la tête pour trouver le moyen de la revoir, il avait appris qu'elle était partie pour Calcutta.

Puis, comme par magie, elle était apparue dans l'enceinte où ses hommes gardaient leurs mules.

Leur dernière rencontre avait convaincu Tsering que son amour était partagé. Et voilà qu'il voulait l'épouser. Mais, du fait qu'Ariel n'avait pas de parents, expliquait-il, et que son oncle n'approuverait sûrement pas leur mariage, il voulait, selon la tradition tibétaine, l'enlever, l'emmener au Tibet.

– Es-tu certain qu'elle t'aime assez pour t'épouser? insista Nordrop, au grand agacement de Tsering.

Il n'avait pas de réponse à cette question. Et il n'était pas dans sa nature de la poser. Son cœur lui disait qu'Ariel l'aimait et cela lui suffisait.

– J'ai tourné le problème dans tous les sens; il n'y a pas d'autre solution. Il faut que tu m'aides. Elle ne protestera pas, j'en réponds. Je propose d'emmener d'abord Ariel-la au-delà de la frontière tibétaine, nous nous marierons ensuite et écrirons à son oncle, annonça Tsering, comme s'il s'agissait de la chose la plus facile au monde.

Nordrop n'était pas convaincu.

– Et si elle n'est pas d'accord ? Et puis elle est très jeune, objecta-t-il, inquiet du plan audacieux de son ami. Je ne crois pas qu'en Angleterre on se marie si jeune. Et puis es-tu sûr qu'elle quittera l'Inde pour te suivre ? Elle n'a aucune idée du Tibet. Tu la vois sous une tente avec une *chuba* ? Le simple voyage jusqu'à Kham suffirait à tuer quiconque ne serait pas né sur un cheval. Pourquoi n'attends-tu pas un peu, au moins le temps d'obtenir son consentement ?

– Tu sais bien que nous devons partir dans les dix jours, avant que l'hiver ne bloque les cols. Non, nous devons agir immédiatement.

Tsering ne voulait rien entendre, mais il céda sur un point.

– Écoute, dit-il, je vais lui demander si elle me suivrait toujours, je n'en dirai pas plus, pour ne pas l'effrayer. Si elle dit oui, il faudra que toi et d'autres amis m'aidiez à l'enlever. Je ne veux pas lui laisser le temps d'en parler à son oncle ou à ses amis anglais. Tu sais ce qu'on dit de nous, Khambas, ici. Je ne peux prendre le risque de la perdre. Nous devons absolument partir pour Lhassa dans dix jours, d'ici là il faut tout organiser pour son voyage.

– Doucement, doucement, protesta Nordrop. Procédons par ordre. Demande d'abord à la fille si elle veut partir avec toi. Si elle accepte, que proposes-tu ?

– Eh bien, Nordrop, il faudra que tu m'aides à la faire entrer au Tibet.

– Mais, imbécile, on ne la laissera pas passer la frontière; et que portera-t-elle pour traverser les cols enneigés ? Elle n'a peut-être même pas de vêtements chauds.

– Tu ne comprends donc pas, coupa Tsering. J'ai l'intention de l'épouser dès que nous serons au Tibet, dans la vallée du Chumbi. Nous ferons une fête de l'autre côté du col, un vrai mariage. Je lui donnerai en dot des bijoux et des vêtements. Elle ne manquera de rien. Je ne te demande qu'une chose : l'emmener dans la vallée du Chumbi.

– Et si elle ne veut pas ?

– Elle voudra. Maintenant, écoute. Je veux que tu trouves sept amis, qui serviront de *nyopa*, comme pour un mariage normal, sauf qu'il n'y aura pas de tractations. Je veux que tu emmènes ma fiancée à l'insu de tous. Il lui faut des habits tibétains; je veux que tu lui achètes les blouses de soie les plus belles, une robe de soie, une *chuba*, bordée d'agneau frisé, pour la route, et une toque d'astrakan. Elle aura aussi besoin d'une paire de bottes en laine tressée pour la piste. Je demande le secret absolu et ne veux que des Khambas dans l'affaire.

– Tsering, je crois que tu es fou.

– Écoute, Nordrop, seras-tu oui ou non d'accord, si elle déclare devant toi qu'elle m'aimera toujours?

– Oui, bon, bon, mais je continue à penser que ce projet est dangereux.

Le lendemain, Tsering avait rendez-vous avec Ariel dans l'enceinte des Khambas.

Dès l'aube, il rôda autour de la grille, scrutant la rue principale, le cœur battant. Et si Ariel ne voulait pas? Ils n'avaient jamais parlé mariage, et Tsering préférait ne pas aborder cette question. C'était à lui d'en décider, il ne ferait que la sonder. Mais si elle ne venait pas? Il commençait à se faire tard.

Vêtu de sa *chuba* bleu marine et chaussé de ses plus belles bottes, Tsering marchait nerveusement de long en large, en regardant le soleil s'élever au-dessus des montagnes; déjà il dissipait le brouillard et dardait ses rayons sur les bâches souillées des éventaires du bazar. Les oiseaux avaient cessé de chanter et toujours pas signe d'Ariel. Tsering était de plus en plus inquiet, et Nordrop de plus en plus ironique.

– Personne, ne cessait-il de répéter, n'a jamais enlevé une fille de sahib pour l'emmener au Tibet. Imagine ce que ferait le *kashag,* si ses membres l'apprenaient. Aussi loin que je me souvienne, l'assemblée tibétaine n'a jamais laissé entrer au Tibet qu'une demi-douzaine d'étrangers, et jamais une femme seule.

– Au diable le *kashag,* lança Tsering. Je vais dans le Kham où les ordonnances de Lhassa n'ont pas pénétré depuis des siècles.

Tsering était tellement absorbé par cette discussion qu'il ne vit pas Ariel arriver. Au contact de sa main sur son épaule, il sursauta et la conduisit en souriant dans la même petite pièce poussiéreuse. Il n'essaya ni de l'embrasser, ni même de la serrer dans ses bras. Il la regardait simplement, puis il prononça des paroles qu'elle ne comprit pas. Il fouilla timidement dans sa poche et en tira un bout de papier, sur lequel il avait écrit en écriture tibétaine la phrase phonétique suivante: « M'aimerez-vous toujours? » Il dut répéter deux fois. Lorsqu'elle eut compris, Ariel sourit. Tsering avait un air si solennel qu'elle faillit éclater de rire.

– Bien sûr que je vous aime, dit-elle.

– Vraiment? Et pour toujours? demanda Tsering.

– Mais oui, *la les,* répondit Ariel, sérieuse cette fois.

Les jours précédents, Ariel avait beaucoup pensé à Tsering. Quelle allure elle lui trouvait! Il avait l'air à la fois intrépide et viril, et en même temps timide et malheureux. Depuis son dernier séjour à Calcutta, elle était convaincue qu'elle ne trouverait l'amour ni parmi les Anglais, ni parmi les Indiens qu'elle connaissait. Elle était en revanche de plus en plus fascinée par le Tibet, ce pays interdit et mystérieux dont tout le monde parlait et d'où venaient ces hommes élégants et fiers qu'elle avait rencontrés, et ces Khambas, plus extraordinaires encore, que tout le monde craignait. Elle n'avait pas voulu s'attarder sur l'attirance qu'elle éprouvait pour eux, jusqu'au jour où Tsering l'avait embrassée. Et voilà maintenant qu'il lui parlait d'amour. Debout près de lui, elle fit un rêve fou.

– Oui, je vous aime vraiment, dit-elle une fois encore.

– *Sho-sho,* cria Tsering à l'adresse de Nordrop, qui surgit de l'endroit où il s'était caché pour entendre.

– Elle a dit *la-les,* annonça joyeusement Tsering.

Ariel, un peu abasourdie, ne savait que penser. S'agissait-il là d'une de leurs fastidieuses plaisanteries tibétaines? Mais lorsque Nordrop la serra dans ses bras de manière toute fraternelle, elle l'étreignit à son tour. Rassuré, Nordrop sortit de nouveau, les laissant seuls. Cette fois encore leur conversation fut gênée par sa mauvaise connaissance du tibétain. Elle murmura lentement, laborieusement, une phrase apprise par cœur :

– Mon cœur est très heureux.

Pour toute réponse, Tsering la prit dans ses bras et l'embrassa. Puis il lui demanda quelque chose en tibétain, à propos d'une corneille blanche. Elle répéta la phrase plusieurs fois, sans la comprendre. Alors, à sa surprise, il la reconduisit à la grille de l'enceinte. Elle trouva ces façons plutôt abruptes.

Ariel avait espéré passer plus de temps avec Tsering. Elle avait même songé à l'emmener voir Ani-la, quoiqu'elle ne lui eût jamais parlé de lui.

De retour chez elle, déçue et perplexe, elle chercha dans son dictionnaire les mots : « *bja nak karpo yong* ». « Jusqu'à ce que la corneille devienne blanche. » Cela ne voulait rien dire. Ariel voulut être seule cette nuit-là. Elle s'excusa donc auprès d'Ani-la et rentra chez son oncle, la tête pleine de Tsering.

Le lendemain matin, elle remarqua les feuilles roussies des gigantesques *sal,* annonciatrices du doux hiver tropical. Se détachant sur le ciel sombre, on apercevait la ligne dentelée des grands pics enneigés. Elle pensa à Noël. Elle avait l'habitude, chez son oncle, de se lever de bonne heure et d'aller prendre son petit déjeuner devant la fenêtre en saillie donnant sur la pelouse, d'où elle pouvait voir, au-dessus des arbres qui entouraient le jardin, les neiges du Katchenjunga.

Son oncle était encore au jardin de thé et elle avait tout loisir de penser tendrement à Tsering. Lorsqu'elle eut fini, elle dit à Calay qu'elle allait au bazar et déjeunerait chez Ani-la.

On ne revit jamais Ariel Gordon à Kalimpong.

11

Nordrop avait rassemblé les hommes qui devaient escorter Ariel au Tibet. Le mariage aurait lieu de l'autre côté de la frontière chez un certain Temba Osher, près de la petite chapelle de Lha-Khang, au fin fond de la vallée du Chumbi. Les instructions étaient claires : agir autant que possible envers la future mariée par la persuasion, n'utiliser la force qu'en dernier ressort. On donnerait à la memsahib des habits tibétains et il ne faudrait en aucun cas que les douaniers indiens ou tibétains ne découvrissent sa véritable identité.

Conformément à la tradition, Tsering était parti en avant, pour attendre sa fiancée, ainsi ne serait-il pas directement impliqué dans l'enlèvement, qui devait être entièrement organisé et exécuté par Nordrop.

Le 17 octobre au matin, tout était prêt. Le gros de la caravane, cent cinquante mules chargées de marchandises à destination du Kham, s'était mis en route à l'aube. Au bazar, il ne restait que douze poneys dans l'enceinte, mais c'étaient les meilleures montures. Huit pour les *nyopas,* deux pour les sacs et deux pour les femmes, dont un blanc, celui de la future mariée, avec sa selle incrustée d'argent et recouverte d'épais tapis de velours, comme l'exigeait la tradition.

Ce matin-là, en quittant la maison, Ariel était heureuse. Son amour pour Tsering lui avait rendu le bonheur. Oubliée, la tristesse qui l'habitait depuis sa rupture avec Prabaka. C'est dans cet état d'esprit qu'elle arriva au bazar.

Lorsqu'ils la virent approcher, chaussée de sandales et vêtue de sa robe écossaise à col blanc qui lui arrivait juste en dessous des genoux, les *nyopas* avertirent Nordrop. C'était une de ces délicieuses matinées qui faisaient de Kalimpong, pour les Européens, un paradis tempéré à côté de l'effroyable chaleur indienne. Ariel avait emporté sa grammaire et son dictionnaire tibétains, un stylo et un carnet, le tout dans le petit sac de cuir rouge que son oncle lui avait donné pour Noël. Son cœur battait plus fort, à mesure qu'elle approchait. En apercevant Nordrop assis à côté de l'entrée, elle rougit de plaisir. Se levant prestement, il la conduisit dans la cour qu'elle trouva pratiquement vide.

Nordrop lui expliqua, d'une phrase en anglais, préparée à l'avance, que Tsering était parti dans les collines. Qu'il l'y attendait. Qu'elle devait le suivre.

– *Tanda byokpo,* maintenant, vite.

Ariel lui fit répéter son discours. Lorsqu'elle eut compris, elle demanda :

– Où est-il ?

– *Ya-la,* là-haut, répondit Nordrop d'un geste vague.

Sur ce, il conduisit Ariel à côté d'un poney blanc et lui expliqua avec force signes qu'elle devait monter dessus.

– Mais je ne peux pas, fit Ariel, en montrant sa jupe et ses sandales. *Mindu,* je ne peux pas, répéta-t-elle en tibétain.

La cousine de Nordrop sortit alors d'une pièce portant une magnifique *chuba,* tissée main, de couleur foncée et une paire de bottes qu'Ariel examina avec curiosité. Tsi-la fit signe à Ariel de la suivre dans la pièce. Elle lui passa la *chuba* par-dessus sa robe écossaise. La vaste robe tombait jusqu'au sol, mais, passant derrière elle, Tsi-la la lui serra à la taille avec une ceinture, de façon à la remonter. Elle lui enfila ensuite les superbes bottes de laine rouge et noir brodées, qui ressemblaient à des chaussettes cousues à une épaisse semelle de corde. Ariel avait vu beaucoup de bottes semblables sur les Tibétains du bazar. Elle les essaya, un peu surprise qu'elles lui allassent si bien. Puis Tsi-la escorta Ariel jusqu'au poney, autour duquel s'étaient rassemblés plusieurs Khambas. L'un d'entre eux la souleva par la taille et la déposa sur la selle, tandis que Tsi-la détachait prestement la ceinture qui retenait la robe, de façon à lui permettre de s'asseoir à califourchon.

Ensuite les choses allèrent très vite. On lui enfonça un bonnet de fourrure sur la tête et Nordrop mena le poney hors de l'enceinte. Les autres Khambas, qui avaient sauté en selle avec force cris et sifflements, l'entourèrent en glissant leurs longues épées dans leurs ceintures. Dans un grand fracas de sabots, ils firent irruption sur le macadam de la rue principale de Kalimpong. Des coolies détalèrent en courant du milieu de la chaussée, des mères empoignèrent leurs enfants devant les cavaliers qui traversaient le bazar au grand trot, le visage à la hauteur des stores des éventaires.

Piètre cavalière, Ariel était trop occupée à se retenir au pommeau de sa selle et à garder son étrange bonnet sur sa tête pour se préoccuper de ce qui se passait. Elle était quelque peu rassurée par la présence de Nordrop et de Tsi-la et se laissait ballotter dans sa selle au milieu des farouches Khambas, coiffés de toques de renard, dont les vastes robes ondulaient de part et d'autre de leurs magnifiques poneys, lancés au grand trot.

Un tel spectacle aurait partout ailleurs attiré des foules, mais ici à Kalimpong, marchands, paysans et passants ne le remarquaient que le temps de dégager la voie devant ce qui n'était jamais qu'une bande de tapageurs Khambas. Les Khambas, fléau des pistes, disaient certains, des barbares, murmuraient d'autres; mais tous étaient jaloux de leur allure, de leur arrogance et de leur force.

– *Kaba drogi duk,* où allons-nous? s'écria Ariel à l'adresse de Nordrop, lorsque le cheval de celui-ci s'approcha du sien.

Nordrop se contenta de sourire, comme s'il n'avait pas compris. Ariel reprit sa question, mais n'obtint pas davantage de réponse. De Tsi-la, qui ne connaissait pas un mot d'anglais, elle ne put tirer qu'un sourire de conspirateur. Elle se demandait où ils pouvaient bien aller. Où était Tsering et que signifiait cette cavalcade? Qui étaient ces hommes et pourquoi l'escortaient-ils? Elle remarqua que l'un des cavaliers s'était baissé pour attraper la corde attachée à la bride de son poney, de sorte que, bien qu'elle en tînt toujours les rênes, c'était en réalité lui qui conduisait sa monture. C'est ainsi qu'Ariel, tout occupée à garder son équilibre, fut entraînée à travers le bazar, puis vers le nord sur la route du Tibet. Le soleil matinal qui se levait au-dessus des collines donnait un air de fête à leur équipée. Peut-être Tsering avait-il prévu un pique-nique, pensa-t-elle, tandis qu'ils dépassaient au galop les premiers champs de riz. Ils suivaient maintenant la route qui s'élevait à travers des terrasses escarpées et des bouquets de bambous, qui flanquaient de vastes maisons sur pilotis. C'est là que vivaient les Lapchas dont l'origine était très ancienne. On apercevait ici et là près de la piste les *chortens* blanchis à la chaux, monuments dont la forme rappelait une toupie et que tous les Tibétains bouddhistes élevaient pour honorer les principes de base de leur doctrine de tolérance. Depuis qu'Ariel vivait à Kalimpong, elle n'avait jamais pris la route qui mène au Tibet à l'endroit où la vallée du Chumbi plonge vers l'Inde entre le Bhoutan et le Sikkim.

Une route empierrée suivait maintenant l'ancienne piste muletière, qui s'écartait de temps à autre de la route sinueuse pour d'abrupts raccourcis à flanc de colline. Il fallut bientôt à Ariel toute son énergie pour s'accrocher à la selle, tandis que son poney avançait par saccades, franchissant d'un bond les marches des terrasses, ce qui risquait de la jeter à bas de sa selle, trop rembourrée de tapis pour offrir quelque prise. Arrivés sur une crête surplombant Kalimpong, les chevaux s'arrêtèrent un petit moment, ce qui permit à Ariel d'embrasser d'un seul regard une vue à couper le souffle sur le mont Katchenjunga et l'immense chaîne enneigée au-delà de laquelle se trouvait le Tibet. Plusieurs hommes mirent pied à terre.

Ariel put enfin attirer l'attention de Nordrop.

– Où allons-nous ? demanda-t-elle sèchement.

Il la regarda sans paraître comprendre. Ariel répéta sa question. Mais Nordrop se contenta de sourire avant de répondre :

– *Ya-la,* là-haut.

Ce qui l'irrita encore davantage. Elle était sur le point de descendre de son poney et de faire une scène, lorsque le même cavalier tira sur sa bride, ce qui propulsa sa monture en avant, tandis que les autres sautaient en selle et se mettaient en marche. Ariel n'avait plus d'autre choix que de s'accrocher et de suivre.

Nordrop vint alors à sa hauteur et cria dans un mauvais anglais.

– Bon. Bientôt voir Tsering. Tout aller bien.

C'était une exquise matinée ensoleillée. Une brise légère rafraîchissait l'atmosphère. La lumière transparente éclairait les contreforts violets qui s'élevaient en gradins jusqu'aux champs de neige immaculée. C'était si beau qu'Ariel se laissa bercer par l'allure du poney et le tintement de ses clochettes. Elle ferma les yeux pour mieux humer les senteurs d'herbe fraîche et de feuilles mortes qu'écrasaient les sabots des chevaux.

Elle était tiraillée entre l'enchantement et l'appréhension, car elle se demandait où on l'emmenait et pourquoi Tsering lui-même ne lui faisait pas faire cette magnifique promenade. Et si Tsering n'était au courant de rien ? En un éclair Ariel se rappela tout ce qu'elle avait entendu dire sur les Tibétains de l'Est : des barbares, des bandits qui laissaient leurs victimes mourir de froid, après les avoir abandonnées nues sur la piste. Ces hors-la-loi du Tibet étaient maîtres dans le maniement de leurs terribles épées droites qu'Ariel avait maintenant tout loisir de contempler dépassant des ceintures rouges de ses guides. Avec leurs poignées gainées de fil d'argent et leurs fourreaux incrustés de turquoise, elles étaient superbes et il était difficile d'imaginer qu'elles pussent être meurtrières. Mais que lui voulaient ces Khambas ? Elle n'avait ni argent, ni rien sur elle. Que signifiait cette cavalcade ? Tout cela lui parut soudain absurde. Ariel réalisa qu'ils marchaient sur la piste depuis plusieurs heures. Dans un sursaut, elle tira brusquement sur les rênes de son poney et cria :

– Arrêtez.

Son poney s'arrêta net. La plupart des autres montures en firent autant. Ariel fut tout à coup effrayée de sa propre audace. Un silence gêné s'ensuivit, troublé seulement par les clochettes des chevaux qui, alarmés par cette halte soudaine, secouaient la tête.

– *Kare re*? s'écria Ariel furieuse, qu'est-ce que c'est?

Nordrop descendit de son poney et s'approcha d'elle.

– Vous allez bien? demanda-t-il.

– Je vais très bien, répliqua sèchement Ariel. Où allons-nous? Où est Tsering et qui sont tous ces gens?

A sa grande irritation, Nordrop se contenta de sourire :

– N'ayez crainte, dit-il sur un ton apaisant. Ce n'est plus très loin.

– Mais pourquoi Tsering n'est-il pas avec nous? demanda Ariel d'une voix suppliante.

Nordrop ne répondit pas, mais ajouta joyeusement :

– Ne vous inquiétez pas, petite sœur, nous ne sommes pas des chalpas.

Ariel ne trouva rien à ajouter. Cette vue inouïe, ce temps sublime semblaient parfaits pour un pique-nique ou une chevauchée innocente dans les collines. C'était le genre d'excursion dont elle avait rêvé, lorsque passait un poney joliment sellé. Et puis Nordrop avait un visage dont la gentillesse naïve était contagieuse. Ils continuèrent leur route en plaisantant et en riant. De temps à autre l'un des hommes se mettait à chanter sur le ton nasillard propre aux Khambas.

La campagne était cultivée, les collines verdoyantes, couvertes de forêt. A la vue de lopins de maïs et de pyramides vert pâle de paddy, Ariel avait l'impression qu'ils approchaient du Sikkim. En fait, ils avaient quitté la grande piste et faisaient route vers le Bhoutan dont ils devaient traverser l'extrémité occidentale pour entrer par un accès non gardé dans la vallée du Chumbi dont la rivière Amo Chu était le prolongement du Bhoutan.

Un frisson d'excitation parcourut Ariel, lorsqu'ils s'engagèrent sur une piste escarpée qui s'enfonçait au cœur de la grande barrière montagneuse se dressant à l'est. Elle avait le sentiment de vivre une aventure. Elle en était venue à trouver ennuyeuse sa vie à Kalimpong, insipide cette ville avec ses jardins bien soignés et ses villas dont les intérieurs reflétaient ce confort bourgeois si cher aux Anglais – coussins recouverts de tapisserie au petit point, tapis de table décolorés, rideaux de chintz ou d'indienne, canapés et fauteuils confortables mais usés. Un monde de thé et de gâteaux, de propos bienséants, d'où était banni tout ce qui pouvait si peu que ce soit se rapporter aux sentiments ou aux passions. Insensible à l'hypocrisie générale, Ariel admirait son oncle qui acceptait ses faiblesses et cédait à ses passions. Elle ne l'en aimait que davantage. Ses façons libres et directes en faisaient une espèce de Khamba de salon, pensa-t-elle en regardant les rudes cavaliers de son escorte.

Elle éprouva soudain un immense sentiment de soulagement, analogue à celui qu'elle avait ressenti lorsque cette grosse dondon lui avait annoncé qu'elle quittait l'orphelinat. Sur son cheval, elle se sentait vraiment libre.

Éperonnant sa monture, elle rattrapa le cavalier qui la précédait et lui arracha la longe qu'il tenait d'une main négligeante. Elle galopa jusqu'au sommet d'une butte d'où elle découvrit un nouveau panorama se détachant sur le mur pourpre du Katchenjunga. Ariel fut soulevée d'un grand enthousiasme. Elle vivait. Enfin quelque chose de vrai, de risqué, de personnel, quelque chose qu'elle entreprendrait seule pour retrouver son amour. Cette ivresse n'empêchait pas Ariel d'être furieuse à l'idée que Tsering ne fût pas là ; où était-il et de quoi s'agissait-il ? Son sens naissant de l'indépendance l'invitait à s'en retourner, sa curiosité croissante à poursuivre.

Ariel hésitait entre la joie, la fureur et la panique.

Recouvrant la raison, se rendant compte qu'ils étaient en route depuis plusieurs heures, Ariel eut peur. Elle arrêta son poney.

Cette fois elle resta sourde aux prières de Nordrop. Agrippée aux rênes de sa monture, elle l'empêchait d'avancer. Elle était furieuse et les hommes paraissaient embarrassés.

– *Cuchi, cuchi,* suppliait Nordrop, s'il vous plaît, s'il vous plaît, continuez avec nous, Tsering vous attend.

Ariel tenait bon. Peut-être aurait-elle gain de cause, crut-elle un instant. Il était temps que le jeu s'arrêtât. Mais à ce moment un des Khambas donna un tel coup à son poney qu'il faillit la désarçonner. Pendant qu'elle essayait de retrouver son équilibre, un autre Khamba attrapa sa bride et entraîna sa monture.

Toute notion d'indépendance et de curiosité s'évanouirent et c'est avec des larmes de rage qu'Ariel s'accrocha au pommeau de sa selle.

12

La nuit était tombée sur Kalimpong lorsque Calay, inquiet de l'absence d'Ariel, se décida enfin à aller chez Ani-la. Tout était sombre dans le bazar, hormis les lueurs de quelques feux de bouse, que l'on pouvait apercevoir par les fentes des battants fermés des boutiques. Calay attendit respectueusement sur la véranda pendant que le serviteur tibétain allait chercher Ani-la. Manifestement contrariée, elle sortit en pantoufles, un jeu de cartes à la main.

– Que se passe-t-il ? demanda-t-elle, surprise de voir Calay à cette heure tardive.

– C'est memsahib, bredouilla-t-il. Elle n'est pas rentrée dîner.

– Elle a peut-être une soirée à la Maison du Bhoutan, hasarda Ani-la.

– Memsahib déjeuner avec Ani-la ? demanda Calay.

– Non, pourquoi ? fit Ani-la inquiète.

Puis, elle rentra mettre ses chaussures et son manteau.

Ani-la suivit précipitamment Calay jusqu'au bungalow de George où, remarquant que le manteau d'Ariel était toujours à sa place sur le porte-manteau, elle se dit qu'elle l'aurait sûrement emporté si elle avait prévu de rentrer tard. Il n'y avait rien d'autre à faire qu'à attendre son retour. Attendre et espérer qu'il ne s'agissait que d'un malentendu entre Ariel et Calay, qu'elle allait revenir d'un instant à l'autre d'une soirée et la régalerait d'amusantes histoires de mauvais garçons.

Il était minuit passé lorsqu'Ani-la décida de se rendre à la Maison du Bhoutan avec Calay. C'était une nuit froide et calme. La lune n'était pas encore pleinement visible. On apercevait sa lumière au nord, derrière les montagnes dont les glaciers diffusaient une inquiétante lueur verte. Tout n'était que silence en dehors du lointain braiment d'un âne. En approchant du bazar, Ani-la vit une ombre bouger, des chiens aboyèrent, d'autres leur répondirent, si bien que la vallée fut bientôt remplie de leurs hurlements. Ani-la eut l'idée de s'arrêter au poste de police, mais elle alla directement à la Maison du Bhoutan. Arrivée là elle réveilla le *chokildar* assoupi qui lui dit que tout le monde dormait et qu'il n'avait pas vu Ariel memsahib depuis plusieurs jours. Sur le chemin du retour, Ani-la tendit l'oreille dans l'espoir que lui parviendraient les bruits d'une soirée. Mais elle n'entendait que le son lointain d'une radio, le bruissement du vent et le léger grondement de la rivière Titsa dévalant vers la plaine. Le tintement d'une cloche lui rappela que quelque part un moine tibétain était encore en prière.

Ani-la se dirigea avec Calay vers le poste de police, mais à l'idée que cette démarche lui causerait plus d'ennui que d'avantage, elle s'éloigna en voyant sortir du bâtiment un factionnaire bengali, enveloppé dans une couverture de couleur sombre.

– Que voulez-vous ? demanda l'homme en hindi.

– Bonsoir, fit Ani-la sans s'arrêter.

Elle savait que George serait furieux si elle provoquait un scandale en signalant la disparition d'Ariel. Et puis si Ariel avait vraiment disparu, la notoire inefficacité de la police locale ne pourrait être d'aucun secours. Pour l'instant elle ne voyait personne à qui s'adresser et elle ne pourrait pas appeler George avant sept heures du matin, lorsque les lignes téléphoniques d'Hassimara seraient rétablies. Ne sachant que faire elle se dirigea vers la villa d'un ami d'enfance, Tony Peterson. Tony était anglo-indien. Il venait d'être nommé officier politique auprès du Sikkim. S'approchant de chez lui, Ani-la fut soulagée de voir de la lumière. Elle appela son *chokildar* qui fourragea maladroitement avec ses clés pour ouvrir le cadenas du portail. La voix bourrue de Peterson retentit bientôt dans le jardin.

– C'est moi, Ani-la, cria-t-elle en s'avançant vers la véranda.

Dès qu'elle fut rentrée, elle expliqua la situation. Peterson ne montra pas d'inquiétude. Il essaya de la rassurer.

– Ani-la, tu sais bien que rien ne peut arriver à Ariel. Il n'y a jamais eu d'agression ici dans les collines, pas d'Anglais en tout cas. Qui sait ? Peut-être a-t-elle un petit ami. Peut-être même est-elle chez elle à l'heure qu'il est. Écoute, rentre donc et essaye de dormir un peu. De toute manière on ne peut rien faire avant le matin. Tu vas prendre un whisky et te sauver.

Ani-la accepta. Ils s'assirent sans entrain pour évoquer les troubles du Cachemire, les émeutes de Calcutta et la situation en Chine qui était très inquiétante; les communistes semblaient prendre le dessus. Quelles en seraient les conséquences pour l'Inde, pour le Tibet et même pour le Sikkim ?

Lorsqu'Ani-la reprit le chemin du bungalow, le soleil pointait déjà. Elle fut saisie d'angoisse en n'y trouvant personne. A sept heures, lorsque le service téléphonique reprit, elle appela Hassimara en urgence.

George, qui dormait aux côtés d'une superbe Rai aux yeux bridés, qui avait tout récemment remplacé Nyma, se réveilla de fort méchante humeur pour décrocher à tâtons le récepteur.

– Qu'est-ce que c'est ? fit-il sans même dire bonjour.

– C'est Ani-la, entendit-il à travers l'extravagante friture de la ligne. Ariel a disparu. Elle n'a pas dormi chez elle. Je ne sais pas quoi faire.

– Quoi ? cria George, qui ne comprenait pas très bien.

– On n'a pas vu Ariel depuis hier matin. Après avoir annoncé qu'elle déjeunerait avec moi, elle n'est pas apparue. Elle n'est rentrée ni hier soir, ni ce matin. Que dois-je faire ?

– Va voir la police, glapit George. Je serai là dans trois heures et demie. Non. N'y va pas. Attends mon arrivée. Mais va tout de suite demander à tous les jeunes Bhoutanais s'ils l'ont vue. Et puis appelle Sarduja. Peut-être est-elle partie avec Prabaka. Quoi que tu fasses, n'en parle pas à la police. Merci, Ani-la. Je pars tout de suite.

George, mort d'inquiétude, retourna vers son lit et ordonna brutalement à sa compagne de s'habiller. Il fit ensuite venir le mécanicien, venu régler les torréfacteurs et les cribleuses à thé, pour le prévenir qu'il était obligé de s'absenter pendant plusieurs jours et qu'on pourrait le joindre dans sa maison de Kalimpong. Le chauffeur amena la jeep et George prit le volant.

13

Ariel était transie de fatigue. La caravane, dont les ombres s'allongeaient dans la lumière crépusculaire, s'arrêta brusquement à côté d'une construction basse peinte à la chaux. Pendant que les Khambas descendaient de cheval, leurs *chubas* fouettées par le vent, Ariel demeurait hébétée sur sa selle. Nordrop l'aida à descendre et la conduisit dans la maison. Après plusieurs tasses de *cha* et de *tsampa* devant le feu, elle se sentit revigorée et se détendit lorsque Nordrop lui prit doucement la main en lui expliquant qu'ils se trouvaient au Bhoutan et rejoindraient Tsering le lendemain. Des plis de sa *chuba*, il sortit une grosse turquoise sertie d'or jaune. En la lui mettant dans la main, il lui expliqua d'une voix hésitante dans un tibétain primaire, mêlé de mots anglais, que Tsering la désirait pour femme et que, comme le voulait la coutume, lui-même et les *nyopas* l'amenaient à son futur mari.

Ariel demeura sans voix. Tout cela était si romantique, si bizarre. Comment Tsering osait-il se montrer aussi présomptueux? La faire amener comme du vulgaire bétail! Il n'était pas à ce point naïf, il connaissait certainement les coutumes anglaises. S'il voulait l'épouser, pourquoi n'avait-il pas eu la courtoisie et le courage de parler à son oncle et surtout de se déclarer à elle. Elle se rappela soudain leur conversation confuse dans l'enclos de Kalimpong. Tsering avait bien parlé mariage, mais elle n'y avait entendu qu'une phrase. Il n'avait pas pu interpréter comme un engagement son innocente déclaration d'affection. Non. Tout cela était parfaitement ridicule et ressortait d'un rêve dément. Ariel se vit confortablement installée dans l'un des fauteuils d'Ani-la, lui racontant, à elle et à son oncle George cette folle aventure, provoquée sans nul doute par son incapacité à comprendre Tsering ou Nordrop, et par son impuissance à s'exprimer, fût-ce dans le tibétain le plus simple.

La panique la saisit de nouveau. Se marier. Et avec un barbare à peine entrevu. C'était absurde. On n'enlevait pas les gens comme ça. Mais que faire? Devait-elle, pouvait-elle s'enfuir? Cela semblait vain. Pour chasser sa peur, Ariel s'obligea à se concentrer sur le seul présent; lorsqu'elle verrait Tsering, il serait temps de mettre les choses au point.

Le lendemain matin, à peine réveillée, Ariel repartit sur la piste escarpée qui s'élevait par des degrés de pierre entre des haies de grands pins, dont les branches vert sombre et les troncs couverts de lichen mettaient une note wagnérienne dans le paysage.

En début d'après-midi, lorsqu'ils s'arrêtèrent enfin devant une maison blanchie à la chaux, dont le toit plat était couronné d'un alignement de bois mort, entassé là pour le feu, Ariel, fatiguée, affamée, furieuse, comprit qu'ils étaient arrivés. Ils avaient atteint le point le plus bas de la vallée du Chumbi et se trouvaient au Tibet.

Une porte s'ouvrit, Tsering descendit les marches en silence et se dirigea vers elle. Arrivé à côté de son poney, il lui sourit. Ariel ne savait que faire, ni que dire. Elle aurait voulu signifier sa colère et sa détermination, mais elle était si fatiguée et si faible qu'elle ne désirait qu'une chose, se jeter dans les bras de Tsering et pleurer. Prise soudain de vertige, elle tendit la main pour reprendre son équilibre. Tsering lui saisit fermement le poignet et l'attira vers lui. Elle glissa de sa selle et tomba dans ses bras. Il la garda ainsi une fraction de seconde, mais elle eut le temps de ressentir la tendresse de son geste. Toute son angoisse, sa fatigue et sa peur s'évanouirent. Elle le regarda, lui sourit à son tour, et le laissa soutenir son corps épuisé par des heures de chevauchée.

Tsering l'aida à monter les quelques marches mal équarries qui donnaient dans un couloir sombre, au fond duquel se trouvait un petit escalier qui menait à l'étage. Ils se retrouvèrent dans une vaste salle noire de fumée, au plancher d'un bois grossièrement raboté qu'Ariel allait bientôt apprendre à trouver luxueux dans un pays où le bois d'œuvre était rare. Elle pénétra en titubant dans cette pièce où ne se trouvaient que deux vieilles femmes accroupies à côté d'un âtre ménagé dans le sol, devant un mur de pierre et de terre, percé de trois petites fenêtres garnies d'un treillis de bois. Le long du mur s'alignaient des matelas de paille recouverts de tapis tibétains devant lesquels étaient disposées de petites tables peintes. La pièce était éclairée par la lumière du couchant. Ariel aperçut un petit autel surmonté de plusieurs images dorées de Bouddha.

Sans lui lâcher la main, Tsering la conduisit vers l'un des matelas. Dès qu'elle eut attaché sa *chuba* et se fut installée, Tsering sortit de sa robe une longue écharpe de soie blanche qu'il lui présenta avant de la lui mettre autour du cou. Avant de s'asseoir à côté d'elle, il ordonna aux vieilles femmes de leur apporter à manger. La plus âgée, vêtue d'une robe bleu foncé tissée main, s'approcha, tenant une théière en terre. Tsering fouilla de nouveau dans les plis de sa robe pour en sortir deux bols identiques en bois doublés d'argent. La femme remplit sans attendre celui qui se trouvait devant Ariel, tandis que l'autre posait sur la table basse la plus proche une grande jatte surmontée d'un couvercle ouvragé. Elle le souleva découvrant de la *tsampa*, farine d'orge grillée. Ariel savait que la *cha* et la *tsampa* constituaient le fond monotone de la nourriture des Tibétains. Tsering lui montra comment verser la *tsampa* dans son thé et l'y mélanger délicatement jusqu'à obtenir une pâte, qui, en ajoutant davantage d'orge, pouvait devenir assez épaisse et malléable pour être consommée. Ariel trouva à la *tsampa* un goût étonnamment agréable, qui rappelait la noisette grillée, mais les grumeaux lui restaient dans la gorge. Puis elle n'était pas d'humeur à apprécier les nourritures exotiques qui ne faisaient que lui rappeler la singularité de sa situation. Tsering lui devait une explication, mais, les yeux fixés sur son *puru*, il mélangeait son thé et sa *tsampa* sans dire un mot.

Avalant sans enthousiasme une dernière bouchée de *tsampa* arrosée de thé salé, Ariel était sur le point de se plaindre, lorsque Tsi-la entra. Elle lui demanda de la suivre au fond de la pièce, dans une petite chambre à peine éclairée, cachée derrière une porte grossière qui grinçait sur ses gonds de bois. La pièce, qui sentait le genièvre servait à la fois de vestiaire et de réserve. L'un des côtés était occupé par un grand coffre et sur les murs de terre étaient disposées des patères où pendaient des robes rouge et bleu sombre. Le sol était couvert de tapis orange et bleu foncé décorés de fleurs stylisées, de dragons, de nuages et de montagnes, de tapis de selle et de petits tapis rectangulaires qui servaient à s'asseoir. Dans un coin, un grand paquet enveloppé de tissu blanc. Tsi-la entreprit de le défaire, mais Ariel l'arrêta pour lui demander où se trouvait la salle de bains, ce qui exigea force gestes. Tsi-la finit par comprendre et entraîna Ariel vers une porte basse qui donnait dans un cabinet, au milieu se trouvaient un trou et un tas de terre. Ariel était pour la première fois confrontée aux commodités rudimentaires, quoique relativement propres, des Tibétains. De retour dans le vestiaire, Ariel vit que Tsi-la avait défait le paquet et tenait déployée une superbe robe tibétaine en soie d'Assam beige doré. Elle aperçut également une blouse chinoise en soie filigranée de parasols du Bouddha. Tsi-la dénoua adroitement la ceinture d'Ariel et déboutonna la grande robe de laine qu'on lui avait mise la veille, si bien qu'elle se retrouva dans sa petite robe écossaise, les jambes nues dans ses bottes de laine. Tsi-la l'aida à enlever sa robe. Elle était en sous-vêtements de soie dans l'air glacial – slip brodé et soutien-gorge en dentelle. Elle se sentait parfaitement ridicule à côté de Tsi-la, dont la robe rustique faisait ressortir l'élégante silhouette. En l'aidant à enfiler la blouse de soie blanche dont les manches lui recouvraient largement le bout des doigts, Tsi-la admirait l'étrange accoutrement d'Ariel. Debout, les manches pendantes, Ariel attendait tandis que Tsi-la lui passait la robe de soie au-dessus de la blouse et lui enroulait une ceinture de soie autour de la taille. Elle drapa ensuite la robe vers l'arrière, de façon à mouler ses minces hanches et dégager sa taille fine, roula ses manches au-dessus des poignets et, soulevant la jupe de la robe, tira la blouse de façon à la croiser sur la poitrine pour former un profond décolleté.

Ariel aurait voulu disposer d'un miroir, mais se reprenant, elle demanda à Tsi-la ce que signifiait toute cette mascarade. Celle-ci ne parut pas comprendre. Ou bien était-elle trop occupée à lui attacher à la taille un tablier rayé de rouge, bleu et beige pour répondre ? Elle lui passa ensuite autour du cou une série de lourds colliers, certains de perles de corail entremêlées de pendeloques d'argent, d'autres de turquoise, puis un reliquaire d'or, d'argent et de turquoise, retenu par un cordon de soie rouge, également garni de pépites d'ambre et de corail.

Tandis qu'Ariel jouait avec les colliers, Tsi-la rassembla ses longs cheveux, les peigna avec un peigne de bambou, les sépara pour en faire deux nattes qu'elle lui enroula autour de la tête et fixa au-dessus des tempes avec deux broches de turquoise et d'argent, reliées par plusieurs rangs de perles de turquoise, garnis de pendeloques d'argent. L'ensemble formait une coiffure précieuse. Tandis que Tsi-la mettait la dernière main à sa parure, Ariel entendit dans la pièce voisine un bourdonnement de voix et des bruits de bottes.

– *Shita kypo*, très jolie, prononça Tsi-la sur un ton approbateur.

Ariel mourait d'envie de se voir, mais elle ne trouva autour d'elle que le *puru* revêtu d'argent qu'elle avait fourré dans sa *chuba*. Elle l'astiqua vivement avec un chiffon blanc et chercha dans la surface concave son image déformée. Elle découvrit un visage rond, scintillant au milieu de bijoux argent, turquoise et orange. Elle fut surtout frappée de ne pas se reconnaître, non pas à cause de la déformation, mais à cause des nattes, des bijoux et du col montant de la chemise de soie blanche qui se combinaient pour donner à l'image qu'elle voyait dans le *puru* un air oriental. Ariel se sentait étrangère à elle-même. Elle avait souvent remarqué dans son enfance combien les déguisements, lors de bals costumés par exemple, pouvaient rapidement transformer une personnalité. Elle se rappelait s'être un jour déguisée en garçon et s'être comportée comme tel. Et le jour où s'étant déguisée en vieille sorcière, elle s'était promenée toute la soirée en menaçant tout le monde du doigt et en proférant des méchancetés d'une voix chevrotante; elle s'en était effrayée elle-même. Elle se sentait maintenant tibétaine, comme si elle avait toujours appartenu à ce monde où l'on portait de longues robes flottantes et des bijoux de turquoise. Ce monde où l'on avait le corps brisé à force de rester en selle, où l'on se chaussait de bottes de laine rugueuse, ce monde enfin qui sentait le genièvre. Elle avait plus d'une fois eu l'occasion de remarquer combien on était conditionné par le décor, comme par le costume. Avec Prabaka, n'avait-elle pas été, pendant quelques jours, une maharani? Et avec son oncle, une fougueuse memsahib, que n'effrayaient ni la chasse à dos d'éléphant, ni le tir à la carabine? Et la petite Ariel qui pleurait la nuit à l'orphelinat, en écoutant le lointain grondement d'une moto qui lui parvenait étouffé à travers les fenêtres pour lui rappeler sa liberté perdue? Et tout cela ne serait qu'un rêve! Comment pourrait-il en être autrement? ne cessait-elle de se répéter pour échapper à la réalité de ce qui lui arrivait, réalité dont seule sa grande fatigue et le faible éclairage de la pièce l'empêchaient de prendre toute la mesure.

Ariel sortit de sa rêverie au moment où les deux vieilles femmes entraient dans la pièce. Avec force sourires et rires contenus, elles se répandirent en exclamations admiratives, répétant à qui mieux mieux *kypo,* l'un des quelques mots que connaissait Ariel, mot étrange et bien tibétain par son double sens de bonheur et de beauté. L'une des deux vieilles disposa autour du cou d'Ariel l'écharpe de soie blanche que Tsering lui avait donnée et elles l'introduisirent dans la pièce voisine.

A sa stupeur elle la trouva pleine de gens installés sur quatre rangs à même le sol, comme dans l'attente d'un spectacle. Dans la demi-obscurité du couchant, tous ces gens regardaient le mur contre lequel était assis Tsering, entouré de Nordrop et des hommes qui l'avaient escortée depuis Kalimpong. Ils étaient maintenant propres et plus beaux encore avec leurs longs cheveux brillants et leurs belles robes garnies de léopard. Devant eux sur des tables basses, un nombre incalculable de *purus* que remplissaient trois vieillards déguenillés, qui exhortaient sans relâche les hommes à boire, jusqu'à ce que chacun ait vidé les trois coupes rituelles.

Ariel se disposait à rejoindre Tsering, lorsqu'un vieil homme se leva, la prit par la main et la conduisit jusqu'à lui. Avant qu'elle ne s'asseye, le vieillard glissa dans l'encolure de sa blouse quelque chose qui ressemblait à un bâton. C'était la flèche de la fortune, ornée de glands, qui, pour une mariée, était aussi signe de soumission. Tsering l'avisa d'un coup d'œil rapide de ne pas la retirer et, tendant la main à travers la table basse qui les séparait, il l'aida à s'asseoir à côté de lui. Il se fit un murmure dans la pièce au moment où le vieil homme s'avançait pour leur passer autour du cou des *katas,* longues écharpes rituelles de couleur blanche. Toute l'assemblée en fit autant. Chacun s'avança à son tour avec un foulard, de sorte que Tsering et Ariel en furent bientôt presque entièrement recouverts. Seules leurs têtes émergeaient des nuages de soie que formaient les amoncellements de foulards de la fortune. Ariel sonda les regards de tous ceux qui s'avançaient, regards souriants et chaleureux d'honnêtes travailleurs aux visages ridés par le soleil et les vents d'altitude. Visages emprunts de douceur et de générosité, qui ignoraient toute suffisance et toute malveillance. Qui sont ces gens? se demandait-elle. Et chez qui se trouvent-ils? Depuis quand tout cela est-il prévu? Et comment Tsering ose-t-il présumer de son consentement? Il n'était pas possible qu'il ait pris au sérieux les promesses qu'elle avait bafouillées à Kalimpong. Elle ne pouvait pourtant pas oublier qu'elle avait promis de l'aimer « jusqu'à ce que les corneilles deviennent blanches ».

Le bruit s'amplifiait dans la pièce, à mesure que se vidaient les pots de *chang*. Ce n'était que *purus* tendus, remplis, vidés, tendus à nouveau, remplis encore et vidés de même, en une sorte de ballet où les sourires ne cessaient de s'élargir. Des hommes s'approchaient de Tsering pour échanger des plaisanteries et il ne pouvait s'arrêter de sourire et de rire. Ariel, légèrement ivre de fatigue et de *chang*, ne comprenait rien, mais s'abandonnait à cette atmosphère fantastique. Elle s'appuya légèrement contre Tsering, qui l'entoura de son bras et l'étreignit tendrement devant tout le monde. Ce discret mouvement de tendresse fut interrompu par un battement de tambour et des coups de cymbale. La foule se tut. L'un des Khambas de l'escorte s'avança et leur offrit des écharpes, de l'argent et une cuillère porte-bonheur en argent. Puis, à la surprise d'Ariel, il se mit à chanter. Lentement d'abord, d'une voix mal assurée, comme s'il cherchait le rythme et les mots, avant d'adopter une cadence agréable et mélodieuse. Ce chant lui parut étrange. Plus tard, elle apprit qu'il chantait la longue histoire du Tibet dans une version qui exaltait le rôle du Kham dans le passé du Tibet. Le chant commençait avant l'apparition des hommes, lorsque démons, ogresses et singes erraient de par le monde, jusqu'au jour où l'un des singes, ayant eu des relations avec une démone, engendra des hommes. Au début, l'homme n'avait pas de chef, pas de nourriture et manquait de tout savoir-faire. Petit à petit il acquit tout cela. Puis vint la nomenclature du lignage des premiers rois du Tibet; purs et saints comme l'or le plus fin. La ballade racontait ensuite l'histoire de Songtsen Gampo, le plus grand de tous les rois du Tibet, qui avait fondé les premiers monastères bouddhistes, décidé l'adoption d'un alphabet tibétain afin de consigner les textes sacrés, établi l'égalité entre les riches et les pauvres, forgé un code de lois et donné tout son éclat au pays. Après le premier chant, un second troubadour fit le récit de la propagation du bouddhisme au Tibet. Une fois ce chant terminé, Nordrop prononça un bref discours qui fit rire toute l'assemblée. Tsering et Ariel burent à tour de rôle du *chang* dans le même *puru* et ce faisant devinrent, aux yeux de tous, mari et femme.

14

Il était tard et Ariel avait peine à garder les yeux ouverts, lorsque les invités commencèrent à se retirer en titubant. Quand la pièce fut pratiquement vide, Tsering se leva, enleva les écharpes de son cou et de celui d'Ariel, et lui donna la main pour l'aider à se lever. Elle se souleva de quelques centimètres avant de retomber, les jambes tout ankylosées par une si longue station assise, en tailleur. Tsering la prit dans ses bras et l'emporta à travers la pièce enfumée dans le petit vestiaire. Une petite lampe y tremblotait, dessinant sur les murs des ombres mouvantes. Ariel réussit à discerner les tapis disposés pour former un lit sur lequel étaient empilées des *chubas* doublées de laine d'agneau. Tsering la déposa délicatement dessus et s'assit à côté d'elle. Il se mit à lui caresser les joues en prononçant d'une voix douce des mots qu'elle ne comprenait pas. D'un léger mouvement de poignet, il ouvrit les fermoirs de turquoise, libérant les colliers et les bijoux entrelacés dans ses cheveux. Ses mains glissèrent ensuite derrière son cou; attirant son visage vers le sien, il se mit à l'embrasser passionnément tout en défaisant la ceinture de sa robe. Il la déshabilla doucement avec une délicatesse à laquelle elle ne s'attendait pas, et l'étendit nue sur les couvertures de laine d'agneau. Puis il éteignit la lampe.

Avec infiniment de douceur, sans un mot, Tsering prit Ariel dans ses bras, l'enveloppa de son corps. Il laissa délicatement glisser sa main de la nuque au creux des reins. Elle en frissonna d'impatience. Crispée par l'attente, elle était partagée entre le désir et la rage contenue. Abandonnant enfin toute résistance, elle se soumit à la volonté de Tsering. Elle crut défaillir, lorsque ses lèvres se pressèrent contre les siennes. Ariel suffoquait, mais chavirant dans un ineffable abandon, elle accepta de devenir sa femme.

Contrairement à toute attente, elle éprouva un plaisir exquis dans la douleur qui la transperça lorsque Tsering avec tact et vigueur la pénétra. Confiante dans sa douceur, elle s'accrocha à ses épaules.

Comme Tsering la berçait et lui écrasait la poitrine, elle attendait que la douleur se changeât en jouissance. Le bonheur et le plaisir vinrent. En sombrant dans le tourbillon de l'abandon physique, il lui semblait rayonner; ses mains, ses hanches, ses seins étaient exacerbés de joie, comme écorchés par la soif d'un désir insupportable. Elle n'était plus que le jouet de la nature, offerte sur l'autel éternel des dieux de l'amour, dans un monde où la raison n'avait pas sa place. Enfin libre de tout doute et de toute réserve, elle expérimenta pour la première fois la délicieuse folie de la volupté.

Tandis que s'éloignait cette première vague, elle resta étendue, calme, transformée, émerveillée, et s'endormit comme un enfant, cramponnée à Tsering.

Ariel fut réveillée par l'éclat aveuglant d'un rai lumineux qui pénétrait à travers les grossiers volets de bois dans la cellule qu'ils occupaient. Lorsqu'elle ouvrit les yeux, le visage sculptural de Tsering endormi fut sa première vision. Sans oser bouger, elle se mit à examiner ses traits, se rappelant avec extase la patience et la passion qu'il avait montrées à plusieurs reprises au cours de la nuit pour lui faire l'amour. Son premier amant, son mari, ce Khamba, un étranger, pour certains un barbare. Mais dans la lumière grise du petit matin, il ne semblait guère farouche. Elle lui effleura des doigts le front, le nez, la bouche, le menton, ce qui lui provoqua un mouvement convulsif du nez. L'amour, le mariage, c'était donc cela, pensa-t-elle naïvement en se remémorant les caresses et les baisers de la nuit. Contrairement à son attente, elle n'éprouvait nulle fatigue. Elle se sentait au contraire exaltée et légère. Et le désir à nouveau la submergea. Elle entendit un léger bruit qu'elle crut reconnaître sans parvenir à l'identifier. Se soulevant sur un coude, elle regarda par une fente du volet et vit des flocons de neige dériver avec nonchalance. De la neige. Depuis combien d'années n'en avait-elle pas vu? Depuis l'orphelinat et Gerard's Cross; mais ce n'était pas le moment d'y penser. Elle ne se laisserait pas gâcher le plus beau matin de sa vie. S'étirant comme un chat, elle fut parcourue d'un frisson et reprit sa place sous les couvertures où elle se pelotonna contre le corps robuste et chaud de Tsering. Doucement, timidement, elle se mit à explorer son dos musculeux en commençant par la nuque. A explorer sa propriété, songeait-elle, car Tsering lui appartenait désormais. Elle était fière de lui et d'elle-même. La vie commençait enfin pour de bon. Jusqu'à présent elle avait été la fille de sa mère, la pensionnaire de Miss Froughtfull, la pupille d'oncle George. Elle se sentait enfin adulte. Elle avait atteint le but qui lui échappait depuis tant d'années.

Le temps passé avec son oncle lui avait enseigné la fragilité des hommes, et, contemplant Tsering endormi, elle songea que, si aux yeux des autres, il devait être son seigneur et son maître, pour elle il serait toujours un enfant. Pour se le prouver, et davantage par tendresse que par malice, Ariel se mit à caresser son mari, ravie d'éveiller son désir, en le tirant lentement du sommeil. Se croyant cynique, elle nota les effets de ses caresses sur Tsering, jusqu'à ce que, pleinement éveillé, il se jetât sur elle, tel un tigre espiègle. Dans une étreinte puissante il lui bloqua les bras et lui fit l'amour avec une délicieuse violence au milieu des manteaux en peaux d'agneau.

Lorsque Tsering eut quitté la pièce, des sentiments contradictoires envahirent Ariel où le bonheur le disputait à l'inquiétude. Elle s'inquiétait pour son oncle, l'imaginant désespéré par sa disparition. Elle allait s'habiller, lorsqu'elle se rappela qu'elle n'avait pas de vêtements de rechange. Avec la neige et le froid qui sévissaient dehors sa robe écossaise était dérisoire et pouvait à peine tenir lieu de combinaison. Que mettaient donc les filles du pays en guise de sous-vêtements pour résister au froid, se demanda-t-elle au moment où Tsi-la entrait dans la pièce.

– Nous restons ici aujourd'hui, expliqua-t-elle lentement. Demain, nous devons franchir un col terrible. Très, très froid.

Par simple nécessité, Ariel fit de rapides progrès en tibétain. Elle se creusait la cervelle et feuilletait fébrilement son dictionnaire pour dire ce que les gestes ne suffisaient pas à exprimer. Elle vit que Tsi-la portait sous sa *chuba* de longs et épais pantalons de laine tissés main, rentrés dans ses bottes-chaussettes. Tsi-la entreprit de trouver pour Ariel une paire de pantalons semblables aux siens. Ce ne fut guère difficile, car les paysans tibétains sont toujours prêts à vendre les vêtements de rechange qu'ils se confectionnent pour eux-mêmes. On apporta une énorme paire de pantalons en laine fraîchement tissée qu'Ariel s'empressa d'enfiler. D'un modèle tout à fait sommaire, ils étaient ouverts entre les jambes, renflés autour des hanches comme des culottes de cheval et froncés à la taille. Ariel se trouvait pour la première fois confrontée à l'un de ces multiples détails de la vie au Tibet : elle n'avait ni savon, ni brosse à dents, pour ne mentionner que ces deux objets, essentiels à ses yeux. Mais elle se dit que si les Tibétains pouvaient s'en passer, pourquoi pas elle.

Ariel était tellement amoureuse qu'elle n'osait pas croire que cette félicité pût durer. Elle ne souhaitait qu'une seule chose, être aux côtés de Tsering, quoi qu'il arrivât, avec ou sans savon. Cette pensée la fit rire, tandis que Tsi-la l'aidait à enfiler la lourde *chuba* doublée de laine d'agneau sur laquelle elle avait dormi, parmi plusieurs autres qui, comprit-elle, lui étaient destinées. Sous le manteau elle portait la blouse de soie qu'on lui avait donnée à Kalimpong et une chemise de laine.

Ainsi emmitouflée, elle avait le sentiment d'être un petit enfant empaqueté dans un ensemble de ski. Elle était en nage, mais Tsi-la lui montra comment ôter le haut de la *chuba,* la laissant pendre au-dessus de la taille. Tsi-la prit ensuite le lourd paquet de bijoux qu'elle lui mit autour du cou en lui expliquant que c'était des cadeaux de Tsering et qu'elle devait, conformément à la tradition, les porter tous les jours. Ainsi parée, Ariel passa dans la salle commune, maintenant pleine d'une fumée âcre provenant d'un feu de bouse sur lequel frémissaient plusieurs bouilloires.

– *Inji cha,* du thé anglais, annonça fièrement une des vieilles femmes.

Ariel avait oublié son *puru* et retourna le chercher dans sa chambre. Puis elle s'assit pour boire du thé au lait sucré et manger des gâteaux d'orge et de l'orge grillé. L'orge mélangé au thé au lait sucré rappelait le goût des céréales que l'on donnait aux bébés. Pendant qu'elle mangeait, les vieilles femmes, béates d'admiration, examinaient ses bijoux avec des airs entendus. Après le petit déjeuner, Ariel prit dans son petit sac un crayon et un papier pour écrire la liste de tout ce qu'elle devrait faire. D'abord, il leur faudrait, même très rapidement, retourner à Kalimpong pour tout expliquer à oncle George et partager avec lui et Ani-la son bonheur.

A Kalimpong, elle prendrait ses vêtements, ferait une provision de lingerie et de produits de toilette. Car si elle savait maintenant pouvoir se passer de savon et de shampooing, elle imaginait combien plus exquises seraient leurs nuits si leur couche sentait le jasmin plutôt que le mouton humide.

Ariel était occupée à faire sa liste avec des airs importants, lorsque Tsering entra et « l'embrassa des yeux », comme on dit en tibétain. Mais quand elle expliqua qu'elle devait absolument retourner à Kalimpong et énuméra quelques-uns des articles les moins intimes dont elle avait besoin, il éclata de rire.

– Non, non, c'est impossible, si tu ne veux pas que se répande la nouvelle qu'une jeune Anglaise est entrée dans la vallée du Chumbi. Nous serions tous les deux arrêtés, soit par les Tibétains, soit par les Indiens. Non, ma chérie, il nous faut rejoindre immédiatement notre maison du Kham.

– Notre maison, répéta Ariel surprise.

– Oui, notre maison du Kham. La caravane est déjà partie et nous devons la rattraper demain. Nous pourrions même nous mettre en route cet après-midi, si tu te sens prête à voyager.

– Mais je ne peux pas quitter l'Inde comme ça. Et mon oncle ? implora-t-elle.

– *Yige tang,* écris-lui, suggéra Tsering.

Ariel eut un instant de regret pour sa chambre à Kalimpong, ses photos préférées, le Parker en argent qu'oncle George lui avait offert, sa nouvelle garde-robe achetée à Calcutta (sa robe rouge fendue et ses sous-vêtements de soie). Et puis il y avait ses livres. Y aurait-il des livres anglais au Tibet ? Toute cette histoire n'était que folie. Une Européenne pouvait-elle vivre au Tibet comme une Tibétaine ? Mais elle regarda Tsering, son beau profil, son long nez fin, ses yeux en amande pleins d'une bonté relevée de sagesse et peut-être aussi – le mot vint à l'esprit d'Ariel – de sauvagerie.

Tsering se leva et après avoir fouillé dans l'un des nombreux sacs entassés dans un coin, il revint avec une rame de papier tibétain brun et soyeux. Avec un bout de crayon, Ariel entreprit d'écrire une lettre très longue et très compliquée à son oncle. En essayant d'expliquer les trente-six heures écoulées, elle prit soudain conscience de l'extravagance de sa conduite.

Elle promit à son oncle de revenir à Kalimpong dès que possible et entre-temps d'écrire souvent. La lettre terminée, elle confectionna avec le reste du papier une enveloppe sur laquelle elle inscrivit l'adresse, puis elle demanda à Tsering d'y ajouter l'adresse en tibétain et de remettre le tout au premier marchand qui se rendrait à Kalimpong.

Ariel était désolée pour son oncle, mais elle espérait qu'il comprendrait que ce départ avait, dans une certaine mesure, été indépendant de sa volonté. Que c'était, comme elle le disait, son destin. Il comprendrait sûrement les raisons de son cœur et lui pardonnerait son départ soudain.

Toutefois, une certaine anxiété s'empara d'elle, mélange de culpabilité et de peur. Et si tout cela n'était qu'un rêve ? Et si les gardes-frontières tibétains l'arrêtaient ? Du coup Ariel insista pour quitter la maison le jour même afin de rattraper la caravane.

Le soleil faisait fondre la neige lorsque Tsi-la, Tsering, Nordrop et Ariel se lancèrent au galop sur la grande traverse qui les conduirait au Tang-la, à 5 000 mètres d'altitude. Les pins qu'ils dépassaient en faisant route vers le nord ressemblaient à de sombres sentinelles postées sur les pâturages alpestres. Ariel ne s'intéressait guère au paysage, tout occupée qu'elle était à songer aux étreintes qui, cette nuit, lui apporteraient à nouveau chaleur et tendresse.

15

En descendant de sa jeep devant sa villa de Kalimpong, George était blême et tremblant. Ani-la attendait sous la véranda.

– C'est impossible, s'écria George en la voyant, est-elle revenue ?

– Hélas non, répondit Ani-la.

George passa devant elle et entra dans la maison. Il alla droit dans la chambre d'Ariel. Il y avait rarement pénétré depuis son arrivée. C'était son monde à elle, dans lequel il ne souhaitait pas s'introduire. Lorsqu'il l'appelait pour lui transmettre un message ou pour la réveiller, il s'arrêtait toujours devant sa porte. La petite chambre était encombrée de photographies, d'affiches et de tableaux : un croquis de la villa, dont elle était l'auteur, une carte postale de Sarduja, une affiche des Indian Airlines représentant un éléphant, un poème brodé sur un mouchoir.

Son peignoir était posé sur le dossier d'une chaise devant une coiffeuse où se côtoyaient brosses, vernis à ongles, parfums, rouges à lèvres ainsi qu'une boîte en papier mâché pleine d'épingles à cheveux. Mais George ne s'attarda pas, il se dirigea vers la table étroite où Ariel s'asseyait pour dessiner et écrire. Il chercha fiévreusement parmi les papiers qui se trouvaient sur son bureau, une lettre, un billet, un indice. Mais il n'y avait rien qu'une pile de factures, ses achats de Calcutta, et le brouillon d'une lettre adressée à Prabaka et comportant de nombreuses ratures. George savait qu'ils ne se voyaient plus et rien dans cette lettre n'indiquait qu'elle souhaitât le revoir. Il ouvrit ensuite les tiroirs et fourragea dans le courrier d'Ariel. La plupart des lettres étaient de Prabaka, quelques-unes venaient d'Angleterre, d'une amie, Angelina.

Derrière un paquet de photos, il tomba sur deux carnets, son journal.

– Que fais-tu ? demanda Ani-la debout dans l'encadrement de la porte.

George saisit les carnets dans ses mains tremblantes et dit :

– C'est son journal, peut-être nous donnera-t-il une indication. Tu vois, ajouta-t-il d'une voix altérée, j'y ai réfléchi en venant. Ariel ne peut pas s'être sauvée comme ça, elle est trop raisonnable. Et trop calme, trop sûre d'elle pour avoir ce genre de lubie. C'est absurde, à moins que quelque chose d'important ne soit arrivé, sans que nous le sachions. Son journal nous l'apprendra peut-être. Sinon il faudrait craindre le pire.

Ani-la remarqua pour la première fois combien George avait les traits tirés, il avait tout à coup perdu son air de jeunesse, il paraissait fatigué, presque vieux.

– Allons, voyons, fit calmement Ani-la. Nous allons jeter un coup d'œil sur ce journal. Mais il est inutile de s'affoler ou de tirer des conclusions hâtives. Et d'abord, tu vas manger quelque chose, tu as l'air épuisé. Descends les carnets, je vais demander à Calay de te préparer un petit déjeuner.

– Au diable ton petit déjeuner, jeta George.

Voyant qu'il l'avait blessée, il s'excusa :

– Pardonne-moi. Mais il faut que tu comprennes, ma petite Ariel est tout pour moi. Sa disparition n'a aucun sens, aucun. Et c'est bien là ce qui m'inquiète.

– Mais George, elle est partie depuis vingt-quatre heures à peine. Elle avait peut-être organisé une excursion avec un ami et Calay aura mal compris. Peut-être a-t-elle laissé un mot quelque part. Y a-t-il un endroit particulier où vous vous laissez des messages ?

– Je n'y avais pas pensé, dit-il en se précipitant en bas.

Ils inspectèrent chaque pièce dans l'espoir de trouver un billet ou tout autre indice, mais leur recherche ne leur apporta que des signes prouvant que le départ d'Ariel, même s'il avait été prévu, avait été précipité, car non seulement son manteau était toujours là, mais également son sac noir contenant des affaires de toilette, son stylo en argent, un porte-photos et son carnet d'adresses. Plus inquiet que jamais, George parcourut fiévreusement les dernières pages du deuxième carnet. Ses yeux tombèrent sur un passage qui commençait ainsi :

« ... *Oncle George devait être vraiment ivre. Il m'a dit que je devrais tomber amoureuse.* “ *Amuse-toi un peu plus, un peu d'égoïsme ne fait pas de mal.* ” »

George parcourut le reste de la page.

« ... *Je veux séduire un homme, je veux être princesse, maharani, reine. Je veux régner, et pas simplement sur un jardin de thé.* »

Ces quelques mots touchèrent profondément George. Avait-il été de mauvais conseil ? Ainsi elle avait remarqué son goût pour la boisson et semblait choquée de ses allusions au sexe. Puis il y avait cette remarque pleine d'arrogance : régner sur autre chose qu'un jardin de thé. George eut un faible sourire. Voilà qui lui rappelait la mère d'Ariel. Il y reconnut aussi quelque chose de son propre comportement. Poursuivant sa lecture, il s'aperçut que ses suppositions sur l'amourette d'Ariel et de Prabaka étaient justes; elle était manifestement soulagée d'être débarrassée de lui.

Il lut les derniers mots du journal :

« Je veux retourner vers les collines. Kalimpong me manque. »

Rien qui signalât un trouble psychique ou un projet de fugue.

– Malheureusement elle ne met jamais de date, fit remarquer George. Rien n'indique depuis quand elle n'a pas écrit dans son journal. De toute manière je n'y trouve rien.

Ani-la attendit que George eût terminé pour prendre la parole :

– Je propose que nous établissions plusieurs plans. Pourquoi n'enverrions-nous pas nos serviteurs enquêter discrètement. Mon boy tibétain est astucieux et peut circuler sans éveiller la moindre méfiance. Je suis de ton avis, n'alertons pas la police locale, mais si Ariel n'est pas rentrée ce soir, peut-être devrais-tu alerter le préfet de police de Calcutta. Tu connais sa discrétion. Il pourrait être de bon conseil. Tu pourrais également voir les jeunes gens avec qui Ariel sortait. Tu peux dire que tu viens de rentrer d'Hassimara et que tu dois sans délai lui parler.

– Peut-être, murmura George, choqué d'imaginer Ariel, en ce moment même, au lit avec un homme et se reprochant de l'y avoir peut-être poussée. Dans son journal elle cite les noms d'au moins douze jeunes gens qui lui faisaient la cour au « 300 ». Et au ton de ce journal elle paraissait n'attendre que le prince charmant.

George s'assit et se prit la tête dans les mains.

– Ani-la, je suis mort d'inquiétude. S'il lui arrive quelque chose, je ne me le pardonnerai pas. Peut-être m'en veut-elle de l'avoir laissée dans ce maudit orphelinat... Ani-la, c'est de ma faute. Tout est de ma faute. Écoute-moi, il faut que je te le dise. Je ne suis qu'un salopard. Ani-la, Ariel est ma fille, je l'ai eue d'Ashi Pema, la fille de Pardapa. Ashi Pema ne voulait pas garder le bébé et j'ai eu honte d'élever un bâtard, d'autant plus que sa mère n'était pas blanche. C'est pourquoi je n'ai pas osé lui dire la vérité, je ne voulais pas qu'elle se sache métisse. Je suis un lâche, Ani-la. Pardonne-moi.

A sa stupéfaction, Ani-la aperçut des larmes dans les yeux de George.

– Ani-la, murmura-t-il, tu n'imagines pas quel hypocrite je suis. Tu sais combien je t'aimais. Et je savais que tu voulais m'épouser.

Rappelle-toi, j'avançais toutes sortes d'excuses : que je n'étais pas fait pour le mariage, que je ne pourrais pas subvenir correctement à tes besoins, que tu serais seule à Hassimara... Eh bien, la vérité, c'est que je ne voulais pas t'épouser parce que ta mère était tibétaine. Ani-la, pardonne-moi. Mais comment pourrais-tu me pardonner ? Comment Ariel pourrait-elle me pardonner ? Je n'ai que ce que je mérite. Moi qui ne voulais même pas me charger de son éducation, qui avais abusé de l'innocence de sa mère.

– Arrête, George, lança Ani-la en se levant pour remplir sa tasse de thé. Je ne suis pas idiote. Je savais parfaitement bien ce qui te retenait. Puis ce n'était pas vraiment de ta faute, c'était le fait de ton éducation anglaise, en tout cas j'aime à le croire. Je t'aime depuis cette soirée à l'hôtel Everest de Darjeeling, il y a eu exactement vingt ans, mercredi dernier. Et je t'aime toujours. Tu es mon meilleur ami, tu le sais. Mon cœur t'appartiendra toujours.

– Tu ne me méprises donc pas ? s'étonna George. Considère ma vie. Vingt années à importuner les cueilleuses de thé, innocentes et nubiles. La boisson et rien à offrir, pendant toutes ces années, qu'un ego gros comme l'Everest. L'arrivée d'Ariel m'a enfin donné quelque raison de ne pas me mépriser. Elle était ma bouée de sauvetage, ma seule défense contre le désespoir qui m'envahit depuis quelques années. Désespoir devant la légèreté de ma vie, une vie que j'ai moi-même organisée, façonnée et conduite avec un froid calcul pour servir mes sens, mon ego, mes instincts de luxure et de paresse. Planteur de thé ? Ce n'est qu'un alibi, un alibi profitable permettant de m'adonner aux activités les plus futiles et aux excès du désir. Qu'ai-je fait d'autre que de chasser, courir après des balles de polo, assister à des courses, boire et caresser des filles sans défense ? Parle-moi des planteurs de thé ! Leurs bénéfices sont scandaleux. Imagine, vendre des feuilles ! Non pas des graines ou des fruits, mais des feuilles, qui poussent toutes seules comme du chiendent. La main-d'œuvre ? On l'empêche tout juste de mourir de faim. Dix *anas* par jour pour quatorze heures de travail. De toute manière ça marche tout seul. Et j'aurais continué à vivre ainsi jusqu'à ce que l'excès de boisson m'emporte, que je meure d'épuisement dans les bras de quelque fille indigène, si la mort de ma sœur ne m'avait réveillé de mon abrutissement et de mon inconscience. Ani-la, tu sais combien Ariel a souffert à l'orphelinat. La première chose qu'elle m'ait demandée, en me suppliant, c'est de ne plus jamais l'envoyer au collège. Elle ne sait même pas que je suis son père. Aussi a-t-elle toujours le sentiment d'être orpheline. C'est quelque chose que nous pouvons comprendre tous les deux.

Ani-la ne savait comment calmer George. D'un côté elle avait pitié de lui, mais de l'autre, elle éprouvait un certain soulagement à le voir enfin jeter ce masque de jovialité qu'il s'était fabriqué. Tout le monde aimait George. On plaisantait avec lui, mais il était impossible d'aller au-delà de ce sourire, de cet enjouement, de cet humour léger. Ani-la se rappelait pourtant que lorsqu'ils s'étaient connus, un certain enthousiasme se manifestait parfois encore en lui, qui chassait ce masque qu'il avait choisi ou avait été obligé de porter dès sa jeunesse.

– George, ne sois pas idiot, fit Ani-la. Nous avons tous nos faiblesses. Quel est le sens de la vie ? Une illusion des sens, disent les lamaïstes. Mais nous n'avons que cette vie. Les sens... tu as bien raison d'en jouir. Regarde le Dr Innes, il est sinistre et n'a aucun charme. Et quant à moi, je préfère quelqu'un de chaleureux et de bon comme toi, à ces hypocrites barah sahib, adjudants vertueux qui étouffent dans leur peau étriquée entre Dieu et leur patrie. Il n'est pas facile d'être Anglais. Je le sais grâce à mon père. Crois-moi, il vaut mieux être né tibétain. Nous ne nous embarrassons pas de toutes ces insignifiances : moralité, immortalité, sexe ou couleur de la peau. Tu le sais. Nous rions de la vie et toujours avec bienveillance. Oui, nous Tibétains, sommes comme des enfants. Mais en dépit de notre apparente naïveté, nous sommes chaleureux et gentils. Nous savons aussi être habiles. Nous nous fichons des conventions sociales. Contrairement aux Européens, l'idée d'un impair ou la perspective d'une humiliation nous laissent froids.

« Toi au moins, George, tu n'as jamais été comme ça, ni suffisant ni conformiste. Et peu m'importerait que tu couches avec toutes les adolescentes de l'Assam.

George sourit. Jamais il n'aurait cru Ani-la capable d'un tel discours. Elle était vraiment tibétaine. Elle était si insouciante, si gaie, spontanée et naïve en apparence qu'il s'était convaincu qu'elle n'avait pas souffert de son abandon. Il se sentit de nouveau attiré par elle, mais il refoula son émotion, comme il l'avait toujours fait.

C'est un George jovial qui se leva en disant :

– Ani-la, tu sais bien que je t'aime toujours, mais tu ne voudrais sûrement pas du violeur d'Hassimara. De toute manière nous avons des affaires plus importantes à régler.

Ani-la fut blessée par cette pirouette.

– Oublions le passé, dit-elle. Nous devons retrouver Ariel. Pourquoi n'appelons-nous pas Calcutta ?

Ainsi commença la longue, déchirante recherche que George entreprit pour retrouver sa fille. Deux jours plus tard, il n'en avait toujours pas signe de vie. Pas le moindre indice. Toute la communauté avait appris sa disparition et, si on manifestait une grande sympathie, une sincère sollicitude, certains y trouvèrent l'occasion de remarques insidieuses sur le caractère de George. Ne serait-ce pas son inqualifiable attitude envers les femmes qui aurait chassé sa nièce ?

16

Après l'indépendance, l'employé des postes Banerjee était monté en grade. Il avait maintenant le droit de porter deux galons rouges en dessous des trois lions d'Ashoka, qui avaient remplacé la couronne anglaise. Depuis cette promotion, Banerjee considérait de son devoir d'intensifier ses activités d'espionnage, qui avaient, pensait-il, joué un rôle prépondérant dans le départ des Anglais. Malgré l'indépendance, Banerjee persistait à les considérer comme des ennemis, réservant à ceux qui étaient malgré tout restés une haine particulière. Ceux-là, jugeait-il, auraient dû être chassés ou à défaut assimilés à la caste des *çudra* ou à celle des intouchables. Banerjee traitait tous les Anglais avec le plus grand mépris et se frottait allègrement les mains lorsqu'il apprenait le départ vers l'Angleterre de l'un d'eux.

Ce qui l'exaspérait le plus, c'est que les barah sahibs d'affaires ne manifestaient guère l'intention de partir. La plupart des planteurs de thé restaient, d'autant que les compagnies de thé demeuraient entre les mains des Anglais. Rien donc d'étonnant si l'enveloppe sale et fatiguée, adressée à George Stevens, Esquire, et portant un timbre tibétain, attira immédiatement l'attention de Banerjee. Une lettre portant le cachet de Yatung dans la vallée du Chumbi était rare. Il apprendrait peut-être pourquoi Stevens avait appris le tibétain, cette langue bizarre de moines en haillons et des hors-la-loi Khamba. Stevens faisait peut-être partie de ce réseau international d'espions que Banerjee et ses camarades du parti du Congrès croyaient basé à Kalimpong, en raison de l'emplacement stratégique de cette ville au carrefour de l'Asie Centrale.

– Boy! *Cha,* cria Banerjee, lorsqu'un Harijan déguenillé eut répondu au tintement pressant de la cloche de son bureau. Et vite.

Le *cha* fumant arriva bientôt, et dès que le boy eut refermé la porte, Banerjee ouvrit l'enveloppe de ses doigts experts. A l'intérieur, pliées en six, deux feuilles brunes de papier tibétain. La lettre était en anglais, inutile donc d'avoir recours à un traducteur. Tremblant d'excitation, Banerjee lut à mi-voix la lettre manuscrite.

Il lut rapidement la première page, mais comme il ne comprenait rien, il sauta à la fin, cherchant la signature. La lettre était de la nièce de Stevens qui, d'après ce qu'on disait au bazar, avait disparu. Certains prétendaient qu'elle avait été kidnappée, d'autres étaient convaincus que la ravissante jeune Anglaise avait été victime des *dacoitis*. Ces bruits étaient donc faux, puisqu'elle était bel et bien vivante – en mission secrète au Tibet.

Banerjee reprit la lecture depuis le début :

« *Cher oncle George,* lut-il, *je ne sais pas par où commencer et je n'ai guère le temps d'écrire. Je suis au Tibet où j'ai été emmenée, sinon contre mon gré, tout au moins par surprise. J'ai été enlevée à Kalimpong par un Tibétain du Kham, Tsering Lendrup. Je suis amoureuse de lui et lorsque ses amis m'ont amenée ici, j'ai cédé par amour et peut-être aussi par folie. Je vous en supplie, essayez de comprendre. Je l'aime. Tout a été si rapide. Je savais que vous n'approuveriez pas, car il est tibétain, qu'il ne fait pas partie de notre monde, comme vous dites. Nous nous sommes donc enfuis et nous sommes mariés hier. Oui, c'est idiot, inconcevable, et sans doute impardonnable. Vous avez été tout pour moi et je vous aime. Il m'est même arrivé de souhaiter vous épouser, vous rendre heureux. Je n'en dormais plus. Je pensais à vous, mon oncle, et tous les hommes que je rencontrais me semblaient insignifiants et puérils, comparés à vous. Puis j'ai connu Tsering. Je l'ai rencontré pour la première fois, il y a très longtemps à la Maison du Bhoutan, mais alors je ne m'intéressais pas le moins du monde à lui. Je ne le connais vraiment que depuis quelques semaines. Il est beau, fort, capable, ardent, impétueux et j'en suis folle. Je suis très peinée que vous, mon oncle chéri, n'ayez pas été auprès de moi le jour de mon mariage, mais je promets de me faire pardonner. Oh, je suis si heureuse et en même temps si triste et honteuse d'avoir pu vous faire de la peine ou vous décevoir. Je vous supplie de ne pas m'en vouloir. Je sais que vous comprendrez un jour. Comme vous le savez, je vous ressemble beaucoup ; je suis aussi impulsive que vous, et si, dans cette affaire, j'ai agi par impulsion, je sais que je ne me suis pas trompée, comme vous pourriez le croire. Je désire tellement votre approbation. Donnez-nous votre bénédiction.*

« *En attendant de revenir à Kalimpong pour vous présenter mon mari, j'écrirai aussi souvent que possible. Pour l'instant nous n'avons pas d'adresse et nous essayons de ne pas nous faire remarquer, car nous craignons toujours les autorités tibétaines.*

« Cher oncle, c'est vous qui m'avez dit que je devais penser à moi et m'avez conseillé un peu d'égoïsme. Embrassez Ani-la et faites-lui part de ces heureuses nouvelles. Je vous embrasse tendrement.

Votre nièce qui vous aime

ARIEL

Banerjee ricana. La lettre ne donnait aucun détail sur la mission de la fille, mais cette obscurité même ne faisait que renforcer ses soupçons qu'ils étaient tous deux espions et que cette lettre devait être codée. Il prit quelques notes à la hâte et cacha la lettre dans le dernier tiroir de son bureau.

Cinq jours après la disparition d'Ariel, on ne savait toujours rien de ce qu'elle était devenue. Malgré le soutien d'Ani-la, George n'était plus que l'ombre de lui-même. Il avait insisté pour participer aux recherches organisées par la police qui, sur les instructions de Calcutta, avait envoyé de Darjeeling un peloton de quatre-vingts hommes qui passèrent deux journées entières à battre la jungle dans l'espoir de découvrir un indice. Beaucoup de gens se rappelaient le tigre qui, sur la route de Darjeeling à Kalimpong, avait tué l'année précédente deux gardes du gouverneur du Bengale Occidental.

Tout improbable que fût cette supposition, on ne pouvait la négliger. Les traqueurs fouillèrent méthodiquement les flancs du col sur lequel était bâti Kalimpong et passèrent au peigne fin les pentes escarpées qui descendaient de la ville jusqu'aux eaux tumultueuses de la Titsa. En vain. Ce qui laissa quelque espoir qu'Ariel fût toujours en vie, mais ne contribua guère à réconforter George.

Le sixième soir après sa disparition, Ani-la trouva George dans le lit d'Ariel, cramponné à un de ses vêtements. Elle ne pouvait pas grand-chose pour lui, sinon affirmer qu'Ariel était sûrement toujours en vie, victime sans doute de ravisseurs qui ne tarderaient pas à prendre contact avec lui pour réclamer une rançon.

Ariel partie, George comprit ce qu'elle était pour lui, sa dernière chance d'échapper au gâchis de sa vie. Dans son tourment il remâchait les événements qui l'avaient conduit à cette existence vide de célibataire, tissée de plaisirs éphémères et de regrets. Regrets d'avoir abandonné Ariel bébé, remords envers toutes les femmes dont il s'était servi pour satisfaire son insatiable appétit sexuel. Le seul pur amour qu'il eût jamais connu était celui qui avait grandi entre Ariel et lui. Mais cela même avait été gâté par le désir, désir éveillé par la proximité d'une femme trop belle, qu'il ne pouvait pas s'empêcher de considérer par moments comme une étrangère, et non comme sa propre fille. Confusion entretenue par l'attitude d'Ariel, si naïve, affectueuse et ouverte. Par crainte de la choquer, il n'osait pas lui expliquer que pour être son oncle, il n'en était pas moins faible et qu'elle devrait éviter de l'embrasser si tendrement, de faire irruption en petite tenue dans sa chambre, ou de le serrer de trop près dans ses bras. On ne lui avait jamais appris à exprimer des craintes ou des sentiments aussi scabreux. La vie avec Ariel était devenue pour George un paradis et un enfer, car il était de plus en plus attiré par elle. Et bien qu'il fût convaincu de son innocence, il se demandait s'il n'avait pas d'une certaine manière blessé sa sensibilité. Submergé par un sentiment de culpabilité, George s'épuisait à imaginer les raisons de la disparition d'Ariel. Peut-être était-il responsable de tout. Peut-être avait-elle découvert qu'il était son père et le haïssait-elle de l'avoir abandonnée.

A bout de fatigue, George sombrait dans un sommeil qui ne lui apportait aucun soulagement, car il était hanté de cauchemars plus atroces que les divagations auxquelles il s'abandonnait. Il s'éveillait en sursaut, terrifié, couvert de sueur froide et craignant pour sa raison.

Il ne quittait plus son lit, mangeait à peine et demeurait perdu dans ses rêves. Six jours après la disparition d'Ariel, Calay lui apporta un message. George déchira fébrilement l'enveloppe. L'écriture était enfantine.

« Je souhaite vous voir au sujet d'Ariel, lut-il. Retrouvez-moi cet après-midi à 5 heures près de la grille du collège du Dr Graham. Je vous demande de venir seul. »

La signature était illisible. On aurait dit deux initiales.

George éprouva un immense soulagement. Plein d'espoir, il appela Ani-la.

– Elle est vivante, hurla-t-il dans le téléphone. J'ai reçu un message. Quelqu'un veut me parler d'Ariel. Un mot bizarre. Faut-il que j'appelle la police ?

– Non, n'en parle à personne, répliqua Ani-la. Vas-y tout seul. Va voir qui c'est, et ce qu'ils veulent. Ou plus exactement combien ils veulent.

– Tu as raison, dit George. Je t'appellerai dès mon retour.

Il était 11 heures. Encore six heures avant le rendez-vous. George était malade d'inquiétude. Il se versa whisky sur whisky pour se calmer, erra dans la maison, s'arrêtant à plusieurs reprises devant la chambre d'Ariel.

A 4 heures, George était passablement ivre. L'alcool et la fatigue le faisaient trembler et c'est titubant qu'il traversa le bazar avant de se présenter devant la grille du collège du Dr Graham. Il était en avance d'une demi-heure. La grille était heureusement en retrait par rapport à la rue principale et il y avait peu de passants : un vieil homme conduisant un âne chargé de tiges de maïs et un Marwari en bicyclette qui avançait si lentement qu'on avait l'impression qu'il allait tomber. George les regarda et s'éloigna de l'entrée par crainte de rencontrer le Dr Innes ou quelque autre connaissance.

George trépignait d'impatience. Tout valait mieux que cette incertitude, se disait-il. Jamais auparavant il n'avait pris conscience de l'horreur de la disparition totale d'un être. La mort semblait d'une certaine façon préférable. Elle était sans équivoque. Mais perdre complètement la trace de quelqu'un, ignorer son sort, peut-être à jamais. Pour la première fois il comprenait la souffrance de ceux qui avaient perdu des êtres aimés à la guerre. Étaient-ils prisonniers? Avaient-ils perdu la mémoire et erraient-ils sans but? Leurs corps gisaient-ils dans quelque lieu? Non, il ne pouvait supporter l'incertitude.

Perdu dans ses pensées, il sursauta lorsqu'une voix prononça à côté de lui, en tibétain :

– *Tashi di le*, bonjour.

George vit une dame séduisante, accompagnée de sa servante. La dame était coiffée à la tibétaine, mais portait une robe bhoutanaise.

– *Tashi di le*, murmura George par courtoisie, mais souhaitant surtout qu'on le laissât seul pour son rendez-vous décisif.

– *Nya, Ashi Pema*, fit la femme.

George ne parut pas comprendre. La femme répéta plusieurs fois jusqu'à ce qu'il la reconnût enfin.

– Où est Ariel? demanda-t-il d'une voix désespérée.

– Où est ma fille? fit Pema.

George comprit soudain que c'était la mère d'Ariel qui avait envoyé le message. Il en fut à tel point troublé qu'il crut vomir. Un instant, tout se brouilla et il s'agrippa à la grille pour ne pas tomber.

– Où est ma fille? répéta Pema, observant George avec dédain. Il empestait le whisky. Son allure débraillée et son comportement incertain, toute son attitude le proclamait : George était ivre.

Le voyant dans un état aussi lamentable, à la fois choquée et furieuse, Ashi Pema fit demi-tour et partit en courant.

17

Après sept jours de voyage en direction du nord, la caravane de Tsering avait atteint le haut plateau tibétain. Devant Ariel s'étendait, illuminée par le soleil, une succession de chaînes de montagnes grises, entourées par une barrière enneigée de pics élevés, dont le plus haut la coupait à présent de l'Inde et, semblait-il, du reste du monde. Ariel avait du mal à en croire ses yeux. Était-ce vraiment elle qui chevauchait avec cette immense caravane, serpentant dans le tintement de clochettes qui évoquaient le cliquetis de cristaux de glace dans l'air froid du matin? Air léger et vivifiant des hautes montagnes, qui lui donnait l'impression d'avoir la légèreté d'un oiseau. Air froid, qu'Ariel respirait profondément et qui lui brûlait les poumons, en même temps qu'il lui rougissait les joues et lui pinçait les oreilles. Air piquant, qui donnait envie de courir et de sauter. Air si limpide, qu'on pouvait voir, à des centaines de kilomètres, des pics dont les bases reposaient bien au-delà de l'horizon, de sorte qu'on se croyait vraiment au-dessus du reste du monde.

C'était donc cela le Tibet. Et elle était la femme de Tsering Lendrup, un homme que tout le monde disait riche et puissant, un homme qui, dans ses bras, n'était pourtant pas plus dangereux qu'un ours en peluche. Ariel était éblouie par son bonheur.

Durant toute une semaine, elle avait vécu dans une indicible félicité, entachée pourtant de ne pouvoir la partager avec son oncle George et Ani-la. Comme elle aurait souhaité qu'ils sachent sa joie. Combien elle aurait aimé proclamer ses sentiments à la face du monde, afin, pensait-elle dans son enthousiasme naïf, d'être un exemple pour les autres. Elle croyait enfin connaître la véritable signification de l'amour, ce mot qu'elle avait tant de fois lu dans les livres et entendu dans les conversations, sans jamais en soupçonner le sens plein.

Durant les premiers jours, Ariel avait souffert de ces longues heures en selle, mais son corps s'habitua rapidement à l'effort. En fait, elle se sentait plus forte, mieux portante que jamais. Non seulement son appétit et ses passions s'en trouvèrent aiguisés, mais son esprit en fut stimulé et son imagination excitée. Elle avançait, transportée, dans ce paysage grandiose, dont les vastes perspectives parlaient à l'âme. Ici une chapelle, là un monastère ou la sombre silhouette d'un fort se détachaient parfois sur les pics solitaires.

La simple dimension de l'horizon élargissait sa vision du monde, et lui dilatait l'âme. Sous l'immense voûte du ciel tibétain, soutenu au loin par ses piliers de neige, elle se sentait anoblie.

Ariel s'étonnait de la rapidité avec laquelle elle en était venue à considérer comme naturelle sa nouvelle vie. Elle ne trouvait plus rien d'extraordinaire à des actes que, moins d'une semaine auparavant, elle aurait trouvés barbares, comme par exemple mélanger la *tsampa* dans son thé tibétain avec les doigts. Elle portait une *chuba* comme si elle n'avait jamais connu d'autre vêtement. Comme tous les Tibétains, elle utilisait la vaste poche que formait la robe au-dessus de la taille pour y fourrer tout ce dont elle avait besoin durant les longues chevauchées : son *puru* revêtu d'argent, son bonnet, un morceau de tissu dont elle se servait comme mouchoir, un petit couteau que lui avait donné Tsering et son dictionnaire tibétain. Ariel portait aussi autour du cou une boîte carrée en argent, dans laquelle elle gardait les bijoux qu'elle ne mettait pas dans ses cheveux, maintenant nattés à la mode tibétaine.

En dépit de son bonheur, Ariel était quelque peu gênée par de petits détails d'hygiène : comment, par exemple, s'isoler sur les étendues dénudées des collines et des plaines ? Elle se demandait aussi comment se laver les cheveux sans shampooing. Elle ne cessait de composer des listes imaginaires de choses qu'elle aurait aimé emporter et qu'elle prendrait, lorsqu'ils, ou plutôt s'ils, retournaient à Kalimpong. Elle était partie sans rien d'autre que sa vieille robe écossaise et son petit sac rouge, sans même une photo de son oncle bien-aimé. Remaniant sans cesse sa liste en esprit, elle vit combien rares étaient les avantages de la civilisation qui lui manquaient vraiment. Tandis qu'elle apprenait à juger luxueuses des choses simples qu'auparavant elle ne remarquait même pas. Jamais elle n'avait eu si bon appétit, de sorte que son triste régime de thé au beurre et d'orge grillé lui semblait aussi alléchant que les mets les plus exquis. Tout changement dans cet ordinaire, radis achetés à un fermier, abricots secs offerts par des marchands, devenaient présents merveilleux. Ainsi sa vie frugale était-elle parsemée de petites joies. Ariel comprit que le dénuement magnifie le moindre plaisir.

S'enfonçant dans le Tibet, Ariel, à la vue de son escorte khamba, s'interrogeait sur les pensées de ses compagnons, leurs goûts et leurs aversions, leurs affections et leurs haines.

S'il lui avait été relativement facile, avec l'aide de son oncle, de s'initier à l'esprit hindou, à sa hantise des castes et à son égocentrisme, elle trouvait beaucoup plus difficile de saisir ce qui se passait dans le cerveau de ses compagnons tibétains. Elle se demanda tout d'abord si leur franchise si apparente n'était pas qu'une façade, un masque, derrière lequel ils cachaient leurs véritables sentiments. Ayant elle-même reçu une éducation qui l'avait conduite à dissimuler ses sentiments personnels derrière des considérations sociales, Ariel avait du mal à accepter que les Tibétains fussent exempts de toute hypocrisie. Bien qu'elle se fût souvent dressée contre le mensonge avant d'entrer au Tibet, jamais elle n'avait compris à quel point elle avait elle-même élevé un écran entre ses véritables sentiments et ses paroles et ses actes. Ce furent ses compagnons tibétains, qui avec leurs façons directes, lui firent prendre conscience de son vrai caractère. Car ils faisaient ressortir sur le ton de la plaisanterie les faiblesses des uns et des autres, y compris les siennes.

Ils parodiaient les discours des Indiens qu'ils avaient rencontrés à Kalimpong, imitaient les fonctionnaires tibétains guindés, et se moquaient même de leurs propres lamas. C'étaient des plaisanteries perpétuelles entre eux. Ils taquinaient aussi Tsi-la pour sa manie de se cacher le visage dans les longues manches de sa blouse, chacun l'imitant au milieu des rires, auxquels il lui arrivait de se joindre, avant de se cacher de nouveau la face dans ses manches, à l'esclaffement général. Rien de méchant dans ces taquineries, mais plutôt quelque chose d'extrêmement amical, une complicité profonde avec la fragilité humaine. Les jeunes Tibétains étaient unanimes à rire de la manière dont Ariel se regardait les mains lorsqu'elles étaient sales et de la façon maladroite qu'elle avait de rajuster sa ceinture; les hommes se tordaient de rire en imitant son geste brusque et son air contrarié. Ils la taquinaient aussi parce qu'elle ne cessait de se toucher les cheveux pour les mettre en ordre, geste ignoré des Tibétains et provenant de l'usage des miroirs.

Ariel prit conscience des habitudes indésirables qu'elle avait contractées. C'est Nordrop qui le premier railla sa manie de froncer les sourcils comme un vieux bouledogue, dès qu'on lui posait une question. C'est lui aussi qui se moqua de sa façon de marcher les pieds en dedans.

– Vous trouvez que je marche bizarrement. Mais regardez-vous donc, lui répliqua-t-elle sans rancœur. Vous vous mouchez comme un singe, dans vos doigts, et aucun de vous ne se lave.

Nordrop ne voyait aucun mal à cela. Ariel tenta en vain de changer plusieurs des habitudes qui lui paraissaient malséantes chez ses nouveaux amis, avant de les découvrir, pour la plupart, anodines. Elle s'attacha à leur inculquer l'habitude de se laver les mains avant de toucher la nourriture. Personne n'avait jamais dû leur parler des propriétés détergentes de l'eau et des dangers des microbes. En fin de compte, elle dut considérablement simplifier ses ablutions, car l'eau disponible était glaciale et ses mains, lorsqu'elle les lavait, devenaient bleues et douloureuses.

Ariel sentait chaque jour se dissiper un peu plus ce qu'il y avait d'anglais en elle et elle s'installait avec une surprenante facilité dans sa nouvelle vie. Le paysage sans cesse changeant apportait des émotions toujours nouvelles; ils franchissaient des cols, descendaient au fond de gorges profondes, traversaient des plateaux, longeaient ici un lac, là passaient à pied un champ de neige particulièrement glissant. Lorsqu'ils atteignaient de hautes altitudes, les chevaux et les hommes cherchaient leur souffle, et Ariel en fut réduite à suivre les conseils des muletiers et à sucer des pierres pour combattre les gaz toxiques qui, prétendaient-ils, s'accrochaient sur les hauteurs.

Chaque soir les hommes étaient saisis d'excitation, lorsque s'allongeaient les ombres; ils redoublaient alors d'effort pour atteindre leur destination nocturne. Bien que chaque étape du voyage jusqu'à Lhassa leur fût parfaitement connue, il demeurait certains imprévus : la hauteur de la prochaine rivière, les rencontres qu'ils seraient susceptibles de faire. La vieille qui faisait un excellent *chang* serait-elle toujours là ? Trouveraient-ils assez de chambres pour s'abriter ? Ariel aurait voulu passer une nuit dans une de ces tentes en poil de yack dont elle avait entendu parler dans les livres, mais sa caravane ne transportait pas ce type d'abri. Les muletiers dormaient toujours dehors dans le froid, après avoir empilé selles et chargements, afin de former un mur qui les protégeât eux et leurs feux des vents glacés de la nuit. Lorsqu'on installait le camp, on lâchait les poneys pour ne les rassembler qu'à la tombée de la nuit. On les entravait alors avec des cordes en poil de yack fixées dans le sol par de longs pieux d'acier. A chaque arrêt, Tsering se mettait en quête d'une chambre pour eux deux. Les fermiers installés le long de la route accueillaient volontiers les passants, qui leur apportaient, en même temps qu'une compagnie, des nouvelles fraîches et de menus cadeaux pour la maison.

Accrochée à la *chuba* de Tsering, Ariel traversait en trébuchant de sombres écuries avant d'atteindre à l'aveuglette les marches grossièrement équarries ou le tronc d'arbre entaillé conduisant aux pièces d'habitation. Elle débouchait alors dans les salles enfumées, où un petit feu de bouse de yack ou de brindilles dansait sous la lumière des lampes à beurre, qui faisait émerger de l'ombre des visages burinés par les intempéries. Tsering et Ariel avaient toujours la place d'honneur sur les plus beaux tapis ou les peaux les plus épaisses disposées devant le feu. Ariel apprit très vite qu'on reconnaissait à ses bijoux qu'elle était une dame d'importance. Quant à Tsering, sa magnifique *chuba* d'un grenat profond et son maintien élégant ne permettaient pas de douter qu'il fût le chef de la caravane, un homme avec lequel il fallait compter. Elle s'était mise à aimer la bière tibétaine et parfois, lorsqu'il faisait très froid, elle remplissait son *paru* d'*arak,* whisky d'orge dont le goût étrange était vite oublié pour ne laisser qu'une chaleur qui se répandait dans tout le corps.

Elle attendait avec impatience les soupes que leur servaient les paysans. Ils plongeaient les doigts dans la marmite pour y pêcher le plus gros morceau de viande, dont Ariel préférait ignorer l'origine. Le ventre plein, elle se demandait où ils dormiraient, car chaque nuit leur apportait sa surprise. On leur donnait invariablement la meilleure chambre, l'oratoire de la famille ou une réserve, sur le sol duquel on avait empilé en leur honneur les plus beaux tapis de la maison. Tsering et Ariel y étalaient alors leurs *chubas* de rechange, fourrure à l'extérieur, et, s'étant complètement déshabillés, ils se couvraient de leurs *chubas* de tous les jours. Ils se mettaient nus par tradition autant que par passion.

Ariel retrouvait chaque nuit dans les bras de Tsering toute la chaleur à laquelle elle aspirait depuis la mort de ses parents. Leurs caresses atteignaient des crescendo de sourde passion. Ils s'endormaient ensuite enlacés et la nuit même ne parvenait pas à les séparer. Le matin, excités par le froid, ils faisaient l'amour une fois encore. Tsering sautait alors du lit, prononçait un bonjour sonore avec un sourire malicieux en cherchant ses vêtements éparpillés par leurs ébats. Ariel se frottait les yeux pour s'assurer qu'elle ne rêvait pas, que ces étreintes sans cesse renouvelées dans des endroits inconnus, dont elle ne saurait jamais la situation géographique exacte, étaient bien réelles.

– Nous ne resterons que quelques jours à Lhassa, dit Tsering à Ariel. C'est trop dangereux. Tes cheveux dorés peuvent te trahir, ma chérie, bien que je trouve que tu aies l'air très tibétaine.

Ariel sourit.

– Heureusement que je n'ai pas les cheveux blonds et les yeux bleus, fit-elle remarquer.

– Mais tu as les yeux jaunes, poursuivit Tsering, évoquant ses yeux brun clair, cela n'échappe à personne.

– Ils ne sont pas jaunes, protesta Ariel.

Tsering lui prit la tête entre ses mains.

– Pas jaunes, mais dorés, murmura-t-il en l'embrassant. Quoi qu'il en soit, les fonctionnaires de Lhassa n'aiment pas les étrangers; ils ont ordre de les renvoyer. Les Européens ont toujours été repérés. Le chef du moindre village le long de la route a reçu des instructions strictes.

– Je sais, je sais, fit Ariel. On ne parle que de cela à Kalimpong : comment pénétrer au Tibet? Et qui s'en est fait expulser? Mais avec toi, je ne crains rien.

Tsering sourit.

– N'en sois pas trop sûre, dit-il. A Lhassa, on ne sait jamais à qui se fier.

Ariel savait que peu de femmes avaient réussi à entrer dans la Cité sainte. La seule femme connue qui fût parvenue à Lhassa sous un déguisement était une Française, Alexandra David-Néel, qui parlait couramment tibétain... Accompagnée d'un moine lamaïste, elle avait fait le voyage du Kham à la Cité sainte en 1924. Ariel avait lu son livre et savait que la méfiance du Tibet à l'égard des étrangers datait des sanglantes invasions anglaises et chinoises, qui n'étaient pas si lointaines. Ani-la lui avait parlé des massacres inutilement perpétrés par les Anglais, lors de l'invasion de 1904. A mesure qu'ils avançaient, Ariel, qui connaissait bien l'histoire de l'expédition anglaise au Tibet, reconnut quelques noms où avaient eu lieu les principales tueries. Car bien que Lord Curzon eût déclaré la force militaire du Tibet « indigne de mépris », il n'avait pas hésité à utiliser cinq mille hommes bien armés pour fusiller les Tibétains à bout portant, au cours de ce que les Anglais eux-mêmes qualifièrent de « massacre ». A Guru, les Tibétains étaient en train de converser et de plaisanter avec les soldats anglais de part et d'autre d'un mur qui barrait la route de Lhassa, lorsque les troupes anglaises ouvrirent soudain le feu avec des fusils modernes et des mitrailleuses Maxim. Les Tibétains tombèrent comme des mouches.

« Ce carnage me rendit tellement malade, que je me suis arrêté de tirer », écrivit un soldat anglais. « La lenteur de leur retraite était abominable », écrivait un autre.

Au souvenir de ces faits, Ariel demanda à Tsering si les Tibétains détestaient toujours les Anglais. Tsering se mit à rire.

– Nous, Tibétains, ne détestons personne. Pourquoi détester quelqu'un en raison de sa patrie. Nous ne sommes hostiles qu'aux politiciens.

– Y a-t-il quelqu'un que tu détestes ? demanda encore Ariel.

Tsering prit l'air amusé, puis après un instant de réflexion, il répondit :

– Oui, je déteste les Angdustang de Litang.

– Qui sont-ils ? demanda Ariel inquiète.

La prenant par la main, Tsering assit Ariel sur un rocher et lui parla de la querelle qui opposait les Angdustang et les Lendrup depuis des générations. Leur conflit remontait à plus de cent ans et s'était transmis de génération en génération. Tout avait commencé par la vengeance d'un meurtre et s'était stupidement soldé en des embuscades et des massacres innombrables, jusqu'à ce que les victimes se comptent par dizaines. Avec un regard qui effraya Ariel, Tsering déclara :

– Il me faut tuer l'un d'entre eux, avant qu'il ne me tue.

– Mais, protesta Ariel, si tu tues quelqu'un, n'est-ce pas un péché, et n'est-ce pas le meilleur moyen de perpétuer la querelle ?

– C'est vrai, admit Tsering, mais, comprends-le, c'est en relevant leur défi que notre famille existe.

Troublée que l'on pût vouloir tuer Tsering, Ariel ne comprenait pas et changea de sujet. Et pourtant Tsering ne lui permettait même pas de tuer une puce. Les regarder, lui ou Nordrop, attraper une mite, un cafard ou une puce sur leurs vêtements ou leurs corps et le poser délicatement sur le sol l'avait vingt fois amusée. Ils ne faisaient pas cela pour la distraire, mais par conviction religieuse, elle le savait ; ils aimaient cependant aussi, elle en était maintenant convaincue, les insectes qu'elle abhorrait. Ariel voyait apparaître dans le visage de Nordrop une expression de sincère tristesse lorsqu'il s'apercevait que la mouche qu'il avait sauvée de sa tasse de thé était morte.

Le mot compassion revenait souvent dans les conversations tibétaines. Le Dalaï-Lama lui-même n'était-il pas une réincarnation d'Avalokiteswara, « le Grand Compatissant » ?

Ariel aimait à analyser les caractères de ses compagnons dans l'espoir de les mieux comprendre eux et son mari. Grâce à Nordrop, elle apprit que Tsering avait déjà été marié et que sa femme était morte en couches. Elle en voulut à Tsering de ne pas lui avoir lui-même parlé de son premier mariage. Elle avait encore beaucoup à apprendre à son sujet, mais il ne fallait pas le bousculer. Nordrop lui parla aussi de la demeure de Tsume et de Wangchuk, son imposant beau-père. Il lui expliqua comment la famille Lendrup avait fait fortune et comment, grâce au commerce, Wangchuk l'avait multipliée par dix, devenant l'un des hommes les plus riches et les plus puissants de tout le Tibet.

Ariel apprit aussi que Tsering avait manifesté, dès son enfance, un tempérament de chef, et que jusqu'à la mort de sa première femme il aurait été insouciant et blagueur.

– Mais maintenant il va redevenir comme avant, conclut Nordrop. Il est tellement heureux de vous avoir capturée.

Le terme « capturée » amusa Ariel, en même temps qu'il lui déplut. Bien qu'elle n'eût pas la moindre intention de s'enfuir, elle se demandait si elle n'était pas prisonnière, si Nordrop et les muletiers ne l'arrêteraient pas de force, si elle tentait de partir. Puis elle se reprocha ses pensées. La journée était splendide, elle était follement amoureuse, et Nordrop, loin d'être son ravisseur, était devenu son meilleur ami. Elle était confiante et fière.

A mesure qu'ils avançaient, Ariel, déjà éblouie par la majesté des paysages, fut plus encore fascinée par les dimensions de l'architecture tibétaine. Une première semaine de voyage, pendant laquelle elle n'avait vu que de simples maisons et quelques modestes monastères, ne l'avait en rien préparée à la saisissante splendeur de Gyantse, immense forteresse accrochée à la crête d'une montagne vertigineuse. Elle n'avait jamais rien vu d'aussi grandiose en Inde. Bien qu'en partie détruite, la forteresse, qui formait un bastion autour de la ville, évoquait par sa puissance la Grande Muraille de Chine. Au pied du rempart s'entassaient d'innombrables édifices blancs, entourant le *chorten* circulaire de la ville qui dominait d'une vingtaine de mètres les rues étroites du bazar. Mais Gyantse n'était rien à côté des splendeurs de Lhassa.

Après douze jours de marche, la caravane arriva enfin au Tsang-po, « le clair », nom tibétain du Brahmapoutre. Le fleuve était trop rapide et profond pour être passé à gué; ils le traversèrent sur un énorme bac carré, dont le chargement et de déchargement prenaient plusieurs heures. Pour atteindre Lhassa il leur fallait encore remonter la vallée du Kyi-chu, affluent du Brahmapoutre. La route du bord de la rivière était jalonnée de *chortens* et de murs de prières faits de blocs de pierre où était gravée l'incantation : « *Oh-mani-padme-hum* ». En approchant de la « cité interdite », tout le monde fut saisi d'excitation, car le nom de Lhassa provoquait toujours la vénération des moines, la crainte des voyageurs et l'envie des étrangers.

Lhassa, prétendaient les Tibétains, était l'épicentre de l'univers, vers lequel ils affluaient en pèlerinage, d'abord dans l'espoir de voir le Dalaï-Lama et de recevoir sa bénédiction, mais aussi pour fréquenter le centre géographique, politique et culturel du monde tibétain. Capitale de tous ceux qui habitaient les hauts plateaux tibétains qui s'étendent du Gansu en Chine au Baloutchistan au Pakistan.

Ariel était fière d'appartenir, ne fût-ce que par alliance, à ce monde. Elle écoutait Tsering et Nordrop plaisanter avec les pèlerins qu'ils rencontraient; unis par les liens puissants de leur commun héritage et pour avoir partagé les rigueurs des mêmes routes.

Enfin Lhassa apparut. Ariel reconnut immédiatement la silhouette du Potala, vaste résidence du Dalaï-Lama, un des plus grands édifices du monde. Le Potala dressait ses seize étages d'austères fenêtres couronnés de logements dorés, semblables à des pagodes qui, par opposition aux sévères façades de la forteresse, formaient un village coloré et baroque, étincelant dans le ciel. Sous les chapelles, les cellules des moines, les salles de réunion, les réfectoires et les cuisines caverneuses, le Potala contenait, apprit-elle aussi, un dédale de milliers de magasins, les archives d'une administration qui s'étendait sur des milliers de kilomètres dans toutes les directions, au cœur de l'Asie Centrale. Les cellules n'étaient pas toutes occupées par des moines. Une partie du Potala était réservée aux prisonniers. Ils dormaient au-dessus de greniers, où étaient conservés, grâce à la sécheresse et à la fraîcheur du climat à 3 600 mètres d'altitude, les grains d'un siècle de dîme. Le Potala renfermait aussi un gigantesque et séculaire trésor, bijoux d'or et d'argent provenant de Chine, de Byzance, de Perse et d'Europe.

A mesure qu'elle approchait, Ariel découvrait les centaines d'édifices blancs formant la cité elle-même autour de la masse rouge et sombre du Jokang, la cathédrale de Lhassa. Des faubourgs de la ville, elle aperçut également les toits dorés des grands monastères de Sera et Drepung, qui constituaient de véritables cités où vivaient de cinq à huit mille moines. En tout, vingt mille religieux vivaient autour de la Cité sainte. Le reste de la population, soit trente-cinq mille personnes, était composé de riches aristocrates et de leurs serviteurs, de fonctionnaires laïques et d'un grand nombre d'artisans, de marchands et de boutiquiers, Tibétains et étrangers, dont une importante colonie de commerçants népalais et de marchands musulmans originaires du Ladakh et du Cachemire.

Ariel était éblouie. Ils arrivèrent au centre de la ville, au Parkor, artère circulaire bordée de boutiques, qui constitue le plus grand bazar de tout le pays.

Peu après s'être engagés dans le parkor, ils s'arrêtèrent devant une maison blanche à deux étages. Tsering et sa suite mirent pied à terre. Une femme apparut à une fenêtre. A la vue de Tsering, elle poussa un cri. S'ensuivit une grande agitation; toute la maisonnée sortit pour l'accueillir avec des rires et mille questions, tandis que les chevaux étaient conduits par les rênes dans une grande cour intérieure.

Tsering conduisit immédiatement Ariel au premier étage, dans une vaste pièce basse, dont les fenêtres treillissées donnaient d'un côté sur la rue et de l'autre sur la cour. Le plafond était décoré de motifs géométriques, rouges, bleus et verts, tandis que les piliers qui le soutenaient étaient ornementés d'arabesques rouge et or. Le parquet ciré était recouvert d'épais tapis qui la frappèrent par leur propreté. Tout cela était d'un grand luxe à côté des simples fermes, qui les avaient abrités durant le voyage.

Comme Tsering fermait la porte, un homme grand et solide, qui ne pouvait être que son père, sortit de l'ombre et serra son fils dans ses bras puissants. Puis il étreignit Ariel avec tant de force qu'elle crut en perdre le souffle. La maintenant à bout de bras, Wangchuk Lendrup, les yeux pétillants, hocha la tête d'un air approbateur en répétant à l'adresse de son fils :

– *Pay kypo, pay kypo,* très belle, très belle! Nous en ferons une Khamba et elle me donnera douze petits enfants.

– C'est beaucoup trop! lança sa nouvelle belle-fille en riant.

Délicieusement surpris qu'elle parlât tibétain, Wangchuk rit en l'entendant poursuivre.

– Je n'en veux que cinq ou six, dit-elle hardiment.

Il lui semblait connaître depuis toujours Wangchuk Lendrup, qui lui demanda de l'appeler « apa », père.

J'ai enfin une famille, songea Ariel. Ils s'assirent pour converser, mais furent constamment interrompus par des gens venus parler au père de Tsering. Ces visiteurs s'adressaient à lui avec beaucoup de respect. En parlant, les serviteurs se cachaient la bouche derrière leurs mains, recouvertes par leurs manches; certains muletiers tombaient même à genoux et, pour saluer, s'allongeaient de tout leur long sur le sol à la manière tibétaine. En quelques mots, prononcés d'une voix douce le vieux Wangchuk expédiait ses affaires, renvoyant ses commis avec quelque bon conseil ou des messages hâtivement griffonnés.

Ariel avait encore beaucoup à apprendre de l'étendue des affaires Lendrup. Ses nombreuses caravanes qui se lançaient sur les innombrables pistes tibétaines vers la Chine et la Mongolie à l'est, vers le Cachemire à l'ouest, vers le Népal et Kalimpong au sud-ouest. Le réseau de ses agents à Katmandou, Srinagar, Si-Ning et Tatsienlu, dont beaucoup appartenaient à sa famille et agissaient, il en était sûr, au mieux de ses intérêts. Dans un pays sans téléphone ni télégraphe, les affaires ne dépendaient que de la seule confiance. Étant donné l'absence totale de juristes et de banques, toutes les transactions reposaient sur la parole donnée et l'honnêteté, et non pas, comme en Occident, sur des contrats écrits et des actes notariés. Tout cela conférait bien évidemment une intensité particulière à l'amitié et aux relations personnelles, et expliquait comment le vieux Lendrup parvenait sans machines à écrire, ni téléphones, sans l'aide d'aucun secrétaire ni du moindre personnel de bureau, à manipuler des millions de dollars et des affaires délicates dans le monde entier, en buvant du thé. Ce qui importait chez un homme c'était son intégrité.

En contrepartie, comme Ariel en fut témoin à sa grande horreur, le menteur, le voleur ou l'assassin étaient considérés comme des parias. Aucun châtiment n'était trop sévère pour eux. Le moindre vol pouvait coûter une main ou un œil. Le bien et le mal, le vice et la vertu étaient si nettement définis, et leur distinction si bien respectée qu'il n'était pas besoin de police, car les criminels étaient rares et rapidement châtiés. La maxime « qui vole un œuf vole un bœuf » était à l'honneur et le châtiment, identique pour l'un et pour l'autre forfait. Ariel avait du mal à accepter cette justice et elle regardait toujours avec pitié tel criminel, fers aux pieds, ou tel autre misérable, dont le moignon de bras constituait un avertissement terrible aux voleurs en puissance.

Comme le soir approchait et que le dernier commis était parti, Wangchuk prit Ariel à part et demanda à Tsering d'aller chercher le petit coffre en bois. Il l'ouvrit précautionneusement, découvrant un enchevêtrement de bijoux : colliers de perles d'eau douce, de turquoise et de corail, entremêlés de colliers d'argent et d'or. A la lumière d'une lampe à beurre, le vieil homme fourragea dans cette masse pour en sortir une grande plaque de turquoise de la taille d'une main, sommairement taillée. Cette énorme pierre, d'un bleu profond et joliment veinée, constituait le plus grand trésor de sa collection. Wangchuk la donna à Ariel qu'il serra de nouveau dans ses bras.

– C'est peut-être une belle pierre, mais que représente-t-elle à côté de mon bonheur ?

Ariel était émue aux larmes. Jamais elle ne s'était sentie aussi aimée et protégée.

18

George resta longtemps agrippé à la grille du collège du Dr Graham. En un clin d'œil il avait compris : Ariel demeurait introuvable. Pema avait surgi du passé tel un fantôme. Et il ne pouvait rien lui dire, sinon que leur fille avait disparu. Il stationna là un instant, envahi de sentiments contradictoires, colère, pitié, rage et dégoût. Il était tenaillé par le remords, comme si la disparition d'Ariel était en quelque sorte liée à son comportement passé. Lui qui ne s'était jamais senti coupable d'avoir mal agi avec les femmes, savait arrivée l'heure du jugement, le moment de « payer pour ses péchés », comme aurait dit le Dr Innes, de rendre compte de toutes ces années de plaisir et d'égoïsme. Le moment de payer pour toutes les larmes qu'il avait fait couler, lorsque, abusant de son pouvoir et de sa force, il avait brisé des cœurs, ruiné des réputations ou détruit des vies. Il revoyait les visages de toutes celles qui lui avaient donné leur amour et leur tendresse, amour et tendresse que sa quête perpétuelle de sensations nouvelles lui avait fait rejeter. Perdu dans ses souvenirs, George regagna son bungalow en titubant et se versa un autre whisky qu'il monta dans la chambre d'Ariel. Il s'assit à son bureau et se mit à tripoter une longue écharpe de soie rose qu'il avait souvent vue autour de son cou, lorsqu'elle circulait dans le bungalow, retapant les coussins ou arrangeant les fleurs.

George se noua l'écharpe autour du cou, se versa un autre whisky et traversa la pelouse vers la jeep. Le *chokildar,* réveillé de sa sieste, se précipita pour ouvrir la grille. Dans le grondement des six cylindres, amplifié par un pot d'échappement percé, George engagea le véhicule sur la route. Il hésita un instant. Où aller ? Il donna un coup de volant à droite, en direction de chez Ani-la. Elle saurait trouver les mots justes pour l'apaiser. Elle seule comprendrait sa déception et son désespoir.

– Ani-la sortie, Sahib, annonça Trandul le boy tibétain, comme George s'arrêtait devant la grille.

George passa la marche arrière et recula sur la route empierrée. Il prit à toute allure les virages qui plongeaient vers la vallée de la Tista. Les pneus hurlaient. Les cheveux de George, balayés par le vent, battaient ses yeux embués de larmes, qui n'étaient larmes ni de chagrin, ni de rage, mais de l'irritation causée par le vent. Sous l'effet de ce que les bouddhistes appelaient « l'illusion des sens », la route lui apparaissait, à travers cette buée, mouillée et tremblotante; son tracé était brouillé comme l'était le capot de la voiture. Puis, lorsque les larmes lui coulaient du coin des yeux, la scène redevenait nette et claire comme du cristal; au bord de la route se dressaient de grands *sal,* dont les troncs faisaient penser à des cobras pétrifiés en quête de soleil; sur les bas-côtés, de l'herbe ici et là noircie par du bitume frais, un fût vide, un tas de gravier, un poteau indicateur en pierre, la borne indiquant la distance jusqu'au pont sur la Tista... un autre virage, encore du gravier, les pneus qui hurlent. Habilement, machinalement, George redressa la jeep et fila sur la route. Conduire. Il adorait conduire. La puissance, la vitesse, la maîtrise, ce sentiment de ne plus appartenir au monde de ceux qui marchent et rampent, la griserie d'une vitesse surhumaine. Le mouvement. George en avait besoin. Il l'aimait. Était-ce la réminiscence du balancement de son berceau, ou l'effet de quelque métronome génétique? Le mouvement l'avait toujours apaisé. C'est peut-être pourquoi il aimait tant battre la jungle à dos d'éléphant, se laissant bercer par le roulis cadencé de l'animal, montant et descendant au rythme lent et régulier de sa foulée, tandis que les broussailles défilaient en dessous de lui et qu'au-dessus les grands arbres décrivaient des arcs et des arabesques. Dans une bouffée d'enthousiasme, George appuya à fond sur l'accélérateur.

– Pas de problème. Moi tout voir. La jeep, elle est sortie de la route et hop! en l'air. Ensuite elle a heurté un arbre et elle est tombée comme une feuille, en tournant.

Le policier écoutait attentivement, tripotant le galon en cuivre de son épaule.

– La jeep s'est écrasée dans la jungle, ajouta le coolie.

– Ça relève peut-être des Eaux et Forêts, dit le policier, comme pour lui-même. Il ne voulait surtout pas prendre de risque.

– Le sahib qui conduisait est mort, confirma le coolie. En mourant il répétait : « Arila, Ali, Ali... » ou quelque chose comme ça. Il devait être musulman.

Le policier prit note en songeant à cette étrangeté d'un sahib musulman. De toute façon l'inspecteur se débrouillerait. La jeep était immatriculée à Hassimara. Il lui faudrait faire un appel interurbain. Il recopia le numéro d'immatriculation et releva le numéro du permis.

Les détails sont importants, se dit le policier qui ne savait pas conduire et avait toujours peur en voiture. Et puis c'est bien fait pour le sahib.

– Excès de vitesse. C'est toujours l'excès de vitesse, dit-il au coolie qui n'écoutait pas, tout occupé qu'il était à s'enrouler autour de la taille une écharpe de soie rose.

Il faisait chaud au poste de police de Kalimpong. Le téléphone n'avait pas arrêté de sonner de tout l'après-midi.

– Un accident de voiture près du pont sur la Tista, un accident de voiture, répétait-on avec un mépris typiquement hindou pour le sort des autres.

Un sahib de plus que son kharma avait conduit à sa fin. Les policiers locaux, bien qu'indifférents à la mort, étaient passionnés par la personnalité de la victime. Ils se promettaient un bon moment au bazar à annoncer la mort du sahib George Stevens, qui était encore plus célèbre depuis la disparition de sa ravissante nièce. Peut-être les deux incidents étaient-ils liés, peut-être le sahib était-il en route pour la délivrer ? Avant même qu'ils ne fussent sortis du poste, les hypothèses les plus fantastiques circulaient déjà.

Une heure plus tard, tout Kalimpong savait que George Stevens était mort, et les exactes circonstances de l'accident faisaient l'objet des spéculations les plus extravagantes.

A la Maison du Bhoutan, Ashi Pema leva la tête sur un vieux serviteur qui apportait du thé, et comprit qu'elle devait être assise dans ce même siège depuis des heures. Il était à peine plus de quatre heures lorsqu'elle était revenue de son désastreux rendez-vous avec George. Maintenant il faisait sombre dehors. Elle devrait monter prendre son bain, mais, collée à son siège par l'inertie et le découragement, elle tripotait machinalement son *puru* garni d'argent, tandis que son cousin bavardait avec ses hôtes. Le nom de George la tira soudain de sa stupeur. Elle écouta.

– Oui, pauvre Stevens, quel dommage. C'était un brave garçon. Planteur de thé. On le voyait souvent ici. Il buvait sec et aimait bien les dames. Il se serait écrasé près du pont sur la Tista. Et sa nièce a disparu il y a une semaine à peine. C'est plus qu'étrange.

Ashi Pema avait les mains qui tremblaient, sa *chuba* était trempée de thé. D'une voix à peine audible elle demanda à son cousin :

– Et Mr Stevens est-il gravement blessé ?

– Oh, Pema, fit son cousin avec humeur, tu n'écoutes jamais. J'ai dit il y a belle lurette qu'il était mort sur le coup.

Ashi Pema se laissa retomber dans son fauteuil. C'était impossible. Elle l'avait vu quelques heures à peine auparavant. C'était trop injuste. Après tant d'années. Son unique lien avec sa fille était rompu. Il était mort. Mais elle commençait à comprendre les paroles de son cousin, « sa nièce a disparu »... Ce ne pouvait être qu'Ariel, leur fille. Non, c'était trop affreux.

– Wangdi, qu'entends-tu par la disparition de sa nièce? risqua Pema. Les autorités doivent savoir quelque chose.

– Je n'en sais pas plus, répondit Wangdi, étonné de l'intérêt subit de sa cousine. Elle s'est évanouie sans laisser de trace. Stevens était désespéré.

Ashi Pema se leva et sortit précipitamment de la pièce. Une fois dans sa chambre, elle éclata en sanglots. Elle ne savait pas si elle pleurait sur George ou sur Ariel ou sur les deux. Elle était perdue. Ce voyage qui devait être des retrouvailles était devenu tragédie. Allongée sur son lit, elle regardait le plafond, les traînées d'humidité qu'y avait laissées la mousson, et se resaisissant, se jura de retrouver sa fille.

Il était tard lorsque Pema se leva et quitta sa chambre. Après avoir franchi la grille de la Maison du Bhoutan, elle se dirigea vers la colline où se dressait une chapelle bouddhiste faisant partie du petit monastère tibétain de Kalimpong. La porte était ouverte, la faible lueur des lampes à beurre clignotait devant l'autel. Elle entra, déploya une petite écharpe rituelle blanche qu'elle déposa sur les mains du Bouddha délicatement ouvertes, et pria en silence le « Compatissant » d'accorder à George une réincarnation bénéfique, de protéger Ariel et de lui donner une longue vie. Elle récita ensuite le mantra de la multiplication des bénédictions. Ayant retrouvé son calme, elle s'inclina légèrement et s'approcha d'un moine assis au fond de la chapelle. Ses vêtements et son maintien témoignaient de son érudition. Pema lui fit part de la disparition de sa fille et lui demanda de bien vouloir célébrer une divination pour savoir si elle était toujours en vie. Le lama accepta et Pema s'en retourna.

Les lumières des villas sur la colline scintillaient seules dans l'obscurité générale. Au nord, Pema devinait la masse des grandes montagnes qui la séparaient du Tibet. En regagnant la Maison du Bhoutan, elle éprouva une profonde nostalgie de son pays. Nostalgie, tristesse et solitude la submergeaient. Elle se trouva fort contrariée de constater qu'il se donnait une soirée à la Maison du Bhoutan, où un gramophone débitait de la musique de danse occidentale. Pema ne voulait voir personne. Elle décida d'aller chez Ani-la Whittlesey qu'elle savait avoir été une des meilleures amies de George.

Elle sonna à la grille. Le gardien tibétain vint lui ouvrir. Ashi Pema se présenta en tibétain et demanda si Ani-la était chez elle.

– Oui, elle est là, mais elle ne veut voir personne. Je suis désolé, répondit le gardien.

Ashi Pema passa devant lui en disant :

– Moi aussi je suis une très vieille amie de George Sahib et il faut que je voie Ani-la.

Pema pénétra dans le vestibule et entendit des sanglots qui venaient d'en haut. Elle grimpa rapidement l'escalier en soulevant sa *chuba* pour ne pas trébucher. Apercevant de la lumière sous une porte, elle la poussa doucement. Ani-la était dans un fauteuil à côté de son lit. Elle leva la tête, sursauta :

– Qui êtes-vous ? demanda-t-elle.

– Je suis Ashi Pema. Vous ne me connaissez pas, mais il faut que je vous parle.

Ani-la ne réagit pas tout de suite, puis, furieuse, elle déclara :

– Je ne peux pas vous voir maintenant.

Pema ne bougea pas. Elle murmura en tibétain :

– Je sais ce qui est arrivé à George. C'est pourquoi je suis venue. Ani-la, vous étiez sa meilleure amie. Je vous en prie, aidez-moi. Comprenez-moi. Je suis la mère d'Ariel. Pauvre George, pauvre, pauvre George.

Et Pema fondit en larmes.

Ani-la bondit de son siège.

– Ma pauvre ! dit-elle, conduisant Pema au bord de son lit. Vous êtes arrivée trop tard. C'est affreux.

Après un silence gêné, elle proposa :

– Allons parler en bas.

Montrant le chemin, elle précéda la malheureuse intruse dans le salon qu'elle éclaira. Ainsi, songeait-elle, c'est donc elle, la princesse Pema, la mère d'Ariel, la maîtresse de George. Elle ressentit une pointe de jalousie et se mit à l'observer. En bien des points elle ressemblait à sa propre mère, tant par son port et sa stature que par ses traits. Ani-la essaya alors d'imaginer Ariel en robe tibétaine.

Ani-la s'assit dans un fauteuil recouvert de chintz devant la cheminée de galets grossièrement jointoyés d'un ciment agressif. Bien qu'il ne fît pas froid, elle s'affaira à allumer le feu soigneusement préparé. De la même allumette elle alluma une cigarette avec ce geste masculin qu'adoptent souvent les grands fumeurs. Elle savait que Pema en serait choquée, car les Tibétains trouvent malséant et vulgaire de fumer, surtout dans une maison.

– George doit être incinéré demain matin au *ghat* du village, annonça froidement Ani-la.

Puis elle ajouta :

– Moi aussi, je l'aimais, comme j'aimais Ariel, sa fille... votre fille.

Pema était assise bien droite. Elle ne bougeait pas, ne trahissait aucune émotion. Elle était simplement là, et d'une stupéfiante beauté. Pour faire diversion, Ani-la tira une grande bouffée de sa cigarette et poursuivit :

– George était un homme bien. En fait, un homme malheureux, instable, pourrait-on dire...

– Je sais, je sais, lança Pema avec impatience. Mais je ne suis pas venue parler de George. Il est mort. Puissent les trois joyaux lui accorder une heureuse réincarnation. C'est Ariel qui me préoccupe.

– Nous préoccupe, coupa Ani-la.

– Nous préoccupe, si vous voulez, poursuivit Pema. Je voudrais avoir votre opinion. Avez-vous une idée de l'endroit où pourrait se trouver Ariel ? Depuis quand a-t-elle disparu ? Je vous en supplie, dites-moi comment elle était, ajouta-t-elle la voix tremblante.

« Avez-vous une photo ?

Pema se leva et s'approcha de la cheminée. Ani-la remarqua deux plis profonds qui lui marquaient les coins de la bouche. C'étaient les premiers signes de l'âge, les seuls défauts d'une beauté parfaite. Pema prit nerveusement un petit vase sur la cheminée et se mit à le faire tourner dans ses mains.

– Il faut que vous compreniez, Ani-la. J'espère que vous comprendrez et me pardonnerez peut-être ce que j'ai fait à mon enfant. J'étais si jeune alors, si naïve, ou plutôt bête et ambitieuse. Oui, je jugeais impossible d'élever un enfant anglo-indien. J'avais honte. Bien que je fusse très éprise de George, je ne voulais pas l'épouser. Si j'avais élevé l'enfant de George, j'aurais été déshonorée aux yeux de ma famille. Aussi l'ai-je abandonnée.

A la stupeur de Pema, Ani-la se mit à rire.

– Vous aussi ! C'est incroyable ! fit Ani-la. Il n'y a guère que deux jours, le pauvre George me tenait le même discours. Lui aussi aurait eu honte d'élever un enfant anglo-tibétain. Savez-vous qu'il n'a jamais eu le courage de dire à Ariel que vous étiez ses parents ?

– Quoi ? fit Pema, manquant lâcher le vase.

– Non, poursuivit Ani-la, non il ne lui a jamais dit qu'il était son père ou que vous étiez sa mère. Ariel croit qu'elle est anglaise et que ses parents, morts en Angleterre pendant la guerre, étaient la sœur et le beau-frère de George.

– Mais c'est monstrueux, dit Pema, blême de rage.

– Pas plus que de l'abandonner, fit sèchement remarquer Ani-la.

– Mais pourquoi George l'a-t-il laissée souffrir en lui faisant croire qu'elle était orpheline ? Pourquoi ne pas lui avoir dit la vérité ?

– Pour la raison que vous venez d'invoquer, reprit Ani-la. Il pensait qu'il valait mieux qu'elle se croie anglaise.

– Vous n'étiez sûrement pas d'accord, dit Ashi Pema.

Ani-la réfléchit et dit :

– Ashi Pema, moi aussi je suis anglo-tibétaine. Mon père était anglais. J'aurais pu facilement passer pour anglaise, mais je n'ai jamais essayé de cacher mes origines. En fait j'en ai toujours été fière. Sans ignorer ce que disait de moi la communauté anglaise. Être anglo-tibétain en Inde n'est pas facile. George a peut-être rendu service à Ariel.

Ani-la aurait poursuivi, si elle n'avait pas aperçu des larmes dans les yeux de Pema, qui se détourna, sans doute pour s'essuyer les yeux, puis alla s'asseoir dans un fauteuil.

– Ani-la, que dois-je faire ? Qu'a-t-il pu arriver à Ariel ? Pourquoi tout ceci, la mort de George et la disparition d'Ariel ? Pourquoi ai-je reçu un tel kharma ?

– Pema, vous ne parlez que de vous, pensez à votre fille. George craignait qu'elle soit partie pour avoir découvert le tissu de mensonges qui entourait sa naissance.

– Si ça avait été moi, dit Pema, je lui aurais au moins dit la vérité. La vérité, quelle qu'elle soit, est toujours préférable. Mais laissons cela. Comment la retrouver ? Que puis-je faire ?

– Il n'y a pas grand-chose à faire si elle est en vie et essaye de fuir son passé. Et encore moins si elle n'est plus.

Lorsqu'elle leva les yeux, Ani-la vit Pema sangloter dans ses mains. Elle se dit qu'elle avait peut-être été inutilement dure, mais elle n'y pouvait rien. Elle avait partagé l'angoisse de George et elle était encore sous le choc de sa mort. Elle aussi souhaitait désespérément retrouver Ariel. Les dix derniers jours avaient été un cauchemar et elle n'avait guère de sympathie pour Pema, qui avait fait passer son ambition personnelle avant sa propre fille. Puis Ani-la s'en voulut de sa sévérité : « Que suis-je pour la juger ? » se demanda-t-elle.

Après un silence pesant, Pema commença d'une voix douce :

– Ani-la, vous ne pouvez pas imaginer combien j'ai payé ma lâcheté. Chaque fois que je voyais un enfant, je songeais à Ariel. Au début, je croyais qu'avec le temps, elle finirait par disparaître de ma mémoire, mais ce fut le contraire. Lorsque j'ai eu mon premier enfant de mon mari, je pensais à Ariel chaque fois que je le regardais. Je pensais à son premier sourire, que je n'avais pas été là pour accueillir, à son premier cauchemar dont je ne l'avais pas consolée, à ses premiers mots que je n'avais pas entendus et à ses premiers pas que je n'avais pas encouragés. Jour après jour, à mesure que je voyais grandir mes enfants, je comprenais mieux ce que j'avais perdu et la monstruosité de mon acte. Et chaque nouvel enfant ne faisait qu'accroître mon remords. Ariel apparaissait devant moi, désarmée, abandonnée, abandonnée par moi par égoïsme. Ne me condamnez pas, Ani-la. Je me suis déjà condamnée moi-même. J'ai perdu l'étincelle de la joie, ce goût de rire, la capacité de vivre dans l'insouciance, car je n'ai cessé d'être rongée par l'angoisse. Comment est-elle et où est-elle? me demandais-je constamment. C'était comme si j'avais été amputée d'une part de moi-même. Cela devenait une obsession. J'ai si souvent essayé d'imaginer ce que pouvait être sa vie en Angleterre. Je me suis même mise à étudier l'anglais toute seule au Bhoutan, pour pouvoir d'une certaine façon communiquer avec elle en esprit. Voilà dix-huit ans que je voudrais la retrouver, mais j'avais le sentiment de ne pas avoir le droit d'apporter la honte à mon mari et à mes autres enfants. Enfin, n'y tenant plus, j'ai décidé, il y a quelques semaines, de venir ici et de voir George, car j'avais entendu parler de sa « nièce » et savais qu'il devait s'agir d'Ariel.

Pema se remit à pleurer. Ani-la demeura silencieuse, elle continuait à tisonner le feu. Se redressant tout à coup, le dos à la flamme, elle s'adressa à Pema.

– Ne pleurez pas. Ariel n'était pas malheureuse. Elle n'a pas souffert. En Angleterre, elle a été élevée avec amour, comme n'importe quel enfant. Le drame a commencé lorsque sa mère, je veux dire sa belle-mère et son beau-père ont été tués dans un bombardement durant la guerre. Ariel a alors connu la solitude glacée de l'orphelinat, jusqu'à ce que George apprenne la mort de sa sœur et la fasse venir. A Kalimpong et ici elle était heureuse, ou du moins le semblait.

« Nous étions très proches l'une de l'autre. Elle m'appelait sa grande sœur. Nous jouions à un jeu de “ grande personne ”. Elle me faisait part de ses vœux. Elle était d'une certaine façon ambitieuse, mais elle avait aussi du cœur. En fait...

Ani-la s'arrêta, mais Pema la supplia de continuer.

– Je veux tout savoir sur ma fille, chaque détail, je vous en supplie, continuez.

Il était très tard, lorsque épuisée, Ani-la reconduisit Pema à la grille et demanda à son serviteur de la raccompagner. Cette nuit-là, malgré sa fatigue, Ani-la ne trouva pas le sommeil. Elle était envahie de sentiments contradictoires où se mêlaient chagrin, rage, jalousie, apitoiement sur soi et atroce sentiment de culpabilité. Si seulement elle n'avait pas été prendre le thé avec cet insipide banquier anglais. Si seulement elle avait été chez elle lorsque George était passé. Si elle avait pu lui parler, le réconforter... si seulement... Elle commençait à voir plus clair dans la mort de George, George avec qui elle avait entretenu pendant vingt-cinq ans une *amitié amoureuse*. Oui, pendant vingt-cinq ans, elle avait été amoureuse de lui, ou plutôt elle avait pendant vingt-cinq ans contenu son amour pour lui avec l'espoir qu'il pourrait un jour s'épanouir librement. Durant toutes ces années, elle s'était accrochée à l'espoir qu'avec le temps leur amitié changerait de nature. Dernièrement, pendant qu'ils cherchaient Ariel, elle sentait que George aurait pu revenir vers elle. Il avait reconnu l'avoir aimée plus que quiconque. Devant elle il avait enlevé son masque et elle avait retrouvé l'homme chaleureux et gentil qu'elle avait connu. Tout cela avait ranimé les espoirs d'Ani-la qui avait vu les années passer, ses sœurs se marier, lui laissant le soin de leur vieux père. Dans sa jeunesse elle avait espéré vivre une histoire d'amour qui l'aurait menée au mariage. Au début elle avait apprécié son indépendance et le sentiment de maturité qui l'accompagnait, le sentiment d'être maître de son destin, à quoi peu de femmes pouvaient prétendre. Ani-la trouvait que ces filles qui se précipitaient, à peine sorties de chez leurs parents, dans le mariage, souffraient d'un arrêt de leur développement et devenaient soit des épouses gâtées soit des maîtresses de maison aigries. Elle au moins avait pu s'adonner à sa passion des orchidées.

Jeune femme, Ani-la accompagnait le professeur Barnstyle lors de ses expéditions de cueillette au Sikkim, plus tard dans les *douars* où sa connaissance du tibétain avait été précieuse; elle l'avait aidé à localiser les espèces les plus rares qui poussaient dans le paradis botanique qu'est la face méridionale de l'Himalaya. L'actuelle collection de Kew-Garden devait beaucoup au zèle et aux connaissances d'Ani-la. Le professeur Barnstyle lui avait promis de donner son nom à une orchidée, honneur qu'elle avait longtemps attendu, car même s'il ne s'agissait que d'une orchidée parmi les six mille déjà connues, c'était tout de même un honneur. Fidèle à sa parole, le professeur Barnstyle avait appelé un cystopodiicnae « Anisikkim ». Ce fut une de ces nombreuses petites satisfactions qui lui masquaient le passage du temps, retardant le moment où elle prendrait conscience que la vie, ou en tout cas la vie de femme mariée lui manquait. Si les soupirants ne lui faisaient pas défaut, ses aventures n'avaient jamais atteint cette intensité passionnée qui, s'imaginait-elle, donnait envie de se marier. Avec les années, ses admirateurs s'étaient faits moins nombreux, moins acceptables et moins jeunes. Ses rares aventures ne concernaient plus que des amants de passage. Il était sans doute propre à l'Inde que les hommes d'affaires en déplacement songent bien trop à rentrer chez eux pour prendre des engagements. Ou bien n'était-ce que prétexte inventé par Ani-la pour se masquer que certains de ses soupirants répugnaient peut-être, comme George avait fini par le lui avouer, à faire leur vie avec une femme à demi tibétaine? En Angleterre, on l'aurait sans doute trouvée originale et exotique, mais en Inde son métissage était une tare. N'était-elle pas elle-même un peu raciste comme George. Ses amis et surtout ses soupirants avaient toujours été anglais, jamais tibétains. Elle reconnaissait là les préjugés de son père. Tout cela avait retardé son mariage. Puis il lui avait bien fallu reconnaître qu'elle devrait probablement finir ses jours seule. Durant toutes ces années elle avait secrètement rêvé d'épouser un jour George. Riche, beau, distingué, il était inaccessible. Et pourtant elle avait rêvé et l'étincelle d'espoir était devenue flamme, qu'elle avait adroitement cachée. Mais l'amour était demeuré tendre amitié. Bien que George n'eût jamais couché avec elle, il s'était toujours adressé à elle avec des mots d'amour. Et voilà que le destin avait détruit l'espérance de toute une vie, tandis que la disparition d'Ariel avait brisé le dernier fil qui la rattachait à son amour.

Ani-la eut de nouveau l'horrible vision du corps de George que la police avait ramené au bungalow. Déposé sur la table de la cuisine, en partie recouvert d'une mince pièce de coton, du genre de celles dont les coolies s'enveloppent pour dormir, portant encore la marque de contrôle à l'encre violette : « Bhopal Mills – 100 % coton ».

Ani-la ne s'était jamais attendrie sur elle-même, mais en regardant l'aube grise poindre à sa fenêtre le vide de son futur l'accabla. Et Pema allait maintenant lui voler la dernière chance de sa vie en revendiquant Ariel. Ariel qu'elle en était venue à considérer comme sa propre fille et qui après la mort de George était tout ce qui lui restait au monde.

Bien qu'Ani-la ne voulût pas l'admettre, elle n'aimait pas Pema et en était jalouse. Pema, bien sûr avait payé sa faiblesse et souffert de la perte de son premier-né. Mais, Ani-la le savait bien, Ariel était maintenant une femme et ni elle ni Pema ne pouvait vraiment prétendre à des droits sur elle. Elle se jura toutefois de ne rien négliger pour la retrouver et c'est avec cette pensée qu'elle finit par trouver consolation dans le sommeil.

Les obsèques de George ébranlèrent Kalimpong et divisèrent la communauté. Beaucoup en furent irrités, certains carrément furieux, tous très agités. George avait en effet demandé à être incinéré.

L'enterrement des Anglais morts sur le sol indien avait toujours revêtu une grande importance. C'était l'affirmation définitive de la domination anglaise et une insulte aux Hindous pour qui la crémation est l'unique façon de disposer d'un corps. L'indépendance avait aggravé le problème, car le nouveau gouvernement indien avait essayé de rendre obligatoire la crémation « pour des raisons d'hygiène »... Mais les protestations furent telles aussi bien de la part des chrétiens que des musulmans que le statu quo fut maintenu. Chaque religion procédait à ses propres offices funéraires.

En choisissant d'être incinéré, nombreux furent ceux qui pensèrent que George les avait trahis. Le révérend Dr Innes était indigné de la barbarie d'un tel souhait, car si l'incinération était supportable en Angleterre, elle était inadmissible ici au Bengale Occidental.

– Il s'en va comme il a vécu, fit observer Innes à Miss Maryflagger, le professeur de latin du collège, dans le péché. Au moment où les Hindous veulent supprimer nos cimetières, où le cimetière d'Agra a été dévasté par des squatters. C'est une honte. Au moins s'il tenait absolument à être incinéré, il aurait pu faire en sorte que cela ait lieu discrètement et demander un modeste service funèbre à l'église. Mais non, il faut que cela se passe sur le *ghat* public comme pour un vulgaire coolie.

L'affaire embarrassa beaucoup la petite communauté de Kalimpong. Même ceux qui souhaitaient rendre un dernier hommage à un vieil ami n'allaient sûrement pas risquer de voir son corps flamber à côté de quelque *chokildar*. Beaucoup trouvaient qu'il fallait faire à George des obsèques et un enterrement convenables, sans se soucier de ses volontés écrites. Mais Rau Gee, le commissaire du district, qui avait été avisé des instructions contenues dans le testament, veillait à ce qu'elles fussent respectées. Il alla même jusqu'à prévenir son ami Krishna Mura, guru local, que l'on vit bientôt arriver au bungalow avec son éternel pagne pour proposer ses services.

Ce fut Ashi Pema qui sauva la situation en suggérant.

– Pourquoi ne pas le faire incinérer par des moines tibétains? Il n'a pas précisé dans son testament si le service devait être hindou ou bouddhiste et George était certainement beaucoup plus proche de la communauté tibétaine que des Indiens.

Cette solution satisfit tout le monde et Ani-la était convaincue que si Ariel avait été là, elle l'aurait aussi approuvée.

George Stevens fut donc incinéré selon le rite lamaïste. Six moines en robes rouges vinrent au bungalow prendre possession du corps. Avec effort ils firent prendre au cadavre la position du lotus, l'enveloppèrent d'un linge bordeaux. Tôt le matin, la procession solennelle se fraya un chemin à travers le bazar. Les moines étaient suivis à distance par Ani-la, Ashi Pema, Mr Richardson l'officier politique, le Dr Rawlings, Bill Hancoburn, représentant la Compagnie de thé d'Assam et un groupe de cueilleurs de thé et autres employés conduits par Calay et le *chokildar*. Les moines traversèrent le bazar en jouant du hautbois et en battant le tambour, tandis qu'adultes et enfants s'écartaient pour laisser passer la procession; le corps assis se balançait dangereusement sur sa litière au-dessus de la foule. C'était une belle journée et le soleil était chaud, bien que l'on fût en décembre. La procession s'arrêta devant le petit monastère tibétain surplombant la ville devant lequel flottaient sur trois grands mâts des drapeaux à prières en coton blanc. Après les chants monotones et les invocations tibétaines pour une meilleure réincarnation, on transféra le corps sur un tas de bois de rhododendron. On l'aspergea d'orge et d'eau bénite et on lui plaça un petit médaillon de beurre sur le sommet de la tête. Puis on alluma le bûcher. Tandis que jaillissaient les flammes, la vallée retentit de la plainte des trompettes en fémur humain, à laquelle se mêlait le crépitement des bûches, dont les flammes engloutirent le corps. Ni Ani-la ni Pema n'osèrent regarder le bûcher, aussi ne virent-elles pas les ultimes convulsions de la dépouille de George.

Le feu brûlait encore, lorsque la petite foule se dispersa. Ani-la, Pema et les six moines restèrent seuls jusqu'à ce que s'éteignît la dernière braise. Le visage d'Ani-la était baigné de larmes. Mais sur Pema errait un vague sourire, car avant de se retirer, le moine, à qui elle avait parlé la nuit précédente, lui avait glissé dans les mains un petit morceau de papier, résultat d'une longue nuit de divination et de prière.

Elle avait lu et relu l'élégante écriture tibétaine, mais il n'y avait pas d'ambiguïté. On y lisait simplement : « Votre fille est vivante. »

« Encore faut-il savoir si la fille est vivante ou pas, » avait dit le commissaire du district, lorsqu'il eut fini de lire le testament de George Stevens. C'était un long document, ce qui n'avait rien d'étonnant de la part d'un homme d'affaires méticuleux. George s'était appliqué, pour des raisons qui s'expliquèrent bientôt, à tenir son testament à jour. George Stevens, découvrit-on, était riche. En près de vingt-six ans de la Compagnie des thés d'Assam, il avait scrupuleusement levé ses primes sur les fonds de la Compagnie et avait fini par en détenir quelque quatre mille actions, évaluées en 1949 à 58 livres chacune, ce qui faisait près de 240 000 livres sterling. L'importante prime, versée par la Compagnie d'assurances auprès de laquelle les Thés d'Assam avaient souscrit une police, ajoutée à celle versée par sa propre assurance-vie, accroissaient encore cette petite fortune. George avait deux comptes importants en Angleterre et un compte en roupies à Calcutta. La valeur totale de ses biens dépassait 350 000 livres sterling, presque un million de dollars. Sans compter la villa de Kalimpong, le bungalow d'Hassimara, le mobilier et l'argenterie.

George avait tout laissé à Ariel, « mais », répéta le commissaire du district adjoint, « encore faut-il savoir si la fille est vivante ou pas ».

Restait bien sûr le problème de l'administration de l'héritage, problème résolu par une clause récente ajoutée au testament déclarant qu'« Anne Whittlesey devait être l'exécuteur testamentaire et bénéficier du revenu de la succession en attendant qu'on ait retrouvé Ariel Gordon ».

– Je suppose que cette clause a été ajoutée après la disparition de la nièce de Mr Stevens, fit remarquer le commissaire. Il va falloir que je m'informe auprès de Calcutta pour ce qui est de l'exécution de cette clause, attendu que dans le cas présent Miss Gordon est sujet britannique, alors que vous, Miss Whittlesey, êtes indienne, je présume. En ce qui concerne les sommes détenues à l'étranger, il y a d'autres complications, dues à la récente loi sur les devises étrangères. Cela peut prendre un certain temps.

Le testament était accompagné d'une lettre cachetée adressée à Ani-la. Sitôt rentrée chez elle, Ani-la l'ouvrit. Elle avait été écrite, remarqua-t-elle, longtemps avant l'arrivée d'Ariel en Inde.

Très cher Ani-la,

Lorsque tu liras cette lettre, je serai déjà en voie de réincarnation. Je m'adresse à toi parce que je t'ai toujours aimée et que je te considère comme la seule personne à qui je puisse confier ce secret. J'ai une fille. Une anglo-tibétaine comme toi. Elle s'appelle Ariel Gordon; elle est élevée en Angleterre par ma sœur et mon beau-frère. Ariel ignore qu'ils ne sont pas ses vrais parents. Sa mère est la princesse Pema de la famille Pardapa de Lhassa, qui est maintenant la femme du dzong-dpon de Bumthang. Je veux qu'Ariel connaisse un jour son origine, de préférence à ses vingt et un ans. Je te demande de faire cela pour moi et de l'aider à comprendre les raisons qui nous ont conduits, sa mère, que je n'ai jamais revue, et moi-même, à la faire adopter et élever par ma sœur en Angleterre. Ni sa mère ni moi n'étions prêts pour le mariage; nous ne le souhaitions d'ailleurs pas et étions incapables de nous occuper d'elle. Qu'elle sache que j'ai honte d'avoir démissionné. Ma sœur Jane et son mari, Herbert Gordon, méritent tout le respect et l'amour d'Ariel pour avoir si généreusement accepté de l'élever comme leur enfant. Lorsqu'elle apprendra tout cela, j'espère qu'elle comprendra que j'ai agi dans ce que j'ai cru être son intérêt, étant donné mon caractère volage et mon style de vie, et en raison de l'impossibilité dans laquelle était sa mère de se charger seule de son éducation. Sache aussi, Ani-la, qu'outre le regret de ne pas avoir vu grandir ma fille, j'emporte aussi celui de n'avoir jamais eu le courage de te déclarer mon amour.

A toi pour toujours,
GEORGE.

A cette dernière phrase, les yeux d'Ani-la s'emplirent de larmes. George l'avait donc aimée. Malgré ses préjugés il l'avait toujours aimée. Elle en conçut de la rage. Mais pourquoi ? Pourquoi ? Pourquoi, alors qu'ils étaient le plus proches, lui avait-il été enlevé ?

Deux semaines s'étaient maintenant écoulées depuis la disparition d'Ariel. Bien qu'à Kalimpong la plupart des gens la crussent morte de façon tragique et mystérieuse, Ani-la conservait un dernier espoir et, pour l'amour de George, elle ferait tout ce qui était en son pouvoir pour la retrouver. Mais par où commencer ? Aucune des recherches n'avait abouti, et même avec l'argent dont elle disposait maintenant Ani-la ne voyait pas quelle démarche entreprendre. Elle se demanda en s'endormant si elle parlerait à Pema du testament de George ou du contenu de sa lettre ? Elle était, après tout, la mère de l'unique héritière de George. Peut-être pourraient-elles ensemble retrouver Ariel.

19

Le bref séjour d'Ariel à Lhassa fut une course folle. Il y avait tant à acheter, régler, préparer et emballer pour le long voyage qui les mènerait dans le Kham. Sachant qu'elle n'aurait plus l'occasion avant longtemps de faire des achats, Ariel voulait absolument fouiller le bazar pour y acheter stylos, crayons, carnets, élastiques, rubans, peignes, tissu, miroir, fruits secs et fil anglais.

– Je voudrais aller faire des courses. Ne pourrais-je pas aller un petit moment au bazar ? demanda Ariel à Tsering d'un air suppliant.

– C'est trop dangereux. Et si on te découvre ? fit Tsering.

– Je me mettrai un bonnet sur la tête. Tsi-la peut m'accompagner. Je promets de ne pas dire un mot et de ne rien faire qui puisse attirer l'attention. S'il te plaît.

Mais Tsering était catégorique :

– Je peux te faire acheter tout ce que tu veux. Un tailleur va venir te faire des vêtements. Je vais convoquer un marchand népalais qui t'apportera tout son étal.

– Mais ce n'est pas la même chose. Je t'en prie, laisse-moi sortir un peu.

Ariel supplia tant et si bien que Tsering finit par céder.

– Mais pas longtemps. Le soir, juste avant la tombée de la nuit. Et ne parle pas, ne dis même pas bonjour.

Ariel se leva, remplie de joie, et embrassa Tsering. La journée lui parut interminable, elle bousculait le tailleur occupé près du feu à faire des copies en soie chinoise de ses sous-vêtements. Ariel commanda aussi une autre paire de bottes chaudes. Comme l'après-midi s'éternisait, elle écrivit une longue lettre détaillée à son oncle qu'elle confia à un cousin de Tsering qui devait prochainement se mettre en route pour Kalimpong.

– Personne ne vous reconnaîtra maintenant, fit observer Tsi-la en mettant la dernière main aux vêtements d'Ariel. On ne peut pas avoir l'air plus tibétaine.

Le vieux Wangchuck approuva de la tête et Ariel se précipita dehors avec la ferme intention de voir le plus possible de Lhassa. Sous son bonnet khamba doublé de mouton, qui lui couvrait presque entièrement la tête, Ariel avait du mal à se reconnaître dans le petit miroir accroché à l'un des piliers de la longue salle. Tant qu'on ne voyait pas ses cheveux auburn elle se sentait en sécurité.

– Il n'y a guère à s'inquiéter, avait murmuré Tsi-la à Ariel. Lhassa est plein d'étrangers venus de tous les coins du Tibet, qui parlent avec de drôles d'accents et portent toutes sortes de vêtements, et personne ici ne semble s'en soucier.

Dès qu'Ariel eut franchi le seuil de la maison de Lendrup et se fut engagée sur le Parkor, elle se trouva prise dans une foule animée et disparate où se mêlaient flâneurs, marchands et pèlerins. Cœur spirituel et centre politique du monde tibétain, Lhassa était le rendez-vous de tous les peuples du grand Tibet. Loin d'être dévisagée, c'est bien plutôt Ariel qui regardait ébahie les Ladakhi du Cachemire au nez fin et leurs épouses aux cheveux tressés en cent huit nattes minuscules, les habitants des régions frontalières de la Birmanie et du Yunnan au visage rond et au nez épaté coiffés de chapeaux semblables à des perruques faites de poil de yack emmêlés. Drapés dans de grossières peaux de mouton déambulaient aussi les Mongols de la région du lac Kokonor à la figure plate, si différents des Tibétains de Kham, qui, malgré leur nez en bec d'aigle, avaient presque l'air d'Européens.

Le visage couvert, Ariel, accompagnée de Tsi-la, franchit le grand portail du Jokhang, la cathédrale de Lhassa, bondée d'une foule de pèlerins qui faisaient le tour de ses différentes chapelles, plaçant des *katas* de cérémonie blancs autour du cou des divinités et déposant des dons pour l'entretien des lampes à beurre. Ils défilaient lentement devant les statues jusqu'à la grande salle soutenue par des piliers et tendue de bannières de soie, où psalmodiaient des moines. Instant inoubliable que le spectacle de la vénération des pèlerins, dans l'odeur des lampes à beurre, sous l'immense voûte obscure. Ariel en fut bouleversée. La piété n'était pas son fort, et pourtant, saisie d'une soudaine inquiétude devant sa nouvelle vie, elle se surprit à prier. Avoir épousé Tsering lui faisait tout à coup peur. Serait-elle jamais à l'aise dans ce monde si étrange ?

Ils restèrent un long moment devant la statue du roi Srong-sgam-po, le grand fondateur du Tibet. Ariel remarqua avec étonnement ses traits tout à fait occidentaux et sa fine moustache recourbée. Il faisait nuit lorsqu'elles sortirent. Elles rentrèrent en hâte à la maison, au moment où les boutiquiers allumaient leurs lampes-tempêtes.

– Comment s'est passé la visite? s'enquit Tsering dès qu'il l'aperçut. J'étais très inquiet.

– Merveilleusement bien, répondit Ariel, libérant sa chevelure de la prison de son bonnet et soulagée d'avoir retrouvé Tsering.

Ariel n'eut guère l'occasion de visiter davantage Lhassa durant les quelques jours qui suivirent, en dehors de ce qu'elle pouvait en voir du toit de la maison du père de Tsering. Ainsi put-elle apercevoir le palanquin du Dalaï-Lama, porté du Potala au Jokang lors des fêtes qui précédaient le nouvel an tibétain. Tsering comptait quitter la ville juste avant les grandes festivités du nouvel an, afin d'éviter les nombreuses réceptions auxquelles il serait inévitablement invité avec sa nouvelle femme, dont il était décidé à cacher l'identité.

La caravane devait partir dans les derniers jours de janvier 1949, la nouvelle année commençant la première semaine de février.

La nuit précédant leur départ, Ariel était allongée sans trouver le sommeil à côté de Tsering. La nuit était froide et claire; on croyait presque entendre le gel. L'air glacial portait les bruits de la ville endormie : le braiment des ânes dans le lointain, mystérieux et irréel, le tintements des cloches et le battement sourd de tambours qui scandaient les veilles des moines. Le silence était parfois rompu par un concert d'aboiements qui montaient pour retomber. Écoutant ces bruits, Ariel éprouvait un profond sentiment d'isolement, comme si elle se trouvait suspendue dans le temps, sans aucun lien avec le passé. Était-ce vraiment elle qui était à Lhassa? Cette forme qui respirait à côté d'elle, était-ce bien son mari? Comment discerner les rêves de la réalité? Elle regrettait le confort de sa chambre à Kalimpong, ses vêtements, ses poupées, son journal, tous ces petits souvenirs du passé; c'étaient ces petits riens qui lui manquaient le plus. Elle songeait avec effroi à la route de Kham. Le voyage durerait trois mois. Et si elle était malade? Supporterait-elle l'altitude? On lui avait parlé des terribles cols... Elle se mit à frissonner, saisie d'une profonde terreur. Elle se tourna vers Tsering et, lui étreignant la tête, elle murmura :

– *Nya bjigin duk*, j'ai peur, j'ai peur.

Tsering s'éveilla avec un grognement et lorsqu'il eut compris ce que disait Ariel, il l'attira plus près de lui et se mit à lui frotter les oreilles, tandis qu'elle pleurait en silence.

Le lendemain matin le soleil chassa ses craintes. Elle fut entraînée dans l'agitation du départ. La cour était pleine de muletiers, de serviteurs, de chevaux et de yacks. Un courant continuel sortait de la maison principale et des bâtiments environnants d'hommes qui transportaient des fardeaux appariés qu'ils balançaient sur le dos des bêtes de somme. Les animaux ainsi chargés étaient conduits dehors, où ils étaient confiés par six aux soins d'un muletier.

On avait préparé dans la pièce principale un copieux repas servi dans de jolis bols de porcelaine. Chaque plat que l'on mangeait avec des baguettes était suivi d'un bol de *thug-pa*, nouilles chinoises plates dans un bouillon de bœuf. Toute la maisonnée vint placer des *katas* autour des cous de Tsering et d'Ariel. Nordrop, très excité par son prochain retour dans le Kham, faisait tordre l'assemblée par ses plaisanteries sur Lhassa. A force de porter des toasts, tout le monde était passablement ivre au moment des adieux. Les poneys de selle secouaient impatiemment la tête, faisant tinter leurs cloches devant la porte d'entrée. Il était presque onze heures lorsque, après force étreintes et d'abondantes larmes, Tsering, Nordrop et Ariel se séparèrent du vieux Wangchuk pour rejoindre le reste de la caravane. Les marchands virent ce beau cavalier sous son chapeau de renard dévaler au grand trot l'artère principale de Lhassa; sa robe s'étalait en larges plis sur la croupe de l'animal. A côté de lui, une ravissante jeune femme au teint clair et aux joues roses encadrées par un bonnet de mouton et de superbes bijoux. Plusieurs personnes reconnurent dans ce cavalier le jeune Lendrup, mais personne ne put deviner l'identité de la jeune beauté qui se trouvait à son côté. De fait Ariel eut du mal à se reconnaître lorsque, quelques heures plus tard, alors que Lhassa n'avait pas encore disparu à l'horizon, son cheval s'arrêta pour boire dans une mare et qu'elle aperçut le reflet brouillé d'une ravissante tibétaine dont le visage était bien le sien.

Ariel se rappela longtemps ce long voyage jusqu'au Kham comme les jours les plus heureux de sa vie. De longues journées qui commençaient à la pointe du jour, lorsque s'éveillait, au milieu des aboiements des chiens et des beuglements du bétail, la maison où ils avaient passé la nuit. Puis les premiers bruits de pas, le feu qu'on allumait, le marmonnement des prières. Tous ces menus bruits du petit matin, Ariel, enfouie dans les bras de Tsering, aurait aimé les écouter pendant des heures; ils donnaient à leurs étreintes matinales un caractère d'urgence et un surcroît d'émoi. Ils ne parlaient pas dans ces moments-là, même tout bas. Les caresses de Tsering la laissaient alanguie, épuisée, et cependant comblée d'un bien-être qui l'accompagnerait toute la matinée. Comme les bruits de la maison s'intensifiaient, Tsering et Ariel, dans un grand élan de volonté, rejetaient d'un même mouvement les *chubas* de peau de mouton et s'habillaient en hâte.

Les matinées étaient glacées, mais ils arrivaient tant bien que mal à se préserver du froid. Ils prenaient d'abord un bol de thé salé, tandis que l'on s'affairait autour d'eux à empaqueter leurs affaires pour en charger les poneys. Alors commençait la longue opération du chargement des bêtes de somme à laquelle Ariel prenait part, car il y avait toujours une sangle à retrouver ou un fardeau à équilibrer, pendant que les muletiers arrimaient leurs bagages. Lorsque tout était prêt, les premiers rayons du soleil effleuraient la porte de la maison où ils avaient passé la nuit. Nulle part ailleurs Ariel n'avait accueilli le soleil avec plus de joie que dans ces matins de départ; ses rayons lui caressaient délicieusement la peau d'une douce chaleur dorée. Heureusement, il y avait toujours du soleil l'hiver au Tibet, ce qui rendait la vie supportable à ces altitudes. L'air était si sec que rien ne filtrait la chaleur des rayons, de sorte qu'à onze heures du matin tout le monde chevauchait en chemises.

A midi de nombreux muletiers étaient torse nu. Du haut de sa selle Ariel admirait ces hommes robustes qui couraient dans un sens et dans l'autre, pour surveiller leurs animaux, ajuster ici une sangle, là une bride, repérer les sabots déferrés, le premier signe d'une boiterie, une plaie naissante au garrot d'un animal.

Leur caravane voguait tel un bateau sur les crêtes et les gorges, ici naviguant gaiement, là avançant péniblement, tandis que mules et poneys attaquaient les sept grands cols qui jalonnaient leur route.

Au deuxième défilé, un poney passa à travers un pont de neige. Ariel descendit de sa monture avec précaution et suivit Tsering au bord de la crevasse. Le poney était suspendu par le fardeau qu'il transportait. Toutes les mains s'avancèrent pour le hisser, mais il fatigua, en se débattant, les cordes en laine de yack et crin de cheval. Elles cédèrent et se rompirent lentement, précipitant la pauvre bête dans les profondeurs d'un tombeau de glace. Le chargement fut sauvé, mais personne n'oublia les bruits terrifiants qui montèrent de l'abîme.

Le pire ennemi de la caravane était le brouillard qui estompait souvent le tracé de la piste. Hommes et animaux s'égaraient alors sur les glaciers. Plus redoutables que le brouillard, les retards; car ceux qui étaient surpris par la nuit sur la piste glacée avaient peu de chance d'en réchapper.

A mesure qu'ils avançaient vers l'est, ils découvraient l'immensité du Tibet et sa diversité, ses milliers de kilomètres de chaînes et de plaines, au milieu desquelles se cachaient de petites vallées fertiles, comme autant d'oasis. Lorsqu'ils atteignirent enfin la frontière occidentale du Kham, ils tombèrent sur les profondes crevasses du premier des grands fleuves orientaux du Tibet. Le Nag-chu qui devenait plus bas le Salween. Ils traversèrent ensuite le Lachu, mieux connu en Indochine sous le nom de Mekong avant de franchir le Fleuve Jaune. Ces trois cours d'eau prenaient leur source au Tibet où ils descendaient plus de 1 500 kilomètres sous forme de torrents impétueux, dont les gorges entamaient profondément les montagnes Khamba. Ici, sur leurs flancs, poussaient de grands pins qui formaient de vastes forêts odorantes, agréable contraste avec l'étendue nue de la toundra où les nomades faisaient paître leurs yacks. Ces animaux, parmi les plus résistants de la nature, se remarquaient de loin; ils ressemblaient à d'énormes monstres noirs se détachant sur la neige, sans cesse en train de fouiller le sol pour en extraire les rares mousses et herbes gelées, cachées sous le manteau blanc.

En arrivant dans le Kham, Ariel remarqua aussitôt que les hommes étaient beaucoup plus grands que dans le reste du pays. Comme Tsering, ils avaient des traits presque européens; le nez long et fin, le visage mince et le front haut. Les femmes étaient superbes aussi, élancées, bien bâties, avec de longues jambes, au contraire de la plupart des femmes orientales. Leurs grands yeux en amande et leur nez fin les distinguaient des Tibétains du Centre à face de lune. Ces particularités physiques s'accompagnaient de comportements différents. Les Kambas étaient francs et insouciants. Ariel entendait avec étonnement les Tibétaines, et surtout les femmes khambas, s'adresser à leurs maris sur un ton qui reflétait une égalité peu répandue en Angleterre et certainement inconnue en Inde. Les femmes, remarqua-t-elle, conversaient seules avec des hommes et plaisantaient avec des voyageurs avec une aisance inimaginable en Europe. Elle comprit combien, fût-ce inconsciemment, les femmes d'Occident étaient réservées avec les hommes et même déférentes. A côté des Tibétaines elle se sentait timide. Jamais elle n'aurait osé héler un homme en public, surtout un étranger, comme le faisaient les femmes khambas.

Ils avançaient depuis deux mois et demi sur la piste lorsqu'ils parvinrent enfin au col qui commandait l'extrémité septentrionale de la vallée de Tsume. Jamais Ariel n'oublia ce moment tant attendu, lorsque, chevauchant sur une crête, elle atteignit le sommet couvert d'herbe sèche et brûlée, que le vent avait dénudé. Regardant en arrière, elle contempla les pics glacés et les champs de neige qui s'étendaient, semblait-il, à l'infini. Elle n'ignorait cependant plus que ce vide apparent abritait un millier de vallées secrètes, leurs villages et leurs monastères, un millier de lacs, bordés de tentes en poil de yack, pareilles à de grands scarabées noirs.

Au sud, Ariel aperçut la vallée de Tsume, flanquée à l'est par le pic du Minya Konka qui se dressait telle une fusée à 7 500 mètres d'altitude, « la montagne blanche de Minya », marquant la frontière entre le Tibet et cette partie du Seu-Tchouan occidental habité par les Lolos, tribus réputées cannibales. De l'autre côté du Minya Konka s'étendait la Chine, ce grand empire mystérieux, mal remis d'une décennie de guerre contre le Japon, ravagé maintenant par la guerre civile qui opposait Tchang Kaï-chek et les communistes, compliquée encore par les querelles incessantes entre les seigneurs de la guerre et les gouverneurs corrompus des diverses provinces, tous résolus à soutirer des fortunes de leur pays exsangue. La Chine, « Gya-Sa », comme l'appelaient les Tibétains, patrie des anciens ennemis du Tibet, était très près, comprit-elle alors, de sa nouvelle demeure.

A mesure qu'ils s'enfonçaient dans la vallée de Tsume, ses flancs devenaient plus raides. Ici et là apparaissaient des genévriers dont les troncs tourmentés témoignaient de leur lutte pour la vie. Puis la vallée s'ouvrait de nouveau; on apercevait des pins sur les lointaines crêtes et des saules dépouillés au fond de la vallée, autour de petits hameaux.

En pénétrant dans le premier village, Ariel remarqua que les vastes maisons étaient entièrement en pierre, sans le moindre adobe, commun au reste du Tibet. Ces robustes constructions étaient dominées par des tours massives qui servaient dans les temps anciens à la défense de la vallée. Étroites, aveugles, ces tours de neuf étages s'élevaient comme les beffrois de San Geminiano qu'Ariel avait vus dans un livre. Des premières tentes et des premiers hameaux, ils reçurent un accueil joyeux; ayant reconnu Tsering, les gardiens de troupeaux et les paysans lui offrirent du yaourt et du *chang*. Mais la caravane ne pouvait s'attarder, car ils étaient tous pressés d'atteindre leur destination dernière.

Ariel était partagée entre la curiosité et l'inquiétude. Jusqu'à présent sa vie avec Tsering n'avait été qu'une longue lune de miel dans un décor toujours changeant. Mais cette évasion difficile lui avait apporté le bonheur. Ils étaient maintenant au bout de la route et c'est ici qu'elle devrait faire sa nouvelle demeure, que leur lune de miel allait prendre fin. Se plairait-elle ? Ariel se l'était souvent demandé avec appréhension. Ne mourrait-elle pas d'ennui ? Tout ce à quoi elle était habituée ne lui manquerait-il pas ? Ne trouverait-elle pas fastidieuse la vie d'une petite communauté d'une région éloignée de ce qui devait être le pays le plus isolé du monde ? Aussi agréable qu'elle semblât à première vue, la vallée de Tsume n'évoquait que solitude. Elle avait l'impression que Kalimpong se trouvait à l'autre bout du monde; quant à l'Angleterre, c'était, semblait-il, une autre planète.

A mesure qu'ils avançaient, Ariel remarqua avec plaisir qu'il y avait de plus en plus d'arbres et qu'en dépit de l'hiver la vallée n'était pas entièrement recouverte de neige. Par endroits elle aurait pu se croire dans les Montagnes Rocheuses dont elle avait vu des photos en couleurs sur des calendriers. Des peuplements de pins majestueux, accrochés aux flancs de la vallée, s'élevaient vers les escarpements rocheux qui aboutissaient aux neiges éternelles.

Il était trois heures de l'après-midi et le soleil était encore chaud lorsqu'au détour de la piste, au pied d'une falaise, ils atteignirent un bouquet de pins et de saules qui poussaient derrière un mur de pierres grises. Surplombant les arbres, une très haute tour de pierre. Puis à travers les arbres, Ariel vit que la tour dominait des bâtiments disposés dans une sorte de parc boisé. Ils étaient arrivés.

Ils furent accueillis par des aboiements et des cris d'enfants, puis des hommes et des femmes sortirent à leur rencontre. Tsering chevauchait à côté d'Ariel et ne la quittait pas des yeux, pour surprendre sa réaction devant sa nouvelle demeure. Un homme empoigna les rênes de leurs montures et les conduisit fièrement par une grande porte de bois dans une vaste cour.

Au fond de la cour s'élevait un grand bâtiment rectangulaire en pierre grise à toit plat, percé de plusieurs dizaines de petites fenêtres dont les linteaux et les treillages de bois étaient peints en blanc, rouge et bleu. Au milieu, se dressait un grand mât d'où flottaient au vent des drapeaux à prières en fin coton. Deux mastiffs à la fourrure fauve et noir se cabraient et tiraient sur leurs chaînes sous l'escalier de pierre qui menait à une porte massive. La maison avec ses dépendances reliées entre elles par des cours entourées de murs, et son étonnante tour ressemblait à une forteresse menaçante, à laquelle les sombres silhouettes des pins ne conféraient guère de chaleur. Mais Ariel ne se laissait jamais dominer par une première impression. Elle n'eut pas le temps de s'appesantir sur sa nouvelle demeure, car dès qu'elle eut mis pied à terre, elle fut entourée d'une foule de curieux qui la regardaient bouche bée, ce dont elle fut très gênée.

La foule s'écarta pour laisser passer un jeune moine en longue robe rouge qui était sorti par la porte principale et descendit l'escalier en courant. Lama Nawang, le frère cadet de Tsering, s'avança vers eux et Tsering présenta Ariel comme sa nouvelle femme. A ces mots tous les assistants tirèrent la langue en signe de respect. Puis fouillant dans leurs *chubas,* plusieurs paysans sortirent de vieux *katas* douteux qu'ils offrirent à Ariel. Nawang prit alors avec délicatesse sa nouvelle belle-sœur par le bras et l'introduisit dans la maison, pendant que tous les autres s'occupaient des poneys et préparaient l'arrivée du reste de la caravane.

Nawang fit d'abord franchir à Ariel la grande porte au sommet de l'escalier. Ils pénétrèrent dans un long couloir sombre où donnaient des portes qui s'ouvraient sur des celliers, pareils à des cachots. Nawang conduisit ensuite Ariel par un escalier aussi raide qu'une échelle dans une vaste salle noircie par la fumée. Par un autre escalier de pierre, Ariel atteignit en trébuchant le toit plat de la maison. Le toit formait une cour entourée de plusieurs appartements. Les pièces, gaiement décorées de fresques religieuses compliquées, tranchaient sur la pièce principale enfumée. Les grandes fenêtres treillagées étaient peintes en rouge et or. Les parquets de bois que l'on apercevait entre les beaux tapis étaient impeccablement cirés. Contre le mur nord de la maison, une grande et étroite pièce de réception ouverte vers le sud menait dans de petites pièces confortables. Ces chambres, annonça fièrement Nawang, seraient les appartements privés de Tsering et d'Ariel.

Ariel était vraiment trop fatiguée et hébétée par cette première journée pour s'intéresser à son nouveau logis. Elle se sentait prise de panique. Bien que grande et plutôt agréable, la maison était isolée des hameaux et des fermes éparpillés dans la large vallée de Tsume. Ne connaîtrait-elle désormais rien d'autre « jusqu'à ce que les corneilles deviennent blanches » ? se demandait-elle. Une fois de plus elle craignit de s'ennuyer, peur confirmée les jours suivants, lorsque, après l'agitation et le mouvement de la piste, elle se vit passer son temps à errer dans la maison et les cours alentour sans rien à faire.

La maison était entourée de bosquets de saules à travers lesquels bouillonnait un petit ruisseau. D'autres saules bordaient de petits canaux d'irrigation qui se glissaient sous les murs entourant la maison, qui ainsi résonnait du doux murmure de l'eau. Il faisait chaud dans la journée, ce qui expliquait pourquoi la neige avait fondu, mais les nuits étaient très froides.

Ariel avait rêvé d'arriver dans une grande maison pleine de vie et d'activité, rêve en partie exaucé, car Tsering logeait une douzaine d'employés dans la grande maison, mais sa mère étant morte, son père à Lhassa et sa sœur mariée là-bas, il ne lui restait en fait que Nawang pour toute famille. Ariel fut heureuse de constater que Nordrop possédait une petite maison de trois pièces donnant sur la cour principale. Comme Nawang, Nordrop était un cadet et avait été moine, mais il avait quitté son monastère quelques années plus tôt pour devenir le conseiller et le compagnon de Tsering.

Très vite, Ariel découvrit à son grand soulagement que la vie à Tsume n'avait rien d'ennuyeux. Outre les gens de la maison qui s'y retrouvaient pour les repas, la vaste salle accueillait un flot ininterrompu de voisins, de marchands et de moines de passage sans compter les voisins à l'affût de potins. Tous étaient curieux de voir la nouvelle *nama* de Tsering et restaient là des heures formant une petite cour animée et changeante.

A peine étaient-ils installés que Tsering l'invita à l'accompagner à Kanting.

– J'ai du mal à vendre les armes, expliqua-t-il un soir. La situation en Chine est préoccupante. Je crois que je ferais mieux d'y aller voir par moi-même. Pourquoi ne viendrais-tu pas ?

Ariel hésita, car elle était encore épuisée par le voyage, mais Tsering la persuada en lui disant que Kanting ressemblait d'une certaine façon à Kalimpong, que c'était la porte commerciale du Tibet Oriental. Apprenant qu'une petite communauté d'Européens vivait à Kanting, elle se décida à partir. N'ayant que de vagues notions de géographie et pas de carte sous la main, Ariel ne s'était pas rendu compte que Tsume ne se trouvait qu'à quatre jours de la frontière chinoise et d'un semblant de civilisation.

Ayant franchi deux cols et remonté une large vallée, ils se mirent à descendre dans une gorge étroite vers Kanting.

Ariel fut étonnée, en approchant avec Tsering de la petite ville, de voir un clocher très occidental couronnant une des missions chrétiennes.

Traditionnellement connue sous le nom de Tatsienlu (Dartsendo), cette ville tibétaine, au confluent des rivières Da et Tsen, venait d'être rebaptisée Kanting par les Chinois et élevée au rang de capitale du Sikang, province prétendument chinoise qui, sur les nouvelles cartes chinoises englobait la majeure partie des territoires des fiers et indépendants Khambas. En réalité le Sikang n'existait que sur le papier, et son gouverneur chinois n'osait guère quitter sa capitale par crainte du peuple même qu'il était censé gouverner.

Aux abords de la ville, Tsering et Ariel tombèrent sur un groupe de soldats déguenillés de la garde du gouverneur. Derrière eux, plusieurs recrues houspillaient une petite bande de coolies qui tiraient une charrette. Ariel n'en crut pas ses yeux d'horreur lorsqu'elle aperçut des corps empilés sur la charrette. Elle chercha en vain leurs têtes. Tsering réussit à la rattraper comme elle glissait évanouie de sa selle.

Pour Ariel commençait le cycle de la violence.

20

Sœur Marie-Rose avait l'âme romanesque. Peu de gens l'auraient deviné, la voyant déplacer ses cent kilos dans les couloirs de la Mission catholique de Kanting. Elle faisait peur au personnel chinois qui voyait en elle l'incarnation de toutes les bizarreries des « diables rouges ». Les touffes de cheveux blonds qui dépassaient de son voile sur son front toujours couvert de sueur les impressionnaient particulièrement. Pour les Chinois la transpiration était signe de basse extraction, uniquement tolérable chez les petits paysans. Depuis vingt ans qu'elle était en Chine, sœur Marie-Rose avait abandonné toute volonté de convertir les Chinois en apprenant le scandale de la rébellion de Tai Peh. Personne ne lui avait jamais dit en France qu'au XIXe siècle, plus de 60 % de la Chine s'était spontanément proclamée chrétienne! Ni protestants ni catholiques, ces chrétiens chinois fondaient leur foi sur les évangiles de Jésus-Christ traduits par Hung Siu Tsuan, fondateur de la dynastie Tai Peh.

L'idée que des millions de Chinois chrétiens ne reconnussent ni le pape ni aucun archevêque occidental avait tellement déplu alors aux puissances coloniales qu'elles s'étaient unies aux Mandchous bouddhistes pour renverser le premier et l'unique empereur chrétien.

Sœur Marie-Rose savait aussi que les Chinois cultivés considéraient la religion tout juste bonne pour les imbéciles. Le mot était de Confucius. Sa seule mission était le soutien des pauvres; et ceux-ci étaient légion en Chine. La charité lui avait fait négliger toute théologie pour se consacrer aux miséreux. Ainsi avait-elle bravé à ses débuts l'épidémie de choléra de Chengtu et une épidémie de typhus à Yaan avec un courage et une témérité que seuls pouvaient lui inspirer sa générosité et, bien sûr, son incroyable santé. Elle traitait tout mourant comme un proche parent, sans se rendre compte que son teint rougeâtre l'identifiait davantage aux yeux des Chinois délirants, à un diable qu'à un ange de miséricorde.

C'était son goût de l'exotisme qui avait poussé par la suite sœur Marie-Rose à traverser les collines brumeuses et couvertes de bambous du Seu-Tchouan, où vivaient au milieu des pandas les mystérieux Tibétains Amdo-Sherpa, pour s'installer aux frontières du Kham, pays des « gentilshommes de fortune ». Cavaliers romantiques d'un autre âge, les Khambas la fascinaient et, malgré le martyr de cinq prêtres abattus par des Khambas, elle s'était précipitée à Kanting à la première occasion.

Quelques mois après son arrivée, sœur Marie-Rose avait non seulement gagné l'amitié des administrateurs chinois et des étrangleurs les plus redoutables, mais aussi la confiance de tous les Tibétains, y compris le roi Ralla, maître légitime de cette partie du Kham. Les Tibétains la connaissaient sous le nom de Marie-la, les Chinois l'appelaient simplement « la nonne ». Mais s'il avait été difficile de gagner la confiance des « indigènes », il l'avait été plus encore de se faire accepter par les missions protestantes de Kanting. Cependant les Missions Unies de Chine, les Frères écossais, évangélistes, presbytériens, tous finirent par accepter la trêve que sœur Marie-Rose avait imposée grâce à son charme, sa gentillesse et, il faut le dire, sa compétence, car c'était un médecin de grand talent.

La Mission catholique de Kanting se trouvait au cœur du bazar dans une rue bordée de petites auberges et de boutiques d'un étage à volets de bois de style chinois. Une haute et solide porte grise menait dans une cour entourée de deux niveaux de galeries ouvertes, où donnaient les chambres, les dispensaires, les réserves et les bureaux de la mission.

– Que se passe-t-il encore ? grommela sœur Marie-Rose, en entendant la porte d'entrée de la mission s'ouvrir avec fracas.

Une troupe de Khambas en bonnets de fourrure, transportant une forme inanimée, fit irruption dans la cour. Depuis son arrivée à la mission, sœur Marie-Rose s'était habituée à ce genre d'arrivée théâtrale de victimes de cruelles blessures que s'infligeaient les Khambas.

– Chambre numéro 5, cria sœur Marie-Rose à l'adresse de sœur Lucile, frêle petite bonne femme en robe noir et blanc.

A la surprise des deux sœurs, la victime allongée dans la chambre cinq était une ravissante jeune femme. Sœur Marie-Rose chassa immédiatement les hommes qui attendaient à la porte, tandis que sœur Lucile commençait à lui défaire ses vêtements pour trouver le signe révélateur d'une tache de sang. Sœur Lucile dénoua d'une main experte la ceinture qui retenait sa *chuba*. Le visage de la patiente était rose ce qui était bon signe, mais elle ne trouva pas trace de sang. En l'examinant, la sœur fut étonnée de la voir porter un soutien-gorge, un soutien-gorge européen.

La jeune femme battit des paupières. Sœur Marie-Rose se pencha sur son visage :

– Qui êtes-vous ? demanda-t-elle dans son pidgin tibétain, avec un fort accent français teinté d'un léger chuintement chinois.

– Tsering, Tsering, fut la seule réponse.

– Êtes-vous anglaise ? demanda la sœur. Est-ce que vous me comprenez ? Où êtes-vous blessée ?

– Où suis-je ? murmura en anglais une Ariel hébétée.

Elle embrassa la pièce d'un regard. Il n'y avait personne en dehors des religieuses.

– Tsering, Tsering ! cria-t-elle de nouveau.

Le cri qu'elle laissa échapper d'une voix basse, éperdue, parvint aux oreilles de Tsering qui poussa la porte et se trouva nez à nez avec le « diable blanc ».

– Prenez son pouls et sa tension, sœur Lucile, je reviens tout de suite.

Sœur Marie-Rose quitta la chambre en poussant Tsering devant elle.

– *Sho, sho,* allez, allez, fit-elle, passant avec lui devant les autres Khambas alignés le long de la galerie.

Une fois installée dans son bureau, sœur Marie-Rose envoya chercher le portier tibétain pour faire office de traducteur.

– Qu'est-il arrivé exactement ? demanda-t-elle à Tsering.

Tsering expliqua que sa femme s'était évanouie à la vue de corps décapités qu'on emportait en charrette hors de la ville.

– C'est tout ? s'enquit sœur Marie-Rose en étudiant ce beau jeune homme, manifestement angoissé.

Qui est-il ? se demandait-elle. Et que fait-il avec une étrangère ?

Tous les Européens, sauf une douzaine de missionnaires comme elle, avaient récemment fui Kanting, en apprenant que Tchang Kaï-chek se faisait battre par les communistes. La région n'était pas sûre.

– D'où êtes-vous ?

– De Tsume, répondit Tsering.

– Et votre femme ?

– Nous arrivons de Lhassa, dit Tsering esquivant la question.

Sœur Lucile entra à cet instant et annonça en français :

– La malade a le pouls très faible, une tension trop basse et un important saignement vaginal. Je pense qu'elle fait une fausse couche. Elle doit être enceinte de trois mois, mais c'est difficile à dire exactement.

Se tournant vers Tsering, sœur Marie-Rose demanda :

– Depuis quand êtes-vous mariés ?

– Cinq mois.

– Votre femme savait-elle qu'elle attendait un enfant ?

– Non. Elle est enceinte ? Comment est-elle ?

– Votre femme est très fatiguée. Il se peut qu'elle perde le bébé. Il faudrait qu'elle reste ici plusieurs semaines pour se reposer. Elle sera en sécurité ici à la Mission, mais vous n'auriez pas dû emmener une Anglaise à Kanting en ce moment.

« Tous les Européens risquent leur vie ici. Le Seu-Tchouan est en plein chaos. Les seigneurs de la guerre se livrent au pillage, ils prétendent que Tchang Kaï-chek et ses officiers se préparent à quitter la Chine.

« Les nationalistes, poursuivit-elle après une pause, volent tout ce qu'ils peuvent, maintenant que les communistes ont virtuellement gagné. Ici, les seigneurs de la guerre et les trafiquants d'opium se battent entre eux pour le contrôle de la région.

– Oui, reprit Tsering, je sais, mais les Khambas, rassemblés autour du roi Ralla, sont prêts à s'emparer de Kanting.

– Ça, je ne le savais pas, dit sœur Marie-Rose. Il y a toutes les nuits des coups de feu et des exécutions. Presque toutes nos sœurs sont déjà parties et les autres missions ont fermé il y a deux semaines. Kanting n'est pas sûr. Dès que votre femme pourra voyager vous devrez l'emmener.

Sœur Marie-Rose et Tsering retournèrent ensemble dans la chambre n° 5.

Ariel sourit à leur approche. Elle demanda en tibétain à Tsering :

– Suis-je en sécurité ici ?

– Oui. Ne t'inquiète pas. Les sœurs sont de braves femmes. Tu peux leur faire confiance.

Avec son fort accent français, sœur Marie-Rose dit en anglais :

– Vous attendez un enfant. Mais vous risquez de le perdre. Je vais vous faire des piqûres pour arrêter les contractions. Vous êtes très faible. Vous devez rester ici sans bouger pendant plusieurs semaines, si vous voulez sauver le bébé. Les sœurs et moi ferons tout ce qui est en notre pouvoir.

Les yeux d'Ariel s'emplirent de larmes. Elle prit la main de Tsering et s'adressa à la sœur :

– Je vous en supplie, sauvez-le. Je ferai tout ce que vous me direz. Je n'ai pas peur.

– Bon, tant que vous êtes ici, nous ne parlerons que tibétain devant les Chinois. Personne ne doit apprendre que vous n'êtes pas tibétaine.

– N'ai-je donc pas l'air tibétaine ? demanda Ariel, étonnée. Comment avez-vous deviné que j'étais Anglaise ?

– Vos sous-vêtements.

Ariel rougit. Drôle de religieuse, se dit-elle. Étant protestante, elle n'avait guère eu l'occasion d'en rencontrer et elle s'attendait à ce qu'elles fussent un peu comme les matrones de l'orphelinat. Au contraire, des quatre sœurs de la mission, ce serait à qui la gâterait le plus.

Tsering restait toute la journée dans sa chambre, ne quittant la mission que pour surveiller ses hommes et le chargement d'armes qu'ils gardaient dans un vieil entrepôt.

La cargaison n'avait pas encore trouvé preneur et le bruit courait que le gouverneur du Sikang confisquerait armes et munitions, s'il en apprenait l'existence. Tsering décida donc de rapporter les armes à Tsume, pour le cas où la situation s'aggraverait.

Ayant appris qu'Ariel était malade, Nordrop arriva à Kanting une semaine plus tard. Il tenait compagnie à Tsering, jouait aux dés sous la véranda, ou courait le bazar en quête de menus présents pour Ariel. A mesure qu'Ariel récupérait, la situation se détériorait à la frontière. La nuit la gorge de granit où était blotti Kanting résonnait de coups de feu. Un flot ininterrompu de blessés arrivait à la mission : un marchand chinois poignardé, un Tibétain qui s'était blessé en nettoyant son arme, des négociants mitraillés par des soldats dans l'anarchie des derniers jours de Tchang Kaï-chek. On rapportait que le gouverneur s'était enfui à Yaan ; on évoquait ouvertement le prochain soulèvement des Khambas. L'attention se concentrait sur le roi Ralla, mais d'autres clans avaient aussi leurs prétentions. Les Pangdatsang, ces grands marchands khamba, avaient beaucoup de partisans ; tout le monde se rappelait le soulèvement qu'ils avaient fomenté contre les Chinois en 1938. Kanting était devenu ville ouverte.

– Mon Dieu, mon Dieu, encore des morts, encore des blessés, s'exclamait sœur Marie-Rose chaque fois qu'on venait frapper au portail.

En opérant les pauvres diables qu'on traînait devant sa porte, elle ne cessait de s'étonner de voir ce que les hommes étaient capables de s'infliger.

La rumeur courut qu'une armée rouge descendait du nord. Puis on apprit que la route de Chengtu était fermée. Les Européens furent abandonnés de leurs serviteurs, et dans la panique qui s'ensuivit les anciennes querelles furent oubliées. Les derniers missionnaires protestants de la région vinrent trouver les religieuses. Certains parlaient de s'enfuir au Tibet, ce que firent les frères missionnaires écossais, George Patterson et Geoffrey Bull. D'autres parlaient de franchir les montagnes pour gagner Yaan, malgré les brigands et les soldats en maraude. Un certain Dick Walkinson qui tenta cette expédition se retrouva vite à l'hôpital de la mission avec une balle dans le ventre.

Deux semaines après l'arrivée d'Ariel, sœur Marie-Rose entra à l'aube dans sa chambre. Tsering dormait encore à côté de son lit sur un amoncellement de tapis. Il s'éveilla à l'entrée de la sœur qui annonça très agitée :

– Partez. Il est trop risqué de rester. J'y ai réfléchi. Je peux vous apprendre à faire des piqûres. Il faudrait que Tsering vous trouve un yack. Je préférerais ça à un poney, moins de secousses... Rentrez chez vous tout de suite, aujourd'hui si possible. Un détachement communiste a pénétré dans le bazar la nuit dernière. Il va y avoir du vilain. On a beaucoup tiré près de la rivière au sud de la ville. Des Pangdatsang sont arrivés la nuit dernière de l'ouest. Quelle pagaille! Mon Dieu.

Ariel traduisit les nouvelles à Tsering.

– Ne vous inquiétez pas, dit-il sans se démonter, les Tibétains sont prêts à combattre. Les Chinois n'ont aucune chance. Mais je suis d'accord avec vous. Pour la sécurité d'Ariel, il faut que nous partions tout de suite. Je vais essayer de trouver un yack. Si nous partons vite, nous pourrions arriver à la nuit à l'entrée du col et le franchir tôt demain matin.

– Je vous ai préparé une trousse de pharmacie, expliqua quelque temps plus tard sœur Marie-Rose en étalant sur le lit tout un assortiment de comprimés et de boîtes qu'elle avait étiquetés en anglais : crampes, maux de tête, dérangements d'estomac, coliques.

« Sœur Lucile vous a fait ce gâteau, ajouta-t-elle en montrant une grande boîte. Il peut se conserver cinq jours. Il y en aura largement pour tout le monde. Il pèse trois kilos!

Avant qu'Ariel ne partît, chacune des autres sœurs lui offrit un cadeau, gage de leur affection, car elles en étaient toutes venues à l'aimer tendrement, peut-être parce qu'elle personnifiait leur propre rêve, s'identifier, comme Ariel, à ce peuple tibétain qu'elles chérissaient et servaient depuis tant d'années.

Ariel était contente de partir. Kanting avait été un cauchemar. La peur de perdre son enfant, le flot ininterrompu de blessés, les troubles et le tumulte inquiétant du bazar. Malgré toute leur gentillesse et leur dévouement, Ariel ne pouvait pas s'empêcher de considérer les sœurs comme des intruses, dans le monde secret qu'elle partageait avec Tsering.

Quel soulagement pour Ariel de pouvoir après le passage du col contempler à nouveau la vue apparemment infinie du haut plateau, un monde qui paraissait si éloigné des conflits qui faisaient rage en bas. Tandis que le yack avançait lourdement, enfouie sous les couvertures de mouton qui la protégeaient du froid, Ariel contemplait ce paysage superbe quoique austère. Elle était décidée à donner à Tsering un beau bébé, heureuse d'être la mère d'un Tibétain, fière qu'en elle coule déjà le sang d'un Khamba. C'est avec joie qu'elle rêvait de leur maison de Tsume, sa maison, la première depuis cette nuit fatidique, où la bombe était tombée sur Gerard's Cross.

21

Ani-la faillit s'évanouir lorsque Calay lui apporta la lettre qui lui avait été remise par un marchand tibétain. Partagée entre les larmes de joie et de tristesse, elle la lut et la relut sans parvenir à en croire ses yeux.

Cher oncle George,

J'espère que vous avez reçu mes trois autres lettres et que vous ne m'en voulez plus de m'être laissée enlever. Je vis toujours dans un rêve, rêve où le danger et le mystère se mêlent à l'amour, car en ce moment je suis à Lhassa avec Tsering. Je n'arrive pas à dire exactement ce qui m'est arrivé, mais je me sens déjà si différente de celle que j'étais à Kalimpong. Bizarrement, plus je change, plus je sens et pense comme vous, oncle George. Vous m'avez appris la distance envers les conventions sociales et aussi à savoir sourire des choses les plus sérieuses.

Vous ne me croirez pas, mais en trois semaines j'ai appris à parler tibétain à peu près correctement.

J'ai tant de choses à vous dire, comme vous pouvez l'imaginer, car il n'y a personne ici à qui parler de tout ce que j'ai vu, entendu et senti dans cet étrange et merveilleux pays. Ils se considèrent manifestement comme tout à fait normaux. Quant à moi, depuis que je suis ici, j'ai l'impression que ce qui se passe dans ma tête et ce qui se passe dans ma vie font pour la première fois partie du même univers. Avant d'arriver ici, je me sentais séparée du monde comme par une sorte de fenêtre qui ne me permettait que de l'apercevoir.

Je viens de relire ce que j'ai écrit et j'espère que vous n'allez pas me croire folle. Ce que je veux dire, en fait, c'est que je suis parfaitement heureuse, ravie et comblée, et que je vous aime tous les jours davantage et que vous me manquez et je sais que vous me pardonnerez en attendant mon retour. Ce ne sera peut-être pas tout de suite, car nous partons dans une semaine pour le Kham. « Un long chemin », comme vous diriez. Quel voyage! Certains parlent de trois mois, quoique les gens ici soient extrêmement imprécis quand il s'agit de distances; la plupart n'ont jamais vu une carte. J'aimerais vous parler de Lhassa, de ma vie, de Tsering, du père de Tsering, mais il me faudrait écrire un livre.

Je vous entends d'ici dire : « Quel ennui! » Mais je sais que vous aimeriez beaucoup ce monde étrange du haut plateau. Peut-être l'avez-vous toujours aimé. Peut-être est-ce pourquoi vous avez appris le tibétain et avez tant d'amis merveilleux comme Ani-la. Je regrette de ne pas l'avoir interrogée davantage sur le Tibet. Embrassez-la très fort et dites-lui combien je l'aime et combien elle me manque. Dites aussi bonjour de ma part à Calay, à tous les boys et à tout le monde à Hassimara.

Je confie cette lettre à un ami de Tsering. J'espère qu'elle ne mettra pas trop longtemps à vous parvenir.

Je vous embrasse tendrement,

ARIEL.

« Je vous embrasse tendrement. »

– Pauvre George, pauvre George, répétait Ani-la, le visage baigné de larmes et éclairé d'un doux sourire.

Elle abaissa ses lourdes paupières et s'assit devant le feu. Ariel est donc en vie, et au Tibet par-dessus le marché. Qui est Tsering ? L'ai-je rencontré ? Qu'est-il arrivé à ses autres lettres ? Est-elle vraiment mariée ?

Un millier de questions jaillirent à l'esprit d'Ani-la, mais quelles que fussent les réponses, quoi qu'ait fait Ariel, le résultat en demeurait, dans sa tragique réalité : le désespoir de George et sa mort. Ani-la se leva et alla dans sa chambre avec le sentiment d'être enfin libérée du voile de mélancolie qui l'enveloppait depuis plusieurs semaines. Pénétrant dans sa salle de bain, elle se regarda dans la glace : visage décomposé, yeux gonflés, cheveux en désordre, vêtements ternes et drapés sans grâce.

– Ce que tu es moche! fit-elle au miroir en s'approchant pour voir de plus près.

Ses yeux bouffis... ils dégonfleraient. Ses cheveux... Manquait-elle à ce point de séduction ? George était mort, mais Ariel était en vie et, disons-le, heureuse. Là, devant sa glace, Ani-la décida qu'il était grand temps de s'occuper d'elle-même.

En prenant une douche, elle se rendit compte combien le chagrin l'avait amaigrie. Elle avait maintenant le corps beaucoup plus jeune que le visage. Elle avait la peau lisse, sans la moindre imperfection, et de cette teinte dorée qui lui venait de sa mère tibétaine. De son père elle avait la stature et le nez fort, sans être laid. Elle décida d'améliorer son apparence. Elle qui n'allait presque jamais chez le coiffeur, éprouva le besoin de se faire coiffer, comme un malade de voir un médecin. Elle irait à Calcutta. Elle s'achèterait des robes...

Lorsqu'elle descendit, elle n'était déjà plus la même; un peu de rouge, les cheveux retenus en chignon, sa plus jolie robe de Londres... Plutôt que belle, elle était frappante. Pour la première fois depuis longtemps, elle était heureuse.

Ani-la se mit immédiatement en route pour le bazar avec l'intention d'y retrouver le marchand qui avait apporté la lettre et de se renseigner sur le « mari » d'Ariel, Tsering. Il ne devrait pas être trop difficile de le trouver, songea-t-elle, car les caravanes en provenance du Tibet ne passaient jamais inaperçues. S'informer sur Tsering pourrait se révéler plus difficile, car les Tibétains portent tous le même prénom. Presque tous s'appellent Tsering, ce qui signifie « longue vie »; Dorje, « la foudre »; Nyma, « soleil »; Dawa, « lune »... A ces noms on ajoute souvent un prénom comme Jigme, « sans peur » ou Tashi, « chanceux », d'où les innombrables Tsering-Tashi et Jigme-Droje. Les noms de famille sont rares. Pour distinguer un Tsering d'un autre, il faut connaître le nom de son village ou, mieux encore, celui de sa maison.

En traversant le bazar d'un air décidé, Ani-la remarqua avec satisfaction que les boutiquiers la regardaient d'un œil approbateur. Elle avait toujours aimé fréquenter la partie du bazar où se rassemblaient les Tibétains. Dans les coins les plus reculés de la ville, les échoppes et les éventaires étaient animés par leur gai babillage, qu'Ani-la s'était toujours plu à surprendre. De robustes et corpulentes matrones faisaient leurs emplettes, leurs tabliers rayés noués sur le ventre, et tenant des parapluies avec une certaine rigidité victorienne. Beaucoup de moines, par groupes de trois ou quatre, faisaient leurs achats pour leur lointain monastère; chapelet à la main, ils jetaient de timides regards dans les boutiques et parlaient d'une voix douce. Et bien sûr les muletiers, surtout les Khambas, grands et bruyants, déambulaient à pas pesants dans leurs lourdes bottes, leurs épées à garde d'argent étincelant dans le soleil.

Les Tibétains qui tenaient les échoppes de thé connaissaient tous Ani-la. Elle décida de commencer son enquête par une vieille dame de Lhassa qui avait un petit restaurant.

– Trois caravanes sont arrivées ces derniers jours, lui apprit son amie. Va voir cet homme là-bas, c'est un marchand de Lhassa. Il s'appelle Wangdu. Il est arrivé hier avec soixante charges de laine. Peut-être pourra-t-il t'aider.

Ani-la se leva et s'approcha de sa table.

– Wangdu ? fit-elle.

Le vieux Tibétain se retourna et la regarda, surprise.

– *Ko po khe shingidu,* vous parlez tibétain ? demanda-t-il sidéré.

Habituée à ce genre de réaction, Ani-la expliqua que sa mère était tibétaine. Elle lui demanda alors s'il avait apporté une lettre de Lhassa pour un certain George Stevens Sahib.

L'homme la regarda intrigué.

– Non, la seule lettre que j'avais m'avait été confiée par un abbé de Lhassa pour le *gumpa* d'ici. Je l'ai portée ce matin. Peut-être feriez-vous bien de voir Wangdi. Il est aussi arrivé hier. Nous avons fait presque tout le chemin ensemble. Il loge dans l'auberge d'en face.

Ani-la le remercia et se dirigea vers la baraque. Elle écarta les rideaux en loques qui protégeaient de la poussière du bazar. La pièce était pleine de tables et de chaises dépareillées. Une douzaine de personnes, des Tibétains, buvaient du thé tibétain et du *chini-cha,* thé noir et sucré. Deux jeunes Khambas jouaient aux dés et cinq hommes serrés autour d'une petite table jouaient au majong au fond de la salle; le bruit des jetons d'ivoire résonnait dans la pièce. A l'entrée d'Ani-la, ils levèrent tous les yeux, surpris par la présence d'une Européenne aussi élégante. Il se fit un silence dans la pièce. Ani-la demanda, assez gênée, si un certain Wangdi se trouvait là. Le bruit du majong s'arrêta et un homme fit signe à Ani-la.

– *Kare re,* qu'y a-t-il ? demanda-t-il.

Ani-la s'assit. Il lui offrit du thé.

– Serait-ce vous qui avez apporté une lettre de Lhassa pour George Stevens Sahib ? demanda Ani-la.

– Oui, de Tsering.

– S'agirait-il par hasard du Tsering du Kham ? demanda incidemment Ani-la.

– Oui, du Kham, c'est le fils du vieux Wangchuk Lendrup, le grand négociant. Bien qu'il vive maintenant à Lhassa, ils sont originaires du Kham, de Tsume dans le Minyag. Je le connais bien. Son fils est resté longtemps absent, mais il vient de rentrer avec sa nouvelle et ravissante femme. Le vieux Lendrup pourrait paver d'or les rues de Lhassa. C'est un homme remarquable, poursuivit Wangdi, sa lourde natte huilée à demi défaite se balançant sur la table. Des gens honnêtes, respectés dans tout le Tibet, même à Lhassa.

– Jamais je ne ferais confiance à un marchand, ajouta un autre homme à côté d'Ani-la, mais Lendrup, c'est un homme bien, il a combattu avec les Pangdatsangs contre les Chinois. Il est très célèbre.

– Un âne ne peut pas porter deux selles. On est soit soldat, soit marchand, fit observer un type, légèrement éméché, qui ajouta :

– Prenez un peu de *chang,* madame, et racontez-moi où vous avez appris le tibétain.

– A Yatung, répondit Ani-la, où je suis née.

– Une femme comme vous venir de Yatung, ce bled pourri.

– Ne dis pas cela de mon village, espèce de vieux renard, jeta Ani-la d'un ton cassant. Tu t'es au moins regardé dans une glace?

Tous les hommes sourirent; le vieil ivrogne se plongea d'un air renfrogné dans une tasse de thé ébréchée d'une propreté douteuse et se mit à boire bruyamment son *chang*.

– Je vais prendre un peu de *chang*, ajouta Ani-la et nous boirons tous à Yatung.

Ani-la éprouvait une amitié profonde pour tous ceux qui se trouvaient dans la salle, types bizarres, selon les critères européens, car les Européens sont incapables d'admettre qu'il n'est pas toujours commode de se laver dans le climat rude du Tibet. Les moins soignés d'entre eux pouvaient être millionnaires ou aristocrates, mais leurs vêtements de tous les jours étaient usés jusqu'à la corde et rapiécés maintes et maintes fois. Pauvreté ou pingrerie n'étaient pas en cause. Mais, selon l'usage, on ne portait pour travailler que de vieux vêtements, utilisés jusqu'à ce qu'ils tombent en loques. A voyager pendant des semaines d'affilée sur des pistes glacées, au milieu de tempêtes de sable ou de neige, les hommes acquéraient de beaux traits sculptés par le vent et un teint hâlé par le soleil dont les rayons ultraviolets brûlaient l'épiderme jusqu'à l'os. Lorsqu'ils retroussaient leurs manches l'extrême pâleur de leur peau surprenait toujours.

– *Che, che, che,* buvez, buvez, buvez, marmonna le vieil homme, jusqu'à ce qu'elle eût bu les trois tasses de *chang* qu'exigeait la politesse.

– Êtes-vous la fille du sahib de Yatung? demanda une voix au fond. J'ai bien connu votre père.

Ils burent ensuite à la mémoire du père d'Ani-la, et à celle de sa mère. Quittant l'auberge, Ani-la ne marchait plus très droit. S'apercevant qu'elle avait oublié le nom du père de Tsering, elle revint trouver Wangdi et lui demanda s'il y aurait moyen de joindre Tsering lui-même.

– Lorsque je l'ai quitté à Lhassa, il était sur le point de partir avec un chargement d'armes et environ cent cinquante bêtes, mais je ne me rappelle pas leur destination. Leur agent au bazar est Nimu. Vous pourriez essayer de le voir, répondit Wangdi, un peu éméché lui aussi.

Une fois dehors, Ani-la, aveuglée par le soleil d'hiver, éprouva une profonde exaltation en aspirant l'air froid du matin.

Le monde lui parut transfiguré, tout semblait étinceler.

Ariel était donc partie avec Tsering Lendrup, le fils d'un riche marchand Khamba. Ani-la savait qu'elle n'aurait guère de mal à obtenir des informations sur la famille Lendrup. Plusieurs nobles de Lhassa possédaient des maisons à Kalimpong; ils lui apprendraient sûrement ce qu'elle voulait savoir. L'important était qu'Ariel fût en bonne santé et heureuse, se dit Ani-la avec une certaine mélancolie.

De retour dans son bungalow, elle pénétra gaiement dans son salon, mais le trouva sinistre. Saisie d'une frénésie d'activité, elle retira les housses de chintz qui recouvraient l'étoffe plutôt élégante des deux fauteuils, se dirigea vers la fenêtre et essaya de tirer les rideaux. Sans résultat. Les épais rideaux imprimés de fleurs enlevaient presque tout le jour.

Je vais en mettre de plus clairs, se dit-elle avec un regard circulaire pour recenser les embellissements susceptibles de transformer la pièce. Avec ses murs en lattes de pins, l'endroit avait un petit air de chalet, mais on y remarquait aussi tout un fatras victorien, trop de tapis et de tentures; sur les guéridons, une profusion de napperons en dentelle. Au-dessus de la cheminée, une grande tête de *shou,* le wapiti géant du Tibet, qui avait vraiment l'air sinistre. C'était un trophée de son père, un souvenir du passé. Peut-être ferait-elle mieux de se débarrasser de tout cela pour penser à l'avenir, à son avenir, plutôt que de ressasser des souvenirs.

Le monde est en train de changer, se dit-elle.

En fait de changer, son monde disparaissait. Depuis l'indépendance les Anglais s'étaient vu dépouillés de cette essence indéfinissable qui les faisait supérieurs et leur conférait d'innombrables privilèges. Rien de tout cela n'avait plus ni sens ni fondement. Leurs serviteurs continuaient bien à appeler les Européens « sahib », mais en fait les Hindous les détestaient, et, quoiqu'ils feignissent encore d'admirer l'Angleterre et vénérassent les coutumes et l'accent britanniques, ils affichaient un petit sourire vindicatif, un certain mépris pour les sahibs qui avaient perdu la guerre. Les habitudes ont du mal à mourir, et le processus était lent, mais inexorable, Ani-la ne l'ignorait pas. Le monde qu'elle avait connu et aimé s'écroulait pour faire place à un monde de cupidité, d'ignorance et de malveillance. Au sens anglais du devoir serait substitué la soif de pouvoir et d'argent, qui semblait posséder la plupart des Hindous. Réaction contre des siècles de malnutrition, conséquence de la grande lutte pour la vie, impitoyable ici plus qu'ailleurs, ou bien doctrine hindoue, fondée sur l'égoïsme de caste?

Ani-la était perdue dans ses pensées lorsqu'un boy vint annoncer :

– Un sahib à la porte.

Il lui tendit une carte de visite sur laquelle elle lut : « Comte François de Calmont », avec une adresse à Paris.

22

Ani-la accueillit le Français sous la véranda. Il était grand, il avait des cheveux bruns et brillants qu'il aplatissait en arrière, des yeux bleus et un nez plutôt long. Ani-la le trouva très séduisant, malgré son costume tropical en lin beige, du genre de ceux que les étrangers se croyaient obligés de porter en Inde. L'homme était un peu trop élégant pour Kalimpong, estima Ani-la, mais le fait qu'il fût français expliquait qu'il ne sût pas ce qui se portait dans une petite ville de montagne, où tweeds et blazers constituaient le vêtement usuel.

– Le maharadjah de Sarduja m'a donné votre nom, dit l'homme en matière d'excuse, avec un léger accent français. Il m'a appris la mort tragique de George Stevens, dont j'ai connu le frère en Afrique.

– Entrez donc, dit Ani-la avec chaleur en le conduisant dans le salon. Voulez-vous une tasse de thé ? Peut-être préféreriez-vous du café, ajouta-t-elle, se rappelant que les Français n'étaient pas de grands buveurs de thé. Ou peut-être souhaitez-vous un alcool.

– Ce serait avec plaisir, dit l'homme en regardant le trophée de chasse au-dessus de la cheminée.

– Du whisky ?

– Oui, je vous remercie, ce sera parfait.

Ani-la prépara deux grands verres de whisky et proposa au Français de s'asseoir.

– Je suis venu vous demander un service, expliqua-t-il. Je suis zoologue. J'ai recueilli dans le monde entier des spécimens pour le muséum de Paris. Au Soudan, il y a dix ans, je me suis lié d'amitié avec F. F. Stevens, le frère de George. Je cherchais le *kudu* géant et suis tombé sur cet homme extraordinaire. Il a vécu avec les Obas, tribu indigène misérable de la brousse. Il m'a parlé de son frère et de ses chasses dans les douars. Je n'ai pas oublié et, lors d'une chasse avec Sarduja, la semaine dernière, j'ai prononcé le nom de George Stevens. Le maharadjah m'a alors appris la disparition de sa nièce et sa mort accidentelle. J'ai l'impression que le fils Sarduja était très épris de la jeune fille. On m'a dit que vous pourriez peut-être m'aider. J'espère ne pas abuser de votre complaisance.

– Mais pas du tout. Que souhaiteriez-vous exactement faire ici ?

– A dire vrai, j'ai deux rêves. D'abord aller au Tibet ou au Bhoutan, et chasser l'ibex.

Ani-la sourit. Combien d'étrangers étaient venus à Kalimpong avec l'espoir de pénétrer au Tibet ou au Bhoutan, espoir absolument vain puisqu'aucun des deux pays n'acceptait d'étrangers.

– Je crains que votre premier rêve ne se réalise jamais, dit Ani-la, mais devant l'air déçu de son nouvel ami, elle ajouta :

– Il y a bien sûr des exceptions. Ne serait-ce que l'année dernière, le professeur Tucci de l'Institut des affaires du Moyen et Extrême-Orient à Rome, un écrivain français et un radioreporter américain ont obtenu l'autorisation d'aller à Lhassa.

Mais Ani-la savait que ces autorisations étaient extrêmement rares, aboutissement de longues négociations. Sans appui dans la place, les chances étaient presques nulles.

– Je ne veux pas vous décourager, dit Ani-la, mais j'ai vu toute ma vie des gens attendre en vain ici ou à Darjeeling d'hypothétiques autorisations pour pénétrer au Tibet. Pour le Bhoutan, c'est encore plus difficile. Mais tentez donc votre chance et envoyez vos demandes à Lhassa et au Premier ministre du Bhoutan, Raja Dorje.

Ani-la avait de la sympathie pour cet homme et l'envie de se changer les idées.

– Je pourrais vous aider, dit-elle. Je connais la plupart des fonctionnaires concernés.

– C'est trop gentil de votre part.

– Mais pas du tout. Voulez-vous un autre whisky ?

Incapable de cacher plus longtemps la nouvelle qu'elle avait reçue, Ani-la dit :

– Il faut que je vous raconte : je viens d'apprendre qu'Ariel, la nièce de George Stevens, qui avait disparu, est en vie. Elle s'est apparemment enfuie au Tibet pour y épouser un Khamba...

Ani-la s'arrêta. Peut-être en avait-elle trop dit. Peut-être était-il préférable que personne ne sût qu'Ariel avait fait une fugue. Et si les autorités l'apprenaient ?

– Voilà une bonne nouvelle. Mais qu'est-ce qu'un Khamba ? demanda François.

– Un Tibétain de l'est. Ce sont les plus belliqueux et aussi les plus beaux, expliqua Ani-la..

– J'aurais beaucoup à apprendre de vous, si vous y consentiez. Car les quelques livres que j'ai pu lire ne m'ont presque rien enseigné.

– Je serais ravie de vous aider, se surprit-elle à répondre. J'ai une assez intéressante collection de livres, en anglais pour la plupart, sur le Tibet et une bibliothèque très complète sur les fleurs et les plantes de l'Himalaya. Quant aux animaux, vous savez que les lamas tibétains réprouvent la chasse, aussi connaît-on très peu la faune tibétaine. Le Bhoutan est pour la même raison un véritable sanctuaire d'animaux sauvages; ses jungles méridionales regorgent de tigres, d'éléphants et de singes, alors qu'au nord, il y a peut-être encore des *shou*. Mon père était très fier de ces bois et refusait de croire que le *shou* avait disparu, comme certains le disent.

Il y avait longtemps qu'Ani-la ne s'était pas autant amusée. François expliquait avoir appris l'anglais avec sa *nanny* qui avait encouragé sa passion pour les animaux. Passion qui l'avait conduit à voyager dans le monde entier, au Brésil, en Afrique, en Asie, grâce à la fortune considérable qu'il avait héritée de sa grand-mère américaine.

Ils furent bientôt comme de vieux amis.

– Permettez-moi de vous inviter à dîner, dit tout à coup François. Où souhaiteriez-vous aller? Calcutta, Sarduja ou Shilong?

Ani-la se mit à rire :

– Il n'y a hélas pas d'autres restaurants à Kalimpong que le restaurant chinois du bazar et quelques salons de thé qui vendent du *thugpa* et des *mo-mo.*

– Nous irons au bazar un autre jour, répondit François. Allons dîner à Calcutta ou bien à Sarduja. Vous pourrez ainsi annoncer les nouvelles concernant la nièce de George.

– Vous plaisantez, fit Ani-la en riant.

– Non, non, dit François. J'ai un petit avion à Badogra. Sarduja est à une heure de vol à peine. En nous dépêchant, nous pourrons y être pour dîner. Je suis persuadé que le maharadjah sera enchanté. Nous pouvons téléphoner, si vous préférez.

– Oh, oui. Appelez d'ici, proposa Ani-la ravie.

Enivrée par la lettre d'Ariel, sous le charme de François, Ani-la se sentait si bien qu'elle en avait oublié d'annoncer ces bonnes nouvelles à Ashi Pema.

– François, vous allez devoir m'excuser un instant, il faut que je dépose un mot en partant. Le numéro de Sarduja est sur mon carnet. Pouvez-vous le demander à l'opérateur pendant que je monte? Je reviens dans quelques minutes.

Ani-la monta en courant dans sa chambre, prit une feuille de papier et écrivit :

Chère Ashi Pema

J'ai reçu une lettre d'Ariel (adressée à ce pauvre George). Elle est vivante, en bonne santé et heureuse dans le Kham. Elle a épousé Tsering Lendrup.

Ani-la s'arrêta. Que dire d'autre ?

Je suis tellement heureuse pour vous et pour elle. Je n'ai aucun détail, mais je prendrai prochainement contact avec vous. Excusez la brièveté de ce mot.

Amitiés,

ANI-LA

Elle le glissa ensuite dans une enveloppe adressée à :

Ashi-Pema
Dzong-dpon de Bumthang
Bhumtang
Bhoutan

Cette lettre mettrait peut-être des mois à arriver, à dos de poney.

Ani-la s'installa ensuite devant sa coiffeuse et se remaquilla. Elle n'avait pas l'habitude d'être emmenée dîner et n'était jamais montée en avion, si petit fût-il. Bien qu'elle connût bien le maharadjah, et bien sûr Prabaka, elle n'avait jamais visité Sarduja. Tout cela était passionnant. Elle sortit sa plus belle turquoise et un collier de corail, hérités de sa mère, et une autre turquoise, montée sur or, qu'elle fixa dans son chignon. Ani-la chercha partout les chaussures qu'elle avait achetées pour le mariage de l'aînée des princesses du Sikkim. Elle ne les avait jamais remises parce qu'elles lui faisaient mal. Mais ce soir elle n'aurait pas à marcher; elle allait voler! Elle remplit un petit sac, jeta un dernier coup d'œil dans la glace et se trouva séduisante, d'une beauté qu'elle se plaisait à juger classique. Peut-être François me trouvera-t-il belle. Après tout il l'avait invitée à dîner à « Calcutta, Sarduja ou Shilong ». Il était vraiment superbe et comte en plus. Curieux, se dit-elle, comme la plupart des gens sont fidèles à un type. Ani-la se rappelait sa mère lui disant : « Un âne est un âne; un imbécile est un imbécile. » A ce souvenir, Ani-la sortit des profondeurs de son placard la longue cape bleu foncé que sa mère portait toujours. Elle se fermait par une broche en argent martelé à la main de la taille d'une soucoupe. Elle la jeta sur ses épaules et, enfin prête, descendit en courant.

A son entrée, François se leva et dit :

– On nous attend, mais Sarduja m'a prévenu qu'il avait invité à dîner des gens de Delhi, que nous risquons de trouver ennuyeux. Vous êtes superbe! fit-il en reculant d'un pas. Quelle magnifique cape!

– Elle était à ma mère, qui était tibétaine, vous savez.

– Elle vous va à ravir. Venez. On s'en va. Nous ne pouvons pas voler de nuit.

La voiture de François était devant la grille. C'était une Rover 20 noire, basse, avec une roue à rayons sur le coffre.

– C'est le directeur de l'aérodrome de Badogra qui me l'a prêtée, et elle marche, expliqua François en lui ouvrant la portière.

Ani-la se laissa glisser sur le fauteuil de cuir qui dégageait une odeur agréable et examina, fascinée, le tableau de bord en noyer avec ses innombrables petites lumières. Ani-la n'avait connu que des voitures peu ordinaires. Dans son enfance au Tibet, se rappelait-elle, elle n'avait jamais vu de véhicule motorisé. Le premier avait été la voiture du maharadjah du Sikkim. Plus tard, les voitures officielles des fonctionnaires britanniques et des plus excentriques parmi les maharadjahs, somptueuses limousines, des Rolls-Royce surtout, qui contrastaient avec les véhicules utilitaires délabrés que l'on voyait sur les routes et qui dataient des premiers jours du raj.

Moteur ronflant et vitesses crissantes, François conduisit Ani-la à la Maison du Bhoutan.

– J'en ai pour une minute, dit-elle. Venez donc avec moi. Peut-être rencontrerez-vous quelqu'un qui pourra appuyer votre demande d'autorisation d'entrée au Bhoutan.

Le garde bhoutanais ouvrit la grille et ils avancèrent jusqu'au pied des marches de l'édifice. Un serviteur vêtu d'une superbe robe imprimée orange et rouge se précipita en bas des marches pour ouvrir les portières. En mettant pied à terre, Ani-la eut la surprise d'apercevoir au sommet des marches la silhouette impressionnante et sévère de Raja Dorje. Elle fut saisie d'une panique dont elle ne comprit pas immédiatement l'origine. Puis elle se rappela : sous aucun prétexte on ne devait soupçonner qu'Ashi Pema et Ariel Gordon étaient apparentées.

– *Tashi di le, kusho-la,* dit-elle poliment à Raja Dorje. Je suis désolée de vous importuner, mais j'ai un message important pour Ashi Pema. Pouvez-vous avoir l'amabilité de le faire expédier tout de suite à Bumthang?

Le visage mongol et ridé de Raja Dorje s'épanouit sur un sourire :

– Et comment va notre ravissante Ani-la? dit-il avec sa courtoisie habituelle.

– Très bien merci. Puis-je vous présenter le comte de Calmont. Il est zoologue et s'intéresse à notre faune himalayenne.

Au sourire et à la poignée de main de François, Raja Dorje offrit un visage inexpressif. Un bref silence gêné s'ensuivit.

– Eh bien, merci de bien vouloir vous occuper de cette lettre, fit Ani-la pour dire quelque chose. Nous devons partir. M. de Calmont qui a un avion m'emmène dîner à Sarduja.

Cette information parut éveiller l'intérêt de Raja.

– Je vous envie, dit-il en se tournant vers François. Sans ailes tout n'est que tours et détours ici. Au Bhoutan nous ne disposons que de poneys.

Il sourit et leur souhaita bon vol.

– Nous l'appelons Raja Dorje, mais il est en fait Premier ministre. C'est le fonctionnaire le plus occidentalisé du Bhoutan. C'est lui qui s'occupe de toutes les affaires entre le Bhoutan et les Anglais et qui exerce maintenant son activité avec l'Inde.

Dans les virages qui conduisaient à la rivière Titsa, Ani-la pensa à la mort de George, ici, dans la jungle qui dégringolait jusqu'à la rivière écumeuse. Ils traversèrent le pont du Couronnement, monstruosité dont l'arc de ciment enjambait ses eaux écumeuses. Sur l'autre rive la route longeait la rivière, traversait Siliguri, avant de déboucher dans la plaine où se trouvait la petit piste de Badogra. Un hangar de tôle ondulée dominait, telle une gigantesque boîte de conserve, une petite construction qui tenait lieu de bureau, mais ressemblait davantage à un pavillon de cricket planté au milieu d'une prairie poussiéreuse et brûlée. Un DC 3 hors de service était posé dans le champ à côté de trois avions plus petits, qu'entouraient des vaches.

François remit la voiture à son propriétaire, un Sikh enturbanné d'un mètre quatre-vingts, qui devait avoir du mal, estima Ani-la, à caser son ventre derrière le volant. Ani-la s'étonnait toujours de constater à quel point les Sikhs étaient grands, gros et bien portants, alors que la plupart des Hindous étaient affreusement maigres, quelle que fût leur fortune personnelle. Sikhs et Hindous n'avaient-ils pas la même origine ? Il était difficile de croire que la religion pût à ce point influer sur les corpulences. Cette pensée la fit sourire.

Elle était passablement excitée et un peu effrayée par son prochain baptême de l'air. François traça calmement leur route sur une carte du hangar collée au mur et signa le livre de vol. Il prit leurs sacs et conduisit Ani-la à l'avion, accompagné par le Sikh et deux assistants à demi nus qui détachèrent les cordes immobilisant l'appareil. Le ciel était transparent, de ce bleu foncé qu'on ne rencontre qu'en Inde l'hiver, avant que la poussière ne provoque une brume qui ne disparaît qu'avec l'arrivée, en juin, de la mousson.

François lui fit remarquer les vautours et les charognards qui dessinaient de grands arcs dans le ciel au-dessus de la piste.

– Le plus grand danger de voler en Inde vient des oiseaux. On trouve des oiseaux partout, de toute taille et de toute forme, à toutes les altitudes. Depuis les grues géantes jusqu'aux aigrettes, vautours, faucons et aigles par milliers. Je ne comprends pas comment le pays peut nourrir autant d'oiseaux.

Il jeta leurs sacs au fond de l'appareil et aida Ani-la à se hisser sur le siège étroit à côté de celui du pilote. François grimpa à son tour et fit un signe d'adieu au Sikh qui claqua la frêle porte de l'avion. Le moteur se mit à cracher, imprimant à l'appareil de légères secousses. Une bande d'enfants chassa les vaches de la piste avec une adresse qui trahissait la routine. Le petit avion roula jusqu'au bout du champ. A travers le cockpit Ani-la remarqua combien l'horizon était clair. Le moteur gronda, l'appareil fut traversé de secousses, fit une embardée en avant et prit de la vitesse; ses roues rebondirent de plus en plus vite sur le sol desséché, puis tout devint soudain calme et l'horizon bascula dans l'invisible.

Ani-la se demanda alors ce qu'il lui avait pris de partir avec cet étranger. Pendant qu'aveuglé par l'éclat du soleil couchant, il cherchait à voir par la fenêtre, elle eut le temps d'examiner de nouveau ses traits dans l'espoir d'en apprendre quelque chose. Elle lui trouva un air aristocratique. Mais n'était-ce pas, comme disait sa mère, de l'autosuggestion. Si on lui avait dit que François était un escroc ne découvrirait-elle pas quelque chose de malfaisant dans son sourire? Combien facilement on est influencé par ce que l'on sait de quelqu'un. Toute étiquette, planteur de thé, maharadjah, millionnaire ou grand savant, est accompagnée d'une aura. Chacune de ces étiquettes confère à celui qui en est le détenteur des qualités imaginées. Combien superficielle, songea Ani-la, est la connaissance que nous avons des autres. De simples clichés nous satisfont.

Ani-la regarda la plaine en dessous, ses champs secs et poussiéreux dans l'attente de la mousson. Ici et là se dressait un bouquet d'arbres, vestige de la jungle depuis longtemps défrichée. Au nord, dominant l'avion, surgissaient les contreforts de l'Himalaya, imposante masse bleue et verte ponctuée de petits nuages. Tel un papillon, l'avion bondissait dans l'air. Ani-la était prise de vertige.

Sur sa gauche, elle reconnut les pics enneigés de la chaîne himalayenne, émergeant tels des icebergs dans le ciel. Elle eut pour la première fois un aperçu de l'immensité de l'Himalaya.

– Je suis née derrière ces montagnes, cria-t-elle à François qui se retourna pour admirer le panorama.

– Magnifique, cria-t-il à son tour.

Il lui montra ensuite, à quelques mètres sur la droite, la forme incongrue d'un grand vautour qui regardait passer l'avion.

– Sales bêtes, fit-il.

Ils survolaient maintenant le lit semé de rochers de la Titsa. En atteignant les plaines, le fleuve rejette du gravier sur des centaines de kilomètres carrés, formant des îles boisées où abondaient les tigres.

Ani-la connaissait tout cela à travers les récits de George qui venait souvent chasser dans cette région. Les montagnes fuyaient maintenant derrière eux, tandis qu'ils survolaient les plaines monotones et plates, coupées ici et là par la ligne sinueuse d'un chemin ou l'entraille rectiligne d'une grande route.

Le vol parut beaucoup trop court à Ani-la. Le grand dôme de Sarduja apparut, couronnant tout un ensemble de constructions encadrées par un alignement régulier de dépendances et d'écuries. Décrivant un cercle au-dessus du palais, ils aperçurent les gens qui regardaient en l'air. Ils atterrirent sur le terrain de polo à côté du palais. Il était six heures.

– Juste à l'heure pour prendre un verre avant le dîner, fit François en arrêtant le moteur.

Assourdie par le bruit et excitée par le vol, Ani-la se surprit à prendre François par le bras.

– Un baiser de remerciement de votre copilote.

François sourit et déposa un baiser sur son front avant d'ouvrir la porte. Plusieurs personnes se précipitaient vers l'avion, Sarduja en tête.

C'était un grand dîner dans la salle à manger d'apparat emplie de boys vêtus de leurs uniformes flamboyants. Prabaka n'était pas là, au grand soulagement d'Ani-la, mais il y avait plusieurs Hindous de Delhi. L'un, découvrit Ani-la, était secrétaire d'État aux Affaires étrangères, un autre, qui devait être diplomate, revenait de Chine.

La conversation glissa rapidement sur les amabilités d'usage avant de s'arrêter sur la politique. Tout le monde voulait connaître l'opinion du secrétaire d'État aux Affaires étrangères. Ami intime du Premier ministre Jawaharal Nehru, il s'exprimait avec suffisance.

– Messieurs, je suis maintenant en mesure de vous annoncer que Mao Tse Toung est le nouveau maître de la Chine. J'en ai reçu la nouvelle ce matin, déclara le secrétaire d'État. Tchang Kaï-chek s'est réfugié à Formose. Nous pouvons enfin espérer que la Chine, après tant d'années de corruption, va entrer dans la voie du développement. Appuyée sur une Chine nouvelle, l'Inde pourra contester la suprématie de la Russie et celle de l'Amérique. Le troisième monde, celui de l'Est non aligné, sera enfin respecté. C'est le rêve de Nehru et comment ne pas l'approuver ? L'Asie est depuis trop longtemps réduite au silence. L'heure est venue de nous unir.

Un silence suivit cette déclaration.

– Mais l'Inde ne peut ni soutenir ni approuver la politique de Mao, fit François. La mainmise des communistes sur la Chine peut aboutir au triomphe de l'Étoile rouge sur toute l'Asie. Après la Chine, l'Indochine, puis le Laos, le Cambodge, la Thaïlande et la Birmanie, et, avant même que vous n'ayez le temps de vous en rendre compte, peut-être l'Assam et le Bengale.

– Non, non, non, mon cher ami, répondit le secrétaire d'État, retenez bien ce que je vous dis, l'Inde sera le gardien de la démocratie. Nous sommes la nation la plus puissante d'Asie et nous veillerons à ce que les Chinois se conduisent bien. Nous avons un plan. Attendez et vous verrez. La Chine suivra notre politique de non-alignement et ne causera d'ennuis à personne. La Chine a tant à faire chez elle, qu'elle n'aura ni le temps ni les moyens d'intervenir chez les autres.

– Aujourd'hui, poursuivit le diplomate, après dix ans de luttes contre le Japon, plus la guerre civile, la Chine n'est que désordre. Mao a hérité un champ de ruines. Tout, m'entendez-vous, tout est à reconstruire. Cela prendra des années. Ensuite se posera la question des frontières, celle du Tibet.

A la mention du Tibet, Ani-la se redressa.

– Les Chinois guignent le Tibet, mais il leur faudra l'accord de l'Inde, puisque nous entretenons avec ce pays des relations privilégiées, héritées des Anglais. Ils ont besoin de notre collaboration, ce qui constituera une base pour nos relations futures avec la Chine.

– Que voulez-vous dire ? lança Ani-la. L'Inde n'est sûrement pas disposée à aider les Chinois à envahir le Tibet ?

– Non, non, Madame, vous m'avez mal compris, fit le diplomate. Mais ils auront besoin de notre accord. Échange de bons procédés. C'est l'atout de Nehru pour devenir le porte-parole de l'Asie. Grâce à quoi l'Inde pourrait être le chef indiscuté d'une troisième force mondiale. La Russie, la Grande-Bretagne, même les États-Unis devront alors nous écouter.

Satisfait de lui-même, le diplomate échangea un coup d'œil complice avec le ministre, qui fut étonné, en jetant un regard autour de la table, de ne pas rencontrer l'approbation escomptée.

– Pour moi, la situation en Chine ne promet rien de bon, dit Sarduja. Mon père connaissait Tchang Kaï-chek et Sun Yat-Sen. Il comprenait les Chinois et disait toujours qu'il n'était pas de gens plus à craindre qu'eux. Rappelez-vous, jadis la Birmanie a été chinoise. Si nous les avons à notre porte, Nehru ne pourra pas les contrôler.

– Permettez-moi d'être d'un autre avis, prononça le secrétaire d'État d'une voix forte. Nous avons déjà des contacts avec Mao. Cela entre nous.

Il s'arrêta pour voir l'effet produit par sa déclaration.

– Croyez-moi, Krishna Menon, notre ministre des Affaires étrangères, a la situation bien en main.

– Menon est un sympathisant communiste notoire, répliqua Sarduja. Mais je ne vois pas comment il peut concilier la nouvelle démocratie indienne et la Chine.

– Vous verrez. L'occasion est venue pour l'Inde d'être le guide de l'Asie, conclut le secrétaire d'État. Retenez bien ce que je vous dis, le Tibet est notre principal atout.

Au grand soulagement des invités, la conversation revint à des sujets plus légers, mais Ani-la ne put oublier les paroles du secrétaire d'État : « Les Chinois voudront s'installer au Tibet. » Et l'Inde allait approuver cette mainmise chinoise, ou sinon l'approuver, ne rien faire pour la gêner et regarder ailleurs. Au dessert, François charma l'assemblée par ses récits de safaris en Afrique. En l'écoutant, Ani-la enviait ses manières raffinées et son solide bon sens né de l'expérience du monde. Il semblait connaître tous ceux qui comptent de par le monde, qu'il avait parcouru de chasse en chasse, de fête en fête, parmi les ambassadeurs, les chefs d'État et les grands industriels. Le monde des gens influents auquel appartenaient Sarduja et François, mais non pas l'ambitieux secrétaire d'État aux Affaires étrangères.

Après le dîner, Ani-la, la maharani et les épouses des diplomates indiens se retirèrent dans le petit salon bleu, tandis que les hommes se passaient le porto dans une parodie de tradition anglaise que François ne pouvait pas s'empêcher, devant la peau foncée de son hôte et de ses invités indiens, de trouver ridicule.

Le lendemain matin, François et Ani-la partirent tôt. Ils discutèrent gaiement de leur soirée, en criant pour couvrir le ronflement de l'avion.

– Ce que pensent les Hindous est pour moi un mystère, hurla François. Nous Français, avons du mal à comprendre les Anglais, mais les Indiens sont dix fois plus obscurs.

– Je suis à moitié anglaise, dit Ani-la en riant.

– Oui, je sais, mais vos origines tibétaines vous rapprochent, je le sens, beaucoup plus de nous autres Latins que les Anglais. Voyez-vous, nous, Français, estimons que les Anglais, comme les Indiens, ne disent jamais ce que leur inspirent vraiment les gens et les lieux, mais seulement ce qu'ils croient devoir en penser. Là est la grande différence. Ils parlent avec leur raison et non pas avec leur cœur. Nous, Latins, considérons que ce que nous disons est le reflet de ce que nous sentons. Un Anglais serait gêné de révéler ses sentiments; quant à un Indien, il préférerait mourir, tant il a peur qu'une telle faiblesse se retourne contre lui. En conséquence, les conversations ici tiennent trop souvent du jeu de société. Jamais on ne communique quoi que ce soit de personnel. Je pense souvent que mes amis anglais ont été, dès la nursery, frustrés de leurs sentiments véritables par des nannies et des gouvernantes décidées à leur enseigner ce qui est convenable, plutôt qu'à exprimer leurs sentiments profonds. Ils finissent bien évidemment par ne plus rien ressentir, en tout cas rien de personnel, rien qui ne soit prévu par le code de la bonne conduite.

François s'arrêta un instant puis reprit :

– J'espère ne pas vous froisser ou vous ennuyer.

– Oh non, dit Ani-la. Je suis d'accord avec vous, mais il y a des exceptions. Prenez par exemple George Stevens. Lui, au contraire, a peut-être trop vécu pour ses sentiments et ses passions. Ce qui a quelque peu fait de lui un paria et l'a obligé à vivre en solitaire, à se cacher dans son jardin de thé. Voyez-vous, il était incapable d'accepter cet aspect de la vie britannique, l'hypocrisie, le manque de chaleur et de sincérité, mais il a peut-être été un peu trop loin dans l'autre direction. Seuls son sens de l'humour et son authentique cordialité l'ont empêché de devenir un véritable paria. Peut-être était-il latin de cœur. Voilà pourquoi Sarduja et quelques autres l'aimaient tant. Le reste, la petite communauté de Kalimpong, était offusquée par lui, ou l'enviait en secret.

François rit.

– Vous êtes trop drôle, dit-il.

Ani-la ne voyait pas ce qu'elle avait pu dire d'amusant.

– Oui. Votre obsession des conventions. Les Français sont également conventionnels, très conventionnels. Nous baisons la main des dames, sommes à cheval sur le protocole, susceptibles en matière d'étiquette, mais tout cela s'arrête au seuil du lit.

– Que voulez-vous dire ? demanda Ani-la étonnée.

Comme François corrigeait sa direction et amorçait la descente, le vrombissement du moteur noya sa question.

– Les manières au lit, poursuivit-il en souriant. On ne peut pas avoir de manière au lit, seulement des sentiments. Toute la question est là, les sentiments.

Les yeux brillants de malice, il se tourna vers Ani-la.

Elle détourna les yeux d'un air gêné et regarda sans rien dire, mais sans rien perdre de ce qu'il avait dit, la plaine grise, morne et desséchée.

– Voulez-vous dire que l'amour est indépendant des manières ? risqua-t-elle.

– Pardon ? cria à son tour François.

– Voulez-vous dire que l'amour est indépendant des bonnes manières ? répéta Ani-la, de plus en plus gênée et espérant que François ne répondrait pas.

– Tout à fait indépendant.

Après quoi ils gardèrent le silence jusqu'à ce que l'avion eût atterri et regagné avec force grincements et rebondissements la petite cabane verte. Les mêmes enfants gardaient les mêmes vaches avec cette placidité languissante qui donne à la vie en Inde son aspect d'éternité. Le grand Sikh sortit en se frottant les mains, le sourire aux lèvres.

– Bon vol, Sahib ? demanda-t-il. Memsahib désire-t-elle une tasse de thé ? Sahib a-t-il encore besoin de la voiture ? ajouta-t-il.

Puis il hurla des ordres aux coolies qui poussèrent le petit avion à sa place et se mirent à l'attacher au sol. Dans le pavillon, ils s'installèrent face au bureau derrière lequel s'était assis le Sikh. Penché en avant, appuyé sur ses bras tendus, il semblait sur le point d'annoncer des nouvelles très importantes.

– Le monsieur est français, leur déclara-t-il, et vous, Madame, êtes anglaise. Je suis Sikh et par Guru Nanak, nous autres Sikhs ne sommes pas comme les Hindous, aussi ne majorerai-je pas le prix de la voiture. Combien vaut la roupie française ? A peu près comme le dollar ? C'est une bonne voiture, en parfait état.

– Dites votre prix, dit François visiblement agacé. J'ai besoin de la voiture pendant au moins un mois. Et je vous demanderai de couvrir mon avion et de le mettre dans le hangar. Je compte rester quelque temps à Kalimpong et ne l'utiliserai peut-être pas tout de suite.

Là-dessus, François se leva pour partir, mais le Sikh l'arrêta.

– Je vous demande pardon, Monsieur. Nous allons d'abord prendre du thé.

François se rassit à contrecœur.

– Maintenant que l'Inde est indépendante, Anglais et Français sont les bienvenus, dit le barbu, se préparant à prononcer l'habituel discours auquel les sahibs étaient si souvent soumis ces derniers temps. Nous sommes frères, poursuivit le Sikh, égaux, semblables, c'est bien cela, non ?

– Décidons d'un prix, dit François en avalant son thé d'un trait pour arrêter l'élan du Sikh.

– Il faut ici vivre avec patience! fit observer Ani-la, lorsqu'ils furent dans la Rover.

C'était le début de l'après-midi et les contreforts qu'ils avaient survolés se dressaient maintenant devant eux. Combien petit et frêle on se sentait sur le sol, comparé à la puissance que l'on éprouvait dans le ciel. Toutefois la voiture, comme l'avion, les coupait de tout contact véritable avec la nature, supprimant les odeurs, la peine et l'effort qu'exigeait chaque colline de ceux qui les franchissaient à cheval ou à pied. Il y avait, pensait Ani-la, quelque chose dans les transports modernes, qui coupait de la réalité et les transformait en spectateurs de film. Blottie dans son fauteuil de cuir à regarder François prendre les virages et changer calmement de vitesse, Ani-la se croyait en train de jouer un rôle. Il était tellement différent de ce qu'elle s'imaginait des Français. Suivant du regard la route sinueuse qui traversait la jungle, elle s'aperçut qu'elle était sur le point de tomber amoureuse. François lui plaisait, elle lui voulait du bien et souhaitait qu'il restât. Il ne lui avait rien dit de ses projets et, bien qu'il eût prétendu que les Latins étaient ouverts et sincères, il ne s'était guère découvert.

– Parlez-moi de votre vie, demanda Ani-la.

François commença par son enfance. Il avait grandi à la campagne avec ses trois sœurs et n'avait pas été heureux.

– Comme la plupart des enfants français, expliqua-t-il, mes maîtres me rudoyaient, mes parents ne me prenaient pas au sérieux et les domestiques se moquaient de moi. Je ne rêvais que d'une chose, grandir, devenir une grande personne et prendre ma revanche. L'enfance est si difficile. Le sentiment de n'être rien, les changements continuels, l'insécurité. J'étais pourtant gâté. Nous avions une magnifique maison avec un vaste parc. Tout jeune encore, je chassais avec mon père dans la propriété, plus tard chez des voisins. En France à la campagne, les gens vivent pour la chasse. La classe ne commence qu'à la fin de septembre après l'ouverture de la chasse, car ce sport n'est pas seulement réservé aux riches, même mes maîtres d'école allaient à la chasse. Nous avions beaucoup de terres excellentes pour le perdreau. J'étais un bon fusil, c'était l'essentiel pour mon père, qui pour le reste se montrait indifférent ou impatient à notre égard. Quant à ma mère, je me demande pourquoi elle a eu des enfants. Elle se plaignait de nous, de sorte que pour éviter des récriminations, nous n'osions pas lui dire que nous étions malades. Et puis ma vie fut assombrie par le bachot, l'examen que tous les enfants français doivent passer à la fin de l'enseignement secondaire, s'ils veulent aller à l'université. Durant mes six années de pension, j'ai travaillé en vue de cet examen avec la peur d'échouer. Le bachotage. Mais j'ai eu quelque plaisir à découvrir le monde des lettres et de la philosophie. L'éducation française est très stricte, vous savez. C'est un peu un rituel dans lequel l'enfant n'a guère l'occasion de développer sa personnalité. On vous oblige à apprendre par cœur, comme vos parents vous ont obligé à obéir. On consulte rarement ou jamais les enfants. Nous grandissons pleins de rancœur contre les grandes personnes, et rêvons d'imiter un jour leur égoïsme. Ainsi souhaitions-nous être indépendants. Le respect que nous manifestions pour les grandes personnes ou ceux qui détenaient quelque autorité n'était que superficiel. C'est peut-être pourquoi tant de Français sont de féroces individualistes, des anarchistes même. Cela vient, je pense, du mépris que leurs parents et leurs maîtres ont manifesté pour leurs sentiments. C'est peut-être la raison pour laquelle les sentiments ont par la suite tant d'importance pour nous. Voyez-vous, les Anglais demandent beaucoup à la société. Ils apprennent les règles du jeu et s'attendent à ce que les autres les respectent. En France, nous apprenons à décider de notre vie sans rien attendre des autres. Cet individualisme règle notre vie, mais empoisonne nos mariages. Les couples français se font sans cesse la guerre, à moins que l'un des deux ne capitule et se laisse dominer. Le partage n'est pas notre fort, sauf, bien sûr, comme je l'ai déjà dit, au lit où s'arrêtent les bonnes manières et les convenances.

« Vous voyez, les Français sont parfois romantiques, mais ils sont aussi gourmets. On ne nous a jamais demandé ce que nous aimions, mais on nous a appris ce qui était bon et ce qui ne l'était pas. Le plaisir est une préoccupation permanente chez les Français, alors que ce mot n'est pratiquement pas employé en anglais. N'ai-je pas raison ?

– Oui, peut-être. Il est vrai que les Anglais parlent rarement du plaisir. Ça ne se fait pas.

– Les Français, poursuivit François, aiment le plaisir. Ils cultivent le souvenir de repas exquis, des délices des sens. Les plaisirs de l'amour sont également considérés comme une sorte de fête.

François s'arrêta, puis dit :

– Où en étais-je ? Oui. J'ai donc réussi à passer mon bachot. Et puis, sans doute pour me prouver que j'étais un adulte, alors que je faisais mon droit, j'ai décidé de me marier. Peut-être aussi voulais-je montrer à mes parents que j'étais capable de mener ma vie à ma guise. Pour des raisons semblables, ma femme accepta de m'épouser, pour le meilleur et pour le pire, comme on dit, alors que nous voulions surtout échapper à nos familles respectives et être pris au sérieux. Incapables d'écouter les sentiments de l'autre, puisque personne n'avait jamais écouté les nôtres, notre vie est devenue un enfer. Nous étions retombés dans ce que nous avions essayé de fuir. Est-ce que je vous ennuie ? demanda à brûle-pourpoint François.

– Non, pas du tout, répliqua Ani-la.

– J'avais besoin de prendre un peu l'air, aussi me suis-je mis à la chasse, non plus comme une distraction, mais presque comme un métier. Mon père étant mort, j'avais hérité de notre propriété à la campagne, où je passais le plus clair de mon temps. J'avais aussi hérité d'un appartement à Paris que je laissai à ma femme. J'avais suffisamment d'argent pour voyager. J'avais toujours aimé voler et me trouvai en Afrique lorsque la guerre a éclaté. J'ai rallié les Français libres comme pilote de chasse et on m'a envoyé en Syrie, puis au Maroc. J'ai été descendu en Italie et fait prisonnier. Lorsque je fus libéré... eh bien... ma femme avait trouvé un autre homme. Nous avons divorcé, je me suis acheté un avion et suis retourné en Afrique. J'avais appris les rudiments de taxidermie et rapportai de nombreux spécimens d'animaux selon une liste que m'avait donnée le professeur Daniel. Le Musée d'histoire naturelle de Paris fut enchanté de ma collection.

« Et voilà. Et j'espère bien obtenir ici quelques spécimens de plus pour le musée. J'espère aussi chasser au Népal, et, avec votre aide, au Bhoutan, et peut-être au Tibet. Au fond, ma vie a été très simple, non ?

– Oh, pas si simple ! fit Ani-la, intriguée par ce monologue. Vous m'avez tout dit excepté ce qui compte. J'imagine que sous ce rapport vous êtes aussi désespérant que les Anglais.

– Que voulez-vous dire ? demanda François interdit. Je vous en ai dit plus qu'à la plupart des gens.

– Oui, mais vous ne m'avez pas parlé de vos sentiments. Vous ne m'avez raconté que des faits.

– Comment ? protesta François, mais je croyais vous avoir tout dit, même mes sentiments.

– Êtes-vous heureux? Voilà ce que je veux savoir, expliqua Ani-la, surprise de sa propre audace.

– En ce moment je le suis, répondit François avançant le bras pour lui prendre la main. Je vis une grande aventure, Kalimpong, l'espoir de pénétrer au Tibet et au Bhoutan, et surtout ma rencontre avec vous. Le bonheur dépend de ce que l'on ressent, non de ce que l'on dit. Avec vous je me sens heureux.

Ani-la sourit.

François se déplaça dans son siège et se pencha vers le pare-brise. Ils montaient vers Kalimpong.

– Voyez-vous, dit-il, je ne connais pas beaucoup de femmes comme vous. Celles que je connais sont ou bien de vieilles amies qui attendent de moi que je joue un certain rôle, ou bien de jeunes personnes qui cherchent l'aventure, sont séduites par mon argent, mon titre, mon avion, et ne cherchent qu'à se servir de moi, comme d'ailleurs moi d'elles.

François jeta un coup d'œil à sa passagère.

Ani-la était manifestement gênée. Sans se démonter, François poursuivit :

– Ani-la, je suis heureux avec vous. J'aimerais coucher avec vous. C'est simple, beau et il est inutile d'en dire davantage.

Ils terminèrent le trajet en silence. Doucement, pour la première fois depuis des années, Ani-la se détendit et s'abandonna en présence d'un homme. Elle se sentait merveilleusement bien, seule avec lui.

Ils regardaient l'obscurité se concentrer sur la plaine indienne. Dans certains virages, ils apercevaient les basses terres en contrebas, avant de replonger dans la jungle jusqu'à la porte du bungalow d'Ani-la. La nuit tombait. Ani-la tira les rideaux, alluma le feu, servit à boire et demanda au cuisinier de préparer un léger curry pour le dîner.

Ils s'assirent devant le feu. Ani-la parla à François d'Ariel, d'elle-même, de sa vie à Kalimpong, de son inquiétude pour le Tibet à la lumière de ce qu'ils avaient entendu à Sarduja.

Il était tard lorsqu'ils se levèrent pour aller dormir. Les serviteurs avaient fait pour François le lit de la chambre qu'Ani-la louait souvent à des hôtes de passage. Elle était vide depuis des mois. Ani-la était sur le palier, prête à lui montrer sa chambre, lorsqu'il la prit par la taille.

– Je veux dormir à côté de vous, j'ai peur du noir, dit-il d'une voix douce en lui déposant à nouveau un baiser sur le front.

Il ne lui fit pas l'amour, mais s'allongea à côté d'elle et s'endormit.

Ani-la fut incapable d'en faire autant. Appuyée sur ses oreillers, elle veillait avec tendresse sur son sommeil, mais finit par fermer les yeux et s'endormir.

Le lendemain matin, elle fut réveillée par les douces caresses de François. C'était comme un rêve. Envolés ses craintes, l'embarras et la gaucherie de ses précédentes rencontres. Comme avait dit François, tout était question de plaisir et d'abandon. A sa surprise, elle se révéla pleine d'une audace que lui dictait sa folle envie de le satisfaire. L'empire des sens lui fit perdre toute conscience autre que celle de la joie d'un plaisir partagé.

François parla le premier, longtemps après qu'ils eurent laissé le soleil du matin, dont les rayons obliques et indiscrets pénétraient dans la chambre, réchauffer leurs corps. Ils étaient envahis par une paix qu'ils répugnaient à troubler. François finit par se lever.

– J'imagine qu'il nous faut revenir à l'affreux monde des rêves.

Ils prenaient leur petit déjeuner lorsqu'Ani-la demanda :

– Que vouliez-vous dire par « l'affreux monde des rêves » ?

François expliqua :

– Cela vient des aborigènes australiens. D'après eux nous vivons davantage dans notre tête que sur la terre. J'y crois aussi. Au lit nous étions dans le monde réel, maintenant nous sommes dans un monde imaginaire, celui où il faut se déguiser pour jouer des rôles rarement sincères qui ne correspondent qu'exceptionnellement à ce que nous sommes.

– Quelle merveilleuse idée ! s'exclama Ani-la. Comme ils ont raison.

Puis elle se tut, songeant à tous les rôles de l'éternelle comédie qu'elle avait jouée avec ses voisins, avec la société, avec elle-même. Elle s'aperçut soudain n'avoir jamais été elle-même, sinon avec les Tibétains.

– François, fit-elle remarquer, en réfléchissant à ce que vous dites, eh bien, je crois que les Tibétains sont différents. Ils sont si sincères que pour eux rêve et réalité ne font qu'un. Ils ne se laissent pas entraîner par leurs rôles sociaux. C'est pourquoi la vie là-bas est si différente et si agréable. J'espère que vous aurez l'occasion, avant que vous ne quittiez Kalimpong, de comprendre ce que je veux dire.

François parut perplexe.

– A propos de réalité, poursuivit-elle, ce matin je vais essayer d'obtenir un rendez-vous avec le *tsi-dpon,* le ministre des Finances du gouvernement tibétain. J'ai appris qu'il était à Kalimpong en route pour l'Europe et les États-Unis avec une délégation tibétaine. Il pourrait appuyer votre demande d'autorisation d'entrée au Tibet. Voyez-vous, toutes les autorisations sont accordées par le *Kashag,* l'assemblée des ministres, le conseil de direction du Tibet dont le *tsi-dpon* fait partie.

– Chérie, vous êtes fantastique, put seulement dire François.

Le *tsi-dpon* possédait un bungalow en bois, où il demeurait lors de ses passages à Kalimpong. C'était un petit homme, fort érudit, qui ne parlait que quelques mots d'anglais. Ani-la ne l'avait rencontré qu'une fois, mais elle savait que, selon la tradition tibétaine, il lui serait relativement facile d'obtenir une audience. Ani-la envoya son serviteur tibétain demander si le ministre serait chez lui ce matin. Puis elle monta s'habiller.

Ouvrant son placard, elle en sortit une magnifique blouse tibétaine en dentelle à manches longues. Elle l'enfila et en croisa les revers pour former un décolleté en V. Elle retroussa ensuite les manches au-dessus des poignets, puis revêtit sa plus belle *chuba* en soie d'Assam beige qu'elle serra à la taille avec une longue ceinture de soie. Elle s'attacha un petit tablier à rayures multicolores autour de la taille, dénoua ses longs cheveux noirs et se mit à les peigner. Elle se fit deux tresses entrelacées de rubans rouges qu'elle se croisa sur le sommet de la tête. Ani-la se passa ensuite autour du cou plusieurs colliers de turquoise et de corail avec une boîte reliquaire en or et turquoise attachée à un cordon de soie. Elle se munit d'une longue écharpe de cérémonie en soie blanche qu'elle glissa dans les plis de sa *chuba,* puis elle se regarda dans la glace. La tenue tibétaine était toujours flatteuse, mais avec plusieurs kilos en moins, elle paraissait très mince et très élégante dans ces drapés qui lui tombaient jusqu'au sol. En sortant Ani-la prit la cape qu'elle avait portée à Sarduja et la jeta sur ses épaules.

Jamais elle n'oublierait le regard que lui lança François lorsqu'elle descendit l'escalier. Après un long silence il dit :

– Vous êtes magnifique.

Il était vrai qu'elle était splendide, quasiment royale.

– Maintenant au travail, dit-elle. Il vous faut écrire une lettre au gouvernement du Tibet.

Elle conduisit François à son bureau et lui donna une plume et du papier et commença à dicter :

« J'ai l'honneur de solliciter du *Kashag* l'autorisation d'entrer au Tibet et de visiter les villes de... »

– Ensuite, dit-elle, vous devez préciser votre itinéraire, exposer l'objet de votre visite, donner votre titre, les positions officielles que vous avez pu occuper, vos diplômes et distinctions, ainsi que votre poste au Musée de Paris. Terminez par : « votre humble serviteur »... Oh, et n'oubliez pas de mentionner votre nationalité et de donner votre adresse ici à Kalimpong en disant que vous y attendez la réponse.

– Attendez un peu, protesta François. Vous allez devoir tout répéter. Mais comment savez-vous tout cela ?

– Cher François, répondit Ani-la, je vous ai déjà dit que tous les étrangers qui arrivent à Kalimpong veulent aller au Tibet. Et qui viennent-ils trouver ? Ani-la.

Elle éclata de rire, puis sur un ton sérieux :

– Mais je n'en ai jamais rencontré d'aussi charmant que vous. Et qui sait, peut-être la chance vous favorisera-t-elle entre tous ? Mais je n'en espérerais pas trop. En attendant, je vais m'arranger pour que vous puissiez tirer un peu de gibier au Sikkim et dans les douars. Demain, nous nous occuperons du Bhoutan.

Le mois d'attente qui suivit fut le plus heureux de la vie d'Ani-la. Mais malheureusement François de Calmont ne parvint pas à ses fins. Le Tibet et le Bhoutan repoussèrent ses demandes. Et, comme il était venu, François s'envola, la laissant de nouveau seule.

23

Tandis que François ramenait l'espoir dans la vie d'Ani-la à Kalimpong, Ariel, à quelque quinze cents kilomètres de là, avait le sentiment, en quittant l'hôpital de la mission à Kanting, que sa vie ne serait jamais plus comme avant. La peur de perdre l'enfant qu'elle portait l'avait terriblement ébranlée. Avant même de savoir ce que signifiait donner la vie, elle avait été affrontée à la mort.

En atteignant le sommet du col de Taru, Ariel contempla une fois encore l'océan de pics couverts de neige qui s'échelonnaient sur l'horizon infini du Tibet. Devant ce panorama majestueux, elle comprit que son séjour à l'hôpital avait brutalement brisé la plupart de ses illusions. Depuis l'orphelinat, elle s'était désespérément raccrochée à l'idée qu'après la pluie venait l'arc-en-ciel. Sa fugue avec Tsering, les merveilles de Lhassa et la beauté de la longue route du Kham, sans oublier les étreintes amoureuses qui l'avaient ponctuée, lui avaient fait croire qu'elle avait enfin trouvé le bonheur. Cette illusion avait été brusquement dissipée lorsque à l'hôpital elle avait pris conscience des implications de son accident et de l'assombrissement de la situation politique.

La guerre était à sa porte. Au souvenir de ces corps décapités, plus horrible encore, allait-elle bientôt apprendre, que des têtes sans corps, Ariel eut un frisson.

– Est-il vrai, demanda-t-elle à Nordrop qui tenait son yack, au passage du col, que Bouddha a dit que la vie n'est que souffrance?

Nordrop la regarda avec surprise. Il semblait toujours amusé lorsque Ariel lui adressait la parole, même lorsqu'elle était tout à fait sérieuse.

– L'homme naît dans la douleur et meurt dans la douleur, déclara Nordrop, comme s'il prononçait une vérité d'évidence. La cause de toute souffrance est le désir, ajouta-t-il sans se retourner.

Ariel se rappela qu'Ani-la lui avait dit la même chose.

– Mais nous ne pouvons pas vivre sans désir, protesta Ariel. Ne serait-ce que la volonté de vivre.

– Vous avez raison, reconnut Nordrop.

Il se redressa et s'arrêta. La montée était rude et il était hors d'haleine. Il sourit à Ariel.

– Pour connaître le bonheur, reprit-il, il faut avoir des désirs justes, raisonnables. Le chemin de la paix, sinon du bonheur, est, selon le Seigneur Bouddha, « le chemin des désirs raisonnables ».

Ariel enviait la foi sans détour de Nordrop. La religion avait toujours été pour elle quelque chose de complexe qu'elle ne parvenait pas à bien comprendre. Il y avait contradiction entre ce qu'on lui avait enseigné et ce qu'elle désirait secrètement.

– Mais n'est-il pas raisonnable de vouloir simplement être heureux ? demanda-t-elle.

– Non, pas vraiment. C'est la sagesse que nous devrions rechercher ; et cette sagesse nous ferait découvrir que la vie sur la terre n'est pas l'idéal. Au contraire. Nous ne percevons qu'illusions, illusions des sens. Les valeurs vraies ne sont pas à notre portée de mortels ; nous y accédons plus tard, lorsque nous nous sommes purifiés.

Cette déclaration troubla Ariel. Le bonheur ne pouvait pas être renvoyé à un autre monde, ou à une vie après la mort.

– Pour moi, la preuve du bonheur terrestre, ici et maintenant, c'est que nous l'avons tous ressenti, répliqua-t-elle.

– Qu'il existe, je ne le nie pas, mais notre volonté irréfléchie de le conserver n'entraîne que déception et malheur.

– Faudrait-il ne pas le souhaiter ? risqua Ariel.

– En effet, nous ne le devrions pas. Le désir d'être heureux fait souvent notre malheur.

Ariel se demandait s'il n'avait pas été inconsidéré de sa part de rechercher le bonheur, et naïf de croire qu'il pourrait durer toujours.

Pourquoi toutes les religions sont-elles si pessimistes ? L'espèce humaine est-elle vraiment maudite ? se demandait-elle. Où étaient les signes de ce rachat de l'humanité que lui avait enseigné sa religion ? Se pouvait-il que le mal prévalût toujours sur la terre et que la vertu, comme le bonheur, ne fût qu'une illusion, le rêve de gens pieux, des « croyants », des « idiots », comme les appelait Confucius ? La religion n'était-elle qu'un opium, une fuite, dont ceux qui avaient le courage de regarder en face les dures réalités de la vie devaient se garder ?

Un vent froid commençait à souffler de l'est et Ariel fut soulagée lorsque Tsering lui annonça qu'ils passeraient la nuit au monastère de Tsarer qu'ils apercevaient juste en dessous d'eux.

– Tu pourras t'y reposer une journée, si tu le souhaites, déclara Tsering.

– Je me sens bien. J'ai seulement froid, répondit Ariel en frissonnant. Je suis contente de m'arrêter. Aurais-je le droit d'entrer dans les chapelles?

Mais Tsering ne répondit pas. Déjà il avait éperonné son poney pour reprendre sa place en tête. Ariel était fière de lui. Il était grand, sûr de soi. Elle n'avait pas à s'inquiéter, se disait-elle, voyant en contrebas l'échelonnement des maisons du monastère, telles des ruches accrochées à une falaise.

Une douzaine de jeunes moines en robe rouge sortirent pour les accueillir, plaisantant et riant. Deux d'entre eux tenaient un grand récipient de cuivre; un troisième, un seau en bois. Ils avaient l'air extraordinairement jeunes; certains étaient encore des enfants, avec des visages angéliques sous leurs crânes rasés. Ils prirent la corde des mains de Nordrop et conduisirent le yack d'Ariel par une ruelle en pente raide, bordée de maisons aux murs blanchis, à une porte qui ouvrait sur une terrasse dallée au fond de laquelle s'élevait un bâtiment peint en rouge. Ils mirent pied à terre. On aida Ariel à gravir l'escalier de pierre qui menait dans la maison, dont la porte était fermée par un épais rideau de poil de yack. Elle fut alors entraînée dans une pièce dont les poutres chatoyaient à la lueur de douzaines de lampes à beurre placées devant des étagères sur lesquelles miroitaient les statues de cuivre de différents bouddhas et saints moines. Un lama d'un certain âge était assis dans un coin, une cloche et un chapelet dans les mains. A leur arrivée, il posa la cloche, chuchota quelque chose au moine qui se trouvait à ses côtés et se leva péniblement. Tsering s'avança et offrit une écharpe blanche à l'abbé. Puis ils s'assirent tous sur des coussins, tandis qu'un jeune moine apportait une bouilloire en argile qu'il posa sur un vase plein de charbon incandescent.

– N'ayez crainte, déclara l'abbé à l'adresse d'Ariel qui avait commencé à siroter le thé chaud et salé. Votre fils ira bien.

– Comment sait-il que ce sera un garçon? demanda Ariel à Tsering lorsqu'ils furent couchés l'un à côté de l'autre dans une petite chapelle contiguë aux appartements de l'abbé.

– En général ils savent. Les lamas savent beaucoup de choses que nous ignorons. Je t'ai dit que tout irait bien. Le lama a prédit que nous aurions trois enfants.

Ariel sourit. Comme elle aimerait que ce fût vrai, mais en s'endormant elle fut à nouveau saisie de peur.

Ariel était encore déprimée, lorsque, après quatre longues et pénibles journées de voyage sur la piste, elle atteignit Tsume. Elle ne considérait plus sa nouvelle maison comme le havre de ses illusions d'éternelle félicité, mais comme l'héritage de son mari et le patrimoine de l'enfant qu'elle attendait. C'est à Tsume que se trouvaient les racines de la famille de Tsering et elle devait maintenant les faire siennes. Ariel commençait à comprendre qu'il était de leur devoir à tous les deux de prendre soin de Tsume et de transmettre la terre de génération en génération, « jusqu'à ce que les corneilles deviennent blanches ». Cette pensée la réconforta, car elle donnait à sa vie un sens nouveau. Elle voyait maintenant l'existence comme une grande chaîne dont elle n'était pas, comme elle l'avait cru, un brillant médaillon, mais un maillon ordinaire. Cette prise de conscience libéra Ariel. Elle se sentit mieux, plus forte et plus attachée à sa nouvelle maison. Elle avait à présent un but et se sentait animée d'une force qu'elle ne soupçonnait pas.

– Je vais m'occuper de la maison et de tous les comptes, proposa-t-elle à Tsering, comme ils étaient assis, peu de temps après leur arrivée.

– Mais, chéric, c'est trop, et puis il faut d'abord que tu apprennes à lire et écrire en tibétain, répondit Tsering.

– Je sais compter, protesta Ariel. Pour commencer je peux m'occuper de la laine qui descend des pâturages. Je peux superviser le filage et faire venir les tisseurs au moment opportun.

Ariel était fière de montrer à Tsering qu'elle savait comment était organisée la fabrication des vêtements dans la grande maison avant leur distribution aux fermiers. C'était les mêmes fermiers qui venaient tisser, après que les femmes avaient filé les grosses pelotes de laine brute. La nouvelle étoffe était ensuite teinte, en bordeaux ou bleu foncé avant d'être transformée en *chubas*.

En y regardant de plus près, Ariel remarqua que la longue absence de Tsering avait entraîné beaucoup de désordre dans la maison.

Une semaine après son retour, les fermiers nettoyèrent avec elle les écuries et les greniers du rez-de-chaussée, tâche qui n'avait pas été effectuée depuis des années. Le temps était chaud maintenant, le bref été tibétain avait remplacé le printemps et Ariel était plus active que jamais. Elle projetait de redessiner les appartements du toit. Elle voulait y construire une cheminée à l'européenne dans la plus petite des trois pièces, de façon à disposer en hiver d'une retraite confortable, autre que la salle principale enfumée et ouverte à tous.

Ariel veilla à ce qu'on rentrât une grande provision de bois de pin et qu'on l'empilât autour du toit. La cheminée fut réussie et cette pièce chaude et agréable devint le refuge où Ariel attendit la naissance de son premier enfant. Dans ses rares moments de loisir, elle lisait avidement les livres que sœur Marie-Rose lui avait donnés. Mélange éclectique, composé par des missionnaires, des malades et des aventuriers. Il y avait des romans de Kipling et de Pearl Buck, un traité sur les maladies contagieuses, des vies de saints et la biographie d'un missionnaire évangéliste à Tientsin. Rien de bien exaltant, mais chaque ouvrage devint pour elle un petit trésor, privée qu'elle était de lecture.

Les mois passèrent avec une rapidité que rien n'égalait, sinon la brièveté de l'été tibétain. Malgré sa rondeur, Ariel se sentait pleine d'une énergie sans bornes et Tsering devait la supplier de se servir de ses mains lorsqu'elle montait et descendait l'échelle qui menait de la grande salle au toit.

– Tu es pire qu'une abeille dans une ruche, lui disait Tsering. Mais n'oublie pas que la reine est supposée se reposer pendant que les autres travaillent.

Loin de s'ennuyer comme elle l'avait craint, Ariel avait mille choses à faire. A sa surprise elle découvrit aussi l'enchantement des longues soirées. Lorsque le travail était terminé, tout le monde se réunissait dans la grande salle et il se trouvait toujours quelqu'un pour raconter une histoire. Le plus pauvre ouvrier agricole était, découvrit-elle bientôt, un excellent conteur. Si certains étaient meilleurs que d'autres, la plupart étaient maîtres dans un art qui avait totalement disparu du monde occidental. Chaque soir, tout le monde s'asseyait autour du feu, Ariel, appuyée contre Tsering, le moine, son frère, assis dans un coin, une tasse d'argent posée devant lui. Les fermiers s'installaient où ils voulaient, tandis que l'un d'entre eux prenait la parole. Le récit n'était pas débité d'une voix monotone, mais plutôt mimé, avec changements de voix et bruits variés. Ariel préférait les longs récits sur César de Ling, le roi légendaire du Tibet du Nord-Est; ses aventures et ses batailles étaient enjolivées par des descriptions de trésors, d'intrigues et de luxes incroyables, qui emplissaient l'esprit d'images vivantes que la pâle lueur du feu semblait embellir. Le vacillement des flammes ajoutait du mystère aux mots qui suscitaient des centaines de combats, d'histoires d'amour et de voyages dans des pays lointains. Ariel se trouvait transportée, pendant des heures, dans un monde fantastique qui faisait contrepoint aux réalités du Tibet, pays de brocarts magnifiques, de flots de bière, de selles d'or et d'argent, de cruels brigands, de ravissantes princesses et de ministres ambitieux. Et puis il y avait les contes moraux rappelant ceux d'Ésope : l'histoire du renard rusé et du méchant loup, la tortue qui voulait voler et celle de la grenouille qui se prenait pour un yack. Il y avait aussi des histoires vraies, un peu exagérées bien sûr, qui racontaient les batailles des Khambas contre les Chinois. Comment les Khambas avaient pris Kanting d'assaut en 1917, obligeant les Chinois à faire appel au consul de Grande-Bretagne à Tientsin, afin d'arranger l'affaire. Et plus récemment la lutte armée entre les monastères de Beri et de Dargyas, à la suite de laquelle le gouverneur du Seu-Tchouan avait envahi le Kham pour venir en aide au monastère de Beri. Une longue lutte s'en était suivie qui avait duré jusqu'en 1938, lorsque la famille Pangdatsang avait pris les armes à la fois contre la Chine et Lhassa.

Les Khambas aimaient évoquer leurs exploits. Leur courage était stimulé depuis l'enfance par des courses de chevaux, des simulacres de batailles au sabre, des défis et duels qui tournaient parfois en vendetta que rien, ni sang ni argent, ne semblait devoir étouffer. Les enfants brûlaient de grandir pour venger l'honneur de la famille. Un jour, la nouvelle parvint à Tsume qu'une famille entière, qui vivait non loin de là, avait été exterminée à la suite d'une vieille querelle. Ces récits donnaient froid dans le dos à Ariel. Elle comprenait cependant qu'ils étaient les conséquences d'un système social fondé sur l'orgueil et l'honneur, où la justice n'était pas l'affaire des tribunaux, mais de chaque individu.

Conformément à une vieille tradition tibétaine, Tsering avait hérité tous les biens de son père et son titre de chef de Tsume le jour de son premier mariage. Cette tradition expliquait pourquoi le Tibet était essentiellement dirigé par des hommes jeunes. Cette transmission des pouvoirs aux jeunes avait toujours profondément scandalisé les Chinois dont le respect pour les vieux frisait le culte. Cette coutume expliquait la vitalité du Tibet, pays où les vieux jouissaient d'une retraite précoce, alors que les jeunes pouvaient déployer de manière constructive leur jeune énergie.

En attendant la naissance de son enfant, Ariel s'intéressait de plus en plus à l'histoire du pays et de la famille, ce qui donnait à sa vie un sens nouveau. Ses parents et son oncle George, comme la plupart des Anglais qu'elle avait connus, semblaient avoir vécu sans racines ni grands rêves d'avenir. Elle avait souvent envié les rares familles dont les vies étaient attachées à de fortes traditions.

A mesure qu'elle approchait de son terme, Ariel était de plus en plus inquiète à l'idée de mettre un bébé au monde sans aucune assistance médicale. Cette inquiétude était d'autant plus grande qu'elle savait que la première femme de Tsering était morte en couches. Ariel avait un moment espéré que sœur Marie-Rose ou l'une des autres religieuses de la mission de Kanting pourrait l'accoucher, mais cet espoir fut brisé lorsque parvint la nouvelle que les missionnaires et les religieuses qui n'avaient pas été emprisonnés ou déportés par les communistes, avaient fui Kanting.

Les voisins d'Ariel l'assurèrent que la naissance serait facile du fait qu'elle était jeune et bien portante, et ils promirent de rester auprès d'elle aussi longtemps qu'elle le désirerait.

Le mois d'octobre touchait à sa fin et l'été était loin, lorsqu'Ariel, qui se tenait dans la confortable pièce recouverte de tapis, dont elle avait dessiné la cheminée, ressentit les premières douleurs. Elle fut saisie d'une peur qui ne s'apaisa qu'avec l'arrivée de la robuste et réconfortante sage-femme, une vieille sorcière bourrue dont la bonne humeur dissipa ses craintes.

Bien qu'écarté par la sage-femme, Tsering resta dans la pièce. Comme le lui avait conseillé sœur Marie-Rose, Ariel voulut accoucher à l'européenne, allongée sur le dos, plutôt qu'à la manière tibétaine, où, pendant le travail, on est soit suspendue à une corde attachée au plafond, soit à quatre pattes sur le sol.

Au bout de douze heures, Ariel donna naissance à un fils. Des battements de tambour répercutèrent immédiatement sa joie dans toutes la maison. Suivirent des cris de bonheur, mêlés de coups de feu, tandis que tous les voisins dans leurs plus beaux habits se pressaient pour féliciter Tsering. Le *chang* coula à flots, car tous voulaient célébrer la bonne nouvelle. Ariel, épuisée, finit par s'endormir, la main posée sur le berceau de bois où dormait son petit garçon.

Quarante jours après la naissance du bébé, trois moines arrivèrent du monastère de Namgyal. L'abbé, homme très corpulent, fit installer un tambour sur le toit en terrasse et se mit à chanter des prières. Les moines donnèrent alors au garçon ses trois noms. Le premier devait rester secret. Seul l'abbé le connaissait. Il l'inscrivit sur un morceau de papier qu'il enroula et glissa dans un petit sac de tissu scellé que le garçon devrait porter toute sa vie autour du cou. En cas de maladie grave ou de mort imminente, un moine pourrait ouvrir le sac et utiliser le nom secret pour recommander à Bouddha l'âme du garçon pour une heureuse réincarnation. En gardant ce nom secret les esprits mauvais ne pouvaient pas faire de mal ni arrêter les bénédictions destinées à l'enfant.

Les deux autres noms donnés au fils d'Ariel furent Sonam et Tsering.

Sonam était un bel enfant et Ariel était si heureuse qu'elle chantait du matin au soir en serrant son bébé dans ses bras. Elle se torturait le cerveau pour retrouver les comptines anglaises et Nyma, une solide fille qui l'aidait à s'occuper de l'enfant, lui apprenait les chansons tibétaines traditionnelles.

Avec les premières neiges, la vie se ralentit. On mena l'un après l'autre les grands troupeaux de yacks qui broutaient les chaumes d'orge passer l'hiver sur les montagnes où ils fouillaient la neige pour trouver mousse et herbe sèche. Au même moment on rentrait les chevaux dans les écuries, pour ne les laisser sortir que durant le jour dans la cour enclose de murs, où on leur donnait à manger le foin qui avait été stocké sur le toit.

Les saules qui entouraient les bâtiments faisaient songer à des sentinelles solitaires. On les avait élagués pour faire du bois de chauffage ou des paniers avec les pousses les plus droites.

L'hiver était habituellement voué au voyage et au commerce, mais la situation en Chine décida Tsering à annuler la caravane pour Lhassa.

Les signes du désastre qui allait s'abattre sur le Tibet étaient encore presque imperceptibles. Comme il arrive souvent en cas de malheur, le recul rendit aux gens la mémoire des présages de la catastrophe.

Ariel était assise devant le feu dans la grande salle lorsque arriva une douzaine d'hommes à cheval. Ils appartenaient au clan des Pangdatsang, famille qui avait conduit le Kham à se rebeller contre la Chine et le Tibet dans les années trente et qui avait essayé, mais en vain, de provoquer un nouveau soulèvement à Kanting au moment de la chute de Tchang Kaï-chek.

– Les nouvelles de Kanting sont mauvaises, annonça l'un des visiteurs. Les nouveaux Chinois ont adopté la même politique que Tchang Kaï-chek. Ils veulent persuader le monde que le Kham fait partie de la Chine.

– Qui les croira ? demanda Tsering. Qu'ils essayent de venir ici et nous leur montrerons qui dirige le pays.

– Mais les Chinois ont réuni, sur leurs nouvelles cartes, le Sikang à la province du Seu-Tchouan. Et vous ne semblez pas comprendre qu'on attache davantage d'importance dans le monde à ce qui est imprimé qu'aux faits historiques.

« Mao a déclaré à Pékin qu'il se devait de libérer le Tibet. Ils sont en train de concentrer des troupes à Kanting.

– Libérer le Tibet ? Mais de qui ? Et comment ? demanda Tsering. Je pense qu'il est trop tôt pour s'alarmer. Attendons de voir.

– Nous voulons que vous sachiez, poursuivit l'homme, que nous avons envoyé un émissaire à Kalimpong, un missionnaire, pour informer les Anglais des intentions de la Chine.

– Les Anglais ne peuvent rien faire pour nous, dit Tsering, jetant un regard discret vers Ariel, qui n'était que trop alarmée par ces nouvelles. Il n'y a guère lieu de s'inquiéter, poursuivit Tsering. Vous savez bien que les Chinois sont incapables de se battre avec nous ici, sur notre terrain.

Les hommes n'étaient pas d'accord, mais Tsering ne voulait pas écouter leurs nouvelles alarmistes.

Cette nuit-là dans leur chambre au-dessus de la maison, Ariel demanda à Tsering :

– Pourquoi es-tu si sûr que nous n'avons pas à nous alarmer ?

– En douze siècles les Chinois n'ont jamais pu contrôler le Kham. Tu connais nos pistes. Les Chinois meurent de froid ici, même en été. Ne t'en fais pas, rien ne changera.

Mais Ariel s'inquiétait tout de même.

On annonça quelques semaines plus tard que de petits détachements de soldats chinois étaient entrés au Kham en contournant les grandes villes, soi-disant à la poursuite des troupes de Tchang Kaï-chek.

On apprit bientôt que des troupes chinoises étaient en train de pénétrer dans la vallée de Tsume. Ayant entendu raconter que les soldats chinois des seigneurs de la guerre violaient les femmes et pillaient les paysans, Ariel fut saisie de panique. Elle se trouvait avec le petit Sonam dans la sécurité illusoire de son appartement, lorsque Nyma lui annonça que deux soldats de l'Armée rouge se dirigeaient vers leur maison.

A la demande de Tsering, Ariel descendit voir les soldats chinois en se répétant le proverbe tibétain : « Ne te fie jamais à un Chinois. »

A son étonnement et à son grand soulagement, elle se retrouva versant du thé et bavardant avec deux jeunes gens respectueux et timides.

– Nous voudrions un yack et de la *tsampa,* expliquaient-ils à Tsering. Nous sommes prêts à l'acheter, ajoutèrent-ils à la surprise générale en produisant un sac plein de dollars-argent. Ils finirent par convenir d'un bon prix et s'en furent aussi vite et aussi tranquillement qu'ils étaient venus en emmenant leur nouveau yack. Tsering et Nordrop étaient tous deux éberlués.

La salle fut rapidement pleine de voisins curieux d'apprendre comment s'était passée la première rencontre de Tsume avec les « nouveaux Chinois ». Tout le monde avait été favorablement impressionné par leur comportement.

– Peut-être, déclara Tsering, ces nouveaux Chinois sont-ils différents de ces brigands du temps jadis. Ils prétendent avoir ordre de ne rien prendre, « pas même une aiguille et du fil », sans l'acheter.

Tsering faisait partie de ces seigneurs khamba séduits par les « nouveaux Chinois ». Les communistes se donnaient beaucoup de peine pour envoyer des cadres discuter avec tous les chefs Khamba. Ils expliquaient qu'ils désiraient ouvrir des marchés et construire des routes qui ne pouvaient qu'améliorer l'économie du Kham. La plupart, comme Tsering, n'y voyaient pas de mal. Beaucoup de Khambas tiraient profit de la présence des soldats chinois, qui payaient bien leurs achats. Et puis plus d'un Khamba rêvait depuis longtemps d'une route qui les relierait à Kanting. Ils avaient hâte qu'elle fût terminée et étaient même prêts à aider à sa construction.

La route de Lunak à Kanting fut rapidement construite. Elle empruntait une vallée ouverte vers l'est et parallèle à celle de Tsume.

Pendant que les Khambas se laissaient bercer de promesses et endormir par l'afflux d'argent chinois, les communistes envoyaient secrètement des troupes à travers le Kham, jusqu'à la frontière du Tibet Central, territoire gouverné par le Dalaï-Lama.

24

Contrairement à Ariel, Ani-la se rendait parfaitement compte de la menace que faisait peser sur le monde tibétain la politique de la Chine. Elle avait été une des premières à apprendre l'arrivée à Kalimpong de George Patterson, l'émissaire des Pangdatsang.

– Un lama anglais est arrivé hier du Kham, lui avait dit son serviteur. Il parle tibétain comme un Khamba.

Ani-la n'avait pas tardé à chercher à savoir qui il était.

– C'est un missionnaire écossais, un ami des Pangdatsang, lui apprit son ami Tony, officier politique auprès du Sikkim.

Elle comprit qu'il avait apporté de mauvaises nouvelles sur la situation au Tibet Oriental.

– Il prétend que les Chinois ont l'intention d'envahir le Tibet, mais cela paraît à la fois excessif et impossible, fit observer l'officier politique.

Ani-la n'en fut pas pour autant rassurée.

– Vous savez bien que ces Chinois sont prêts à tout. Et puis tout le monde dit que ce missionnaire est un homme de confiance, protesta Ani-la.

On apprit quelques jours plus tard que George Patterson, le missionnaire, était parti pour New Delhi, afin de prévenir l'ambassadeur américain de l'imminence du danger qui menaçait le Kham et le Tibet Central et souligner les conséquences d'une éventuelle prise de contrôle par les communistes. Quelque bien disposé que fût l'ambassadeur, il se révéla que personne à Washington ne manifesta beaucoup d'intérêt pour le Tibet. Particulièrement du fait que les États-Unis s'étaient engagés à soutenir Tchang Kaï-chek à Formose, qui prétendait avoir lui aussi des droits sur le Tibet.

Puis en mai 1950, avec la soudaineté d'un coup de tonnerre, la nouvelle parvint à Kalimpong que la « Chine avait envahi le Tibet ».

« Les communistes ont attaqué les forces du Dalaï-Lama à Denko », apprit Ani-la au bazar. La nouvelle avait été radiotélégraphiée à Lhassa par Robert Ford, opérateur-radio, envoyé par le gouvernement tibétain à Chamdo, à la frontière du Kham, pour couvrir la situation.

En apprenant ces nouvelles, le gouvernement tibétain s'empressa d'envoyer des dépêches par Kalimpong aux États-Unis et en Angleterre dans l'espoir que ces pays feraient quelque chose pour arrêter l'invasion chinoise.

A la stupéfaction et à la consternation du Tibet, Angleterre et États-Unis refusèrent toute assistance, et le gouvernement britannique refusa même d'accorder des visas pour Hong Kong aux membres d'une délégation tibétaine qui souhaitaient négocier avec les Chinois. Le monde entier avait, semblait-il, trahi le Tibet.

Kalimpong fut saisi d'un vent de panique. Craignant pour Ariel, Ani-la passait ses journées à errer au bazar en quête de nouvelles que pourraient apporter les caravanes de Lhassa.

– Le Dalaï-Lama a quitté Lhassa, lui apprit un marchand. Il vient chercher refuge en Inde.

Ces nouvelles furent rapidement confirmées par l'arrivée de dignitaires tibétains venus trouver auprès du gouvernement indien un asile pour le jeune dieu-roi du Tibet, qui n'était alors âgé que de quinze ans.

Mais en fin de compte le Dalaï-Lama ne vint pas, car à la dernière minute, au moment d'atteindre la frontière, l'oracle officiel du Tibet en transe insista pour que le Dalaï-Lama s'arrêtât juste avant la frontière, dans la vallée du Chumbi, pour y attendre la suite des événements.

La présence du Dalaï-Lama à quelques kilomètres de Kalimpong mit la ville en émoi. Les maisons de thé tibétaines du secteur est du bazar étaient pleines de Lhasséens et de Khambas, armés pour la plupart et prêts à combattre, qui espéraient que le Tibet Central s'unirait aux provinces Orientales pour faire front aux communistes.

Dans les échoppes de thé tout le monde demandait avec anxiété à Ani-la ce qu'elle pensait de la situation.

L'Angleterre allait-elle aider le Tibet ? Le Tibet n'avait-il pas mis un régiment à la disposition des Anglais durant la guerre ?

Bien que pessimiste, Ani-la décréta qu'elle avait bon espoir.

– N'avons-nous pas un traité signé qui oblige l'Angleterre à aider Lhassa ? lui demandait-on.

– Oui, répondait Ani-la, je suis au courant de ce traité, mais je crains que ce soit le gouvernement indien qui tire les ficelles.

Ani-la avait appris que l'Angleterre s'était dégagée de ses responsabilités en déclarant qu'il était dorénavant du devoir de l'Inde de reprendre ses engagements passés. Elle en fut extrêmement contrariée, car elle ne se faisait guère d'illusions sur l'attitude des Indiens vis-à-vis du Tibet. Ce sujet était devenu une cause de friction entre Tony et elle.

Ani-la allait tous les jours voir son vieil ami dans l'espoir d'obtenir des nouvelles de la situation. La mousson n'avait pas encore commencé. Ils prenaient le thé sous les bougainvillées en fleur dans l'air sec et embaumé.

– J'ai entendu dire que notre Premier ministre, M. Nehru, a offert l'asile au Dalaï-Lama, s'il le désirait, annonça Tony.

Cette nouvelle scandalisa Ani-la.

– C'est très gentil, mais insuffisant. L'Inde doit défendre les droits légitimes du Tibet. Vous le savez aussi bien que moi.

– Mais hélas, Nehru ne fera rien qui puisse déplaire à Mao. En fait, l'Inde projette de lancer une grande campagne pour célébrer deux mille ans d'amitié sino-indienne.

– Mais c'est ridicule, protesta Ani-la, vous savez aussi bien que moi que l'Inde n'a jamais eu de relations avec la Chine.

– Je sais, je sais, répondit Tony sur un ton las. Il est vrai que nous n'avons jamais eu affaire à la Chine, seulement avec le Tibet. Mais Nehru est un homme rusé et ambitieux. Il veut diriger l'Asie et pour cela il lui faut l'appui de la Chine.

– Mais c'est scandaleux, l'Inde est l'unique espoir du Tibet, maintenant que les Anglais lui ont laissé la responsabilité de l'exécution des traités signés par eux. C'est une trahison.

De fureur Ani-la se leva.

– C'est d'une hypocrisie monstrueuse, poursuivit-elle, surprise de sa propre hardiesse. L'Inde proclame à tous les vents son pacifisme, son soutien aux petites nations non alignées, et pourtant elle ne fera rien.

– Je suis d'accord, répondit Tony Peterson. Et croyez-moi, je ressens cette trahison plus que quiconque. Après tout, je suis officier politique auprès du Sikkim, et de quoi ai-je l'air devant le maharadjah et tous mes amis tibétains ?

– Ne pouvez-vous pas faire ou dire quelque chose ?

– Personne ne m'écoute, Ani-la, répondit Tony. Je ne suis qu'un fonctionnaire parmi d'autres en poste dans une lointaine ville de montagne, comment puis-je m'opposer au Premier ministre ?

Ani-la s'en retourna chez elle découragée. Pour la première fois elle voyait Kalimpong pour ce qu'elle était vraiment, une ville tibétaine occupée par des Indiens. Sa colère se mua en rage lorsqu'elle rencontra en pleine crise tibétaine une foule d'Indiens qui parcourait les rues en chantant, « *Hindi Chini Bhai, Bhai* », menée par des hommes en uniformes, parmi lesquels elle reconnut Banerjee le postier encourageant la foule à scander « Indiens, Chinois, frères, frères ».

« *Hindi Chini, Bhai, Bhai* », ce slogan allait résonner à travers toute l'Inde cet été-là, tandis que les Tibétains attendaient anxieusement l'assaut chinois et que le Dalaï-Lama campait toujours sur la frontière indienne.

Au milieu des intrigues et des incertitudes, Ashi Pema débarqua soudain du Bhoutan. Comme on avait refusé de l'accueillir à la Maison du Bhoutan, elle vint immédiatement trouver Ani-la qu'elle découvrit au fond du jardin, dans la serre, où elle soignait ses précieuses orchidées.

– Quelle surprise! fit Ani-la en attachant une orchidée à un échalas.

Ashi Pema ne répondit rien, mais éclata en sanglots.

– Allons, allons, qu'y a-t-il? demanda Ani-la en s'essuyant les mains sur son tablier. Racontez-moi ce qui est arrivé.

Le visage caché dans son mouchoir, Ashi Pema se laissa conduire vers la maison. Une fois installée, Pema commença :

– C'est fini. Mon mari et moi. En rentrant à Bumthang, j'ai découvert qu'il avait une maîtresse. Une fille qu'il voyait souvent et qui vivait dans la vallée. Au début j'ai été jalouse, puis je me suis fait une raison. Vous voyez, nous avons trouvé une sorte de modus vivendi. Et puis je me suis mise à ne plus pouvoir supporter Bumthang, à me détester, à détester mon mari. Nous nous sommes disputés de façon abominable, et un jour je lui ai tout raconté. George Stevens et Ariel. Entre-temps, j'avais reçu votre lettre m'informant qu'elle était en vie et se trouvait au Kham. C'était fini. Nous avons décidé de divorcer. Les aînés sont assez grands pour se débrouiller tout seuls. Ils ont choisi de rester à Bumthang. J'ai amené avec moi ma fille cadette Chu-la, qui a quinze ans. J'avais l'intention de retourner au Tibet. Je voulais voir Ariel et refaire ma vie au milieu de mon peuple. J'en ai assez du Bhoutan et de ses habitants.

Pema se remit à sangloter...

– Et au moment où j'arrivais à Paro, reprit-elle, j'ai appris la fuite du Dalaï-Lama et l'invasion de Denko par les Chinois! Qu'est-il arrivé à Ariel? Tout le monde me dit que je serais folle d'emmener ma petite fille au Tibet. Que puis-je faire, Ani-la? Que dois-je faire?

Ani-la essaya en vain de sécher ses larmes. Ashi Pema restait assise à sangloter dans ses longues manches.

– La situation n'est peut-être pas aussi mauvaise qu'on le dit, hasarda Ani-la, tentant de se montrer optimiste. Les communistes et Lhassa peuvent encore s'entendre. Quant à Ariel, vous savez que les Khambas ne laisseront pas les Chinois leur marcher sur les pieds. Et d'après ce que je sais, Tsering est un homme honorable appartenant à une vieille famille Khamba. Des gens riches et puissants qui sauront prendre soin d'elle. En fait, il se peut très bien que Tsering et Ariel débarquent ici, qui sait ?

– Qui sait ? Voilà bien le problème, murmura Pema. Je ne peux pas rester ici ni retourner au Bhoutan. Il faut que j'aille à Lhassa. Mais maintenant le gouvernement est avec le Dalaï-Lama à Chumbi. On m'arrêterait. Et les Chinois...

– Allez-y de toute manière, conseilla Ani-la. Les Chinois ont des milliers de kilomètres à parcourir avant d'arriver à Lhassa et l'Occident s'opposera certainement à leur mainmise sur le pays. Les choses s'arrangeront bientôt, mais si vous préférez attendre, vous pouvez habiter ici avec votre fille.

Ani-la mit du temps à décider du bien-fondé de son offre. Elle n'avait pas d'antipathie particulière pour Ashi Pema, mais elle n'approuvait pas sa façon d'être, son arrogance, son égocentrisme et l'absence chez elle de cette chaleur qui caractérisait la plupart des Tibétaines qu'elle avait connues. Bien qu'elle eût rencontré beaucoup d'aristocrates lhasséens de haute naissance, Ani-la n'approuvait pas et avait du mal à comprendre la mentalité des riches et des puissants de la « Cité des Cités », du « Siège de Diamant », de « l'Épicentre de l'Univers ». Cité qui avait été au cours des siècles le foyer d'interminables intrigues au sein desquelles la course au pouvoir et à l'argent atteignait des extrêmes inconnus en d'autres pays.

Les chefs spirituels et temporels du Tibet étaient bien les dalaï-lamas, mais leurs réincarnations étaient choisies au berceau, de sorte que les dirigeants réels du Tibet étaient souvent les tout-puissants régents qui décidaient pour elles et veillaient sur elles. Les abbés disputaient aussi le pouvoir à l'aristocratie terrienne et aux favoris des précédants dalaï-lamas.

Quoique personne ne voulût l'admettre, la « Rome du Tibet » s'apparentait souvent au Vatican des Borgia. Le meurtre, presque inconnu dans le reste du Tibet, était ici pratiqué comme un moyen rapide d'éliminer des rivaux. Pots-de-vin, chantage et autres moyens de pression étaient monnaie courante. Il n'est guère étonnant que dans une telle atmosphère d'intrigue, cinq jeunes dalaï-lamas « soient morts » mystérieusement, assassinés juste avant d'arriver à l'âge d'assumer le pouvoir.

Ani-la percevait que Pema avait été élevée dans cette atmosphère d'intrigues, où les femmes jouaient un rôle essentiel, exerçant un pouvoir politique considérable. Ces femmes cupides et ambitieuses étaient souvent plus à craindre que leurs maris. Expertes dans l'art de manipuler les hommes et d'utiliser leur charme, les Lhasséennes ne devaient pas être sous-estimées, et Ashi Pema ne faisait pas exception.

Mais Ani-la ne pouvait qu'admirer l'obstination de Pema, sa fière détermination à mener sa vie à sa guise. Elle admirait aussi l'aplomb avec lequel Pema avait quitté son mari pour refaire sa vie au Tibet, « une vie plus conforme à mon éducation et à mon attente », comme elle avait dit. « Je trouverai Ariel, avait aussi déclaré Pema, même si je dois marcher nu-pieds jusqu'au Kham. »

Ani-la enviait cette détermination. Elle se demandait si elle-même n'était pas passée à côté de beaucoup de choses, à cause de ses perpétuels hésitations et atermoiements. Elle s'en voulait toujours d'avoir laissé François partir. Pourquoi ne l'avait-elle pas suivi à Paris ? Pourquoi était-elle restée au bungalow, comme une ancre à sa chaîne, alors que d'autres, comme Pema, pouvaient se détacher de leurs familles pour vivre leur vie ? Était-ce paresse ou peur ? se demandait Ani-la. Elle se rappela le proverbe tibétain : « Pour jeter un homme à la rivière, il faut se pencher sur la berge. » Pema, elle au moins, osait se pencher, prendre des risques. C'était une femme de caractère. Et si les événements politiques devaient momentanément ajourner ses plans, Ani-la était convaincue que Pema se débrouillerait pour les réaliser quand même.

Le 25 août 1950, un tremblement de terre terrible, et de mauvais augure, secoua le Tibet. Puis la nouvelle parvint dans la vallée du Chumbi que Muha, commandant de l'armée tibétaine envoyée au Kham, avait battu et délogé les Chinois de la garnison qu'ils occupaient à Denko. La joie qu'apporta cette victoire fut de courte durée, car on apprit bientôt que des milliers de soldats chinois se massaient à nouveau sur la frontière. L'été s'éternisait, lourd et orageux jusqu'au 10 septembre 1950, où éclata l'orage. Les Chinois attaquèrent en force les Tibétains sur trois points autour de la ville de Chamdo. Nawang Nagbo, le nouveau gouverneur de Chamdo, envoyé par le Dalaï-Lama, capitula. Les Tibétains étaient, semblait-il, vaincus.

Tout le monde s'attendait à ce que le jeune Dalaï-Lama traversât la frontière et se réfugiât en Inde. A la maison du Bhoutan on faisait des préparatifs pour le recevoir. On se souvenait avoir accueilli le XIIIe Dalaï-Lama, en 1910, lors d'une précédente invasion chinoise. Mais le XIVe Dalaï-Lama n'arrivait toujours pas. On parlait de négociation avec les Chinois, car les Tibétains avaient fini par comprendre qu'aucune nation ne leur viendrait en aide. En fait, lorsque le Salvador essaya, à la fin de la même année, de soulever la question tibétaine devant les Nations unies, l'assemblée générale ne voulut même pas la mettre à l'ordre du jour.

En apprenant la défaite, Ashi Pema décida de se rendre dans la vallée du Chumbi pour essayer de trouver ses parents, qui avaient, disait-on, fui avec le Dalaï-Lama et sa cour. Elle fit ses adieux à Ani-la, qui l'obligea à emporter une liasse de nouveaux billets de cent roupies, expliquant qu'ils appartenaient à Ariel.

– Il y en a davantage, dit-elle. Vous savez que son père lui a laissé une somme considérable.

– Je ne veux pas de l'argent de George, protesta Pema. J'ai ma dot. Mes bijoux valent une fortune.

– Mais ce n'est pas pour vous, insista Ani-la. C'est pour Ariel. Ne comprenez-vous pas ? C'est pour Ariel, lorsque vous la trouverez ou que vous rencontrerez quelqu'un de confiance à qui le confier. Il faut qu'elle sache qu'il y en a encore beaucoup ici et en Angleterre. Ariel était la seule héritière de George.

Pema accepta à contrecœur.

– Je me suis arrangée pour voyager avec Geshe Topgyel, expliqua Pema à Ani-la. C'est un sage lama, ami de ma famille, que j'ai souvent reçu à Bumthang. Il a retenu des poneys et nous partons du bazar demain matin à dix heures. Ani-la, vous avez été si bonne pour moi, comme vous l'avez été pour Ariel. Priez pour nous. Et fasse le joyau du lotus que nous soyons bientôt tous réunis à nouveau.

A cet instant, la fille d'Ashi Pema, Chu-la, entra dans la pièce, anxieuse, mais extrêmement belle.

– Oh, Ani-la, vous avez été si gentille pour nous! dit-elle. Je préférerais ne pas partir si vite. Kalimpong est l'endroit le plus amusant que je connaisse.

Chu-la, les larmes aux yeux, étreignit Ani-la et courut dans sa chambre terminer ses bagages.

Le voyage jusqu'à la vallée du Chumbi fut court et sans incidents. Malgré la situation politique désastreuse, Pema était rayonnante. Même les fermiers qu'ils rencontraient en chemin étaient gais et ouverts, et elle se retrouva bientôt bavardant gaiement avec des inconnus. Quel changement par rapport au Bhoutan!

Les commentaires des paysans qui lui faisaient compliment de sa beauté l'enchantaient secrètement. Les riches vêtements et les bijoux de Pema ne permettaient pas de douter de son rang, qui se trouvait confirmé par sa façon de parler, de sorte que les paysans se sentaient tenus de s'adresser à elle avec respect, même lorsqu'ils la taquinaient. Malgré cela, personne au Tibet n'attachait une trop grande importance aux titres ou aux positions, ce qui n'était pas le cas au Bhoutan. Comme aimaient à le répéter les Tibétains, « les plus grands rois sortent du même trou que le mendiant le plus misérable ».

Les muletiers interpellaient Chu-la : « Quelle ravissante mère tu as! fillette », ajoutant : « Je me demande laquelle a le sourire le plus exquis ? » Peu habituée à ce genre de badinage, Chu-la devenait rouge de confusion.

Mais elle ne pouvait s'empêcher de sourire de ces plaisanteries. Lorsque quelqu'un cria : « Pauvre mère, elle ne peut manifestement pas sourire, elle ne doit plus avoir de dents », Chu-la faillit tomber de sa selle de rire. Et puis les muletiers s'éloignaient en riant, tandis que Pema, réprimant un sourire, s'abstenait de répondre. Pema se savait capable de reparties cinglantes, mais elle ne voulait pas s'engager dans des duels verbaux qui ne manqueraient pas d'embarrasser sa provinciale de fille.

En quittant Lhassa pour les verts pâturages de la vallée du Chumbi, Sa Sainteté le Dalaï-Lama avait été suivi de la plupart de ses dignitaires et serviteurs, pour lesquels on avait hâtivement dressé une ville de tentes de toile blanche. Ashi Pema les aperçut de loin. Certaines étaient bordées de dessins géométriques bleu foncé ou rouge, figurant des daims en train de brouter, d'autres étaient décorées de panneaux représentant les huit symboles du bouddhisme. Le camp présentait un spectacle inattendu. Les hommes de haute noblesse dans leurs *chubas* de soie colorée et leurs coiffures qui proclamaient leur rang élevé chevauchaient de par le camp en grande pompe, suivis de gardes du corps et de serviteurs. La situation politique ne faisait qu'accroître la rapidité avec laquelle les bruits parcouraient cette foule. Contrairement au proverbe bien connu : « Ne dis jamais un secret dans une tente », on ne faisait que répéter à voix basse les dernières informations.

Les nouvelles étaient mauvaises. Le Tibet avait dû capituler et accepter un accord en dix-sept points, présenté par la Chine et ratifié par Nagbo dans le Kham, avant d'être examiné et pleinement approuvé par le cabinet du Dalaï-Lama. A première vue, cet accord garantissait aux fonctionnaires et dignitaires tibétains le maintien de leurs positions et reconnaissait l'autonomie du Tibet au sein de la « patrie » chinoise.

Tout le monde était bien trop occupé à discuter l'accord et ses conséquences possibles pour prêter grande attention à Ashi Pema et à sa fille qui, une fois dans le camp du Dalaï-Lama, allèrent de tente en tente demander si on y avait vu des membres de leur famille.

A Chumbi le représentant du gouvernement indien s'efforçait de faire approuver par le Dalaï-Lama l'accord qui devait mettre fin à l'indépendance du Tibet. Avec ses quinze ans et son manque d'expérience, le jeune Dalaï-Lama, qui venait d'être investi des pleins pouvoirs, était peu préparé à tenir tête aux pressions qu'Indiens et Chinois exerçaient sur le Tibet. Après la défaite de Chamdo, le Dalaï-Lama n'avait d'autre solution que d'accepter le traité chinois.

Ce n'était pas la première fois que des étrangers imposaient leur volonté au Tibet. Les Tibétains connaissaient bien les épisodes de l'histoire tibétaine, au cours desquels les Chinois et les Anglais avaient momentanément envahi leur pays. La première invasion remontait au

XIIIe siècle, lorsque les Mongols avaient en partie dévasté Lhassa après avoir conquis la Chine. Le chef de l'Église tibétaine d'alors avait converti les Mongols au lamaïsme et depuis lors les dalaï-lamas étaient devenus les chefs spirituels non seulement du Tibet, mais aussi de la Chine. Cette situation dura jusqu'en 1910, lorsque les empereurs mandchous qui avaient succédé aux Mongols furent renversés. Le Tibet avait depuis longtemps retrouvé son indépendance politique, et nul à Lhassa n'ignorait que jusqu'à ce jour l'horizon de Pékin était dominé, non par des pagodes, mais par deux grands *chortens* tibétains dont les flèches se dressaient pour rappeler que la foi de Lhassa était, depuis des siècles, la religion officielle de la Chine et demeurait celle de cent millions de Chinois. Rien d'étonnant donc à ce que les communistes tiennent tant à demeurer en bons termes avec le Dalaï-Lama.

A sa grande joie, Pema trouva sa sœur Nyma, mariée à un membre de l'Assemblée nationale et menant grand train dans le camp de la vallée du Chumbi. Nyma accueillit sa sœur avec une émotion à laquelle Pema eut du mal à répondre. On lui donna une tente et des serviteurs.

– Tu es devenue tout à fait bhoutanaise, fit remarquer sa sœur en plaisantant, comme elles s'asseyaient devant un somptueux repas. Tu te comportes comme l'impératrice Wu.

Pema se mit à rire à la pensée qu'elle avait en effet perdu au Bhoutan une grande part de son sens de l'humour. Les sœurs se racontèrent ce qu'elles avaient vécu durant toutes ces années.

– Et nous voici de nouveau réunies. Et qui sait ce qu'il adviendra de nous ? Tu n'as pas choisi le meilleur moment pour venir. Nous avions pensé à aller te rendre visite au Bhoutan, conclut Nyma.

Ashi Pema ne savait que répondre. Comment expliquer sa soudaine décision de venir au Tibet ?

En écoutant sa sœur décrire dans le détail la mainmise chinoise, Pema avait des inquiétudes pour son avenir. Elle avait espéré se remarier à Lhassa, de préférence avec un aristocrate influent, et prendre une part active à la vie politique du pays. Mais ses rêves cadraient mal avec ce qu'elle en voyait : politique menée dans des tentes de fortune dressées au milieu d'un pâturage ! Que ferait-elle si le Dalaï-Lama et sa cour se réfugiaient en Inde ? A quoi ressemblerait la vie à Lhassa sous domination chinoise ? Cependant, malgré la situation, Pema savourait sa liberté nouvelle. Chu-la, avec laquelle Pema s'entendait très bien, était son alibi. Aux yeux de ses parents et de ses vieux amis, elle n'était qu'une mère en quête d'un mari pour sa fille. Pema, qui appartenait à une famille connue, était sans cesse invitée aux multiples réceptions que donnaient dans leurs tentes les hauts fonctionnaires. Située à une faible altitude, la vallée du Chumbi était considérée par les Lhasséens comme chaude et agréable, de sorte que, malgré la tension et la peur, une atmosphère de fête y régnait.

Ayant perdu tout contact radio avec le Tibet Oriental, les Tibétains campés sur la frontière indienne devaient s'en remettre à l'Inde pour communiquer avec les Chinois. Ironie du sort, les Chinois ne parvenaient pas eux-mêmes à communiquer directement avec Lhassa et étaient mal préparés, pour ne pas dire incapables, de se rendre par terre du Tibet Oriental à Lhassa. En conséquence, après la signature de l'accord en dix-sept points, les Chinois ne purent gagner le Tibet que par avion ou par bateau via Calcutta; puis traverser l'Inde en train jusqu'à Kalimpong avant de pénétrer au Tibet! C'est ainsi que l'Inde de Nehru aida les Chinois à prendre le contrôle du Tibet durant l'hiver 1950.

Apaisé par les déclarations de l'Inde garantissant que les nouveaux Chinois voulaient simplement aider le Tibet, et faute d'alternative, le Dalaï-Lama, au soulagement général, mis à part les Tibétains les plus éclairés, décida de retourner à Lhassa.

Pema, quant à elle, fut enchantée de ces nouvelles. Avec Chu-la et Geshe Topgyel, elle partit pour la capitale par la vieille route commerciale qui traversait Phari, Gyantse et Nygartse, qu'avait empruntée Ariel deux années plus tôt.

Pour Chu-la, née et élevée au Bhoutan, la vie à Lhassa semblait relever du rêve. Sa mère, qui connaissait un peu le monde moderne, voyait pour sa part la cité sainte avec beaucoup plus de sérénité. Malgré son désir d'y retourner, elle trouvait Lhassa par bien des points primitive. Elle était exaspérée de voir que l'épicentre de l'univers lamaïste était si grossier, qu'il n'y avait ni véhicules ni électricité ni aucune autre des inventions maintenant courantes en Inde. Mais Pema oublia vite son exaspération dans la joie qu'elle éprouvait à retrouver l'atmosphère intime de la vie sociale tibétaine. Elle aimait particulièrement les réceptions où l'aristocratie se rassemblait l'après-midi pour bavarder et s'attarder autour de longs repas soignés, où l'on servait des *momos* et du *thugpa* tibétains ainsi que des plats chinois des plus raffinés. Les baguettes étaient de rigueur, mais là s'arrêtait toute ressemblance avec les banquets chinois. On servait généreusement du *chang* et de l'*arak*, de sorte que l'atmosphère devenait de plus en plus animée à mesure que s'avançait la soirée, à la lueur dorée des lampes à beurre. On dansait et on chantait des chansons d'amour. Les lentes danses tibétaines alternaient dans les maisons les plus à l'avant-garde, comme chez les Tsarong, avec des airs occidentaux joués sur des phonographes à manivelle apportés de Kalimpong ou de Calcutta. Ces soirées étaient empreintes d'une magie à laquelle contribuaient la présence de ministres, généraux, grands abbés, tous détenteurs d'informations confidentielles sur la situation politique, ce qui donnait aux invités le sentiment de vivre de grands moments.

Plus le rang d'un fonctionnaire était élevé, plus colorée était sa robe; certaines étaient brodées de fils d'or ou d'argent, composant des dessins figurant des divinités bienveillantes ou hostiles. Les chapeaux variaient : il y avait les hauts chapeaux tibétains dorés et enrubannés à oreillettes de fourrure, les chapeaux plats en soie jaune vif des *shapes* (ministres) avec leurs longs glands rouges. Les épouses des dignitaires rivalisaient par l'élégance de leurs *chubas*. Hommes et femmes portaient des bijoux à profusion : reliquaires cloutés d'or et d'argent, colliers de turquoise, de corail et de perles d'eau douce, longs pendants de turquoise à l'oreille gauche.

Le commandant militaire chinois assistait rarement aux réceptions. Mais lorsque par hasard il arrivait avec son aide de camp, les Chinois restaient entre eux; ils s'asseyaient avec raideur dans leurs austères et peu seyants costumes « Mao », tels des hommes d'un autre monde. Les Tibétains trouvaient les fonctionnaires chinois gauches et peu courtois, tandis que les Chinois considéraient les Tibétains comme des barbares.

L'aristocratie lhasséenne ne percevait pas hélas la précarité de sa situation : théocratie flamboyante aux mains du régime communiste le plus austère qui fût. Marx en aurait frémi, mais les Chinois, experts en roublardise, avaient appris au cours des siècles l'art de la patience. Les naïfs Lhasséens enfoncés dans leurs privilèges et occupés de petites intrigues étaient aveugles à la fragilité de leur sursis. Aveugles au fait que l'accord en dix-sept points que Nagbo avait signé avec la Chine et qui garantissait leurs privilèges et leur autonomie n'était que le premier pas d'une entreprise qui devait conduire la Chine à obtenir ce qu'en quatorze siècles elle n'avait pas réussi à réaliser : s'installer en force à Lhassa.

Entraînée dans ce tourbillon d'intrigues, Pema en oublia quelque peu sa résolution de retrouver Ariel. Elle s'était néanmoins renseignée sur la famille Lendrup et avait appris que le vieux Wangchuk avait fermé sa maison de Lhassa en entendant parler de l'invasion, et était retourné au Kham. Ceux qui le connaissaient dirent à Pema que Wangchuk était un homme brave mais simple, qui s'était peu mêlé à la société.

– Nous l'avons eu plusieurs fois, mais vous savez, au bout d'un moment on ne sait pas quoi dire à ces Khambas. Ils sont braves mais un peu primaires.

Rassurée, mais guère impressionnée par la famille de son gendre, Pema se contenta de s'installer dans la maison de sa famille à Lhassa, où son frère Tashi avait mis à sa disposition et à celle de Chu-la deux pièces confortables, et avait invité Gesghe Topgyel à vivre avec eux. Le lama célébrait des divinations pour la famille et leur donnait des charmes contre la maladie. Le soir on l'entendait réciter le *kanjur* à l'intention des occupants de la maison. Il y avait de la nourriture en abondance, une compagnie choisie, de sorte que la vie y était agréable. Chu-la s'entendait bien avec ses cousins et grandissait comme l'avait désiré sa mère, au milieu de l'aristocratie de Lhassa. Elle devenait une ravissante jeune fille, quoique encore un peu grassouillette. « C'est son côté bhoutanais », faisait remarquer Pema.

Libérée de la routine et des obligations domestiques, Pema se trouvait, pour la première fois depuis des années, en mesure de faire ce qui lui plaisait. Bien qu'elle souhaitât toujours retrouver Ariel, elle ne voyait pas la nécessité de se mettre immédiatement en route pour le Kham et de plus elle se rendait compte qu'il serait déplacé d'avouer ici, dans la maison de son frère, l'existence d'une fille illégitime. S'apercevant qu'elle était encore jeune, belle et intelligente, Pema était fermement décidée à se trouver un époux noble qui servirait ses ambitions et lui offrirait la vie à laquelle elle aspirait depuis si longtemps, une vie d'honneurs et de considération dans un monde de plaisirs raffinés. Dans ses rêveries, Pema avait rallumé la flamme endormie de sa sexualité, flamme qui devait être bientôt ranimée par un soupirant inattendu.

Urgyen n'était pas le genre d'homme qu'attendait Ashi Pema. Il avait fait irruption dans sa vie avec ses grossières bottes de poil de yack, son large sourire, sa taille imposante et ses traits superbes. Non, jamais Pema n'aurait cru possible de perdre la tête pour un tel homme. Elle ne cessait de se remémorer comment tout avait commencé.

C'était un jour ordinaire. Chu-la était sortie avec ses cousins. Dans la pièce voisine le lama était en méditation; le marmonnement de ses prières lui parvenait à travers la cloison de bois, tel le bourdonnement d'un essaim d'abeilles. Dehors le soleil réchauffait l'air glacé qui retentissait des bruits de la ville : tambours et cloches, braiment des ânes, cris des marchands ambulants, meuglement des yacks, mêlés au gazouillement de milliers de moineaux qui trouvaient refuge dans les piles de menu bois qui garnissaient le toit de chaque maison.

Pema pliait les couvertures de laine dont Chu-la et elle se servaient la nuit. Elles dormaient dans la plus vaste des deux pièces sur un grand matelas rectangulaire recouvert de tapis qui formait une couche où Pema s'installait le jour pour recevoir ses invités. Levant les yeux, elle vit une silhouette gigantesque s'encadrer dans la porte de la seconde pièce qui donnait sur un petit palier conduisant dans la cour par un escalier de bois.

– *Sho,* entrez, fit Pema, croyant qu'il s'agissait d'un messager chargé de quelque invitation.

Un jeune homme d'une extrême beauté entra. Son visage extraordinairement ardent intrigua Pema, d'autant qu'elle avait vaguement l'impression de l'avoir déjà vu. A ses vêtements, elle vit qu'il était, sinon un paysan, du moins un marchand pauvre ou un pèlerin, qu'enfin il n'était pas lhasséen.

– *Kare-re,* qu'est-ce que c'est? demanda Pema en examinant le jeune visage, son menton anguleux, sa peau hâlée et ses cheveux lisses, tressés de rubans rouges et enroulés avec grâce sur le sommet de son crâne.

Sa *chuba* était à demi ouverte, laissant voir son épaule droite et le haut col de sa chemise de soie *endi* blanc cassé. On disait en plaisantant que les pauvres portaient la même chemise toute leur vie, ce qui témoignait de la solidité de la soie *endi,* produite par un ver à soie spécial que l'on ne trouvait qu'au Bhoutan et en Assam. Pema remarqua avec surprise que la chemise du jeune homme de même que sa personne étaient propres.

Elle était tellement absorbée par l'étude de ces menus détails, qui trahissent l'origine sociale de quelqu'un, qu'elle n'avait pas écouté ce qu'avait dit le jeune homme et qu'elle dut lui demander de répéter.

– Vous êtes la plus belle femme que j'aie jamais vue, dit-il très distinctement.

Pema répondit du tac au tac :

– Tes jeunes yeux n'ont pas vu grand-chose. Mais c'est un beau compliment, ajouta-t-elle. Et maintenant, que puis-je pour toi?

Avant qu'elle n'ait eu le temps de crier ou de s'enfuir, le jeune homme s'était approché d'elle et, l'ayant saisie dans ses grands bras, il l'avait pratiquement soulevée de terre.

– Je vous aime, murmura-t-il en cherchant ses lèvres.

Elle rejeta la tête sur la droite, de sorte qu'il sentit sous sa bouche le duvet de sa tempe qu'il baisa délicatement et il la reposa avec une douceur aussi inattendue que la violence avec laquelle il l'avait prise dans ses bras.

– Je vous aime, répéta-t-il en la regardant dans les yeux avec une passion, sous la violence de laquelle elle desserra les poings et cessa de le repousser. Il la saisit alors de nouveau, ou plutôt l'engloutit dans les longues manches de sa chemise. Elle se laissa aller, sa poitrine contre la sienne. Il ne prononça plus un mot, mais soulevant son visage vers le sien, il l'embrassa sur la bouche.

C'est Pema qui en se dégageant de son étreinte se dirigea vers la porte. Elle ne savait pas si elle allait la fermer ou appeler le lama. Elle se surprit à faire glisser le lourd verrou de bois. L'inconnu la prit de nouveau dans ses bras. Ils demeurèrent longtemps ainsi enlacés. Les yeux fermés, Pema perdit pour la première fois depuis des années tout contrôle d'elle-même. Elle ne voulait ni penser ni raisonner; dans les bras de cet homme, elle trouvait ce qu'elle cherchait depuis toujours. Toute gêne disparut soudain et elle ouvrit les yeux pour lui sourire. Ils s'étreignirent de nouveau jusqu'à ce qu'elle se dégageât de ses bras pour fermer les volets de bois des petites fenêtres treillagées. La pièce ne fut plus éclairée que par la lumière diffuse de deux étroits rayons, qui pénétraient par des interstices et dessinaient une ligne orange sur le tapis sur lequel, dans la fureur de leurs embrassements, ils roulèrent, jetant leurs vêtements à travers la pièce. Une fois nus, il luttèrent corps à corps avec une violence qui effraya Pema. Elle se sentait possédée par un démon, consumée par une soif inextinguible. Elle semblait vouloir envelopper, saisir, absorber tout le corps de l'homme qui essayait en vain d'immobiliser son cou, ses bras, ses cuisses, ses fesses. Dans un effort effréné pour explorer son corps, elle se libéra de ses fermes caresses. Enfin, comme il la pénétrait avec une délicieuse brutalité, elle s'abandonna, perdant toute conscience jusqu'à ne plus être qu'une enfant, le visage baigné de larmes de plaisir. Il ne se rassasiait pas de son corps. Dominateur, superbe, heureux et plein de vigueur, possédé lui aussi par une exquise sensation d'épuisement, les lèvres contre son cou, le poids mort du corps sur le sien, il répétait doucement :

– Ma chérie, ma chérie.

25

Au Kham entre 1950 et la fin de l'année 1953, les Chinois réussirent adroitement à endormir toute opposition. Ils construisirent des routes à la hâte et se retranchèrent dans les villes stratégiques du Tibet Central et du Tibet Oriental.

Ce fut donc une période relativement calme. Les Khambas considéraient cependant avec une inquiétude grandissante l'afflux des cadres chinois et des soldats de l'Armée Populaire de Libération.

A Tsume, Ariel était trop occupée pour s'inquiéter outre mesure de la situation politique, car la naissance de Sonam, son fils, fut successivement suivie de celle de deux filles. Comme hélas nombre de Khambas, Ariel ne comprenait pas que, faute d'avoir repoussé les premières avances chinoises, les Khambas avaient contribué à l'installation d'une monstrueuse machine répressive qui allait bientôt les détruire. Durant ces trois années, les Chinois avaient en effet établi des garnisons, construit des routes et installé des camps afin de contrôler militairement le Kham.

C'est à la fin de 1953 qu'éclata le conflit, une guerre totale que les Chinois appelèrent la Rébellion de Kanting. A l'étranger on ne lui donna pas de nom et personne ne prêta attention aux rares dépêches de Hong Kong mentionnant un soulèvement de Khambas, que l'on donnait pour des brigands du Tibet Oriental.

Ariel avait assisté au mécontentement qui avait suivi les premières ouvertures amicales des Chinois. Ils avaient tout d'abord payé pour la construction de routes de débardage, qui, une fois terminées, étaient baptisées du jour au lendemain « routes de défense nationale ».

Après avoir réussi à isoler le Kham du Tibet Central, les Chinois, voyant que Lhassa était calme, décidèrent durant l'été 1953 de porter aux Tibétains de l'Est ce qu'ils espéraient être un coup fatal. Ils promulguèrent l'édit « d'application des réformes démocratiques », qui se traduisit par la confiscation des armes, la mise en commun des terres et l'encouragement à la lutte des classes. La réaction des Khambas fut instantanée. Les Chinois n'avaient pas prévu pareille explosion de violence.

Nordrop apporta les nouvelles :

– Les Chinois ont décidé le partage de toutes les terres. Certains ont même accusé les moines de paresse et les ont obligés à travailler dans les champs. On raconte qu'à Litang les hommes ont abattu les cadres chinois et ont balayé leur garnison.

Tous écoutaient horrifiés.

– C'est la guerre, je vous le dis, poursuivit-il. Des soldats quittent Kanting en grand nombre. Tout le monde se prépare au combat.

Ariel écoutait, consternée. Elle savait que cela devait arriver, mais on espérait que les choses n'empireraient pas. Il n'était plus question d'y échapper et elle crut se trouver mal en entendant Tsering dire :

– Nous n'avons pas le choix, nous devons nous joindre aux autres. J'ai des armes, celles que nous n'avons pas pu vendre à Kanting, et suffisamment de munitions pour tenir très très longtemps. Nous devrions rassembler tous les hommes de la vallée et nous préparer au combat.

Ariel écoutait, effrayée.

– Les cadres chinois ont quitté la vallée ce matin, expliqua Nordrop. Ils ont dû apprendre qu'on se battait le long de la route principale.

– En tout cas ils ne peuvent pas arriver à Tsume avec leurs camions, fit observer Tsering. Il nous faut choisir un objectif. Je propose que nous nous rassemblions en haut de la vallée et que nous y décidions de l'endroit où notre intervention sera le plus efficace.

Tard dans la nuit ils discutaient encore de la défense de la vallée. Les écoutant, Ariel ne pouvait que déplorer leur manque d'équipement et de moyens de communication et l'absence de coordination entre les diverses régions du Kham. Elle ne croyait pas qu'ils eussent la moindre chance de succès et cela la désespérait. Elle pensait aux enfants et au chiffre monstrueux de la population chinoise.

– On laissera deux hommes armés dans chaque grande maison, lui avait dit Tsering pour la rassurer. De toute manière ils n'entreront jamais à Tsume, pas avant d'être sûrs des autres villes.

Ariel aurait bien aimé croire son mari, mais elle n'y parvenait pas. C'est pourquoi elle fut étonnée lorsque, une semaine après avoir vu les hommes partir pour le nord, elle les vit revenir pleins d'allant.

– Litang, Derge, Jeykundo sont tombées, annonça triomphalement

Tsering. Les Chinois se sont retirés. Nous n'avons pas eu à tirer un seul coup de fusil.

Les Chinois ne s'étaient pas attendus à une aussi violente riposte dans l'ensemble du Kham et ils avaient hâtivement battu en retraite, abandonnant la plupart de leurs points d'appui aux assaillants tibétains, et ne conservant que quelques garnisons.

Suivit une trêve étrange. On apprit que le Dalaï-Lama était en route pour Pékin et devait pour s'y rendre traverser le Kham. Les Khambas déposèrent momentanément les armes dans la crainte que le Dalaï-Lama ne fût retenu en otage à Pékin, où il s'attarda plusieurs interminables mois, invité par Mao.

La guerre reprit au début de 1954, après que le Dalaï-Lama eut retraversé le Kham sous bonne escorte et eut regagné Lhassa. Les combats prirent des proportions dramatiques. Des détachements de l'Armée Populaire de Libération pénétrèrent en force à Kandze, Batang, Litang et Derge.

Les hommes de Tscring qui étaient en contact avec les chefs rebelles des vallées voisines se mirent en marche vers le nord, à travers les alpages de la vallée de Tsume, haut plateau découvert, prolongé par la grande toundra qui s'étend au nord à travers déserts et champs de neige jusqu'au pays des redoutables Goloks. Jamais les Chinois ne parviendraient à pénétrer dans ces vastes étendues sauvages, d'où les Tibétains pourraient attaquer leurs bases et leurs lignes de communication.

Tsering était là-bas depuis moins d'un mois lorsqu'il apprit que de durs combats avaient eu lieu le long de la route de Litang. Au cours d'une embuscade, les Khambas s'étaient emparés de plusieurs camions et les avaient utilisés pour bloquer la route. Des renforts chinois avaient été acheminés depuis Kanting qui se trouvait maintenant à moins d'une journée de route. Des affrontements acharnés s'ensuivirent.

A la nouvelle de ces combats, si près de Tsume, Ariel songea à fuir vers l'ouest, à Lhassa, avec les enfants, mais n'osant formuler sa pensée, elle sombra dans une profonde dépression. Elle ne pouvait s'empêcher de penser aux cinq cent millions de Chinois à qui faisaient face une poignée de Khambas. Un Khamba pouvait bien valoir dix Chinois, une telle disproportion ne pouvait être que synonyme de désastre.

Le naïf courage de Tsering et sa vision plutôt simpliste de la lutte mettaient Ariel au désespoir. Elle avait essayé de lui expliquer que la Chine moderne n'avait plus rien de commun avec la Chine qu'il avait connue, celle des généraux et des seigneurs de la guerre corrompus; que les Chinois n'agissaient plus comme par le passé dans leur intérêt propre, mais qu'ils participaient dorénavant à une immense et fanatique entreprise destinée à changer la face du monde.

Et pourtant, à sa stupeur, les Khambas parvinrent entre 1954 et 1956 à tenir leur territoire. Leur courage, leur connaissance du terrain et leur grande adresse au tir (même s'ils n'avaient pour la plupart que des fusils surannés) forçaient les Chinois à se mettre à couvert. Les Khambas parvenaient sans grand effort à bloquer les routes de montagne et à couper les voies d'approvisionnement... Ils furent pourtant délogés du monastère de Litang et du fort attenant, qu'ils avaient tenus durant plusieurs années, par des attaques aériennes de bombardiers Iliouchine alors que des voitures blindées assaillaient en même temps la ville. Ce fut une interminable bataille qui fit des milliers de victimes et resta la plus sanglante de toutes celles qui se déroulèrent dans l'ensemble du Kham entre 1955 et 1956.

Seule, Ariel tint la maison de Tsume pendant deux ans avec son vieux beau-père. Tsering passait le plus clair de son temps en opérations dans les montagnes, se cachant dans des hameaux reculés ou vivant dans les tentes des nomades. Il descendait de temps à autre à Tsume pour voir Ariel et ses enfants et prendre un bref repos avant de regagner les montagnes.

Comme elle voyait que les combats se prolongeaient, Ariel essaya de ne pas penser à l'issue de la guerre. Elle chercha à se rendre utile. Abandonner ou fuir reviendrait à refuser toute signification à l'existence de Tsering et de ses enfants. Maintenant qu'elle avait mêlé son sang à celui de son mari, il était, elle le sentait, de son devoir de combattre, ne serait-ce que pour donner l'exemple à tous ceux qui voyaient un guide en Tsering et sa famille. Grâce à cette prise de conscience, Ariel surmonta peu à peu sa peur de la mort et décida de donner sa vie si nécessaire pour la cause de son mari. Exaltée par cette décision, Ariel ne tenait plus en place à Tsume, elle s'exaspérait de perdre son temps en menues occupations, jalouse de Tsering et des hommes de « là-bas ».

Par une belle matinée de printemps, Ariel entreprit soudain d'aller rejoindre son mari. Debout au bord du toit, elle contemplait la vallée, les bords verdoyants du ruisseau, les saules cuivrés d'un poudroiement de bourgeons nouveaux. Des vaches meuglaient dans la cour et on entendait le tintement des cloches. L'air retentissait du gazouillement des moineaux et du rire des enfants, de ses enfants. La vie telle qu'elle devait être, songea-t-elle, avant de se rappeler que des hommes se battaient non loin de là, mouraient peut-être. Le nuage de la guerre pointait à l'horizon. Elle comprit soudain qu'elle devait partir immédiatement pour rejoindre Tsering et les guérilleros.

Elle courut dans sa chambre, changea sa robe contre la *chuba* la plus chaude et la plus résistante et descendit dans la grande salle où Wangchuk, le vieux père de Tsering, était comme d'habitude assis près du feu. Elle sentit en le regardant qu'elle pouvait partir sans inquiétude, que les enfants seraient en sûreté avec leur grand-père. Ariel s'assit à côté de lui pour le mettre au courant de ses intentions.

– Tu ne devrais pas laisser les enfants, l'avertit Wangchuck.

– Mais, cher Apa, je voudrais que vous compreniez, dit Ariel. Les enfants n'ont rien à craindre avec vous et les domestiques. Je ne peux pas rester ici plus longtemps, sachant que les Chinois essayent de nous anéantir et qu'ils envoient sans cesse de nouvelles patrouilles dans les montagnes pour consolider leurs bases. C'est comme si on regardait quelqu'un mourir sans rien faire.

– Mais tu fais quelque chose, plaida le vieil homme. Nous fournissons des vivres aux soldats et tes enfants seront la prochaine génération de combattants. A chacun son devoir, le tien est ici.

Ariel aurait voulu expliquer qu'elle avait toujours été spectatrice. Enfant, elle avait été le témoin impuissant de la mort de ses parents, en Inde elle avait assisté à la désintégration d'un certain mode de vie. Elle refusait dorénavant ce rôle. Depuis l'orphelinat elle rêvait de pouvoir un jour mener une vie en accord avec ses convictions, une vie qui ait un sens. Le moment était venu. Elle pouvait et devait se battre.

– Mon devoir est d'être auprès de mon mari, répliqua Ariel.

Son apa bien-aimé avait beaucoup vieilli, pensait-elle, au cours de ces dernières années.

– Vous pourrez superviser Nyma et Ani-che qui s'occuperont des enfants. Les Chinois ne leur feront pas de mal. Je reviendrai le plus souvent possible. Comprenez-moi. Je dois partir.

Le vieil homme approuva de la tête et se leva, puis prenant Ariel par le bras, il l'emmena jusqu'au ruisseau.

– Regarde l'eau, dit-il. Tu as raison, ta place est avec Tsering. Chaque génération doit se battre.

Puis se tournant vers Ariel, il la regarda droit dans les yeux :

– La vie est comme un cours d'eau, elle s'écoule sans cesse. La nature humaine ne change pas, nos corps vieillissent. Va te battre tant que tu le peux, je suis trop vieux, les enfants trop jeunes. Mais dans ma prochaine vie, je vous rejoindrai, car nous devons combattre les Chinois jusqu'à ce que les corneilles deviennent blanches.

Wangchuk était en larmes lorsque plus tard dans la matinée, Ariel se mit en route, les cheveux au vent sur son robuste poney, étonnée de son propre calme et de sa force intérieure. Elle ne s'inquiétait pas du temps qu'il lui faudrait pour trouver Tsering. Elle avait rempli de *tsampa* et de thé un sac de toile, de façon à pouvoir tenir plusieurs semaines. Elle avait également emporté son *puru* préféré, un récipient pour faire bouillir de l'eau et plusieurs tapis qu'elle avait placés au-dessus et au-dessous de la selle de son poney.

Ariel avait refusé qu'on l'accompagnât. Elle voulait être seule dès le départ. Comme elle s'éloignait en faisant des signes de la main, elle se sentait en paix. Elle n'éprouva pas, si ce n'est de manière tout à fait fugitive, de remords à laisser ses enfants. Ses parents, se rappelait-elle, étaient morts dans leur lit. Elle préférait se battre plutôt que d'attendre à Tsume qu'il fût trop tard.

Quelques heures plus tard, après avoir atteint le haut de la vallée de Tsume, Ariel se dirigea vers des tentes noires de nomades qu'elle apercevait sur les pâturages couverts de neige. A son approche un gardien de troupeau sortit pour l'accueillir et l'informer que Tsering et ses hommes étaient passés par là deux jours plus tôt, en route vers l'est, vers le col de Tso-la qui conduisait dans la vallée qu'empruntait la route stratégique chinoise.

– Vous devriez passer la nuit ici, ajouta le gardien de troupeau. Et demain je vous indiquerai la piste recouverte de neige qui mène au col.

Ariel le remercia, dessella sa monture et la mit en liberté avant de le rejoindre sous sa tente. A l'intérieur se trouvaient deux femmes, des sœurs manifestement. L'une était très belle avec un visage ovale, des joues roses et de grands yeux de biche encadrés par une frange. Ses cheveux noirs, plus emmêlés que tressés, étaient pris dans un anneau d'ivoire retenu par des rubans rouges en loques; l'autre femme était aussi grande et ravissante que sa sœur, mais son beau visage était abîmé par un bec-de-lièvre. Dans un coin, deux petits enfants empaquetés dans des peaux de mouton.

Le jeune berger est-il marié aux deux sœurs? se demandait Ariel.

– Venez-vous de Lhassa? demanda le jeune homme, lorsque Ariel fut assise devant une tasse de thé salé.

– Pourquoi de Lhassa? demanda Ariel.

– Je trouve que vous avez un accent étrange, répondit le Khamba.

Ariel était contente. Personne depuis son arrivée ne l'avait prise pour autre chose que pour une Tibétaine, bien qu'on lui fît souvent des remarques sur son accent et son teint de princesse.

On en vint bientôt à parler de la guerre, des bruits d'attaques massives dans le nord, de la résistance héroïque des Goloks et de la reprise de Litang. Puis des « procès » qui avaient eu lieu dans quelques villages éloignés, où des propriétaires fonciers avaient été exécutés. Le jargon communiste avait infiltré le discours tibétain de nouveaux mots que les Chinois avaient formés à partir de racines tibétaines, afin d'exprimer des concepts que les Khambas avaient du mal à comprendre, ainsi *mi-mang* (beaucoup de gens, pour signifier démocratie). Apparurent des mots étranges issus de quelque litanie diabolique, du vocabulaire de l'ennemi, qui semblaient à Ariel chargés de sous-entendus sinistres. Les fameuses réformes, apprit-elle du berger, commençaient à être appliquées autour de Kanting.

– Les Chinois profitent de ce que les hommes sont partis au combat pour pénétrer dans les villages et « réorganiser » les villageois. L'Armée de Libération Populaire est venue démembrer le pays. Un homme qui passait par ici a raconté l autre jour que dans son village les Chinois ont divisé les maisons, obligeant deux familles, ou même trois, à vivre là où n'en vivait qu'une seule auparavant. Les Chinois ont même pris tous les ustensiles de cuisine et les ont divisés. Ils se sont moqués d'une vieille femme, la mère du chef du village qui avait fui dans les montagnes, disant qu'elle avait exploité le peuple. Ils voulaient obliger les villageois à la condamner, mais personne n'a prononcé un mot contre elle. Ici nous avons de la chance, poursuivit le gardien de troupeau, les Chinois ne viendront jamais. Il fait trop froid pour eux, et ils ont peur, mais je crois savoir qu'au nord ils ont essayé d'obliger les nomades à abandonner leurs tentes pour vivre dans un village. Ils sont fous!

Ariel passa la nuit à côté du foyer de pierre de la tente. Les sœurs dormirent toutes deux nues contre l'homme, avec les enfants enveloppés dans leurs peaux de mouton. Ariel aimait cette vie simple et songeait à l'impuissance de l'homme devant le destin, embarqué qu'il était dans une course folle contre l'éternité.

Séparée des étoiles par l'épaisse toile de tente, elle songeait à la prière chrétienne où ce monde est comparé à une vallée de larmes.

Ne sommes-nous nés que pour une brève représentation ? se demandait-elle. Un spectacle court et maladroit joué par des amateurs, une tragi-comédie dont le scénario aurait été perdu ?

Ariel fut réveillée le lendemain à l'aube par le jeune berger soufflant sur les cendres pour ranimer le feu. Il quitta la tente sans prononcer un mot et revint avec le poney d'Ariel qui passa la tête par l'ouverture de la tente en poil de yack. Les femmes somnolaient toujours. L'une des deux donnait le sein à son enfant. Ils burent leur thé en silence. Ariel remua avec l'index la *tsampa* dans son thé, mais la farine d'orge refusait de se mélanger au bouillon gras.

Il avait neigé durant la nuit, une neige de printemps qui fondait aux premiers rayons du soleil, découvrant des plaques de vieille neige. Le berger prit le poney d'Ariel par la bride. Avec la disparition des derniers buissons décharnés, le paysage devint soudain plus morne, symphonie de bleu, de gris et de blanc. Des traînées de neige dessinaient d'étranges motifs sur les saillies rocheuses qui s'élevaient vers le sommet de la chaîne, étincelant comme du cristal dans le soleil.

Le poney haletait. Son souffle sortait par petites bouffées qui formaient des anneaux de givre autour des naseaux. L'air léger et limpide retentissait du bruit cristallin des roches qui se détachaient çà et là. Ariel s'était rarement sentie aussi proche de Dieu que lorsqu'elle descendit de sa monture pour parcourir à pied les cinq cents derniers mètres d'une pente raide et enneigée menant au col. Au sommet, une congère recouvrait en partie un cairn d'où émergeaient des branches auxquelles étaient attachés des drapeaux à prières déchirés et décolorés.

– Vous devriez trouver le campement dans le pâturage qui se trouve juste en dessous du col, expliqua le jeune homme. Maintenant je dois repartir, mais vous ne pouvez pas vous perdre. Voyez comme le vent a dégagé la piste. Je vais seulement vous aider à franchir cette première plaque de glace.

La première partie de la descente fut périlleuse : de la glace polie par le vent tombant à pic jusqu'à une corniche d'où partait une traverse moins glissante. Le gardien de troupeau dit adieu à Ariel :

– Faites attention, dit-il. Les Chinois sont partout dans cette vallée.

Il fit demi-tour et regagna péniblement le col par la piste glacée.

Ariel jeta un regard circulaire sur la vaste chaîne de pics qui tombaient dans la vallée. Elle éprouvait un sentiment d'orgueil devant la beauté sauvage du Kham, le contraste entre ses grands champs de neige onduleux, ses crêtes déchiquetées qui se dressaient comme les os d'un monstre préhistorique et les parois de la vallée sombre contre la neige, teintées ici et là de touches vertes. Ariel aperçut juste au-dessous d'elle la route chinoise avec ses postes et ses garnisons et elle savait que Tsering et les autres combattants de la liberté étaient quelque part en embuscade, à l'affût comme des oiseaux de proie.

Ariel s'avança lentement, cramponnée aux rênes de son poney. Çà et là des plaques de glace l'obligeaient à mener sa monture sur les murs de neige qui dominaient la piste. Le poney avançait d'un pied prudent. La tension de cette descente périlleuse mit Ariel en sueur. Elle ôta son bonnet et le haut de sa *chuba* dont elle noua les manches autour de sa taille.

Il lui fallut près de deux heures pour atteindre un pâturage partiellement dégarni de neige où se distinguaient de petites plaques d'une herbe brûlée et cassante qui était demeurée ensevelie tout l'hiver. Son poney se mit à les brouter avec voracité, tandis qu'Ariel observait la corniche inférieure. C'est à peine si elle put distinguer les contours rectangulaires de deux toitures, sans nul doute des abris d'alpage où elle pourrait trouver sinon les rebelles du moins de leurs nouvelles.

Ariel continuait sa descente avec angoisse. Elle regardait où elle posait les pieds tout en conduisant le poney. La piste, qui suivait le lit rocailleux d'un cours d'eau, plongeait maintenant entre deux talus. Tout absorbée par sa marche, Ariel ne voyait ni n'entendait rien, de sorte que son cœur bondit lorsqu'elle se trouva nez à nez avec un Chinois en bleu marine, un pistolet à la main, coiffé d'un *bacalava* kaki décoré d'une étoile en plastique rouge. Emportée par son élan, elle faillit dépasser l'homme qui lui cria quelque chose qu'elle ne comprit pas. Une seconde après, deux très jeunes soldats chinois en uniformes vert olive fripés arrivèrent suivis d'une petite bande d'hommes armés qui lui barrèrent la route. L'homme en bleu, sans doute quelque commissaire, se mit à parler dans un mauvais tibétain, tandis que les autres regardaient la scène en tripotant leurs fusils.

A sa surprise, Ariel se sentait calme et avait du mal à ne pas sourire en examinant les soldats dont les crânes rasés débordaient de dessous leurs casquettes de laine.

Des nuques d'enfants, se dit-elle.

Des garçons à cet âge stupide, entre l'enfance et le monde adulte, où l'on passe la majeure partie de son temps à rire de ses propres plaisanteries. Comme la guerre seyait bien à la jeunesse par sa bêtise.

– Où allez-vous ? répéta pour la quatrième fois le Chinois.

– *Ma-la*, en bas, répliqua Ariel, utilisant la réponse tibétaine classique qui par son imprécision exaspéra l'officier chinois.

– Êtes-vous seule ? aboya-t-il.

– Oui, répondit Ariel, cherchant désespérément un alibi.

Mais ce fut inutile, car l'officier lui fit signe de passer. Ariel se remit en route et dépassa la petite bande de soldats pour se trouver devant une colonne entière qui s'étirait sur huit cents mètres le long de la piste; certains menaient des mules chargées de lourdes mitrailleuses. Elle était tombée sur une très forte patrouille, mais elle fut surtout alarmée d'apercevoir au bout de la colonne des hommes aux bandages tachés de sang.

Hâtant le pas, elle arriva enfin au pâturage où s'élevaient les deux maisons qu'elle avait vues de la corniche supérieure. Des soldats chinois tournaient en rond devant la première maison, une bâtisse de pierre qui servait certainement d'abri pour le bétail.

Ariel allait contourner la maison lorsqu'un homme saisit sa monture par la bride. Ne l'ayant pas vu approcher, elle fut saisie de frayeur. Elle n'avait pas d'autre choix que de suivre son poney que l'on conduisait vers la maison. En s'approchant elle remarqua que plusieurs des hommes assis là et les deux allongés devant la maison étaient blessés. Elle entendit un gémissement sortir de la maison. C'était un bruit étrange qui tenait du gargouillement. Une Khamba apparut alors et regarda Ariel l'air surpris, mais avant qu'elles n'aient eu le temps de dire un mot, un cadre chinois accourut et la fit rentrer sans ménagement.

L'homme se tourna alors vers Ariel :

– Où allez-vous ? demanda-t-il. Êtes-vous seule ?

Les mêmes questions auxquelles elle avait répondu quelques minutes auparavant.

Ariel fit semblant de ne pas comprendre et marmonna une réponse. Elle regarda furtivement autour d'elle et aperçut une botte en cuir noir bordé de cuir rouge du genre de celles que portaient tous les Khambas.

Puis elle vit les mouches sur la bâche qui recouvrait en partie la botte et elle comprit. La botte appartenait à un corps, et le corps n'était pas seul. Le cadre chinois comprit qu'elle avait remarqué les cadavres, mais ne dit rien, se contentant d'examiner attentivement son visage. L'air fut déchiré par un autre gémissement provenant de l'intérieur de la maison.

– Je dois partir, dit Ariel, distinctement cette fois. Mes enfants m'attendent.

– Où habitez-vous ? répéta le Chinois.

– Je viens de le dire à vos hommes là-haut. Pourquoi m'interrogez-vous ? J'habite dans la vallée. Donnez-moi ma monture.

Déconcerté par le calme d'Ariel et ne sachant que faire, le Chinois glapit un ordre.

Sans attendre de réponse, Ariel se dirigea vers son poney, se mit en selle, et s'éloigna au galop sous le regard ébahi des Chinois.

Au début elle appliqua toute son attention à traverser les pâturages découverts avant de pénétrer sous le maigre couvert de quelques pins. Cette piste, lui avait dit le berger, la mènerait au fond de la vallée où passait la route chinoise. Il lui fallait, avant d'atteindre la route, trouver des Tibétains et apprendre d'eux ce qui s'était passé. Il était évident qu'on s'était battu ce matin, ou la nuit précédente, mais où et qui ? Était-ce Tsering et ses hommes ? Ariel frissonna en se rappelant la bâche. Le poney allait au petit galop, bondissant légèrement sur la terre piétinée de la piste. De grands sapins se dressaient maintenant sur les pentes couvertes de fougères. Ariel était surprise que ce versant de la chaîne fût si vert, alors que la haute vallée de Tsume était encore vouée au gris de l'hiver.

Sur la droite, des clairières où l'on reconnaissait la main de l'homme qui y avait laissé un fouillis de branches et une forêt de souches. Ariel mit son poney au trot. Les rebelles étaient certainement dans ces montagnes, mais où ? Derrière elle, se trouvaient deux détachements chinois, considérables. Elle ne pouvait pas retourner par où elle était venue, mais descendre vers la route n'était pas plus sûr. Il lui fallait trouver un sentier, de préférence sur la gauche, qui emprunte le flanc occidental escarpé de la vallée de Lunak. Au premier embranchement, elle prit sans hésiter à gauche. La piste s'aplanit bientôt et elle lança le poney au galop. Elle se trouvait de nouveau dans une forêt de pins assez dense, dont les aiguilles tapissaient le sol. Le terrain était humide et elle y remarqua de profondes traces de fer à cheval. Peut-être était-elle enfin sur la trace des Khambas.

Elle pressa sa monture, baissant la tête pour éviter les branches basses. Le vent lui sifflait dans les oreilles. De temps à autre un rameau qu'elle n'avait pas vu lui cinglait le visage. La piste sinueuse se déroulait au balancement gracieux de son poney. Quarante minutes plus tard elle atteignait un vieux *chorten* délabré qui se dressait au milieu de la piste. Son poney passa instinctivement à droite, en bonne tradition bouddhiste. Ce monument marquait le début de quelques champs arrachés à la forêt. Ariel éperonna sa monture. Elle chevauchait maintenant entre des champs clôturés de murs de pierre, au-dessus desquels elle aperçut sur sa gauche une maison de pierre.

Arrivée devant un ruisseau qui lui barrait le chemin, Ariel retint le poney pour lui permettre de boire. Elle avait perdu toute notion du temps. Soudain elle eut faim et éprouva une grande fatigue. Sortant son *puru*, elle alla en amont de son cheval et prit de l'eau qu'elle trouva glacée et amère. Elle en but deux bols pleins, tout en sachant que Tsering le lui aurait interdit. Il disait que c'était mauvais pour le ventre. Ce qui avait le don de faire sourire Ariel qui se demandait à quelle superstition pouvaient bien obéir les Tibétains pour se priver du plaisir d'un verre d'eau fraîche. Elle eut ce matin-là un léger remords. L'eau froide lui pesait sur l'estomac, mais peut-être n'était-ce qu'une impression.

Plus loin sur la piste, elle vit une vieille femme dans un champ, qui éleva un bras en la voyant. Ariel lui répondit par un signe de la main, mais elle remarqua alors cinq maisons entourant un vaste monastère rectangulaire surmonté d'une haute tour recouverte d'un toit en pente en lames de pin. De ces clochetons dorés se balançaient, telles des décorations fanées, de longues cordes auxquelles étaient fixés d'innombrables drapeaux à prières. Elle ralentit son poney luisant de sueur et regarda autour d'elle, mais ne vit personne autour du monastère ni aux fenêtres, ni sur les toits. Étrange. Elle aperçut alors une silhouette juste au-dessus d'elle sur le plat d'une maison. Son cœur s'arrêta de battre. C'était un soldat chinois qui montait la garde. L'ayant vue entrer au galop dans le village, il lui criait quelque chose. Tout se passa ensuite très vite. Elle vit du coin de l'œil un vaste camp chinois installé dans un pâturage. Il y avait cinquante tentes, peut-être davantage, des poneys attachés, des centaines de soldats, certains alignés à l'exercice, d'autres groupés, d'autres encore assis à boire et manger. Ils étaient si proches. Ariel ne comprenait pas comment elle avait pu ne pas les voir plus tôt. Elle aperçut alors des enfants tibétains en haillons courant au milieu des soldats, et ici et là des vieux qui transportaient du bois.

Du toit, le soldat cria de nouveau. Prise de panique, Ariel pressa sans réfléchir les flancs de son poney. L'animal bondit en avant. A cet instant retentit un coup de feu, puis de nouveau des cris. Ariel se pencha en avant, le poney allongea sa foulée. Elle s'efforçait de ne pas contrarier son galop. Il en allait de sa vie. La petite bête grise semblait comprendre la gravité de la situation. Dans sa course folle elle martelait le sol, faisant voler les pierres; les murets défilaient à toute allure. Ils frôlèrent une vache qui se jeta contre un mur, évitèrent un *chorten* et continuèrent à fond de train. Ariel crut entendre un coup de clairon, mais sa tête bourdonnait du mugissement du vent, du fracas des sabots et des battements de son cœur. Elle avait peur. La peur qui l'avait, croyait-elle, quittée était de nouveau là. Elle avait peur de mourir seule, loin de Tsering et de ses enfants.

La piste bifurquait. Ariel dirigea son poney vers la gauche. Comme le chemin montait, il ralentit son allure et se mit au petit galop. Quelques minutes plus tard, ils parvenaient à l'extrémité des champs découverts et entraient dans la forêt.

Ariel était habitée par une seule pensée : elle était poursuivie. Le poney fit un ultime effort de vitesse, puis elle le mit au trot. La piste montait dur, zigzaguant au milieu des arbres, dont l'ombre fraîche alternait avec des zones de soleil. C'était une petite piste qui grimpait à flanc de vallée jusqu'à un haut pâturage. Elle entrevit tout en bas la vallée de Lunak, ses champs déjà si éloignés. De l'autre côté de la vallée, elle aperçut les pentes que dominaient les pics couverts de neige. Les arbres devenaient de plus en plus petits. Elle traversait parfois des clairières humides envahies d'herbe fraîche et de petites primevères jaunes qui lui rappelaient celles d'Angleterre. Lui revinrent alors en mémoire les jacinthes sauvages qu'elle cueillait au printemps à Gerard's Cross, dans le jardin sous les arbres, à l'endroit exact où était tombée la bombe.

Ariel revit les murs s'écrouler, le lit projeté en l'air, le lit qui l'avait sauvée. Et puis elle entendit les cris du gardien qui l'avait secourue. Elle secoua la tête, mais elle continuait à entendre la voix. Elle était probablement en train de rêver, mais la voix semblait bien réelle. Une main saisit alors les rênes de son poney. Elle se retourna et vit un homme échevelé. Elle faillit pousser un cri de soulagement. C'était un Khamba, un ami. Mais l'homme ne souriait pas.

– Descendez, la dame, descendez. J'ai besoin de votre monture, prononça-t-il seulement en retenant le poney. Allez, descendez, j'ai dit.

Ariel hésita un instant, mais elle lut dans ses yeux une prière sans réplique.

– Qu'y a-t-il ? demanda Ariel en mettant pied à terre.

L'homme ne répondit pas. Il mena le poney dans les bois. Ariel trébuchait derrière lui. Il n'alla pas loin. Il s'arrêta à quelques mètres de la piste. Ariel découvrit alors, étendu dans les feuilles, le corps d'un homme. Il était plié en deux. Elle ne voyait pas son visage. Le Khamba se pencha et, saisissant délicatement le corps par la taille, il le mit en position assise. Ariel aperçut une mèche de cheveux collée par le sang qui se confondait avec une horrible entaille sur le côté droit de son visage. Il lui manquait la joue, et trois dents jaunes sortaient de sa lèvre broyée. A l'emplacement de son œil droit, une plaie affreuse. L'intérieur de sa jambe était noir, encroûté de sang.

Ariel était sur le point de se trouver mal.

– Aidez-moi à le mettre sur le poney. Non, pas ici. Amenez le poney un peu plus bas. Je vais le tirer sur cette souche. Maintenant, tenez bien le poney. Oui, comme ça.

Tout en parlant, l'homme hissa son compagnon, l'étreignant comme un lutteur ferait d'un mannequin inerte. La tête du blessé pendait et du sang lui coulait doucement le long des bourrelets de chair. Ariel se plaça de l'autre côté du poney et tint la tête de l'homme pendant que l'autre faisait glisser son corps en travers de la selle. Elle regarda dans l'œil valide. Il était vitreux.

Il ne vivra pas, se dit-elle.

– Ça va aller, s'entendit-elle dire tout haut, autant pour se donner du courage que pour réconforter ce pauvre diable.

Ce n'est qu'alors qu'Ariel demanda :

– Où l'emmenez-vous ? Savez-vous quelque chose de Tsering de Tsume ? Je le cherche. C'est mon mari.

– Vous n'avez pas choisi le bon jour pour chercher quelqu'un, ma petite dame, répondit l'homme. Les Chinois ont lancé une grosse offensive hier. Ils sont arrivés avec des centaines de camions et ont envahi les montagnes.

« Tsering, oui, je le connais. Il était dans la vallée il y a cinq jours, mais qui sait où il se trouve maintenant. Il y a eu des tirs pendant tout l'après-midi et toute la nuit dernière. Et ce matin, ils n'ont pas arrêté de patrouiller dans les montagnes. C'est la fin, je vous le dis, la fin. Ils sont comme des oies. Et ils ont des guides. Je savais que ça ne pourrait pas durer. Nous n'avons ni cohésion ni radios, et fort peu de bons tireurs, comme votre Tsering de Tsume. Il nous faudra gagner le Chang-thang. Nous ne pouvons pas rester sur les crêtes. Et que vais-je faire de celui-là ? Puisse le joyau du lotus nous prendre en pitié.

« Où je vais ? *Ya-la,* là-haut, et sans perdre une minute, avant qu'ils n'arrivent ici, les petits hommes. Je vous emprunte votre cheval. Excusez-moi, mais vous devez comprendre. Il y a plus haut un *gompa,* où je pourrai le laisser.

– *La-les,* oui, put seulement répondre Ariel, en poussant le poney exténué, qui peinait sous le poids mort. Tsering lui avait justement appris, quelques semaines auparavant, qu'un cheval pouvait facilement porter un homme de cent kilos, mais seulement soixante kilos de « poids mort ».

Ce phénomène se produit-il au moment de la mort ? se demanda-t-elle. Cette pensée stupide lui fit prendre conscience de sa propre fatigue, physique et nerveuse.

Ils montaient toujours. La piste était particulièrement difficile et le poney avançait d'un pas mal assuré. Le blessé gémissait et le sang continuait à dégoutter de son visage affreusement déformé. Ariel priait qu'il mourût vite, sans plus souffrir. Mais il vivait encore.

Cela aussi c'était la mort, songea-t-elle. Il n'y avait pas que la mort brutale dans le sommeil. Il y avait aussi la souffrance, l'horreur d'une agonie prolongée.

Ils parvinrent bientôt à un *chorten* entouré de dalles de pierre sur lesquelles était gravée l'invocation : « *O mane padme hum.* » Ariel se répéta plusieurs fois ce *mantra,* comme pour y puiser de l'énergie pour chaque nouveau pas. Elle fut vite récompensée, car ils passèrent devant une rangée de *chortens* et un cylindre désaxé de moulins à prières hydraulique, ce qui indiquait qu'ils approchaient du monastère dont l'homme avait fait mention. Le poney s'arrêtait souvent pour reprendre son souffle, tandis que le blessé gémissait en cadence. Ils aperçurent enfin au sommet de la piste les premières constructions : une écurie, un grenier sans fenêtres, puis un *chorten* faisant office d'entrée, par lequel ils passèrent et dont le blessé heurta de ses pieds le montant droit. Ils débouchèrent dans une cour dallée entourée de bâtiments peints en rouge. Un gros chien noir se leva et traversa en grognant la cour vide. Ils restèrent là une minute, étourdis par le soleil. Rien ne bougeait que le chien qui tournait autour d'eux en grondant.

Le monastère paraissait abandonné. L'homme chargea le Khamba blessé sur ses épaules. Ariel et lui le transportèrent en titubant sous le porche abrité de la salle d'assemblée du monastère. Comme ils le déposaient par terre, Ariel vit juste au-dessus d'elle le corps distordu d'un très vieux moine descendant péniblement le long d'un tronc entaillé qui servait d'échelle. A la dernière encoche il se retourna, exhibant une bouche édentée dans un visage tout chiffonné. Il s'avança vers eux en boitillant :

– Allez-vous-en, allez-vous-en, dit-il. Ils sont déjà venus ici. Allez dans les montagnes. Emportez le mort avec vous, sinon ils reviendront et me tueront.

– Mais il n'est pas mort, dit le Khamba. Il a besoin d'eau et de soins. Où pouvons-nous le mettre ?

– Par les trois joyaux, marmonna le vieux moine. C'est encore pire. Il faut le cacher. Je m'occuperai de lui. Et puis ils me tueront, c'est sûr. Mais qu'y faire ? C'est mon destin. Vous êtes tous les deux jeunes. Allez, partez vite ! Donnez-moi seulement un coup de main avant de partir. Oui, en haut de ces marches. Dans les appartements de l'abbé au-dessus de la salle d'assemblée. Doucement. Voilà. Là-haut. La porte est ouverte.

Le Khamba grimpa péniblement l'étroit escalier avec son compagnon. Ariel s'aperçut que le blessé ne gémissait plus. Peut-être était-il mort ? Le vieux moine clopinait derrière eux. Ariel resta sous le porche, seule avec le chien et le poney qui s'observaient.

Où était Tsering ? se demandait-elle. S'est-il échappé dans la montagne, dans les champs de neige des plaines septentrionales ? Ou bien a-t-il lui aussi trouvé la mort? Ariel n'osait penser à ce qui avait pu arriver et ne voulait songer qu'à le retrouver. Le Khamba apparut au sommet de l'escalier, descendit et s'inclina devant la salle d'assemblée.

– Partons, dit-il. Allez, montez sur le poney. Partons.

Ariel ne se le fit pas dire deux fois. Elle se hissa en selle, prit les rênes et remarqua qu'elle avait les mains couvertes de sang. Elle se mit à prier pour que l'agonie du blessé fût terminée.

Ils montaient depuis une heure environ lorsqu'ils arrivèrent à la limite des arbres. Quelques genévriers rabougris marquaient la fin de la forêt, que remplaçaient maintenant de longues étendues d'herbe rousse. Au-dessus, des champs de neige s'élevaient jusqu'aux crêtes de la chaîne séparant la vallée de Lunak de celle de Tsume. C'était le milieu de l'après-midi et Ariel était exténuée.

– Arrêtons-nous ici pour manger. Il faut aussi que le poney paisse, dit Ariel.

L'homme la considéra avec surprise :

– Mais je n'ai ni pot ni nourriture, dit-il.

– Cela n'a pas d'importance. J'ai un pot, de la *tsampa* et du thé, mais pas de beurre.

Ariel déballa sa sacoche et envoya l'homme chercher de l'eau à un des nombreux ruisseaux qui drainaient la neige fondue des crêtes. A son retour, elle lui demanda son nom.

– Je suis Tashi de Chuka. Mais nous n'avons pas le temps de bavarder, il faut se dépêcher.

Sur ce, Tashi empila des brindilles de genévrier et de l'herbe sèche auxquelles il mit le feu à l'aide de son *me-chak,* petite blague de cuir contenant une mèche et munie d'une lame en acier. Il maintint la mèche contre un petit silex, qu'il percuta trois fois avec la lame, produisant suffisamment d'étincelles pour l'allumer; après quoi il la plaça sous le petit bois.

– Les Chinois vont arriver, reprit-il. Si nous suivons la crête, nous pourrons peut-être gagner les plateaux. Ils n'oseront pas s'y aventurer et nous risquons de trouver les autres.

– Quels autres? demanda Ariel.

– Je ne sais pas, dit Tashi. Ceux qui ont réussi à s'en sortir.

L'eau commença à bouillir. Les feuilles de thé lui donnaient une couleur brun rouille. Ariel sortit sa farine d'orge et en versa un peu dans le *puru* de bois de Tashi avant de le remplir de thé. Puis elle se servit. Ils mélangèrent la *tsampa* et le thé et mangèrent en silence. Ariel examinait le visage de Tashi.

– D'où m'avez-vous dit que vous veniez? demanda-t-elle.

– Je vivais à Kanting, répondit Tashi. J'étais *psompa* (marchand). Mais quand les *Gya-mi* ont entrepris leurs réformes, ils ont fermé toutes les boutiques et j'ai dû regagner mon village, plus bas dans cette vallée. Nous avons formé un groupe de résistance de l'autre côté de la vallée autour du monastère de Dzong-kar. Les moines cachaient nos armes et nous ravitaillaient. Nous attendions le moment propice. Nous faisions de petites incursions et tentions de résister aux actions des garnisons de Lunak. Et puis, vous avez vu, ils sont arrivés par milliers, hier. Des camions, des camions et des camions déposant des détachements des deux côtés de la vallée, ici et aussi plus bas. Ils ont immédiatement envoyé des escouades dans les montagnes. Il y a eu des fusillades de tous les côtés et notre unité a été dispersée. Je me suis enfui dans la vallée pour tenter de remonter ce versant, lorsque mon ami a été blessé. Je l'ai caché et j'ai essayé de le porter, mètre après mètre, mais il était trop lourd. J'avais décidé d'attendre qu'il fasse nuit ou qu'il meure, lorsque vous êtes arrivée. C'est tout ce que je sais. Après trois ans de préparatifs pour le grand combat, c'est ridicule de se laisser enfoncer par les Chinois. Mais nous manquons d'un plan concerté. Chaque vallée, chaque village a ses propres chefs, il ne peut donc pas y avoir d'action coordonnée. Et cette nouvelle route nous rapproche trop de Kanting. Ce n'est plus qu'un jeu d'enfant pour eux. Ils ont attendu que la neige fonde et les voilà.

Ariel écouta Tashi. Tout n'était maintenant que trop clair. Tsering, comme Tashi, comme tous les Khambas, s'était laissé, convaincre qu'ils pourraient maintenir l'ordre dans les montagnes et que les effectifs chinois resteraient faibles, enfermés dans des garnisons isolées au fond de la vallée, le long de la route. Mais la grande offensive avait maintenant commencé et les Khambas auraient à affronter une armée disciplinée et bien équipée, qui se préparait à envahir tous les villages accrochés aux pentes. Il ne restait plus aux combattants qu'à s'enfuir sur le Chang-thang. Ariel décida de retourner au plus vite à Tsume. C'est là que Tsering essayerait de prendre contact avec elle ou qu'il reviendrait la chercher, elle et les enfants, s'il décidait de s'enfuir dans les grandes plaines. Mais elle ne pouvait pas rentrer à Tsume par où elle était venue. Il lui fallait donc trouver un autre chemin.

Elle fit part de ses intentions à son compagnon.

– Venez avec moi, insista Tashi. Il y a là-haut un *droka-sa,* un pâturage de crête. Nous devrions y trouver des nôtres.

Ariel accepta, d'autant plus qu'arrivée là, elle pourrait sans doute prendre la direction du sud et trouver un moyen de regagner Tsume.

Au moment où ils partaient, ils entendirent un bruit derrière eux. Se retournant, ils virent, à leur soulagement, un groupe de cinq Tibétains. Ils étaient armés et l'un d'eux boitait. Lorsqu'ils les eurent rejoints, ils expliquèrent qu'ils battaient en retraite devant les Chinois et se dirigeaient vers le nord. Ils dirent que l'un d'entre eux connaissait la piste et qu'à trois heures de là se trouvait une vaste grotte qui servait d'abri aux bergers.

– C'est le lieu de rendez-vous dont nous sommes convenus, dit un homme. Les autres devraient déjà y être. Venez.

S'encourageant de leur nombre, ils se mirent péniblement en route. La nuit était tombée depuis longtemps qu'ils montaient toujours sur la piste par endroits recouverte de neige. A la lueur irréelle de la neige qui éclairait leur route, ils montaient, haletants. Ariel traînait derrière, car elle avait laissé sa monture au blessé. Elle avait mal aux jambes et ses efforts pour percer l'obscurité lui brouillaient la vue. Elle était hypnotisée par le tracé de la piste, ce pâle petit ruban dont dépendait sa vie. Elle perdit bientôt de vue le dernier homme. Elle était seule, trop fatiguée pour penser, trop émue pour réfléchir à ce qui s'était passé, trop terrorisée pour spéculer sur ce qui avait pu arriver à Tsering.

Dans son hébétement elle manqua l'entrée de la grotte Par bonheur un partisan qui montait la garde un peu plus loin l'arrêta et lui demanda qui elle était et où elle allait. Dès qu'elle se fut expliquée, il la conduisit au couloir de pierre qui menait dans la grotte. Autour d'un feu une douzaine d'hommes au moins étaient allongés ou assis. Ariel, incapable de rien discerner, se laissa envahir par la chaleur du lieu et s'effondra plutôt qu'elle ne s'assit, pour s'endormir instantanément, appuyée contre un inconnu.

26

En dehors de la lumière de deux lampes à beurre qui faisaient danser les ombres sur les parois rocheuses, la nuit régnait toujours dans la grotte lorsque Ariel s'éveilla. Le froid était vif. Une odeur âcre de fumée emplit l'air, car on soufflait sur le feu. Le marmonnement des mantras résonnait tel un bourdonnement. Le silence, que seul rompait le murmure des prières, trahissait la gravité de la situation.

Ariel savait ces hommes en fuite. Les unités de rebelles Khambas étaient en pleine déroute. Qu'était devenu Tsering ? Mais à qui demander ? Profitant du calme, elle se leva et dit :

– Quelqu'un ici connaît-il Tsering Lendrup de Tsume ?

Sa voix résonna, forte et sourde, sous la voûte de la grotte. Du fond, où l'obscurité était totale, un homme cria :

– Répétez ce que vous venez de dire !

– Quelqu'un ici connaît-il Tsering Lendrup de Tsume ?

Il y eut un bref silence, puis une voix s'écria :

– Ariel-la !

Et Nordrop, plus ébouriffé et jeune que jamais, s'avança.

– Que faites-vous ici ? Comment êtes-vous arrivée ?

Nordrop pressa Ariel de questions, mais elle n'écoutait pas. Elle ne cessait de répéter :

– Où est Tsering ? Où est Tsering... ?

Nordrop conduisit Ariel à l'entrée de la grotte. Le garde se leva et s'éloigna les laissant seuls.

– Ariel-la, chuchota Nordrop. Je ne sais pas où est Tsering. Je le cherche moi aussi. Nous campions à environ quinze kilomètres plus bas, au-dessus de la route, près du pont sur le Nakpo-chu. Au cours des derniers jours il est arrivé beaucoup de convois. Nous avons tiré sur plusieurs camions, nous en avons même arrêté quelques-uns. C'étaient de petites embuscades, comme nous en avons monté beaucoup au cours de ces dernières années. Le lendemain matin, avant-hier, à environ quatre heures, nous étions campés autour d'une maison isolée lorsque des coups de feu ont éclaté dans les bois. Puis les Chinois, par douzaines, ont avancé sur nous, en tirant de trois côtés. Nous avons eu à peine le temps de prendre nos fusils. Plusieurs d'entre nous ont été touchés. Wangdi, vous vous souvenez de lui, sa famille vivait au bord de la rivière, près des moulins, en dessous de Tsume. Il est tombé en essayant de gagner la maison. Je me suis précipité vers la corniche qui surplombe la route et j'ai réussi à descendre avec quelques autres. Nous nous sommes accrochés à la falaise et nous sommes laissés glisser jusqu'en bas. C'est alors que nous avons découvert que les troupes chinoises arrivaient des deux côtés de la vallée. Il y avait des camions partout. C'est la plus importante opération jamais lancée par eux. Ils ont pris tout le monde par surprise.

– Je sais, je sais, put seulement dire Ariel.

Puis elle ajouta :

– Je suis tombée sur une patrouille qui montait le Tsa-la. Il y a des milliers de soldats dans la vallée de Lunak.

– Tout le monde cherche à gagner les plateaux, poursuivit Nordrop. Je me suis arrêté ici hier, mais il y en a des centaines qui ont continué, même des blessés. Il ne reste que les femmes et les enfants dans les villages, et beaucoup de familles ont fui de ce côté. J'espérais que Tsering monterait par ici, mais il a pu prendre bien d'autres pistes. Peut-être est-il en train d'essayer de franchir la corniche qui commande Tsume.

Ariel fut saisie d'angoisse. Elle n'avait jamais vraiment pensé qu'il pût arriver quelque chose à Tsering. Il ne lui restait plus maintenant qu'à accepter son impuissance et retourner immédiatement à Tsume pour y attendre des nouvelles. Mais comment s'y rendre ?

– Quels sont vos plans ? demanda-t-elle à Nordrop.

– Je vais rester avec vous. Si vous voulez aller à Tsume, je vous y conduirai, répondit Nordrop.

– Non, vous ne pouvez pas faire ça, protesta Ariel. Si les Chinois nous arrêtent, ils vous fusilleront ou vous feront prisonnier.

Après une longue discussion, ils tombèrent d'accord pour gagner les hauts plateaux du Nord. De là, sans avoir de col à passer, Ariel pourrait rejoindre la haute vallée de Tsume et ensuite Tsume. Nordrop pourrait pendant ce temps rallier les autres Khambas qui se réorganisaient sur le plateau. Selon les circonstances, ou bien Ariel retrouverait Nordrop dans les plaines, ou bien Nordrop et Tsering prendraient contact avec elle à Tsume. Cela paraissait simple.

Après avoir avalé un peu de *tsampa,* Ariel, Nordrop et six autres hommes de Tsume, tous armés, partirent d'un bon pas en direction du nord. Ils avaient pris avec eux deux poneys. Ils piquèrent sur Chu-shing, vaste étendue marécageuse à une grande distance au nord de la vallée de Tsume, où, une fois l'an, se tenait une foire qui durait six jours et où se retrouvaient les nomades du Nord et les habitants de la vallée.

Chu-shing, le site de la foire, se trouvait à une soixantaine de kilomètres, deux jours de marche. Bien que le printemps fût déjà bien avancé dans les profondes vallées boisées, sa présence dans la toundra n'était perceptible qu'au ruissellement des eaux glacées qui coulaient de toute part, et à la mosaïque des terres nues qui crevaient la blanche houle immobile de la plaine.

Il était midi. Ils avaient quitté la grotte depuis six heures lorsqu'ils atteignirent la crête séparant la vallée de Tsume de celle de Lunak. Sur l'autre versant, ils ne virent ni rivière, ni vallée boisée, mais un moutonnement de collines basses et de champs de neige coupés de loin en loin par les crêtes effondrées d'anciennes formations glaciaires. Ainsi se présentaient les vastes solitudes où vivaient les nomades Drok-pa. C'est chez eux que reposait le dernier espoir des Khambas de garder le contrôle de l'arrière-pays.

Devant ces étendues sauvages, Ariel sentit son cœur défaillir. La vie vaudrait-elle encore la peine d'être vécue, si elle se réduisait à errer au milieu de ce désert ? Y retrouverait-elle jamais Tsering ?

Nordrop décida de mener Ariel sur le chemin de Tsume. Il l'accompagnerait jusqu'à ce qu'ils aperçoivent les tentes des gardiens de troupeaux. Peut-être même trouveraient-ils le groupe avec lequel Ariel avait passé la nuit au pied du col. De là elle pourrait se débrouiller toute seule, tandis que Nordrop irait vers le nord, vers le camp de Chu-sing.

Malgré la neige fondue, Ariel suivait Nordrop d'un bon pas dans ce désert perdu. Elle vit la rivière Tsume prendre forme de la réunion de plusieurs ruisseaux, qui jaillissaient entre des collines arrondies. Ils avançaient en scrutant l'horizon pour y découvrir les grandes tentes noires des bergers, mais, à leur surprise, ils n'en virent aucune.

– C'est impossible. Il devrait y avoir au moins quinze familles, dit Nordrop.

Ne voyant pas de tentes, ils cherchèrent des empreintes d'animaux. Elles leur apprirent que le bétail avait dû être tout récemment poussé vers le nord. Ni Ariel ni Nordrop n'osèrent exprimer leurs craintes. Un vent froid se mit à souffler et comme le soleil sombrait lentement à l'horizon, Nordrop chercha dans les parages une grotte où, enfant, il avait passé de nombreuses saisons à surveiller le troupeau de sa famille et à faire le beurre et le yaourt. Ils finirent par trouver la grotte qui n'était en réalité qu'une saillie rocheuse, ouverte à tous les vents, mais au moins le sol en était-il sec. Nordrop tendit une couverture pour les abriter et se mit à la recherche de bouses de yack pour faire du feu. Il avait du beurre à ajouter au thé et à la *tsampa* d'Ariel. Quelques minutes plus tard, ils mangeaient de grand appétit leur premier repas depuis l'aube.

Ariel n'avait pas souffert de cette marche. En trois jours elle avait acquis suffisamment d'entraînement pour marcher ou rester en selle une journée entière. Dès qu'ils eurent fini de manger, Ariel s'endormit, malgré le froid et l'inconfort, pelotonnée sur les tapis de selle.

Le soleil n'était pas encore levé lorsqu'elle fut réveillée par le froid, ou plutôt par cette bise glacée qui apparaît juste avant l'aube, lorsque la température tombe au plus bas, après le long refroidissement de la nuit. Nordrop insista pour accompagner Ariel à Tsume, mais Ariel protesta.

– Les Chinois sont sûrement dans la vallée, expliqua-t-elle. Et puis il faut que vous retrouviez Tsering et les autres hommes. Je vais essayer de savoir ce que préparent les Chinois et quelles pertes ont été enregistrées dans les villages.

Nordrop accepta à contrecœur, et il fut convenu que dans une semaine ou bien Ariel se rendrait au camp de Chu-shing ou Nordrop descendrait à Tsume.

En prenant la direction du sud, Ariel fut envahie par un profond sentiment de solitude. Dans l'éclat glacé de l'aube, elle regarda Nordrop s'éloigner lourdement sur le plateau désertique, son fusil sur le dos. Tout en chevauchant, Ariel se remémorait ce qu'elle avait vécu ces derniers jours. Tant d'horreur en si peu de temps! Ce ne pouvait être qu'un cauchemar. La magnifique montagne de Lunak avec ses pentes couvertes de fleurs ne pouvait en aucun cas être un lieu de violence. Ariel frémit en se rappelant ce pauvre homme défiguré et éborgné, dont les gémissements d'agonie détonnaient si fort avec la calme beauté du paysage alentour.

Pourquoi, se demandait-elle, est-ce toujours l'homme qui rompt l'harmonie de la nature, invente la cacophonie de la guerre ? L'homme est-il vraiment mauvais, comme l'a prétendu le Dr Innes dans un de ses sermons ? L'homme est-il un monstre ? Le péché originel est-il réellement son héritage maudit, la racine de tout mal ?

A mesure qu'elle approchait de Tsume, Ariel se mettait à craindre davantage pour Tsering. Et s'il était mort ou blessé ? L'incertitude la rongeait. Avait-elle véritablement assisté à la déroute des Khambas ?

Pékin dévoilait enfin son jeu. La Chine n'accorderait pas aux Khambas l'autonomie qu'ils réclamaient. Les communistes étaient décidés à appliquer coûte que coûte leurs réformes. On allait vers une guerre totale.

Ariel arriva à Tsume épuisée et rompue. Lorsqu'elle aperçut la haute tour et les grands arbres, elle éperonna son poney. Le chien se mit à aboyer comme à son habitude. Elle mit pied à terre, grimpa vivement l'escalier de pierre et fit irruption dans la grande salle en poussant des cris de joie.

– Sonam, Tsi-la, Drolkar, appela-t-elle en entrant dans la pièce.

Mais la joie de son retour se brisa net à la vue d'un officier chinois émergeant de la fumée.

– *New-how,* dit l'homme d'une voix nasillarde en s'inclinant avec raideur.

– Où sont mes enfants ? s'écria Ariel. Où sont-ils ?

– *Ya-la,* en haut, dit Ani-che, la vieille servante, en s'approchant.

Ariel remarqua qu'elle était en larmes.

– Qu'y a-t-il ? Comment vont-ils ? hurla Ariel au bord de la panique.

– Oui, les enfants vont bien. Ce ne sont pas eux qui sont en cause, pas les enfants, répondit Ani-che en éclatant en sanglots.

– Que se passe-t-il ? demanda Ariel au Chinois.

L'officier chinois, un homme mûr, dont les cheveux poivre et sel lui dégageaient la nuque, dit :

– Nous sommes venus appliquer les réformes démocratiques.

– C'est parfait, dit Ariel essayant de se calmer, maintenant qu'elle était rassurée pour ses enfants, mais je vous prie de sortir de chez moi.

Le Chinois ne bougea pas.

– Avez-vous entendu ? Je vous prie de sortir de chez moi. Vous entendez ? Vous comprenez ? Dehors, dehors ! Sortez ! cria-t-elle en montrant l'escalier.

– Ce n'est plus votre maison, répondit-il avec un fort accent chantant. Vous la partagez maintenant avec deux autres familles. Peut-être souhaitent-elles que je reste.

– Sortez, sortez ! hurla Ariel en avançant vers le Chinois qui était à peine aussi grand qu'elle.

L'homme recula et, dans sa rage, Ariel le poussa au bord de la cage d'escalier.

– Dehors, vous m'entendez, dehors, dehors !

Perdant son sang-froid, le Chinois descendit l'escalier en maugréant et disparut.

Ariel, encore secouée par cette scène, se précipita sur le toit.

– Sonam, cria-t-elle. Où sont mes enfants ?

A son soulagement, elle aperçut Sonam et ses petites sœurs qui se jetèrent dans les bras de leur mère. Ariel se mit à pleurer.

– Mes chéris, dit-elle en les serrant contre son cœur. Mes petits chéris !

Il s'écoula quelque temps avant qu'elle ne s'aperçût en levant la tête qu'il y avait beaucoup de monde sur le toit. Elle n'eut pas le temps de poser de questions.

– Grand-père est très malade, expliqua Sonam, manifestement bouleversé. Il ne pouvait pas marcher. On l'a monté ici. Il est dans votre chambre, on ne nous laisse pas aller le voir.

Ariel se rua dans sa chambre. Le vieux Wangchuk était allongé sur le dos sur un tapis orange. Il avait les cheveux ébouriffés, la poitrine découverte et respirait avec peine. Ariel s'accroupit à côté de lui.

– Qu'y a-t-il ? demanda-t-elle doucement, sans attendre de réponse. Ça va aller mieux.

Regardant autour d'elle, Ariel vit Nyma, l'*aya* des enfants, un des fermiers, deux valets de ferme et un moine.

Le moine s'avança et expliqua :

– Moi aussi, ils m'ont battu, dit-il d'une voix douce. Mais nous n'avons pas pu les empêcher de frapper le vieil homme. Impossible de les arrêter.

– Nous n'avons rien pu faire, dit un des valets en matière d'excuse.

– Nous avons été cernés par les soldats. Ils ont dit que Wangchuk était un traître, que son fils, votre mari, était un ennemi de la « patrie ». Ils ont dit que la famille Lendrup nous avait exploités. Lorsque j'ai dit que ce n'était pas vrai, ils m'ont frappé avec la crosse de leurs fusils. N'est-ce pas ?

– *La-les,* oui, confirma l'autre valet. Ils ont dit que les moines et les propriétaires terriens étaient responsables de tous les ennuis et que la terre devait nous appartenir. Nous avons dit que nous n'en voulons pas, mais ils nous ont ordonné de nous taire. Ils ont déniché un homme de Kanting, un Tibétain, pour lui faire dire qu'une nouvelle vie allait s'ouvrir au Kham, que les Chinois étaient nos amis et que leurs réformes apporteraient l'abondance. Mais nous savions que c'était des histoires, car il utilisait des mots que nous n'avions jamais entendus, et disait que les moines devraient se marier et travailler, ce qui est sacrilège.

Le garçon s'arrêta. Le vieil homme faisait des signes à Ariel qui s'approcha de lui.

– Prends les enfants et partez vite, réussit à dire Wangchuk. C'est mon cœur, pas les coups de fouet. C'est ici que ça fait mal, ajouta-t-il en montrant sa poitrine.

Ariel prit immédiatement les choses en main. Elle envoya un des garçons de ferme chercher l'*amji*.

– Va voir Dorje Wangdi, c'est le médecin le plus proche et dis-lui de venir tout de suite. Prends un poney. Dis-lui que c'est le cœur.

Ariel demanda de l'eau chaude, dont elle lui appliqua des

compresses sur le dos. Il respirait avec beaucoup de difficulté, tandis qu'elle nettoyait les meurtrissures provoquées par les lanières.

– *The Bastards,* les salauds, dit-elle en anglais.

Il ne lui était jamais arrivé de parler anglais comme ça, sans le vouloir, et elle ne se souvenait pas avoir utilisé le mot *bastard,* bien qu'elle se rappelât qu'oncle George utilisait ce mot lorsqu'il était vraiment hors de lui. Elle n'était pas seulement hors d'elle, elle était complètement écœurée. Avoir frappé un vieil homme comme Wangchuk!

– Apporte-moi du lait chaud, dit-elle à Nyma. Non, je vais y aller, ajouta-t-elle en dégringolant l'échelle menant à la salle.

Elle versa du lait d'un tonneau de bois dans le pot de cuivre propre qu'ils utilisaient pour bouillir l'eau du thé. Pendant que le lait chauffait elle entendit un bruit en bas. Puis une tête apparut. C'était la nièce de Nordrop.

– Le commandant chinois est ici, chuchota-t-elle, terrifiée, et il veut vous voir.

– Dis-lui que je le verrai demain, que je m'occupe de mon beau-père que ses brutes de soldats ont battu.

La fille se mit à protester, mais Ariel lui intima l'ordre de se taire et ajouta :

– Et répète-lui exactement cela, que je t'ai dit de lui demander de revenir demain et, que s'il est vraiment un soldat, il devrait avoir honte. Et n'oublie pas le moindre mot.

Ariel monta le lait. Wangchuk ne réussit à boire que la moitié d'une tasse, puis il s'étendit de nouveau sur les tapis et ferma les yeux.

Les montagnes environnantes resplendissaient d'une lumière jaune, mais le paysage familier avait perdu toute sérénité. C'était comme si quelque chose était mort à Tsume.

– Ariel-la, appela la nièce de Nordrop, en arrivant sur le toit, il est parti. Le commandant est parti avec son escorte et a dit qu'il reviendrait demain.

– Et alors, fit Ariel, c'est bien ce que je lui ai demandé. Non?

Wangchuk mourut dans la nuit. Les Chinois n'avaient pas songé à poster un garde sur la maison.

– Partons immédiatement pour Chu-shing, décida Ariel.

Personne, sembla-t-il, ne les vit sortir, lourdement chargés, un par un ou deux par deux. Les deux valets de ferme attendaient de l'autre côté du pont avec des poneys qu'ils avaient tranquillement attrapés dans les champs.

Lorsque le soleil se leva sur Tsume, la maison de Tsering Lendrup était vide et la petite caravane était déjà loin.

Ils s'arrêtèrent sur une colline dominant la vallée. Dorje Tradul, le moine qui avait été battu, priait maintenant sur le corps qu'il avait aidé à transporter. Le cadavre fut déposé nu à côté d'un *chorten* entre six drapeaux à prières marquant les limites de l'espace funéraire. Ils prièrent tous avec le moine pour que Wangchuk connût une heureuse réincarnation. Après quoi Ariel et les enfants, accompagnés de la nièce de Nordrop, de Nyma et de la veille Ani-che, reprirent leur ascension. Dès qu'ils furent hors de vue, les garçons de ferme coupèrent le corps de Wangchuk en morceaux, membre après membre, pendant que le moine priait pour qu'en retournant à l'air qui lui avait donné la vie, il se réincarnât dans un monde meilleur. Les ailes des charognards chatoyaient dans le soleil. Le corps du seigneur de Tsume n'allait bientôt plus faire qu'un avec le vent de la vie.

27

Pendant ce temps à Kalimpong, Ani-la ne pouvait s'empêcher de penser à Ariel. Elle était affreusement inquiète des événements du Tibet Oriental. Des « observateurs chinois » de Hong Kong publiaient de temps à autre des reportages ambigus sur la lutte des Khambas, tandis que Formose brouillait les cartes en prétendant que la résistance au Tibet Oriental était conduite par des partisans de Tchang Kaï-chek. En vérité, personne ne savait vraiment ce qu'il en était.

Il était également difficile, même à Kalimpong, de se faire une idée claire sur ce qui se passait à Lhassa, où la vie, sur ordre de Pékin, semblait suivre son cours habituel. Ani-la rencontrait parfois de vieux amis venant de Lhassa et se rendant à Calcutta. Certains affirmaient que l'avenir était menaçant, d'autres que tout allait bien. Il était vrai que la plupart des Lhasséens ne semblaient pas touchés par les événements du Tibet Oriental ; ils achetaient des disques et dansaient le twist dans les soirées de la cité sainte. Quand on savait qu'au Tibet Oriental les combats faisaient rage, il était difficile d'imaginer les dames de Lhassa dansant le twist. Le twist était pourtant une des rares concessions au monde moderne que toléraient tout juste le Conseil religieux du Dalaï-Lama et les autorités communistes chinoises.

Pendant qu'elle imposait la terreur au Kham, où l'application, en 1956, des « réformes démocratiques » semait la mort non seulement chez les riches et les religieux, mais aussi parmi les paysans dont les victimes se comptaient par milliers, la Chine faisait encore l'aimable avec le Tibet Central. Le peu d'empressement des Tibétains du Centre à secourir leurs frères Khambas était étonnant. Beaucoup de Lhasséens suivaient les événements du Kham avec un soulagement inavoué. Les

Khambas n'avaient-ils pas constamment menacé le pouvoir des Lhasséens? Les Khambas n'avaient-ils pas voulu prendre le contrôle du Tibet Central sous les Pangdatsang? Peut-être, murmuraient certains, était-ce une bonne chose que les Pangdatsang fussent en exil à Kalimpong et que le Kham fût dévasté par la Chine.

Ani-la écoutait les uns et les autres dans l'espoir de glaner quelque information sur la famille Lendrup et sur Ariel dont elle ne savait rien depuis plusieurs années, exactement depuis l'arrivée, en 1950, d'une lettre adressée à George, où elle annonçait la naissance de son fils, Sonam Tsering.

– Tsume? Avez-vous été à Tsume? demandait Ani-la aux rares Khambas qu'elle rencontrait au bazar.

Les réponses étaient toujours négatives.

Ils lui apprirent que la tension ne cessait de monter à Lhassa. Que les Chinois faisaient pression sur le Dalaï-Lama pour qu'il les aidât à étouffer la rébellion du Kham. On lui avait même demandé de fournir des troupes afin d'aider les Chinois à combattre son propre peuple! La situation devenait insupportable pour lui qui était un Amdo du Tibet Oriental. A la surprise générale, le Dalaï-Lama débarqua en Inde pour le 2 500e anniversaire de la naissance de Bouddha. Le Dalaï-Lama fit alors savoir, de manière confidentielle, à Nehru, qu'il ne rentrerait pas au Tibet. Cette nouvelle mit le Premier ministre en fureur, car il craignait de gâcher ses relations amicales avec la Chine. Nehru transmit secrètement les intentions du Dalaï-Lama à Chou En-lai, qui fit en toute hâte le voyage de Pékin en Inde. Nehru et le ministre chinois des Affaires étrangères persuadèrent le naïf dieu-roi de retourner à Lhassa, où les Chinois avaient encore besoin de lui pour garder le contrôle du Tibet.

Lors de son passage plusieurs membres de l'escorte aristocratique du Dalaï-Lama donnèrent à Ani-la des nouvelles d'Ashi Pema.

– Imaginez-vous que la princesse Pema a une liaison avec un muletier, lui apprit un ami de Lhassa. Quel scandale ça a été! Son frère Tashi l'a mise dehors. Mais il a gardé Chu-la, la fille de Pema et, malgré la réputation de sa mère, il a réussi à la marier l'année dernière au fils d'Andrukang, le grand et puissant ministre du XIIIe Dalaï-Lama.

« Ashi Pema a essayé de gagner le Kham avec son amant. Mais il s'est passé quelque chose et elle est rapidement rentrée à Lhassa. Et puis voilà qu'elle s'est mise à travailler pour les Chinois. Elle est chargée de fonder des écoles, où l'on enseigne le chinois. Le muletier a disparu; on dit qu'il était extraordinairement beau. Et maintenant, croyez-le si vous le voulez, Pema s'occupe – il est vraiment trop vieux pour être son amant – d'Ungdi, oui, le vieux prince de Tradum, de la plus vieille famille de Lhassa. De sorte qu'elle est de nouveau invitée dans toutes les réceptions et on dit même qu'ils pourraient se marier.

Pema menait enfin la vie dont elle avait rêvé, une vie de considération et de représentation, et elle était sur le point de se marier à un Lhasséen de sang bleu, le prince de Tradum. Et cela après avoir vu sa fille épouser un autre aristocrate. De plus Ashi Pema était secrétaire à l'Éducation dans l'administration tibétaine! Pema ne cessait d'étonner Ani-la qui était pourtant loin d'approuver sa conduite. Quelle personnalité! En quoi Ariel ressemblait-elle à sa mère?

Avec les années, la vie à Kalimpong devenait de plus en plus difficile pour Ani-la. L'un après l'autre les vieux résidents étaient partis, harcelés par l'administration indienne qui cherchait à réduire les pensions, surimposer les Européens et rendre la vie difficile à tous les étrangers.

Ils étaient de plus en plus souvent accusés d'espionnage par les autorités indiennes, et d'être mêlés au conflit tibétain, avant d'être priés de quitter Kalimpong, seul endroit du monde libre où les espoirs et les craintes des Tibétains pouvaient encore être exprimés. Lorsque les journalistes émettaient quelque inquiétude sur la situation au Tibet, les Indiens les accusaient de calomnier la Chine et de propager de fausses nouvelles. Pour mieux contrôler l'information, le gouvernement indien inclut Kalimpong dans la zone interdite aux étrangers dépourvus de laissez-passer. Non contente d'isoler le Tibet, l'Inde reconnaissait dans ses documents officiels que ce pays faisait partie intégrante de la Chine.

Ani-la en fut dégoûtée. Elle éprouva soudain le besoin d'exprimer son indignation à François avec lequel elle entretenait encore de rares échanges épistolaires. Elle voulait que quelqu'un de « là-bas » apprît la honteuse collusion sino-indienne contre le Tibet. Elle lui écrivit donc.

« ... *La Chine agit de façon scandaleuse envers mon pays. A Lhassa, les Chinois ont circonvenu le Dalaï-Lama pour mieux détruire le Kham et l'Amdo, qui abritent plus de la moitié de la population totale du Tibet. En maintenant au Tibet Central les privilèges des moines et ceux de l'aristocratie, les Chinois ont toute liberté pour opprimer le reste du pays et ils profitent de l'impuissance où se trouve le Tibet Central pour construire un réseau de routes qui leur permettra de contrôler le pays tout entier.*

« *L'Inde bloque l'information. Tout cela pour satisfaire la vanité de Nehru qui, depuis la conférence de Bandung, se considère comme le leader de l'Asie. Et pendant ce temps l'Inde n'est même pas capable de fabriquer une lampe-tempête étanche, et les* harijans, *les intouchables, continuent d'être jetés dans des puits et assassinés pour le crime de souiller la caste supérieure. Le souvenir de Gandhi est bafoué, car, négligeant l'agriculture, Nehru accorde à une demi-douzaine de familles le droit de gagner des millions, grâce à des monopoles concédés par l'État. Le parti du Congrès prétend aussi s'imposer au Népal et au Sikkim.*

« On a prié le prince Pierre de Grèce de quitter Kalimpong, l'intérêt d'érudit qu'il porte au Tibet étant suspect. Les troupes chinoises ne cessent de traverser l'Inde et Kalimpong pour se rendre à Lhassa, ce qui donne la vraie mesure du « non-alignement » de l'Inde. Panikar, l'ambassadeur d'Inde à Pékin, est sans doute communiste. Mais, au fait, de quel droit juger? Je ne suis qu'une simple Anglo-Tibétaine, c'est-à-dire pas grand-chose.

« Tout devient de plus en plus difficile ici. Pas plus tard que la semaine dernière un homme appelé Banerjee est venu me voir avec un officier de police. Ce Banerjee prétend que le gouvernement a deux griefs contre moi. Le premier concerne la succession de George Stevens.

« D'après ce Banerjee, l'intégralité de son capital doit être transféré des banques anglaises à la Banque Nationale de l'Inde. En tant qu'exécuteur testamentaire, je suis, d'après Banerjee, passible d'une amende. Le même individu prétend que mon statut de sujet indien pourrait être revu en raison de mon ascendance tibétaine. Banerjee a déclaré appartenir au service des renseignements indien et, pour le prouver, il a dit qu'il savait tout sur Ariel Gordon, qu'elle était à demi tibétaine et qu'elle travaillait pour les services secrets britanniques.

« Je suis très inquiète, pour moi-même, et surtout pour Ariel. Et s'ils essayent de m'obliger à quitter Kalimpong, ou même l'Inde? J'ai pris contact avec plusieurs avocats de Calcutta au sujet de la fortune d'Ariel. Ils affirment que les Indiens n'ont aucun droit dessus, mais qu'il faudra du temps pour le prouver.

« Dieu seul sait ce qui est arrivé à Ariel. Les rares Khambas qui passent par ici font état de violents combats dans l'ensemble du Kham et de tortures publiques pour hâter l'application de leurs réformes démocratiques!

« Mais assez de nouvelles déprimantes. Je suis contente que tu aies vu Kalimpong et le Sikkim en un temps plus propice. Je crains que tu sois plutôt déçu maintenant. Je pense souvent à toi, mon cher François, et je me demande où tes voyages t'ont conduit. Ne m'oublie pas et écris-moi.

Je t'embrasse affectueusement,

ANI-LA

A sa surprise et à sa joie. Ani-la reçut au début de 1958 une longue réponse par retour de courrier. Écrite dans un anglais chaotique, truffée de mots français, elle retraçait ce qu'il avait vécu. Histoire douce-amère. Les années filaient, écrivait François, et depuis qu'ils s'étaient quittés, il n'avait rien fait dont il pût être fier.

« J'ai été désolé d'apprendre ce qui se passe au Tibet et j'aimerais faire quelque chose pour aider les Khambas. Grâce à toi, mon orchidée tibétaine, je suis fier de posséder une importante bibliothèque, essentiellement en anglais, de livres tibétains.

« J'ai déjeuné l'autre jour avec le nouveau ministre français des Affaires étrangères et lui ai parlé du Tibet. Il a prétendu ne rien savoir, mais a déclaré que la France ne pouvait rien faire à cause de ses colonies. Quoi qu'il en soit, il faut aider le Tibet. Fais-moi savoir si je peux faire quelque chose d'ici.

« Je viens d'acheter un nouvel avion, un Gardan Special, et chaque fois que je décolle, j'ai envie de mettre le cap vers l'est. Peut-être me verras-tu arriver d'ici peu.

Je t'embrasse très fort,

FRANÇOIS

Ani-la relut plusieurs fois sa lettre. Peut-être l'aimait-il toujours?

Elle comprenait que François était l'homme de sa vie. Elle n'aurait pas dû le laisser partir seul pour la France. Maintenant, huit ans après, il lui restait une chance.

Cette nuit-là, allongée sur son lit, elle songeait à François, à ce qui aurait pu se passer entre eux, comme elle avait si souvent rêvé à ce qui aurait pu se passer entre George et elle. Elle jonglait avec les « peut-être » et les « si seulement ». Ani-la prenait enfin conscience de sa bêtise.

– Pourquoi vivre dans les rêves? Pourquoi ne pas agir?

La réponse était évidente.

– Ani-la... remue-toi un peu le cul!... se dit-elle, effarée de sa propre audace. Regarde ce qu'a fait Pema, elle s'est secouée et a commencé une nouvelle vie. Qu'a fait Ariel? Elle est partie pour le Tibet. Tu es la seule à être restée, sans rien faire d'autre que soigner tes orchidées et te plaindre. Quant aux orchidées, tu n'as même pas participé aux expositions. Ni à Calcutta ni à Bombay, encore moins à la grande exposition de Londres, où tu aurais pu gagner des prix et te faire connaître. Mais il a fallu que tu restes à Kalimpong à fumer des cigarettes et à jouer les bonnes âmes; de bon conseil pour les autres, navrante pour toi-même. Qu'est-ce donc que ta vie, sinon une longue liste de regrets?

Ani-la se leva très agitée et alluma toutes les lumières en parlant toute seule.

– Demain, tu pars pour Paris, poursuivit-elle. Tu vas voir ce que tu peux faire pour aider le Tibet. Tu vas retrouver François et tu vas l'épouser. Et maintenant, dis au revoir à Kalimpong. Tu ne vas pas te remettre au lit, tu vas faire tes valises tout de suite. Si tu restes debout toute la nuit...

– Qu'y a-t-il? demanda Tradul endormi.

Il avait été réveillé par les discours d'Ani-la.

– Rien, rien, répondit-elle. Si, se reprit-elle, il se passe que je pars pour l'Europe, Tradul. C'est urgent. Il faut que tu m'aides à faire mes bagages. Ensuite, va chercher un taxi devant le cinéma. Réveille un des chauffeurs Sikhs, s'il le faut. Je dois attraper le courrier de Calcutta qui décolle de Badogra à 6 h 15. Il est 2 heures maintenant. Je devrais être à l'aéroport à 5 heures et je compte deux heures pour y aller, il ne nous reste donc qu'une heure.

Aux premières lueurs de l'aube, Ani-la se trouvait sur la piste de Badogra, qui avait été agrandie depuis son dernier passage avec François. Le pavillon de cricket avait été remplacé par une baraque de ciment, flanquée d'une tour de contrôle; quatre hangars se dressaient, où il n'y en avait qu'un. Un DC 3 des Indian Airlines reliait deux fois par jour Badogra à Calcutta, le courrier du matin et le vol normal de midi. Les vaches étaient toujours là, gardées par des gamins.

Ani-la avait emporté les grands chéquiers de la Westminster Bank qu'elle n'avait jamais utilisés. Elle gardait d'ailleurs scrupuleusement ses relevés de compte, ou plutôt ceux d'Ariel, dont les revenus, en l'absence de cette dernière, lui étaient versés. Ani-la n'en avait jamais dépensé un sou, malgré son droit à le faire. La petite rente des actions que lui avaient laissées son père et l'argent qu'elle tirait de la location de ses chambres assuraient facilement son modeste train de vie. Ses besoins étaient faibles, très faibles. Aussi l'héritage d'Ariel n'avait-il fait que se multiplier depuis neuf ans que George était mort. Les sommes importantes effrayaient Ani-la et plus elles le devenaient, plus elle craignait d'y toucher.

Mais maintenant les choses étaient différentes. Elle ne voyait pas pourquoi elle ne dépenserait pas une part de ces revenus. N'était-ce pas la volonté de George? Et puis il y avait tant d'argent que le coût de son voyage paraissait insignifiant.

En arrivant à Calcutta, comme dans un rêve, Ani-la obtint en un rien de temps une place dans un vol pour Paris et une autorisation de change. De sa chambre au Grand Hôtel, Ani-la assistait au va-et-vient des boys avec son billet d'avion, son certificat de vaccination et les autres documents indispensables pour sortir du pays. Un agent de voyage vint la trouver. Il lui expliqua qu'il risquait de faire froid en France et qu'elle devrait emporter un manteau léger, « mais, ajouta-t-il, n'emportez pas trop de vêtements, car à Paris vous en trouverez de ravissants ».

Ani-la n'y avait pas songé. En fait elle ne s'était rien acheté depuis des années.

L'avion partait le mercredi, ce qui lui laissait un jour et demi à Calcutta. Elle en profita pour aller voir ses avocats au sujet de l'affaire dont lui avait parlé Banerjee.

– Il n'y a aucun problème, miss Wittlesey. Le gouvernement indien ne peut pas toucher le capital, et il ne peut pas non plus vous faire payer d'impôts dans la mesure où vous en payez déjà en Grande-Bretagne.

L'avocat lui donna l'adresse d'un conseiller fiscal à Londres, à qui elle pourrait s'adresser.

A Grindley's Bank Ani-la prit de l'argent étranger – des livres anglaises et des francs français. Les premiers, épais et verts, les seconds, d'énormes coupures de couleurs gaies, des milliers et des milliers de francs.

– Promesses de plaisirs interdits, pensa Ani-la, répétant bêtement les clichés du *gay Paris*.

Elle n'éprouvait cependant aucune mauvaise conscience. Elle allait voir François. Elle allait coucher avec lui et l'aimer de tout son cœur. Elle renonça à lui envoyer un télégramme. Les Tibétains n'envoient jamais de télégrammes, se dit-elle. Ils se contentent d'arriver.

Cet après-midi, Ani-la prit le thé chez Fripo, où elle se régala d'une glace au chocolat. L'endroit n'était pas aussi agréable qu'autrefois, mais il en était presque partout ainsi en Inde à présent. A Calcutta, c'était frappant : le stuc des édifices jadis imposants de Chowingree était écaillé, les vitrines des magasins étaient poussiéreuses, la nouvelle Inde n'importait plus rien, le commerce languissait et le laisser-aller était général. Ces reliques coloniales ressemblaient à des monstres croulants. Le climat, toujours impitoyable, accélérait le processus de délabrement.

Et cependant Calcutta gardait quelque chose de magique. Même en plein déclin, elle se raccrochait à la tradition; on se pressait aux courses, comme si rien n'avait changé; les clubs étaient aussi courus qu'autrefois et nul ne s'inquiétait de savoir si le whisky était de contrebande ou une infâme mixture locale. Les boys affectaient de ne pas remarquer la diminution régulière des *sahibs* et l'augmentation des *dhotis,* comme ils appelaient dédaigneusement les membres indiens.

Voler de Calcutta à Paris n'était pas une petite affaire. Le quadrimoteur DC 4 était un avion sûr, mais rarement à l'heure. Le vol d'Air France que prit Ani-la devait faire escale à Delhi, Karachi, Téhéran, Beyrouth, Athènes et Rome. Un voyage de vingt-quatre heures d'où elle sortit sourde, épuisée et sale.

Lorsqu'elle posa le pied dans le hall de l'aéroport d'Orly, Ani-la se sentit flotter dans un rêve peuplé d'hommes et de femmes magnifiquement habillés. Après la misère de l'Inde, tout le monde ici semblait propre et riche.

Il pleuvait doucement et cela même lui parut exotique, car en Inde il ne pleuvait jamais ainsi. Il tombait d'effrayantes averses de mousson, apportées par des vents chauds. C'était ici une pluie tranquille et douce qui semblait flotter dans l'air et enrober d'argent les drôles de taxis noir et rouge qui filaient à toute vitesse.

Avec son sac et une valise, Ani-la se sentit un peu perdue. Par où commencer ? Appeler François tout de suite ? Non, il ne fallait pas se montrer trop pressée. Elle voulait d'abord prendre un bain et trouver un lit. Elle se sentait soudain minable dans sa robe turquoise froissée qui paraissait si élégante à Kalimpong, mais qui ici dans la lumière tamisée semblait plutôt de mauvais goût.

– Que fais-tu ici ? se demanda Ani-la.

– *Mik, tagi yin.* Je regarde.

Cette phrase tibétaine, qui évoquait pour elle de robustes paysans tibétains, les bras ballants, bouche bée devant les peintures murales de quelque monastère, la fit rire.

Ani-la obtint d'une hôtesse de l'aéroport le nom d'un petit hôtel « charmant ». Quelques minutes plus tard, dans le chuintement de la pluie sous les pneus de son taxi, Ani-la traversa une jungle de ferrailles qui défiguraient les approches de la ville. Ici, pas de mendiants, des épaves, les cimetières de la technologie, car les machines, comme les hommes, ont une fin. Ainsi Ani-la découvrit-elle que la « Ville Lumière » avait aussi ses ombres. La course fut longue, la circulation intense. A mesure qu'ils approchaient, les minables maisons d'un ou deux étages entourées de jardinets envahis de mauvaises herbes étaient remplacées par des immeubles de pierre grise beaucoup plus élevés. Les rues étaient toutes bordées de façades semblables flanquées de balcons nus. A mesure qu'ils approchaient du centre, ces bastions uniformes cédaient par endroit la place à des palais majestueux. Certains étaient entourés de jardins géométriques et soignés, d'autres surplombaient de leurs façades dépouillées des terrasses recouvertes de dalles ou de gravier. Tout cela bien aligné, vaste et imposant. Le chauffeur de taxi, une cigarette au coin de la bouche, débita fièrement les noms des églises, des monuments et des palais devant lesquels ils passaient. Mais elle les connaissait déjà, les ayant vus sur des calendriers, des boîtes de chocolats ou des revues illustrées : les Invalides, la place de la Concorde, le Louvre, et puis, au-dessus des toits, vacillante dans la brume, le sommet de la tour Eiffel. Le chauffeur de taxi la déposa enfin sur le quai en face du Louvre.

A côté du Grand Hôtel de Calcutta, l'hôtel Voltaire était une auberge de campagne. Un bref couloir qui reliait la rue à un étroit bureau en formait tout le vestibule. Derrière le bureau se tenait une vieille dame qui finit par lever la tête de ses comptes d'un air las pour accueillir Ani-la.

– Oui, madame? demanda-t-elle. Avec ou sans bain?

– Avec bain, s'il vous plaît, madame, répondit Ani-la.

La vieille femme lui tendit une clé et la laissa se débattre toute seule avec son énorme valise contre les portes archaïques de l'ascenseur de bois qui semblait dériver d'un casier à homards.

En haut, le couloir sentait le vieux, mais la chambre d'Ani-la était propre et donnait, à travers les voilages, sur le Louvre, vue qui faisait oublier l'absence de confort.

Épuisée, Ani-la se jeta sur le dessus-de-lit de chintz fané et ferma les yeux. Comme il est facile, pensa-t-elle, de changer d'identité. Qu'elle paraissait loin cette femme de Kalimpong qui vivait au milieu des orchidées, avec un serviteur tibétain dans une petite station de montagne en bordure du Tibet! Kalimpong, ce nom même sonnait drôle, un peu ridicule et terriblement lointain.

En s'assoupissant, elle revit confusément les couloirs et les salles d'attente des aéroports de Rome, d'Athènes, de Beyrouth et de Karachi. Elle ne les distinguait plus. Seule la couleur des uniformes des employés les différenciait; de plus en plus clairs à mesure qu'ils volaient vers l'ouest.

Il faisait sombre lorsqu'Ani-la se réveilla. Elle avait dormi six heures. Elle descendit encore ensommeillée et réveilla l'étudiant qui faisait office de gardien de nuit. Il parlait un peu d'anglais et proposa d'aller lui chercher un sandwich, si elle voulait bien garder le bureau. Ani-la attendit dans la pénombre du vestibule. Il était 4 heures du matin. Quelques voitures et taxis attardés passaient à vive allure devant les portes en fer forgé doublées de vitres qui la séparaient du quai.

Le lendemain matin, lorsqu'Ani-la se réveilla, le soleil brillait. Se plongeant dans un bain chaud, elle se sentit une autre personne. Elle n'avait pas mis longtemps à changer de façon de voir. Elle avait déjà un passé français avec un chauffeur de taxi, la vieille dame du bureau et l'étudiant qui avait été lui chercher un sandwich en pleine nuit.

Apparaîtrait-elle différente à François? Il lui fallait améliorer son apparence. De nombreuses années avaient passé depuis que François ne l'avait vue. Elle avait toujours le visage aussi lisse, elle était aussi mince que lorsqu'ils s'étaient rencontrés, mais ses cheveux étaient parsemés de fils blancs. Elle décida de les teindre et de s'acheter des habits avant même de lui téléphoner.

Ani-la n'était pas allée chez le coiffeur depuis une éternité et jamais chez un coiffeur avec qui elle ne pût pas communiquer, mais à la guerre comme à la guerre. Rue du Bac, dont l'hôtel faisait le coin, elle se fit couper et teindre les cheveux. Elle renonça à en vouloir au coiffeur de l'avoir traitée de touriste, et d'avoir forcé lourdement la note, tant le résultat était réussi. Elle hésita devant le miroir, mais reconnut sa vieille robe turquoise.

Je vais régler ça tout de suite, se dit-elle, en sortant du salon de coiffure. Elle n'eut guère à marcher jusqu'au boulevard Saint-Germain, où elle trouva plusieurs boutiques.

Ani-la regagna son hôtel à l'heure du thé, chargée de cinq grands cartons. Après un second combat contre les portes de l'ascenseur, elle retrouva sa chambre où elle essaya ses nouveaux vêtements. Elle admira dans la glace le chic de sa nouvelle coiffure qui la rajeunissait. La première robe était un fourreau noir pour le soir. Avec sa broche tibétaine de turquoise et d'or fixée sur l'épaule, elle était splendide. Elle passa ensuite le tailleur écru de Chanel bordé d'un galon argent; son élégance la surprit elle-même. Elle avait acheté aussi deux paires de jolies chaussures pour remplacer ses confortables souliers anglais, dont le marchand lui avait fait discrètement remarquer qu'ils détonneraient avec ses nouvelles robes.

Animée d'une assurance qui ne lui était pas habituelle, Ani-la descendit dans le vestibule pour appeler François.

– *Monsieur n'est pas là, il est à la campagne,* répondit-on en donnant un numéro de téléphone et le nom imprononçable de quelque village français.

La dame derrière le bureau demanda un autre numéro, tandis qu'Ani-la attendait le cœur battant.

Et si François était en Afrique? Ou ailleurs? Et s'il avait, eh bien, une amie? Et s'il était fâché de la voir débarquer ainsi après tant d'années?

Prise de panique, Ani-la se mit à se poser toutes ces questions auxquelles elle aurait dû répondre avant de quitter Kalimpong.

– *Un instant, madame, on vous passe à la cabine le comte de Calmont.*

Au comble de l'agitation, Ani-la tira désespérément la porte de la cabine avant de comprendre qu'il fallait la pousser pour l'ouvrir. A l'intérieur, elle chercha à tâtons le récepteur et lorsqu'elle l'eut bien en main, elle respira profondément.

– François? C'est moi, Ani-la. Je suis à Paris.

Suivit un bref silence pendant lequel Ani-la donna libre cours à ses pires craintes, qui s'évanouirent lorsqu'elle l'entendit dire.

– *Formidable! Où es-tu? Merveilleux!* Quelle surprise! Peux-tu venir tout de suite? Non, non, je vais te rejoindre en avion, ou plutôt en voiture, car le temps est exécrable. C'est si inattendu. Quelle joie! C'est merveilleux que tu arrives juste maintenant. Mais je t'expliquerai plus tard. Donne-moi quatre heures, le temps d'arriver en voiture. Je serai là à 7 h 30 pour t'emmener dîner. Nous pourrions prendre un verre quelque part... Donne-moi le nom de ton hôtel. Formidable!

Lorsqu'Ani-la raccrocha, elle avait des larmes qui lui coulaient le long des joues. Jamais elle n'avait été aussi heureuse. Peut-être une nouvelle vie allait-elle commencer? Comme il avait été difficile, et pourtant simple, de prendre les choses en main après tant d'années de passivité.

– *Quelqu'un pour vous, madame.*

Ani-la aimait ce *quelqu'un,* si romantique. Elle fut accueillie par un débordement de joie tout enfantine, devant lequel elle ne fut pas en reste. François lui serra la main et l'embrassa sur les deux joues.

– Quel bonheur de te voir. Je suis venu en voiture. J'ai réfléchi pendant le trajet. Avant que je ne t'emmène dans mon repaire campagnard, je crois que nous devrions voir quelques amis susceptibles d'aider le Tibet. Comme tu me l'as écrit, il faut faire quelque chose et Paris est un bon point de départ. J'espère que tu ne vois pas d'inconvénient à ce que je t'emmène prendre un verre chez des amis. Je préférerais être seul avec toi, mais nous y passerons une heure et ensuite nous irons dîner dans un merveilleux petit restaurant qui se trouve près d'ici. *D'accord?*

Ani-la acquiesça et François l'entraîna dehors vers une vaste torpédo. Une Hotchkiss. Le nom la fit sourire. Il y régnait une odeur de cuir et d'essence, tout à fait différente des voitures anglaises en Inde. Elle se déplaçait avec une majestueuse lenteur dans un agréable ronflement, tandis que scintillaient les nombreux cadrans du tableau de bord.

Derrière l'énorme volant, François était bien différent dans son grand manteau de tweed à chevrons du François qu'elle avait rencontré à Kalimpong avec son costume colonial trop élégant. Il ne ressemblait pas aux personnages de roman qu'elle connaissait.

Les Français étaient décidément des gens à part. D'une certaine façon plus naturels que les Anglo-Saxons qui manifestaient rarement ce détachement amusé que François semblait posséder au plus haut point. Les Anglais se donnent peut-être trop de mal, pensa Ani-la, trop de mal pour faire et dire ce qu'il convient.

François n'utilisait jamais de phrases toutes faites, il ne parlait jamais de sa voiture ou du temps, et ne racontait pas d'histoires comme les Anglais.

– Ton coup de téléphone m'a tellement agité que j'ai failli avoir un accident en venant te rejoindre. Tu m'as vraiment manqué. Tu n'as pas quitté mes rêves. Ça peut paraître idiot après tant d'années, mais je t'aime de plus en plus.

« Je suis heureux que tu aies apporté cette cape. Je vois que tu es devenue très européenne, avec des chaussures à la dernière mode et tu as fait couper tes magnifiques cheveux.

Aucun Anglais n'aurait dit cela, songea Ani-la, ou remarqué mes chaussures dans l'obscurité.

– Nous allons prendre un verre chez un ami, poursuivit François. Lorsque je l'ai appelé de la campagne il m'a promis d'inviter plusieurs membres du gouvernement intéressés par le Tibet. Notre hôte a lui-même vécu longtemps en Indochine et au Cambodge.

François arrêta la voiture devant une grille couverte de lierre qui entourait le petit jardin d'un immeuble en pierre. Il faisait froid et Ani-la fut heureuse de pénétrer dans le hall de marbre, où les lumières d'un lustre se reflétaient à l'infini dans les nombreuses glaces. Suivant le tapis rouge, ils gravirent quelques marches de pierre blanche et se retrouvèrent sur un palier devant une porte de chêne qu'ouvrit un maître d'hôtel. Ani-la et François furent introduits dans un vaste salon dont les épais tapis, la lumière douce et l'odeur de cigarettes américaines dégageaient une discrète atmosphère de luxe. Ani-la remarqua les visages sévères de messieurs en perruques, qui la toisaient de leurs cadres dorés, accrochés sur les murs tendus de soie.

Ani-la, d'abord intimidée, ne comprit aucun nom, mais elle fut soulagée de voir que tout le monde parlait anglais. Et puis François se tenait à ses côtés. On commença par échanger des plaisanteries. Un des hommes interrogea Ani-la sur la situation au Tibet. Lorsqu'elle eut répondu, il lui demanda :

– Mais peut-on livrer des armes et des médicaments aux Khambas ?

Ani-la ne savait que répondre.

– L'Inde, se risqua-t-elle, n'accepterait certainement pas de laisser des armes transiter par son territoire, pas plus que la Russie. Il ne reste que la Birmanie, le Bhoutan ou le Népal, poursuivit-elle avec hésitation.

Le Français qui avait posé la question lança :

– La Birmanie est exclue. La zone frontière du Fort Hertz est en plein chaos, m'a-t-on dit. Cette région, qui fait partie du « triangle d'or », est en perpétuelle ébullition.

« Quant au Bhoutan, ce pays n'a pas la moindre route, ce qui en rend l'accès à travers les montagnes extrêmement difficile. Et de toute façon, ajouta l'homme, l'Inde ne laisserait pas arriver d'armes jusqu'à la frontière méridionale du Bhoutan. Pas plus qu'elle ne permettrait l'acheminement d'armes au Népal. Je crains qu'il ne soit impossible d'aider directement les Tibétains.

La sentant découragée, François lui pressa doucement le coude et dit :

– Mais le seul moyen de fournir des armes, c'est de passer par l'Inde. Ani-la et moi savons qu'il y a beaucoup de sympathisants tibétains à l'intérieur du pays. Si on pouvait organiser à l'intérieur du Tibet un système de distribution efficace, je suis sûr que nous pourrions faire passer des armes et des médicaments par le sous-continent. Il suffit de graisser la patte de quelques fonctionnaires.

– Ce n'est donc qu'une question de gros sous, fit remarquer quelqu'un.

Un vieux monsieur dans un costume bleu foncé prit la parole. Comme tout le monde se tournait vers lui, il déclara d'une voix très douce qu'il était prêt à fournir des fonds, si on pouvait garantir la distribution d'armes et de médicaments au Tibet.

Ani-la se demandait qui pouvait bien être cet homme, lorsque leur hôte fit observer :

– Nous sommes nombreux à ne pas voir d'un bon œil la présence chinoise au Tibet, comme ailleurs.

Puis il remit la conversation sur des sujets plus légers, tandis qu'on passait du champagne avec des canapés au saumon, aux pointes d'asperges et au saucisson.

François et Ani-la partirent les premiers.

– Des gens sympathiques, mais par trop prudents, dit-il, comme ils regardaient la voiture. Les fonctionnaires, ceux dont les chaussures noires étaient trop bien cirées, ne feront rien. Ils estiment qu'on ne peut ou ne doit rien faire. Les banquiers souhaitent sincèrement apporter une aide financière, mais comme d'habitude personne ne veut se charger d'acheminer les cargaisons. Je te parlerai plus tard de mes plans. Mais assez pour aujourd'hui, ma chérie.

« Laisse-moi te dire que j'adore ta robe et que ta présence ici me ravit. Et maintenant je vais te montrer qu'il y a autre chose en France que de la soupe Mulagatawny et du mouton bouilli.

A cela Ani-la répondit avec une lueur malicieuse dans les yeux :

– Nous autres Tibétains ne mangeons ni cette infâme nourriture anglaise, ni curries. A Lhassa nous avons la cuisine chinoise, qui, comme tu le sais, est réputée pour être aussi bonne, sinon meilleure, que la française.

– *Touché,* dit François en riant.

Il s'installa derrière son énorme volant et conduisit son imposant véhicule par les rues brillamment éclairées de Paris jusqu'à un petit restaurant de la rue de Lille, proche de l'hôtel d'Ani-la.

Ils en étaient au fromage lorsque François, l'air tout à fait sérieux, dit :

– C'est simple, Ani-la, j'y ai bien réfléchi. Je ne savais pas que tu allais venir, mais je t'aime depuis le début, et ton arrivée est un signe du destin. J'avais décidé, avant même que tu n'arrives, de donner mon temps et mon argent à la cause tibétaine. J'ai appris la semaine dernière que la situation était grave. Les Chinois se sont engagés dans une guerre inexpiable au Kham ; ils utilisent des bombardiers, des conseillers russes, des blindés et des centaines de milliers de soldats. D'après les services de renseignements, ils auraient concentré des troupes au Tibet Central et feraient pression sur le Dalaï-Lama pour obtenir son aide contre les Khambas. La situation, j'en suis sûr, est sur le point d'exploser. Et, bien que d'autres personnes, à Londres et ailleurs, partagent mon opinion, personne n'envisage de faire quoi que ce soit. On dit que les États-Unis, à la demande de Formose, seraient prêts à entraîner quelques Tibétains en vue de parachutages dans leur pays, mais ce ne sont que des rumeurs et je doute que l'administration d'Eisenhower soit prête à entériner un tel projet.

« Je propose que nous gagnions l'Inde dans mon avion, dès que tout sera organisé, afin de mettre sur pied un réseau de sympathisants à la cause tibétaine parmi les Indiens. Je pense aux maharadjahs. Ils sont pour la plupart riches et mécontents de la politique de Nehru. On pourrait même en décider certains à agir.

« Maintenant le plus important te concerne. Ani-la, je t'aime. Je veux vivre avec toi, et cela n'est pas nouveau.

Ani-la sourit.

– Mais pourquoi ? demanda-t-elle. Je n'ai rien à offrir.

– Ridicule, dit vivement François. Je n'ai jamais rencontré quelqu'un d'aussi merveilleux que toi. Ni d'aussi généreux. Je ne t'ai jamais entendue parler de toi. Et ce n'est qu'une des raisons de l'amour que je te porte.

Suivit un silence, puis François éclata de rire.

– Oh, et j'ai oublié de dire que tu es la femme la plus exotique et la plus belle que j'aie jamais rencontrée, et je n'arrive pas à comprendre comment j'ai pu quitter Kalimpong sans toi...

« J'aime tout ce qui te touche, Ani-la. Surtout ta manière d'arriver sans prévenir. Maintenant que je sais que tu es téméraire, ma chérie, j'ai décidé de t'épouser, demain, et je ne plaisante pas.

Ani-la était incapable de prononcer une parole. Ses yeux étaient pleins de larmes. D'une voix douce, elle finit par dire :

– Allons, François, nous sommes trop vieux pour nous marier.

28

Ariel avait les yeux pleins de larmes, lorsque dans le froid glacial elle parvint au sommet d'une petite colline pour y attendre les valets de ferme et le moine qui s'étaient occupés du corps de Wangchuk. Ils prirent la direction des plaines du nord, où devait les attendre Nordrop. Le soir du deuxième jour de marche ils aperçurent au loin les coupoles noires des tentes en poil de yack des nomades campés à Chushing. Alors qu'ils approchaient à bout de force, Nordrop vint à leur rencontre. Ariel comprit immédiatement qu'il était porteur de mauvaises nouvelles.

– Tsering n'est pas arrivé, annonça-t-il d'un air lugubre. Plusieurs de nos hommes disent qu'il a été grièvement blessé et qu'on a dû l'abandonner.

Ariel était trop épuisée pour réagir. Elle garda un certain temps le silence :

– Sûrement quelqu'un l'aura trouvé, les Chinois peut-être. Avez-vous demandé à tout le monde, peut-être n'est-ce pas aussi sérieux qu'on le dit !

Nordrop ne répondit pas tout de suite, puis, ne trouvant rien à ajouter, il remarqua, en les conduisant à une des tentes voisines :

– Il ne nous reste qu'à implorer le Miséricordieux et à prier.

Les enfants étaient blottis dans un coin sous des couvertures de mouton, où ils s'étaient endormis exténués.

– Il y a ici quelque trente personnes de Tsume. Nous avons aussi des armes et des munitions, expliqua Nordrop. Les nomades nous proposent de les suivre vers le nord. Ils disent avoir assez de grain pour nous nourrir pendant longtemps.

– Mais où aller, si les Chinois tiennent toutes les villes ?

– Nous devons continuer à nous battre, à attaquer les convois, à harceler les petites garnisons. Tous les hommes ici sont d'accord, répondit Nordrop.

Ariel comprit soudain que leur situation était désespérée. Que pouvaient-ils attendre ? Il était hors de question de retourner à Tsume, mais vivre comme des nomades n'était pas non plus une solution. Elle se rendait bien compte qu'il n'y avait pas d'autre choix que de se battre, pour gagner ou mourir.

– Peut-être Lhassa va-t-elle se soulever et nous aider, dit Ariel pour se donner du courage.

Mais ses paroles étaient davantage une prière que l'évocation d'une éventualité, une prière dont elle ne croyait guère à la réalisation.

– Mange et prends un peu de thé. Tu auras besoin de toute ta force. Nous levons le camp demain et partons pour Ra Compa, un petit monastère à cinq jours d'ici. Pour y arriver nous aurons à traverser la route chinoise de Derge. Il faudra peut-être se battre.

– Et les enfants ?

– Il y a d'innombrables yacks. On peut les mettre dessus. Nous nous diviserons en deux groupes, les uns avec les troupeaux, les autres montés et armés.

Le soleil était haut lorsqu'Ariel se réveilla le lendemain matin en entendant Tsi-la pleurer. Nyma essayait de la consoler, tandis qu'une vieille femme mélangeait du lait et de la *tsampa* dans un bol pour les enfants. Dehors le soleil déjà chaud faisait étinceler les champs de neige. Ses rayons jouaient avec la fumée qui s'échappait des tentes. Le bétail beuglait et une femme était en train de traire une robuste *dri* devant sa tente. Dans l'air calme s'élevaient les cris des hommes poursuivant les poneys et rassemblant le bétail. Pour les rudes nomades des grandes plaines, c'était un jour comme un autre. Ce peuple primitif était une race à part, qui avait appris à survivre sur la morne toundra, où ils se nourrissaient de viande et de lait provenant de leurs troupeaux, utilisaient les bouses séchées comme combustible et se contentaient du grain qu'ils achetaient une fois l'an dans les vallées. En regardant autour d'elle Ariel se disait que rien ne rappelait la guerre.

Un homme se détacha d'un groupe et s'approcha d'elle.

– Voulez-vous venir avec nous ? demanda-t-il.

Ariel crut reconnaître l'un des *nyopas* qui l'avait escortée, lorsqu'elle avait quitté Kalimpong.

– Savez-vous vous servir d'un fusil ? poursuivit-il.

– Non, répondit Ariel, prise au dépourvu.

Mais se souvenant de Sarduja, elle ajouta :

– Enfin, j'ai appris.

Ariel s'approcha du petit groupe. La plupart des visages lui étaient familiers. Tout le monde la traitait avec respect.

– Nous avons de bons chevaux, expliqua l'un des hommes. Il n'y a rien à craindre jusqu'à la traversée de la route, à deux jours d'ici.

L'homme ramassa alors un fusil sur un tas et le donna à Ariel. C'était un lourd fusil à répétition. Ariel épaula instinctivement et regarda dans le viseur.

« Ne te concentre pas sur la cible, ne regarde que ta mire, lui répétait Prabaka. Aligne le point de mire et le cran de visée. Oublie la cible. Bloque la visée et presse très doucement la détente. Maintiens ta visée jusqu'à ce que le coup parte. » En abaissant l'arme, Ariel se sentit étrangement apaisée, mais elle s'étonna de sentir monter en elle un désir de tirer, de tuer, de combattre, de venger Tsering et son père.

– Je vais avec vous, dit-elle avant de regagner la tente.

Le temps de démonter le camp et de plier les tentes, il était presque midi. Lorsque tous les yacks et les chevaux furent sellés ou chargés, ils se mirent en route vers le nord. Ariel, qui galopait aux côtés de Nordrop, contemplait la caravane qui s'étirait le long de la piste, beaucoup plus importante qu'elle ne l'aurait cru. Peut-être un millier d'animaux et une centaine d'hommes, de femmes et d'enfants, avançant par petits groupes sur la neige, qui laissait place ici et là à des plaques marécageuses d'herbe dure. Cible facile, songea Ariel, mais elle garda ses craintes pour elle.

La première journée passa sans incident. Ils ne parcoururent que treize kilomètres avant d'établir un nouveau camp. Les nomades étaient pleins d'entrain et les hommes de Tsume évoquèrent l'avenir à voix plus fortes et plus confiantes.

Le deuxième jour, juste après midi, Ariel chevauchait avec les hommes lorsque quelqu'un cria :

– *Ya-la.*

Ariel regarda dans la direction indiquée par l'homme. Elle ne voyait rien. Tous les autres s'étaient arrêtés. Quelqu'un proféra un cri sinistre qui tenait du hurlement du loup. L'alarme. Derrière eux la caravane s'arrêta lentement. Les yacks se déployèrent instantanément et se mirent à brouter. Ariel aperçut alors à l'horizon de petits points noirs. Des cavaliers. Son cœur s'arrêta de battre. Ils arrivaient sur eux à plein galop, dévalant une corniche comme des cailloux.

– *Khamba yin*, cria quelqu'un.

On ne pouvait pas s'y tromper, c'était des amis, des Khambas, tous armés. Ils arrivèrent. Leur chef, un jeune homme coiffé d'une toque de renard blanc, expliqua d'où ils venaient. Son histoire était étrangement familière. Eux aussi s'étaient enfuis dans les collines, lorsque les Chinois étaient entrés dans leurs villages, eux aussi souhaitaient aller vers l'ouest.

– On nous a dit qu'un grand rassemblement devait se tenir près de Ra Gompa, déclara un des hommes.

– Peut-être pourrions-nous de là organiser des opérations? Allons-y tous ensemble.

Le troisième jour, le groupe de tête parvint au sommet d'une colline d'où l'on apercevait le ruban sombre de la route stratégique Kanting-Derge, route qui s'étirait maintenant vers l'ouest sur mille huit cents kilomètres jusqu'à Lhassa, liaison vitale entre la Chine et le Tibet Central.

– Nous devrions surveiller la route en deux points, pendant que les animaux traversent, proposa Nordrop, qui était resté tout le jour aux côtés d'Ariel.

Un homme rejoignit immédiatement l'arrière-garde, qui prit position à quelque huit cents mètres plus bas. Les grandes plaines nues et ondulées n'offraient aucun abri, pas même un buisson ou un rocher. Avec une désespérante lenteur le grand troupeau de yacks passa; certains chargés d'enfants, d'autres de tentes et de munitions. Il était suivi par de vastes troupeaux de moutons à cornes. Le dernier venait de traverser, lorsqu'Ariel entendit au loin le grondement d'un camion.

Personne ne bougea. En silence, les hommes décrochèrent leurs fusils, tandis que, tels des monstres noirs, un petit convoi s'avançait lentement vers eux. Lorsque les camions arrivèrent à la hauteur d'une corniche proche, Ariel entendit des coups de feu. Son poney prit peur. Cramponnée à sa monture, elle fut emportée dans une course folle et zigzagante sur la neige, suivie par d'autres chevaux. Elle avait parcouru quelques centaines de mètres, lorsque son poney s'arrêta, écumant, piaffant et tremblant. Se retournant, Ariel vit les autres aux prises avec leurs montures. Les chevaux n'avaient encore jamais vu de camions. Plusieurs galopaient en tous sens, rênes au vent et sans cavalier. Des hommes allongés dans la neige qui tiraient, d'autres ne bougeaient pas. Elle vit au loin les troupeaux qui s'enfuyaient. Un des camions s'était arrêté. Des soldats en descendaient. Les coups de feu résonnaient dans l'air glacial. Ariel rattrapa les troupeaux au galop.

Partout ce n'était que confusion. Nordrop ne les rejoignit que plusieurs heures plus tard.

– Ces maudits chevaux, jura-t-il en reprenant sa respiration. Plusieurs hommes ont été touchés. Il faut que nous y retournions lorsqu'il fera nuit.

Il repartit laissant Ariel avec les nomades, qui dans leur panique forçaient l'allure de leurs bêtes. Il faisait presque noir lorsqu'ils décidèrent de faire halte. On monta les tentes à la hâte, malgré les protestations de ceux qui voulaient continuer.

Pour faire le point de la situation, il fallut attendre le milieu de la nuit, que les hommes eussent regagné le camp, certains à pied, d'autres à deux sur un poney. Deux hommes avaient été blessés. On découvrit plus tard qu'il y avait eu un mort, le moine de Tsume.

Ainsi avait commencé la longue fuite désespérée d'Ariel. On avait décidé qu'il serait trop dangereux de rester avec les nomades, dont les immenses troupeaux étaient repérables de loin et la marche par trop lente. Au petit monastère de Ra, entouré de murs de pierre, où les moutons étaient à l'abri des loups, ils avaient rencontré d'autres Khambas qui leur avaient dit que la plus grande partie du Kham avait pris les armes.

Puis chaque groupe s'en était allé de son côté, afin d'être plus mobile. Ceux qui n'avaient pas d'enfants, avec l'intention d'attaquer des garnisons isolées, Ariel ne les revit jamais.

En quittant les nomades, les hommes de Tsume décidèrent de se scinder en deux groupes : enfants et matériel dans l'un; Ariel, les combattants et les armes dans l'autre. Ils mirent au point des plans d'urgence, afin de rétablir le contact, si, à la suite d'une embuscade, d'un retard ou de quelque autre accident, ils ne pouvaient pas se retrouver le soir à l'endroit prévu.

Grâce à l'attaque-surprise de petites garnisons chinoises, les Khambas purent un temps contrarier les plans des Chinois visant au contrôle total du pays. Cependant, malgré le succès de nombreuses unités de partisans, Ariel comprit qu'on ne pouvait pas espérer le retrait des Chinois. Dans son découragement, elle se surprit de plus en plus souvent à prier pour que leur cause trouvât enfin un écho au Tibet Central. C'est avec cet espoir qu'elle et ses hommes avaient entrepris un lent mouvement vers l'ouest. Mouvement, qui allait bientôt se transformer en un navrant périple, de deux mille cinq cents kilomètres, à travers les terrains les plus accidentés du Tibet. Outre les embuscades et les attaques d'avant-postes, ils durent se battre pendant une longue année contre les vents glacials, le froid et la faim.

Grâce au nouveau réseau de routes, les Chinois avaient réussi à infiltrer les villages clés et les cols stratégiques du Tibet Oriental et à y installer des garnisons. Incapables de situer les rebelles amis ou d'en connaître le nombre, car ils étaient divisés en fonction de leurs régions d'origine et menés par des capitaines de fortune, les Khambas erraient au gré des troupeaux de yacks, de moutons et de chevaux d'où ils tiraient leur nourriture. Ils se dirigeaient en fonction de ce qu'ils avaient pu apprendre sur la position des garnisons et des patrouilles chinoises.

Aux yeux d'un stratège raisonnable, les Khambas ne semblaient pas avoir la moindre chance, mais rares étaient alors ceux qui se rendaient compte des obstacles apparemment insurmontables que devaient affronter les Chinois, devant se battre sur un territoire, où des mois durant, la température restait largement en dessous de zéro. Les Chinois souffraient non seulement d'engelures, mais aussi des impitoyables rayons ultraviolets et du manque d'oxygène. Le tableau n'était donc guère plus réjouissant pour les jeunes soldats de l'Armée de Libération du Peuple Chinois, isolés par ces centaines de kilomètres de route, exposés aux éboulements, aux avalanches et aux constantes attaques. Ils redoutaient les rencontres avec les Tibétains, autant que les Tibétains de voir apparaître des camions dans un bruit de tonnerre, spectacle nouveau et terrifiant dans un pays à peine sorti du Moyen Age.

A mesure que passaient les mois, Ariel ne trouvait de soulagement que dans le combat. Elle qui n'avait été que gentillesse et compassion devenait cruelle, froide, calculatrice et implacable. Au milieu des grandes plaines, elle découvrit que la colère pouvait être une vertu et la violence un langage regrettable, mais juste.

Elle se trouva à plusieurs reprises en présence de soldats chinois et fit alors preuve d'un calme qui lui gagna l'admiration de tous. En face de l'ennemi, elle ne craignait pas de se mettre debout et de s'exposer pour viser. Elle alignait sa mire avec une froide précision. Grâce à ce calme extraordinaire, elle ratait rarement son objectif.

Jamais elle ne se laissait gagner par l'excitation de la bataille. Elle choisissait ses victimes une par une avec une alarmante précision. Dans la chaleur du combat, elle se découvrait des réserves illimitées de courage et d'énergie. Elle escaladait des ravins en portant sans difficulté le fusil, qui lui avait autrefois paru si lourd.

Ce n'est qu'après le retrait de l'ennemi et la fin du combat qu'Ariel ressentait la fatigue. C'est alors pourtant que Tsering lui manquait le plus, qu'elle éprouvait un besoin désespéré qu'il lui fît l'amour. Au début elle attribua cela à ses nerfs, quelque égarement passager, mais le désir revenait chaque fois plus fort et plus inquiétant. Le sommeil même ne la consolait pas. Elle se réveillait en pleine nuit, ayant rêvé que Tsering était revenu et l'avait serrée dans ses bras. La conscience qu'elle était seule et que son désir devait attendre, pour toujours peut-être, lui serrait les entrailles.

Elle s'habitua donc à l'angoisse de nuits blanches et tourmentées, suivies de jours de plus en plus agités.

Tel était l'état d'insatisfaction dans lequel elle se trouvait lorsqu'elle apprit en rejoignant la caravane de ravitaillement que Drolkar, sa fille cadette, avait une forte fièvre. Durant les derniers mois, Drolkar avait été souvent malade et avait beaucoup maigri. En voyant son pauvre petit visage ravagé, Ariel eut le pressentiment que l'enfant allait mourir. Au risque de subir une attaque chinoise, aucune caravane ne bougea pendant cinq jours. Les longues nuits étaient remplies par les gémissements de la petite fille et, lorsqu'un matin ils eurent cessé, Drolkar était morte. Elle avait quatre ans à peine.

Plusieurs semaines plus tard, alors qu'Ariel, Nordrop et les hommes de Tsume chevauchaient en direction de l'ouest, ils tombèrent sur un groupe de Khambas de Litang. De telles rencontres étaient auparavant fréquentes, mais le manque de fourrage les rendaient maintenant exceptionnelles. La troupe de Litang était conduite par un jeune homme vêtu d'une volumineuse *chuba* de mouton retourné, salie par plus d'une bataille et des kilomètres de pistes difficiles. Ariel s'approcha de lui pour échanger des nouvelles et réciter la litanie de leur mutuelle odyssée.

– Savez-vous, demanda Ariel, où se trouvent les garnisons chinoises? J'ai l'impression qu'ils ont bloqué toutes les pistes.

L'homme répondit par monosyllabes. Il n'était pas bavard, mais plutôt que de décourager Ariel, ce mutisme la stimula. Elle avait besoin de lui parler, de partager avec quelqu'un son intolérable chagrin. Mais le jeune Khamba alla son chemin, les yeux perdus à l'horizon, portant seul le poids de ses propres peines.

Cette nuit-là les deux groupes campèrent ensemble. Les fumées de leurs maigres feux s'entrelaçaient au-dessus de l'étendue grise de la toundra. Les loups formaient dans la nuit un chœur obsédant. Ils hurlaient aux nuages chargés de neige qui dérivaient, bas et menaçants. Ariel, qui souffrait de nouveau d'insomnie, sortit pour essayer d'apercevoir les loups dont la plainte lugubre évoquait la mort. Rien ne bougeait sinon les nuages qui voilaient et dévoilaient alternativement la lune. Le ciel bas donnait à l'horizon une dimension infinie. Ariel s'assit pour considérer sa situation : elle se trouvait dans un tunnel où la rage le disputait au chagrin. Elle essayait de s'imaginer quelle serait l'issue de leurs malheurs. Peut-être le Kham serait-il secouru? Lhassa se dresserait enfin pour rallier leur cause? Une fois le Tibet uni, les Chinois comprendraient peut-être l'inutilité de leur agression. Ce n'étaient que rêves...

Assise là dans le froid, elle entendit un loup hurler tout près d'elle sur sa droite; son sang se glaça. Elle frissonna. Elle était sur le point de regagner sa tente, lorsque dans la lumière et l'ombre elle aperçut la silhouette du cavalier de Litang auquel elle avait adressé la parole l'après-midi même. Il lui tournait le dos et contemplait, comme elle venait de le faire, les nuages qui couraient au-dessus de la toundra. Il n'avait pas vu Ariel, en tout cas elle se l'imagina. Lentement elle se leva, et, sans faire crisser la neige, elle s'avança vers lui. Elle en était à quelque dix mètres lorsqu'elle fit intentionnellement du bruit. Il se retourna. Son visage était pâle, puis s'assombrissait quand les nuages couvraient la lune. Ariel continua d'avancer, sans hésiter, jusqu'à se trouver à un mètre de lui. Alors seulement, il ouvrit les bras.

Ariel ne se souvint pas exactement de ce qui arriva... Elle sombra dans une frénésie autodestructive. Elle arracha sa *chuba* et se jeta sur lui, s'offrant à lui pour qu'il la frappât, la saisît, la brisât, puis la pénétrât brutalement. Nue dans ses bras, chaude contre son corps, le dos dans la neige craquante, elle le roua de coups, le griffa jusqu'au sang, l'obligeant à la maîtriser. Elle le mordit avec plus de violence que de passion, puis petit à petit, le corps embrasé par le feu de l'amour, elle s'adoucit et leurs brutales étreintes se transformèrent en caresses. Elle sombra dans un abîme de révolte et d'abandon. Dans un mouvement convulsif elle se jeta sans plus attendre sur lui, s'offrant à ses embrassements. Sans se rassasier il l'emporta dans le déferlement de son désir, l'écrasant du poids de son corps. Abandonnée comme une poupée de chiffon dans ses bras, elle comprit enfin quelles étaient les forces qui, au-delà de la raison, gouvernaient son corps. Secoué par des frissons d'extase, son corps se soulevait et retombait à l'unisson de celui de l'inconnu. Elle atteignit à plusieurs reprises le paroxysme du plaisir, comme il lui fouillait les entrailles et lui pétrissait les seins, étouffant ses cris. Écrasée et soumise, elle sentit soudain la chaleur la quitter, tandis que sans un mot l'homme se retirait. Ariel resta un long moment allongée là, feu dans la neige, jusqu'à ce que, prenant conscience du froid, elle allât rejoindre le silence et l'obscurité de sa tente.

Lorsqu'Ariel se réveilla le lendemain matin, le groupe de Litang était parti. Elle s'était attendu à éprouver du remords, mais en s'étirant dans l'aube glacée devant l'horizon nu, elle se sentit paisible et neuve. Plus tard ce même jour, elle demanda à Nordrop, alors qu'ils chevauchaient côte à côte, s'il connaissait le nom du chef de Litang. Nordrop répondit que c'était Tashi Angditsang. Angditsang. L'ennemi mortel de Tsering.

Deux jours plus tard Ariel traversait le plateau de Nyag-Rong. Ils avançaient lentement sur les prairies des nomades de Derge, profondément entaillées par le fleuve Dri-chu, connu en Chine sous le nom de Yangtse. De là, ils traversèrent les champs de neige avant de tomber sur la Dza, rivière bordant le royaume du Dalaï-Lama.

La lune n'était pas encore levée, lorsqu'ils se mirent en route vers l'extrémité du plateau qui leur barrait l'horizon. Ils franchiraient de nuit la rivière glacée. Un vent glacial soufflait, soulevant des tourbillons de neige sèche. Nordrop et Ariel allaient de conserve. Ils parlaient peu, comme s'ils s'étaient déjà dit tout ce qu'ils avaient à dire. Ils étaient contents d'être ensemble, rapprochement chargé de fantômes du passé. Ariel sourit en se rappelant ce premier voyage avec Nordrop, la cavalcade sauvage dans les montagnes jusqu'à la vallée du Chumbi.

Et maintenant elle marchait derrière le yack sur lequel était assis Sonam et sa petite sœur. Bien qu'il n'eût encore que huit ans, Sonam avait acquis, à force d'observation, une certaine sagesse. Comme la plupart des enfants, il ne posait pas de questions sur ce qu'ils vivaient, mais semblait en comprendre la cause et en accepter le caractère inéluctable.

Ariel craignait que la glace ne tînt pas. Elle avait toujours eu peur de l'eau et frémit en atteignant le bord de la falaise qu'il leur faudrait descendre. On apercevait la rivière, filet noir dans le gris de son lit de glace. Elle n'était donc pas entièrement gelée. Et si les yacks glissaient avec les enfants? Si l'eau était plus profonde qu'on ne le leur avait dit?

– Sautez sur le yack derrière les enfants pendant la traversée. Je vais aider Ampel à tenir l'animal, murmura Nordrop, tandis qu'ils descendaient avec difficulté en faisant rouler des pierres dont le fracas leur faisait craindre d'être repérés. Ariel empoigna son fusil, mais se hâta de relâcher sa prise, car l'acier glacial lui collait aux doigts. Comme tous les Tibétains, elle ne portait jamais de gants et devait se contenter de dérouler les longues manches de sa robe pour se protéger du froid. Au fond de la vallée le bruit du courant étouffa le leur. Ils espéraient que les Chinois se terreraient dans leurs tentes pour échapper au froid. Chacun priait en remontant la rivière à la suite du guide qui cherchait un gué ou une épaisseur de glace suffisante pour passer. Un chien aboya, puis plus rien. Quelque temps plus tard, au bruit des sabots sur la glace, Ariel sut que les premiers poneys entamaient la traversée. Craignant de tomber ils s'arrêtaient souvent et il fallait les aiguillonner, alors que les yacks conservaient leur allure lente et régulière. Dans le silence il y eut un craquement, puis un grondement étouffé; l'un des plus gros yacks avait crevé la glace de l'un de ses sabots.

L'un après l'autre les premières formes sombres franchirent la rivière blanche.

– *O mani padme hum,* murmura Nordrop en aidant le yack qui portait les enfants à gravir la berge opposée. A cet instant Ariel entendit derrière elle un bruit métallique, une balle avait heurté la glace. Suivit une salve de coups de feu. C'était une embuscade.

– *Byok-po, sho, sho,* cria Nordrop, tandis que les balles continuaient à pleuvoir sur la glace.

Abandonnant toute prudence, le reste de la caravane, dans un martèlement de sabots, s'élança. Des poneys glissèrent, des voix s'élevèrent pour encourager les bêtes.

Ils vont tous nous tuer, pensa Ariel, prise de panique.

Elle ne s'arrêta de courir que lorsque le yack conduit par Ampel atteignit un bosquet de saules nains qui poussaient au milieu de rochers sur la berge opposée. Lorsqu'ils s'arrêtèrent Tsi-la geignait. Une mitrailleuse crépitait au loin. Ariel fit des prières pour que tous les autres s'en fussent tirés. Elle regarda en arrière, et ne vit rien dans l'obscurité. Il ne semblait pas y avoir de piste, mais avec l'agilité d'une chèvre, le grand yack, arquant le dos, franchit d'un bon une pente abrupte, faisant pleuvoir une pluie de pierres sur Ariel qui grimpait derrière.

Ils ne s'arrêtèrent que deux heures plus tard, épuisés et terrorisés.

– *Ama,* j'ai soif, dit Tsi-la en pleurant.

Ariel entendit Sonam murmurer à sa sœur de se taire. Ariel avait les mains engourdies par le froid, car elle n'avait pas lâché le canon de son fusil auquel ses doigts étaient maintenant collés. Elle avait peur qu'ils fussent gelés. Nordrop essaya de rétablir la circulation de ses mains.

Dans la froide lueur de l'aube, la petite caravane s'était arrêtée à côté d'un corral de gardien de troupeaux isolé, où ils purent évaluer au lever du jour les dégâts de l'embuscade.

Il manquait quatre poneys et deux hommes. L'un d'entre eux arriva plus tard, expliquant qu'il était resté sur l'autre rive et avait réussi à passer après le départ des Chinois; ils étaient partis après avoir examiné un poney mort sur la glace. Personne ne sut ce qui était arrivé à Namchang, le seul disparu, parent d'un gardien de troupeau de Tsume.

Une fois dans le royaume du Dalaï-Lama, les Khambas, se croyant couverts par l'accord sino-tibétain, pensaient naïvement n'avoir pour ainsi dire rien à craindre. Mais, apprenant que les Chinois avaient attaqué plusieurs groupes de Khambas, ils décidèrent de faire route vers le nord au cœur des plaines du Nang Chen.

A la place des steppes désolées bordées de montagnes du Kham, ils découvraient les prairies arides et plates de Nang Chen, parsemées ici et là de lacs salés, certains couleur de plomb, d'autres aussi bleus que le ciel, ce qui conférait au paysage une sévérité soulignée par le cri des oies sauvages qui les survolaient par milliers, accentuant la profondeur du ciel immense. Ici, pas le moindre couvert. Pas même les saules nains qui luttaient pour survivre sur les plus hautes plaines du Kham. Seuls points de repère, des rochers visibles à des kilomètres de distance. Il fallait souvent deux jours pour atteindre un camp nomade que l'on apercevait nettement au loin. Faute de points de repère, il était difficile de juger ce qui était proche et ce qui était éloigné. Une journée entière, la caravane d'Ariel avec ses vingt-sept hommes et ses quarante bêtes avait avancé vers un groupe de grandes tentes. Ils savaient que les nomades leur fourniraient du beurre et du *jo,* le yaourt que Sonam et Tsi-la aimaient tant. Après des heures de marche sans avoir l'impression d'avancer, ils furent heureux de constater que les tentes n'étaient plus très loin. Ariel, Nordrop et les deux valets de ferme de Tsume étaient en tête. Étiré sur près de deux kilomètres, le long serpent de yacks et de poneys avançait avec difficulté.

Il y avait six tentes groupées. Comme ils atteignaient la première, des enfants passèrent la tête par l'ouverture; de la fumée s'en échappait. De grands mâtins se mirent à grogner à leur approche. Ils entrèrent joyeusement dans le campement. Ariel se figea soudain. D'un seul mouvement Nordrop et les autres retinrent leurs montures. Trois jeeps étaient garées derrière l'une des tentes. Trois véhicules militaires. Ariel frissonna. Elle décrocha instinctivement son fusil et fit claquer le cran de sécurité. Les autres commirent la même erreur. Un coup de feu retentit. Ariel éperonna son poney. Que faire? Où aller? La plaine n'offrait aucun abri si ce n'est de petites mottes de tourbe qui s'élevaient de quelque quinze centimètres au-dessus de la toundra. Fuir était inutile, rester immobile, suicidaire. Ignorant d'où venaient les coups de feu et le nombre des Chinois, ils n'avaient d'autre choix que de se mettre au grand galop et de décrire des cercles autour des tentes. Leur vitesse et les tentes gêneraient le tir des Chinois. Il y eut des coups de feu. Le salut était dans la vitesse. Plus le cercle se rétrécissait, plus il était difficile aux Chinois de viser. Ils ne pouvaient pourtant pas mener indéfiniment ce carrousel qui ne conduirait qu'à la mort. Les jeeps, pensa Ariel. Il faut que je crève les pneus, pour qu'ils ne puissent ni nous poursuivre ni donner l'alerte. Arrivée à la hauteur des véhicules, Ariel retint sa monture et sauta à terre. Elle tira à la hâte une balle dans deux des pneus du premier véhicule et s'approcha du second, qui s'affaissa sur un côté, comme elle lui faisait subir le même traitement. Ariel avait atteint la troisième jeep, lorsqu'elle vit sortir de la tente la plus proche une forme armée d'un fusil. A l'abri derrière la jeep, elle épaula vivement et creva deux de ses pneus. Comme elle se précipitait sur son poney, une balle lui déchira le bras. Sur le moment elle ne ressentit aucune douleur. Elle lança sa monture au galop au moment où les autres arrivaient à sa hauteur, échangeant des coups de feu avec les Chinois cachés quelque part derrière les tentes. Ariel et ses compagnons se mirent à accroître le diamètre de leur cercle, de façon à pouvoir enfin filer rejoindre le reste de la caravane qui s'était dispersée aux premiers coups de feu.

– Retirez-vous vite! cria Ariel.

Dans le plus grand désordre, mais sans perdre une seconde, tout le groupe se rua hors de portée des balles chinoises.

Seule la nuit peut nous protéger, se dit Ariel qui n'ignorait pas que, dans cette plaine, le moindre de leur mouvement était visible. Que faire?

– Il faut continuer, dit Nordrop, lorsqu'ils eurent mis une bonne distance entre eux et le camp des nomades.

Il remarqua que la manche d'Ariel était couverte de sang, mais avant qu'il n'ait eu le temps de dire quelque chose, le poney de Leni arriva à plein galop, rênes au vent, selle vide.

– Ils ont eu Leni, cria quelqu'un.

C'était le plus jeune des deux garçons de ferme.

Plus un mot ne fut prononcé. Il se faisait tard, le soleil allait bientôt se coucher. Ils avançaient en silence, s'efforçant de creuser l'écart entre eux et le camp. Lorsqu'ils s'arrêtèrent, Ariel regarda son bras, il y avait beaucoup de sang, mais la douleur était supportable.

– La blessure n'est pas profonde, déclara Nordrop en plaçant un pansement sur le bras d'Ariel après avoir lavé la plaie.

– Ce n'est rien, dit Ariel, blême de peur plus que de douleur, car tout à coup, elle venait de se rendre compte de son erreur : elle n'avait crevé que deux pneus de chaque Jeep. Avec les pneus de rechange et les pneus intacts, les Chinois auraient vite fait de mettre une ou deux jeeps en état de marche. Que faire ? Ils n'attaqueraient certainement pas la caravane au crépuscule, mais ils pourraient donner l'alerte.

Serrés les uns contres les autres, ils décidèrent d'attaquer les Chinois à nouveau coûte que coûte, faute de quoi ils étaient perdus, l'alerte serait donnée, ils seraient pourchassés et pris car les Chinois pouvaient se déplacer à leur gré en jeep hors des routes dans la plus grande partie du Nang Chen, alors couvert d'un dur tapis d'herbe. Les hommes allumèrent des feux pour bien montrer aux Chinois qu'ils installaient leur camp comme pour la nuit et leur laisser croire qu'ils avaient tout le temps d'agir.

Ariel éprouvait un sentiment étrange à se trouver ainsi à découvert, à se sentir observée par les Chinois. Elle décida de jouer le tout pour le tout.

Dès qu'il ferait nuit noire, avant que la lune ne se levât, la caravane, sauf Ariel et une douzaine d'hommes, devrait effectuer un mouvement circulaire autour du camp chinois et attendre de l'autre côté, hors de portée des armes. Pendant ce temps Ariel et les autres attiseraient les feux et créeraient du mouvement dans le camp pour faire croire à la présence de tous. Le groupe d'Ariel partirait ensuite sur des poneys. Arrivés près du camp un des hommes se chargerait de garder les montures, tandis que les autres continueraient à pied.

– Il y a six tentes, expliqua Nordrop. Il y aura probablement un soldat de garde. Il nous reste à espérer qu'il ne nous remarquera pas parmi tous les nomades grouillant dans le camp. Les Chinois, à l'exception du garde, doivent être tous dans la même tente. Mais laquelle ? C'est un coup de dé. Nous essayerons de pénétrer dans une des tentes, si elle n'abrite pas de Chinois, les nomades nous diront où et combien ils sont. Nous aurons posté deux hommes devant chaque tente. Si les Chinois sont dans la première, nous tirerons, et s'il y en a dans les autres tentes, nous les descendrons au moment où ils en sortiront. S'il n'y a pas de Chinois dans la première tente, nous pourrons nous regrouper pour attaquer celle qu'on nous aura indiquée. N'oublions pas qu'un homme sortant d'une tente éclairée dans la nuit est aveugle pendant quelques secondes.

– S'ils ont une mitrailleuse, nous sommes fichus, fit remarquer l'un d'entre eux.

– Pas s'ils ne peuvent pas nous voir.

Ils attendirent en silence sans décharger les animaux.

La lumière du soir s'attarda une demi-heure encore après le coucher du soleil soulignant de noir l'horizon plat qui dessinait un grand cercle autour d'eux. A mesure que la nuit s'épaississait, ils voyaient apparaître dans le camp des nomades la pâle lueur tremblotante des feux.

Le gros de la caravane s'ébranla dans le plus grand silence, sous la conduite d'un vieux Khamba qui les avait rejoints juste avant la traversée de la rivière au nord de Chamdo. Ariel embrassa ses enfants et demanda à Sonam de veiller sur sa petite sœur. Elle les regarda s'éloigner avec un serrement de cœur.

Alors commença la longue attente jusqu'à ce qu'ils fussent sûrs que la caravane avait contourné le camp. Personne ne parlait. Au bout d'une heure environ, un homme se mit à chanter, craintivement d'abord, puis avec plus d'entrain, une vieille chanson d'amour, où il était question d'une fille dont l'amoureux découvrait le sourire dans les étoiles. Ariel regarda dans le ciel les milliers de lueurs, qui pouvaient par leur éclat trahir la caravane. Les étoiles paraissaient si lointaines et pourtant si brillantes. Ciel profond du Tibet. Combien de fois était-elle, par une nuit sans lune, sortie avec Tsering pour regarder les étoiles, imaginant qu'Ani-la ou oncle George en faisaient autant. Ces mêmes étoiles qui avaient lui dans son enfance étaient là, rassurantes, indemnes de toute agitation. Tsering lui manquait terriblement. Était-il sous le même ciel ? Était-il mort, ou bien s'était-il réincarné ailleurs sous les mêmes étoiles ?

Les hommes se levèrent pour aller pisser, puis chargèrent les autres feux. Les heures passaient. Nordrop dit enfin :

– Allons-y.

Pas un mot ne fut prononcé. Ils se mirent en route lentement. Lorsqu'ils furent à quelque quatre cents mètres du camp des nomades, dont ils discernaient distinctement les tentes embrasées de l'intérieur par les feux, ils abandonnèrent leurs poneys qui furent emmenés à l'opposé de la position chinoise.

Les plans ne sont faits que pour être changés, pensait Ariel, lorsqu'après avoir rampé sur environ deux cents mètres, ils tombèrent sur un *drok-pa* en train de laver des ustensiles de cuisine dans une flaque d'eau.

– *Pinja,* frère, lui chuchota Nordrop. Ne crie surtout pas. Nous ne te ferons aucun mal. Qu'est devenu l'homme qu'ils ont blessé ?

– Il est mort.

Ariel frémit.

– Combien y a-t-il de Chinois ?

– Huit. Il y en a un qui monte la garde de ce côté du camp. Les

Chinois sont tous dans la tente la plus éloignée, près des jeeps. Mais ne les attaquez pas sinon ils nous tueront tous. Nous ne sommes que de pauvres *ba-wa,* nomades. Allez votre chemin. Laissez-nous.

– Tais-toi, gronda Nordrop, et montre-nous le chemin. Tu sais bien que le *gyami* est détestable; et puis, que diable, par les trois joyaux, nous sommes frères. Ils ont tué l'un des nôtres, ça devrait te suffire.

Le jeune homme ne bougea pas. Après un long silence, il posa ses ustensiles et dit :

– Suivez-moi.

Il les emmena de l'autre côté du camp. Un mâtin grogna. Puis flairant des étrangers il se mit à aboyer. Ils étaient à côté des jeeps. Les Chinois devaient tous être dans la tente qui se trouvait juste devant eux. Un des soldats devait avoir une torche électrique dont le faisceau dessinait un cercle sur un panneau de la tente. Le moment était venu de frapper.

Relevant le panneau de la porte, Ariel cria :

– Maintenant!

Puis elle recula d'un pas. L'intérieur de la tente apparut illuminée comme une scène de théâtre.

Il n'y a que quatre Chinois, pensa Ariel en visant. Elle abattit un des soldats. Celui qui portait la torche, la dirigea sur eux. Ariel fut éblouie. Elle entendit des coups de feu, puis un pistolet claqua. Quelqu'un cria derrière elle. Une forme bondit hors de la tente, un gémissement se fit entendre; un des compagnons d'Ariel avait frappé le quatrième Chinois d'un coup de couteau. Les quatre Chinois étaient morts, semblait-il. Mais où étaient les autres? Un silence étrange envahit le camp, interrompu seulement par les pleurs d'un enfant. Tout le monde attendait, dos à la tente. Il faisait sombre, seule la lueur des feux des autres tentes permettait de distinguer des ombres. Que faire? Tirer sur ce qui bouge? Ariel n'eut pas le temps de trouver une réponse. Une douleur terrible lui déchira la poitrine. Elle tomba en avant.

– Occupez-vous du garde, s'entendit-elle crier comme dans un rêve.

Elle avait de l'herbe sur le visage. C'était mouillé. Puis elle s'évanouit.

Nordrop et les autres partirent à la recherche des quatre autres Chinois. Le silence fut rompu par des cris.

– Où sont-ils?

– *Mik-ta,* attention, ils sont ensemble à côté de la dernière tente, répondit une voix.

Ainsi donc les nomades les aidaient. Les Khambas bondirent d'une tente à l'autre et les Chinois ouvrirent le feu, révélant leur position. Les Khambas se jetèrent sur eux de trois côtés. Il y eut des cris, des coups de feu et puis des bruits étouffés, car les Khambas se battaient à mains nues. Un Chinois s'échappa, mais le valet de ferme le rattrapa et lui fracassa le crâne d'un coup de crosse. Les avaient-ils tous eus ? Par prudence ils examinèrent chacun des corps, tirant une balle à bout portant dans le cœur de ceux qui vivaient encore. Sale boulot. Des voix se firent alors entendre dans tout le camp. Les mâtins qui étaient restés étrangement silencieux se remirent à aboyer. Un vieil homme apparut portant une poignée de brindilles enflammées. Tout s'éclaira l'espace d'un instant. Ils eurent juste le temps d'apercevoir Ariel allongée là. Nordrop se précipita vers elle.

– Ariel-la, dit-il doucement en la prenant dans ses bras.

Ariel le regarda un moment sans comprendre, puis murmura son nom :

– Ça va ? Peux-tu te lever ?

Elle se sentait tout engourdie.

– Ça va, murmura-t-elle. Où sont les poneys ? Partons.

Tous les hommes faisaient cercle autour d'elle.

– Peut-elle marcher ? demanda quelqu'un.

– Oui, répondit Ariel sans être trop sûre.

Une douleur lui déchira le flanc. Elle était incapable de se redresser. Elle crut un instant qu'elle avait une balle dans le cœur. La terreur l'empoigna. Était-ce la fin ? Ne reverrait-elle pas ses enfants ? Courbée en deux, elle se cramponnait à Nordrop. Les mâtins hurlaient toujours. Un enfant pleurait. D'autres voix se firent entendre, sans que les paroles en soient discernables, car déjà ils plongeaient dans la nuit pour rejoindre leurs poneys. Ariel ne se souvint ensuite que de la douleur, une douleur sourde, mal définie, qui zébrait la nuit de rouge et de bleu, du sang qui lui battait dans les tempes. La douleur se localisait tantôt dans la cage thoracique, tantôt dans le bras, précédemment blessé. Dans son extrême faiblesse, elle craignait de s'évanouir à nouveau. Nordrop la déposa doucement sur sa selle. A chaque mouvement elle croyait que sa tête allait éclater. Elle était incapable de penser. Quelqu'un menait son poney. Peut-être était-elle en train de mourir. Elle eut un instant de lucidité, puis une grande vague de douleur l'emporta à nouveau. Ils avançaient dans la nuit interminable pour rattraper les autres.

Lorsque l'aube se leva enfin sur la vaste plaine, éclairant d'une lumière blafarde l'entrelacs d'étangs et de marais, les jeeps étaient toujours en vue, mais il n'y avait plus de tentes. Lorsque le soleil fut tout à fait levé, ils aperçurent au loin les animaux des nomades qui faisaient mouvement vers le nord. Il ne leur arrivera rien, pensa Nordrop. Tout retomberait sur eux, les Khambas.

Il était midi lorsqu'ils s'arrêtèrent, exténués, au bord d'un lac, près d'une petite source qui s'écoulait dans un pré mouillé couvert de fleurs bleues. Réchauffée par le soleil, Ariel s'endormit. Elle avait encore eu de la chance. La balle n'avait fait que briser une côte, mais elle laisserait une vilaine entaille sous la poitrine.

– Ça va aller, dit Nordrop, essayant de l'installer confortablement.

Mais Ariel avait terriblement mal et ne parvenait pas à se rendormir. Tout le long de leur marche épuisante, la douleur ne la quitta pas.

La vue des camps de nomades ne leur offrait plus aucun réconfort, car il pouvait abriter d'autres jeeps et d'autres soldats. Ils étaient terrifiés à l'idée de tomber sur une patrouille chinoise. Les Khambas se dirigeaient désormais par milliers vers Lhassa, ultime espoir. Pour tous, le voyage s'était mué en pèlerinage.

Harcelé par la faim, la fatigue et la peur, le petit groupe de Tsume arriva enfin aux abords de la Cité sainte avec l'espoir de trouver à Lhassa le soutien du Tibet Central.

29

La politique d'apaisement du Dalaï-Lama exaspérait les Khambas qui traitaient ouvertement les Lhasséens de traîtres. La vie à Lhassa suivait son cours. Neuf années d'occupation chinoise n'avaient guère modifié l'existence haute en couleur d'une cité religieuse féodale où les moines vaquaient à leurs devoirs sacrés avec l'aimable consentement des austères administrateurs communistes chinois. La situation ne pouvait plus durer.

Lhassa n'était pas une cité ordinaire, car plus de la moitié de sa population était composée de moines vivant dans les grands monastères de Gaden Sera et de Drepung, qui formaient dans la vallée de Lhassa de véritables petites villes de cinq et sept mille moines, isolés dans un monde à part avec ses coutumes, ses lois, sa police et son tribunal. Des réfectoires servaient cinq mille repas trois fois par jour, et dans les cuisines le thé bouillait dans des chaudrons de cuivre, grands comme de petites piscines, chauffés par des montagnes de fagots et des monceaux de blocs de bouses de yack. Les aides-cuisiniers apprenaient à glisser sur les sols gras des réfectoires à une vitesse qui laissait pantois les non-initiés. On servait le thé avec des louches de bronze, dont on assenait des coups sur le crâne rasé des moinillons chahuteurs pour leur apprendre la discipline. On utilisait aussi des fouets pour contenir les bandes tapageuses de novices qui en arrivant dans les monastères, n'étaient souvent que des va-nu-pieds et des analphabètes intraitables. Ces moines n'étaient pas tous des saints, loin de là; c'étaient les cadets, qui ne pouvant se marier, faute de terre à exploiter, étaient envoyés par leurs familles dans les monastères. C'est la raison pour laquelle il y en avait tant au Tibet, comme il y en avait eu au Moyen Age en Europe.

Les monastères tibétains ressemblaient davantage aux vieilles universités européennes qu'aux monastères chrétiens; chaque moine était un élève indépendant, entretenu par sa famille ou par son travail. Ainsi les monastères ne pesaient en rien sur le peuple. Ils étaient au contraire le salut des fermiers qui pouvaient se permettre d'y entretenir leurs frères, sans avoir à partager des terres qui n'eussent pas suffi à faire vivre deux familles.

Le célibat des moines limitait les naissances, d'où la relative richesse du pays, malgré l'aridité et le terrible climat. Les Tibétains étaient en effet riches comparés aux paysans d'Inde ou de Chine.

A Lhassa affluaient les moines les plus savants, ainsi que les plus misérables, les premiers pour recevoir un enseignement de la part des saints lamas, les seconds pour bénéficier des dons et des aumônes des grands et riches monastères de la capitale.

La persécution et la fermeture des monastères à l'est déversa dans Lhassa, en même temps que les rebelles et les réfugiés, des milliers de moines chargés de statues précieuses et de milliers de longues plaques de bois où étaient gravés les textes sacrés. Ces plaques de bois servaient à imprimer les nombreux volumes du *Kanjur,* du *Tenjur* et autres écritures saintes. Comme les jeux en étaient très rares, ils furent les premiers objets à être sauvés. Les nouvelles du Kham, moines torturés, monastères brûlés, exode de leurs occupants, commençaient à inquiéter sérieusement les Tibétains du Centre, dont beaucoup trouvaient que les Chinois abusaient de la confiance naïve du jeune Dalaï-Lama.

De multiples surprises attendaient les réfugiés du Kham, la taille des garnisons chinoises dans la cité sainte n'en étant pas la moindre. Ils apprirent également qu'ils n'étaient pas les bienvenus. Les Chinois voyaient évidemment avec appréhension ces rudes hommes armés rôder dans la ville. Souci partagé par l'aristocratie décadente, « les bouches suaves de Lhassa », comme on les appelait souvent. Les Chinois voulurent tout d'abord confisquer les armes des Khambas. Craignant des arrestations en masse, beaucoup de Khambas quittèrent Lhassa pour chercher refuge dans le Loka, province tibétaine située juste au sud de la cité sainte, dont ils firent un bastion.

Malgré ces mouvements, le nombre des Khambas à Lhassa était considérable en décembre 1958. On en voyait partout arpentant la ville avec leurs fusils au mépris des règlements chinois.

Ashi Pema était de ceux qui ne se sentaient pas à l'aise dans la capitale cet hiver-là. La connaissance qu'elle avait du monde occidental et son don pour les langues avaient fini par attirer l'attention des Chinois. Ayant reconnu ses compétences, ils lui avaient offert un poste au nouveau ministère de l'Éducation. Ce ministère aurait dû dépendre du *Kashag* tibétain, mais c'étaient en fait les Chinois qui l'administraient dans le cadre de leur « programme de libération ». Au début Ashi

Pema assuma avec enthousiasme ses responsabilités. L'archaïsme considérable du Tibet était, croyait-elle, en partie responsable de sa situation actuelle. Le progrès commençait, à son avis, avec l'amélioration des écoles. La bigoterie rétrograde des grands lamas avait dans le passé découragé l'aristocratie de donner à ses enfants une éducation moderne.

Ashi Pema s'était lancée dans le programme d'éducation avec d'autant plus d'ardeur que le fait d'être membre du nouveau « Comité pour le Tibet » lui donnait une position considérable, qui compensait largement l'effacement que lui avait valu son aventure sentimentale. Tashi, son frère, l'avait chassée de la maison familiale dès le début de sa liaison. Sans argent ni toit, elle ne pouvait rien faire d'autre que de quitter Lhassa. Dans la situation difficile qui était la sienne, cette proposition, accompagnée d'un salaire non négligeable, avait résolu tous ses problèmes.

Dans le souci de se concilier l'entourage du Dalaï-Lama, les Chinois se montraient particulièrement généreux envers les fonctionnaires tibétains. En récompense de sa compétence et de son ambition, Ashi Pema avait été nommée sous-secrétaire d'État à l'Éducation. Sous ses auspices, des écoles s'étaient ouvertes à Lhassa, Shigatse et Gyantse, où l'on enseignait le chinois et le tibétain. Des jeunes filles issues des meilleures familles de Lhassa, recrutées par ses soins, enseignaient dans ces écoles.

Au début, ces jeunes femmes prêtèrent leur enthousiasme et leur bonne volonté au personnel chinois. Avec le temps Ashi Pema comprit que ces écoles entraient dans le plan d'endoctrinement des jeunes Tibétains, la propagande politique faisant partie intégrante du programme. Personne à Lhassa n'osait critiquer ouvertement Ashi Pema, bien que la place d'honneur, que lui réservaient toujours les Chinois dans les innombrables réceptions et banquets, en fît jaser plus d'un. Ses détracteurs aimaient à rappeler qu'au XVIIe siècle une autre Pardapa avait séduit l'*Ambam* chinois et s'était enfuie avec lui à Pékin. Pema ignora tout d'abord les commérages. Elle était heureuse d'avoir réalisé son rêve : quitter le Bhoutan pour mener une vie active et raffinée à Lhassa. En tant que membre important de l'administration, elle était maintenant proche du pouvoir et de nouveau reçue dans la haute société; en partie en raison de son mariage avec le très riche prince de Tradum, d'une des plus nobles familles du Tibet.

Toujours très belle, Pema prenait grand soin d'elle-même. Elle se faisait envoyer spécialement de Calcutta des produits d'Élisabeth Arden et allait deux fois par semaine prendre des bains dans des sources chaudes des environs de la ville. Elle était indiscutablement une des femmes les plus élégantes de Lhassa. Bien qu'elle n'attirât guère les jeunes gens, elle ne manquait pas par sa beauté de soulever l'admiration des aristocrates plus âgés, habitués aux charmes du raffinement. Un Européen l'aurait peut-être trouvée trop maquillée, trop poupée de porcelaine japonaise, alors que les rudes Khambas, leur eût-on demandé leur avis, lui auraient trouvé un air trop chinois.

Elle avait à plusieurs reprises rencontré des Khambas pour s'informer du sort de sa fille, mais elle n'avait jamais rien appris d'Ariel ni de Tsering, car personne ne semblait avoir entendu parler de Tsume. Ashi Pema découvrit à sa grande consternation que, si riche et puissant qu'ait pu être Wangchuk Lendrup, sa fille vivait dans un petit hameau insignifiant. Forte de cela, elle avait abandonné ses recherches. Et lorsqu'elle côtoyait dans la rue des Khambas en armes, elle éprouvait un pincement de frayeur, peut-être était-ce de remords, et pressait le pas pour s'en éloigner au plus vite.

Dans les salons dorés aux sols couverts de tapis des riches Lhasséens, Ashi Pema, comme les autres aristocrates, se réconfortait en décrétant que les Tibétains n'avaient d'autre choix que de s'entendre avec les Chinois, qui, espéraient-ils tous, quitteraient un jour le Tibet. C'était en tout cas ce, qu'à la lueur du passé, beaucoup pensaient.

Ashi Pema aimait à rappeler l'époque où le Tibet savait se faire respecter. Des siècles auparavant, l'empereur de Chine n'avait-il pas fait construire une énorme rampe qui enjambait l'enceinte de la cité de Pékin, pour que le Ve Dalaï-Lama n'eût pas à souffrir l'humiliation de passer sous une porte de la ville! Et tous les Tibétains savaient que Sa Majesté Impériale elle-même était descendue de son trône et, fait sans précédent, s'était avancée de dix-huit pas pour accueillir Sa Sainteté. Il était également consolant de se rappeler qu'en 742 le Tibet avait conquis Sian, alors capitale de la Chine.

Ces arguments confortaient les Lhasséens dans leur résignation à l'occupation chinoise. Et puis il y avait de multiples compensations à leur domination : la route carrossable jusqu'à Kalimpong et le maintien des privilèges de l'aristocratie, qui auraient été balayés, si le Tibet s'était transformé selon les critères démocratiques occidentaux. Nombreux se consolaient de la récente modernisation avec l'installation de l'électricité, la disposition d'une jeep et bien sûr les nouveaux disques microsillons.

Quant aux souffrances des Tibétains du Kham – exécutions publiques et massacres collectifs – beaucoup de Lhasséens, dont Ashi Pema, les considéraient comme les bavures inévitables de tout conflit. Les Chinois eux-mêmes n'avaient-ils pas ouvertement admis que des « erreurs avaient été commises » au cours de l'étouffement de la Rébellion de Kanting, encouragée par le « mécontentement provoqué par la politique communiste de Pékin ». Fan Ming, secrétaire du Comité populaire du parti communiste, alla même jusqu'à imputer « au chauvinisme des Han » la responsabilité de la révolte des Khambas.

Ainsi, à l'abri de telles excuses, Ashi Pema pouvait-elle, le soir au moment de se coucher, enlever ses bijoux et s'étendre, la conscience tranquille, sinon les sens comblés, aux côtés de son vieux mais très noble mari.

30

Dès leur arrivée à Lhassa, Ariel et les réfugiés de Tsume s'étaient installés dans la grande maison du père de Tsering. L'agent d'affaires de Lendrup à Lhassa avait remis à Ariel une somme d'argent considérable qui lui revenait.

– Vous feriez mieux d'utiliser un autre nom, lui conseilla l'homme d'affaires. Les Chinois sont peut-être au courant du rôle de Tsering dans la rébellion de Kanting.

Confortablement installée dans la maison des Lendrup, Ariel eut enfin le temps de revenir sur les événements de l'année. Sa vie lui apparut soudain dans une terrifiante clarté. Lorsqu'elle était arrivée au Tibet, elle n'était qu'une enfant ambitieuse et égoïste. D'un engagement à l'autre elle s'était laissé entraîner au cœur d'un conflit apparemment désespéré. Mais Ariel savait, sans doute possible, où se trouvait son devoir. Pour la première fois de sa vie ses actes étaient en parfaite harmonie avec ses idéaux. Elle combattrait pour le Tibet quelle qu'en fût l'issue : mort ou lutte sans merci.

La demeure des Lendrup fut bientôt pleine à craquer de Khambas, amis d'amis, ne sachant où aller. Les écuries furent transformées en arsenal et Ariel dut recommander à chacun de ne pas exhiber ses armes en public. Une grande effervescence s'empara de la maison, lorsqu'on apprit, nouvelle confirmée par la suite, que les Chinois recensaient tous les Khambas de Lhassa avec l'approbation des autorités tibétaines. Une telle mesure annonçait des représailles imminentes. Les Khambas se préparèrent au combat.

La nuit qui suivit la proclamation à l'encontre des Khambas, tout le monde était sur les nerfs. Ariel était scandalisée, mais aussi réconfortée de voir la maison de son beau-père occupée par cette foule d'hommes déterminés et belliqueux. Ce soir-là, lorsque tous eurent mangé, Ariel se leva. Bien que timide et bien qu'elle n'eût jamais pris la parole en public, elle se sentait soudain sûre d'elle.

– Amis, commença-t-elle d'une voix ferme. Nous sommes ici dans la maison de Wangchuck Lendrup et de son fils Tsering. Ils sont morts tous les deux.

Le silence se fit.

– Mourir en temps de guerre, reprit-elle, est l'ultime affirmation des convictions d'un homme. Mourir délibérément pour un idéal est, à mon avis, la manifestation suprême de la grandeur de l'homme. Nous devons retremper notre foi dans les idéaux pour lesquels nous avons combattu. Nous n'accepterons aucun compromis. Le Tibet doit se dresser uni contre les Chinois. Nous ne pouvons plus permettre à Sa Sainteté le Dalaï-Lama d'attendre de sa miséricordieuse sagesse une solution de compromis. Il est des violences qui sont des vertus. Mieux vaut mourir en témoignant que d'être des victimes muettes du destin. Nous souffrons depuis trop longtemps les amères humiliations des Han. Levons-nous une fois encore et rassemblons autour de nous tous les Tibétains pour lutter pour la justice.

A mesure qu'elle parlait tout devenait soudain parfaitement clair. Elle comprenait maintenant que depuis la mort de ses parents elle avait cherché la certitude qui donnerait un sens à sa vie. Elle l'avait maintenant trouvée.

– La vie, s'entendit-elle poursuivre, n'a de sens que si nous sommes prêts à mourir pour ce qui en fait la valeur.

Tous les hommes présents attendaient la suite avec impatience.

– Ce qui nous distingue des animaux, reprit-elle, c'est que nous avons des traditions et ce qui fait notre grandeur c'est notre aptitude à mourir pour elles, qui seule démontre que notre esprit peut dominer le kharma, que nous ne sommes pas soumis à la roue des causes et des effets, ni assujettis au destin, que nous sommes des êtres libres.

Ariel s'arrêta, hésitante, mais exaltée. Tout le monde était suspendu à ses paroles.

– Nous devons nous dresser ici à Lhassa et combattre, déclara-t-elle avec force. Combattre pour vaincre ou mourir, de façon que tous comprennent que nous sommes décidés à refuser tout nouveau compromis. Le temps résoudra peut-être la question, mais il est de notre devoir de témoigner, par le sacrifice de nos vies, de notre détermination et de notre refus de pactiser avec la Chine.

Ariel s'assit. Un silence étrange planait sur la salle de réunion. Elle se sentait soulagée, apaisée. Elle savait maintenant que seule la foi, quelle qu'elle soit, donnait sens à la vie et à la mort. Elle comprenait enfin pourquoi son existence, depuis ce bombardement qui lui avait enlevé ses parents, lui avait paru vide. Car depuis ce drame qui l'avait frappée enfant, elle avait perdu toute confiance, toute foi et tout espoir. La vie n'avait de sens que si on croyait qu'il y avait quelque chose après ou au-dessus de la mort, quelque chose qui continuât au-delà de ce que tant de gens prenaient pour la fin.

– Tu as parfaitement bien exprimé ce que nous ressentons, déclara Nordrop les yeux pétillants de fierté.

Ariel n'osait pas s'avouer combien elle aimait Nordrop. Depuis qu'elle connaissait Tsering, Nordrop en avait été en quelque sorte son complément, un autre Tsering. En fait, elle ne se souvenait pas avoir vu Tsering sans Nordrop, de sorte que l'inverse était aujourd'hui vrai, elle voyait Tsering en Nordrop, ce qui les liait d'une amitié à laquelle se mêlait un certain amour.

– Les Khambas qui sont à Lhassa sont prêts au combat, poursuivit-il. Ils ont désigné leurs chefs et pris contact avec les groupes de partisans locaux.

« Un lama du Kham a été choisi pour présenter au Dalaï-Lama un ultimatum respectueux au terme duquel il est demandé une fois de plus aux Tibétains du Centre de s'unir avec les Khambas pour s'opposer aux Chinois, expliqua Nordrop. Hélas, le Dalaï-Lama est contre toute violence.

– Mais n'est-il pas des circonstances où la violence est l'unique voie possible ?

– Tout dépend de l'importance que l'on attache à la vie.

Cette réponse enflamma Ariel.

– Vous *nang-pas* (initiés bouddhistes) êtes évidemment si au-dessus des contingences humaines, mais de quel droit méprisez-vous la vie qui vous permet de penser ?

Ariel s'arrêta, puis reprit :

– Tu sais aussi bien que moi que nous devons lutter pour lui donner un sens, qu'on ne peut pas s'incliner indéfiniment et accepter l'humiliation.

Nordrop en convint, mais se demanda si les lamas de rang supérieur admettraient comme lui que la violence soit dans certains cas une vertu nécessaire.

Quelques jours plus tard tout le monde commentait les résultats de l'entrevue avec le Dalaï-Lama : c'était décourageant. Le Lama Khamba avait détaillé la situation au Tibet Oriental, les bombardements des monastères, la déportation des enfants, la violence, les meurtres et les combats de rebelles khambas. Le Dalaï-Lama avait montré dans sa réponse une grande sensibilité. Il n'ignorait rien de la situation, avait-il dit, mais en dépit de sa gravité, il lui était toujours impossible de cautionner la violence. Sa Sainteté répétait donc que tous les Khambas devaient déposer les armes, rentrer chez eux et, selon ses propres termes, « s'arranger pour vivre avec les Chinois ».

Cette réponse atterra les Khambas qui avaient placé leur dernier espoir dans le Dalaï-Lama. Car non seulement il refusait de se dresser contre les Chinois, mais il demandait aux Khambas de s'en retourner chez eux!

– Retourner où? Vers des ruines et une mort certaine? Le Dalaï-Lama ne sait pas ce qu'il nous demande, dit Nordrop. Ces Lhasséens n'ont aucune idée de la perfidie des Chinois.

Quelques semaines plus tard, en guise d'avertissement, et pour manifester leur colère, les rebelles Khambas enlevèrent une garnison chinoise à quarante kilomètres de Lhassa. Puis le 15 janvier 1959, deux mille Khambas attaquèrent la garnison de Tsetang, le plus important avant-poste chinois, au sud de Lhassa sur le Brahmapoutre, et s'en emparèrent. Ce succès permettait aux Khambas de Lhassa de communiquer librement avec leurs compatriotes retranchés dans le Loka, province située au nord du Bhoutan.

Les Khambas étaient maintenant prêts à lancer une opération d'envergure à Lhassa où ils avaient pris contact avec les quelques organisations secrètes du Tibet Central. Le seul obstacle à un front uni venait, semblait-il, du Dalaï-Lama et de ses principaux ministres, dont beaucoup, comme Nawang Nagbo, entretenaient des relations par trop amicales avec l'ennemi.

En ce début d'année 1959, trois factions se disputaient le contrôle de Lhassa : les Khambas, les Chinois, le Dalaï-Lama et son cabinet. La situation devenait tous les jours plus tendue, de sorte que même Ariel ne se déplaçait pas sans fusil.

Par peur ou faute d'instruction, les soldats chinois ne quittaient pas leurs cantonnements, ou très rarement, et jamais de nuit. Lhassa était une poudrière et l'étincelle qui y mit le feu ne fut pas un acte de violence, mais une brève information radiodiffusée : l'annonce par Radio-Pékin de la prochaine visite du Dalaï-Lama dans la capitale chinoise à l'occasion du Congrès National du Peuple.

Le sens de l'information était clair et tous les Khambas le comprirent. Si le Dalaï-Lama se rendait à Pékin, les Chinois pourraient l'y garder en otage et prévenir ainsi tout soulèvement tibétain. Une nouvelle plus inquiétante encore suivit cette annonce : le Dalaï-Lama était « invité » par les Chinois, « sans gardes du corps », à une représentation théâtrale le 10 mars 1959 à leur quartier général. Cette fois, les Khambas ne furent plus seuls à redouter l'enlèvement de Sa Sainteté; de nombreux Lhasséens partageaient cette crainte...

Le 9 mars, la veille de la représentation théâtrale, une foule se rendit au palais d'Été du Dalaï-Lama; parmi elle, des milliers de Khambas, armés jusqu'aux dents et décidés à ne pas laisser le Dalaï-Lama se rendre le lendemain au quartier général chinois.

Le lendemain matin, en apprenant que les Khambas avaient cerné le palais d'Été, Ariel alla les rejoindre. Comme elle atteignait l'enceinte extérieure, une jeep transportant Samdrup Photrang, ministre du Dalaï-Lama, soupçonné de sympathies chinoises, s'arrêta. La foule se mit à lapider la jeep, assommant le chauffeur et Samdrup. Ariel ne réussit pas à voir ce qu'il advint du ministre, car on le traîna inanimé dans le jardin du palais. La foule reprit ses slogans antichinois, alors que le Premier ministre, l'honorable Surkang, se glissait parmi elle pour gagner le palais. Une fois à l'intérieur, il téléphona au quartier général chinois pour expliquer qu'en raison du peuple, le Dalaï-Lama ne pourrait pas assister à la représentation. Le Premier ministre demanda également à Nagbo, ministre pro-chinois, de venir tout de suite au palais. Nagbo refusa. Sage décision, car la foule devenait de plus en plus menaçante, ce qui se vérifia lorsque, quelques heures plus tard, un ami du Dalaï-Lama, moine influent connu pour ses sympathies chinoises, arriva en bicyclette au palais avec une veste chinoise et un masque à poussière. A la vue de la veste, la foule arracha le masque du moine, révélant son identité. Dans un mouvement de panique le moine sortit un pistolet. En l'espace de quelques secondes, il fut lardé de coups de couteau aux cris de « traître, traître ».

Le corps du moine fut ensuite traîné dans la poussière jusqu'au pied du palais Potala où il fut installé sur un cheval et exhibé dans toute la ville. Voilà ce qui attendait les collaborateurs. L'annonce de cette chevauchée macabre se répandit comme l'éclair et Ashi Pema, parmi beaucoup d'autres, commença à craindre pour sa vie.

Elle alla se réfugier terrifiée avec son vieux mari dans les bureaux déjà bourrés de personnel du ministère de l'Éducation. Pendant ce temps, à quelques centaines de mètres de là, devant le palais d'Été, Ariel vivait un grand moment de l'histoire du Tibet. Car à cet instant précis, les Khambas, les Andowans et les « combattants de la liberté » du Tibet Central créaient le « Comité de la Liberté », qui devait devenir le nouveau gouvernement du Tibet uni. En vain l'ex-Premier ministre du Dalaï-Lama essaya-t-il d'arrêter les choses en s'adressant à la foule dans un haut-parleur. Personne ne lui prêta attention. Les véritables dirigeants du Tibet n'étaient plus le Dalaï-Lama et ses ministres, mais les Khambas.

En désespoir de cause, le Dalaï-Lama demanda à la foule de laisser son Premier ministre se rendre au camp chinois pour expliquer la situation. Cette requête ne fut accordée que lorsque Sa Sainteté eut promis de ne jamais plus remettre les pieds au quartier général des Chinois.

Le Comité de la Liberté se rendit ensuite au pied du Potala où s'élevait la plus ancienne stèle du Tibet qui commémorait le traité de paix signé entre la Chine et le Tibet en 882. Devant cette pierre historique, le Comité de la Liberté rejeta solennellement l'accord en dix-sept points, en brûla des exemplaires et réaffirma l'indépendance du Tibet. Cet acte de défi fut ensuite renouvelé devant la cathédrale de Jokang, où Ariel éprouva une immense fierté en songeant qu'enfin un Tibet uni allait venger la mort de Tsering, celles de Wangchuk, de Drolkar et de tant d'autres.

A six heures du soir, soixante-dix membres du gouvernement du Dalaï-Lama et officiers de sa garde se réunirent et décidèrent de se rallier aux décisions du nouveau gouvernement du Tibet et de faire cause commune avec le Comité de la Liberté. Les membres de la garde du Dalaï-Lama déclarèrent également qu'ils n'obéiraient plus ni à leurs officiers chinois ni au gouvernement du Tibet. Ils dépouillèrent alors leurs uniformes chinois et rejoignirent les rebelles avec des vêtements tibétains.

Le lendemain matin, les gardes du Comité de la Liberté assignèrent à résidence les quatre ministres au palais d'Été. Le Dalaï-Lama et son gouvernement se trouvaient maintenant sous le contrôle des rebelles, ce dont le Dalaï-Lama lui-même reconnut ultérieurement la nécessité, car les rebelles « craignaient que le gouvernement ne passât quelque compromis avec les Chinois et n'allât ainsi contre la volonté populaire de les voir quitter le Tibet ».

Cette méfiance des rebelles vis-à-vis du Dalaï-Lama était justifiée, car, déjouant la surveillance dont il était l'objet, Sa Sainteté envoya secrètement trois lettres au quartier général chinois dans lesquelles il déclarait vouloir neutraliser les Khambas et ramener l'ordre.

Le 11 mars, le régiment Kusing du Tibet Central rejoignit les rebelles, ouvrant toutes grandes les portes de ses arsenaux. Sans perdre de temps, les Khambas mirent en batterie des mortiers aux points stratégiques, tandis qu'à l'intérieur du palais d'Été, ils apprenaient à de jeunes recrues l'usage des nouvelles armes.

A la vue de tous ces préparatifs et des mouvements suspects de troupes, de chars et de voitures blindées à l'intérieur et à l'extérieur des garnisons chinoises, les Lhasséens ne se faisaient guère d'illusion sur l'imminence d'une bataille.

Consciente de la gravité de la situation, Ariel rentra précipitamment à la maison de Lendrup pour envoyer Sonam, Tsi-la et une servante dans un village voisin du monastère de Sera, où s'était réfugié le frère de Tsering, jusqu'à ce que le calme revînt à Lhassa.

Pendant une semaine Lhassa connut une folle activité, car sa population jouissait de sa liberté retrouvée. Le Comité de la Liberté demanda aux consulats du Népal, du Bhoutan et de l'Inde à Lhassa d'informer le monde de la résolution des Tibétains de rejeter la domination chinoise. Le major Chiba, représentant de l'Inde à Lhassa, qui avait un poste émetteur, était en relation permanente avec son gouvernement à Delhi. Aussi les Tibétains croyaient-ils naïvement que le monde était au courant des événements de Lhassa. En fait, les Indiens, fidèles à leur politique pro-chinoise, gardaient toute l'affaire secrète. Delhi omit d'informer le monde que les Tibétains s'étaient soulevés et se tenaient prêts au combat.

Le monde libre n'apprit ce qui se passait réellement à Lhassa que grâce aux quelques articles envoyés de Kalimpong par George Patterson, le missionnaire qui, en 1950, neuf ans auparavant, avait déjà tenté, mais en vain, de prévenir le monde de l'imminence de l'invasion chinoise du Tibet.

Le Dalaï-Lama a été emmené hors de Lhassa. Il a quitté le palais d'Été ce matin, apprit Ariel le 17 mars. Il a quitté le palais escorté par des gardes khambas qui l'ont emmené dans le Loka.

Lorsque les Chinois furent informés que le Dalaï-Lama avait pu s'évader, ils furent verts de rage. Ils crurent d'abord qu'il se cachait dans un des consulats étrangers de Lhassa et demandèrent l'autorisation de les fouiller. Devant le refus des consuls, les Chinois leur conseillèrent d'évacuer leurs établissements, qui risquaient d'être bombardés. Il était clair que les Chinois se préparaient à se battre.

Le 19 mars à 3 h 30 du matin, les Chinois tirèrent plusieurs obus de mortier dans les jardins du palais d'Été, que la plupart des Lhasséens croyaient toujours occupé par le Dalaï-Lama. Ces obus avaient été tirés, prétendirent plus tard les Chinois, en réponse à une fusillade qui serait partie du palais. Quoi qu'il en fût, la bataille pour Lhassa avait commencé.

Ariel fut réveillée par les explosions et se précipita avec ses compagnons sur le toit qui avait été fortifié en hâte avec des sacs de sable. Il n'y eut d'abord que des échanges sporadiques, car les Chinois voulaient avant tout couper la ville de Lhassa de la vallée où s'élevaient le palais d'Été et la « Colline de Fer », l'école de médecine, qui avait tout d'une forteresse. Cette manœuvre isolait aussi Lhassa des grands monastères de Sera et Gaden.

Les Chinois pilonnèrent ensuite le palais d'Été et la Colline de Fer. Nul n'ignorait que la supériorité de leur armement leur donnerait dans la vallée un facile succès, mais les Khambas servirent les mortiers de la Colline de Fer jusqu'à ce que leur dernière pièce fût volatilisée par un coup direct. Le Potala fut bombardé toute la matinée par des mortiers installés dans le quartier général chinois, mais ses hautes murailles n'en semblaient guère affectées.

A l'intérieur de la cité, les Chinois avaient fortifié le garage de la compagnie de transport, le cinéma (situé à un point stratégique entre la cité et l'entrée de la vallée), la nouvelle poste et les bureaux du Comité des Travailleurs, sans oublier leur quartier général et Shukt Linka, le palais que les Chinois venaient « d'offrir » au Dalaï-Lama. De ces points fortifiés les Chinois faisaient face aux Khambas et aux autres rebelles retranchés dans des maisons privées et dans l'imposante cathédrale le Jokhang qui dominait le cœur de la cité.

Les combats dans Lhassa étaient particulièrement sanglants, car femmes et enfants se mêlaient aux partisans. Le nombre des morts atteignait des chiffres dramatiques; les Chinois tiraient en effet dans les rues sans se soucier des civils. Deux batailles différentes furent livrées ce jour-là à Lhassa. L'une, des toits avec des mortiers et des mitrailleuses, l'autre, dans les rues, au corps à corps. En un combat désespéré, les Tibétains réussirent à s'emparer du cinéma, rouvrant ainsi la route reliant la ville à la vallée. Cette victoire causa hélas plus de mal que de bien, car ceux qui étaient bloqués au palais d'Été refluèrent dans la ville pour y être victimes des combats de rue, où les Chinois venaient d'engager des voitures blindées.

Les 19 et 20 mars, Ariel servit, sans prendre le moindre repos, une mitrailleuse sur le toit de la maison des Lendrup. A ses côtés Nordrop et deux autres hommes servaient un mortier dont les craquements assourdissants résonnaient dans leurs oreilles. Au début, Ariel combattit avec fureur. Cette bataille était pour elle l'apogée de toutes ces années de luttes et de carnage. Elle pouvait enfin voir clairement son ennemi; ce n'était plus cette armée insaisissable qu'elle avait connue jusqu'alors. Neuf années de déceptions, de frustrations et de meurtres sans nombre se trouvaient maintenant vengés. Ariel apercevait dans sa ligne de mire le quartier général de la force d'occupation chinoise au Tibet, tandis que se dressaient devant elle le Potala et le Jokhang, symboles de sa foi. Oublié maintenant le temps où elle avait une autre nationalité et d'autres croyances. Depuis la disparition de Tsering, la mort de Wangchuk et celle de Drolkar, Ariel avait le sentiment de s'être identifiée à eux. Ariel Gordon n'existait plus.

A sa place, Ariel-la, fille de Wangchuk, femme de Tsering, mère de Sonam, de Tsi-la et de Drolkar, une Khamba de Tsume, décidée à défendre la cause de l'indépendance du Tibet et à expulser les Chinois. Ainsi Ariel risquait-elle sa vie avec une quasi-inconscience, tandis que les balles s'enfonçaient dans les murs de terre à quelques mètres d'elle.

Le deuxième jour, malgré la détermination d'Ariel et de tous les autres combattants, les rebelles comprirent qu'ils ne pourraient jamais tenir la ville. Plus de quarante chars entouraient maintenant la Cité sainte, la coupant des grands monastères qui avaient pris les armes et l'isolant des régiments tibétains mutinés campés à l'extérieur de la ville. Coupés de tout renfort, les insurgés retranchés dans la cité devaient combattre seuls, à la fois contre les Chinois qui les encerclaient et contre les troupes retranchées au sein même de la ville, puisqu'ils n'avaient pas pu déloger les Chinois de leur quartier général ni des autres bâtiments qu'ils occupaient et avaient fortifiés. Dans les rues la population civile de Lhassa s'exposait avec témérité à un massacre inutile et gênait involontairement les Khambas, qui décidèrent finalement d'abandonner la ville. La plupart estimaient qu'ils devraient se replier vers le sud dans le Loka, où les Khambas pourraient se regrouper pour mieux affronter les Chinois.

Au grand désespoir d'Ariel, il était hors de question d'aller chercher ses enfants, car il était impossible de franchir le cordon de véhicules blindés qui coupaient la ville du monastère de Sera. Il ne restait à Ariel qu'à prier pour que le frère de Tsering et la servante prissent soin d'eux jusqu'à son retour.

Avant de quitter la maison des Lendrup, Ariel donna ses bijoux de turquoise, ceux qu'elle portait dans les cheveux depuis son mariage, à la vieille Ani-che, en la suppliant d'aller les porter, dès que possible, au frère de Tsering à Sera pour ses enfants. Puis au milieu du claquement des mortiers et du crépitement des mitrailleuses, Ariel embrassa la vieille femme et sortit dans la rue avec les autres.

L'artère principale de Lhassa paraissait vide. Les éventaires des marchands avaient disparu, la faisant paraître plus large encore. Ariel remarqua plusieurs corps allongés dans la poussière. Dans l'encadrement de chaque porte, des gens accroupis, certains avec des fusils. Une rafale jaillit d'une fenêtre. Alors tels des rats, des formes se mirent à courir d'une embrasure obscure à l'autre.

De la même façon, d'abri en abri, Ariel et ses compagnons se dirigeaient vers le sud, lorsqu'ils entendirent soudain un fracas inconnu et virent surgir au-dessus d'une barricade, à l'autre bout de la rue, la monstrueuse masse métallique d'un char, suivi de près par un autre. Les deux chars, tels des jouets aveugles, arrivaient sur eux par saccades, sans se soucier des morts et des blessés qui jonchaient la rue menant au Jokhang. Tapie dans un porche obscur, Ariel entendit un bruit sourd, caverneux et sinistre; le premier char enfonçait le portail de la cathédrale de Lhassa. Elle comprit à cet instant que la ville était perdue.

31

Depuis sa première soirée à Paris avec François jusqu'à leur arrivée deux mois plus tard à New Delhi dans le nouvel avion, un Alpha Zero Papa, la vie d'Ani-la avait été un long rêve. François s'était montré aussi prévenant, aimant et compréhensif que possible. Elle était si heureuse. Parfois ce bonheur l'effrayait. Combien de temps durerait-il ?

De Paris, François avait emmené Ani-la dans sa propriété de famille, Belchale. Flanqué de quatre grosses tours rondes, le château de granit rose dominait la vallée de la Vienne. La région ne semblait pas avoir complètement émergé du Moyen Age.

Habituée à la froide splendeur de Sarduja, Ani-la trouvait Belchale un peu miteux, mais tellement romantique qu'elle se moquait bien de l'archaïsme de la plomberie et des incertitudes de l'électricité. Les plombs ayant encore sauté, François dut lui montrer les inestimables tapisseries à la lumière d'une torche électrique, ce qu'elle trouva tout à fait plaisant. Plus que de son caractère romantique et même féerique, Belchale tenait son charme véritable de ses occupants, qui étaient absolument étonnants. D'abord, M. et Mme Richot, le garde-chasse et son épaisse et rougeaude petite femme.

– Nous l'appelons garde-chasse pour lui faire plaisir, expliqua François en manière d'excuse.

L'unique fonction de M. Richot était d'être en permanence soûl. Combien de fois l'avait-on repêché, après avoir battu la campagne des soirées entières, dans quelque fossé herbeux, où l'avaient jeté les aléas de la bicyclette et du vin. Une telle conduite n'enlevait rien à la dignité qu'il manifestait lorsqu'il était sobre, car il montrait beaucoup d'indulgence pour ce qu'il appelait son « mal ». Mme Richot, qui faisait mine d'ignorer son état, n'abordait jamais le sujet. Lorsque M. Richot déambulait dans le parc en hurlant des bribes d'airs d'opéra, elle se contentait de déclarer que son mari ne se sentait pas très bien. Mais, grâce à l'exquis pâté en croûte de Mme Richot, dont elle seule connaissait la recette, on ne lui en tenait pas rigueur. Le pâté, ainsi que d'innombrables merveilles gastronomiques sortaient des entrailles d'une vieille cuisinière à bois, qui avait également pour office de chauffer la petite maison des Richot. Ces magnifiques plats étaient apportés au château par Mme Louise, la cuisinière-gardienne, rondelette et toujours gaie, qui connaissait « Monsieur le comte depuis son premier souffle ». De telles références autorisaient Mme Louise à faire des commentaires sur tous les gens que François invitait à Belchale. En fait Mme Louise était tout sauf cuisinière, titre que Mme Richot entendait se réserver et auquel elle pouvait prétendre. Mais leur dévotion à Monsieur le comte permettait aux deux femmes de se tolérer.

Après s'être régalée pendant deux jours des délicieuses préparations de Mme Richot, Ani-la fit la connaissance de Madame la comtesse, la mère de François. Ani-la, qui ne se rappelait pas en avoir entendu parler, fut assez surprise de la rencontrer.

Elle était d'une beauté à laquelle seul le grand âge peut parvenir. Elle avait la peau d'une pâleur transparente légèrement bleutée et une structure de visage qui lui conférait une extrême distinction.

La comtesse avait perdu l'esprit depuis un certain temps. Mais au lieu de se plaindre et de radoter comme tant de vieillards, elle entretenait de longs et charmants dialogues avec des personnes imaginaires, apparemment raffinées et pleines d'esprit. Il fallait un certain temps pour remarquer que Madame la comtesse n'écoutait pas ce qu'on lui disait, car ses réflexions étaient si aimables, légères et drôles qu'elles convenaient presque à n'importe quelle question ou remarque. Son seul souci apparent était que le « cher François » s'amusât bien, comme si ayant elle-même mené ce genre de vie, elle ne pouvait supporter l'idée que son fils subît le moindre désagrément.

« Quel ennui, disait-elle ainsi, les brebis vont agneler. J'espère qu'il n'y aura pas de complication et que ta journée ne sera pas gâchée, mon chéri. » Ou bien encore : « Écoute, François, n'invite pas de gens ennuyeux; il y a des gens tellement fatigants. J'espère que tu vas inviter la jeune et belle Rigomont qui est si amusante. » Avec une patience où perçait une pointe d'exaspération, François expliquait alors que Mme de Rigomont avait maintenant soixante-dix ans.

Il fallut quelque temps à la comtesse pour remarquer la présence d'Ani-la, qui parut lui plaire, puisqu'elle la déclara « jolie et amusante ». Ani-la se demandait, quant à elle, si la mère de François l'amuserait longtemps. Mais elle disparut aussi brusquement et mystérieusement qu'elle était apparue. Ani-la apprit de Mme Louise que la mère de François vivait dans des appartements situés dans l'aile est du château, où Mlle Rigobert, vieille fille aussi solennelle et compassée que la comtesse était enjouée, s'occupait d'elle.

Le château aurait pu être triste si François n'avait pas suivi les conseils de sa mère et invité des tas de gens jeunes et amusants, des voisins le plus souvent, épatés par les excentricités de François et par ses voyages lointains. Et puis il y avait les fermiers, qui venaient lui demander quand semer le blé d'hiver ou comment se débarrasser des serpents qui mangeaient les œufs de perdrix...

Tout le monde adorait le « jeune François », comme l'appelaient familièrement les fermiers, car sa famille vivait là depuis de nombreuses générations. Ani-la fut bientôt sous le charme de Belchale. Elle aimait à s'asseoir dans le salon dont les boiseries dorées réfléchissaient la lumière tamisée des longs couchers de soleil d'hiver, avant d'étinceler des mille reflets des grands feux de bois que Mme Louise allumait chaque soir au crépuscule, après avoir apporté le plateau d'apéritif. Perdue au bout d'une interminable allée envahie de mauvaises herbes, la maison paraissait hors du temps et Kalimpong, en comparaison, avec son actuelle agitation, semblait une capitale, un carrefour de préoccupations terrestres.

– Comment peux-tu quitter cet endroit ? demanda Ani-la, buvant un cognac après le dîner en compagnie de François.

– Eh bien, ma chérie, depuis que tu es entrée dans ma vie cette seule pensée me fait horreur. Mais comme tu le sais, c'est l'ennui qui fait sortir les gens de chez eux et les pousse à l'aventure. C'était mon cas avant de te connaître. Mais maintenant j'aime tellement être ici que seul le devoir peut m'en chasser. « Le devoir, disait mon père, est le prix de la fortune. »

Un article du *Monde* de mars 1959 les rappela à leur devoir et précipita leur départ pour l'Inde. Citant largement un reportage de George Patterson paru dans la presse britannique, l'article prétendait que le Tibet était en guerre contre la Chine, que les combats avaient éclaté à Lhassa.

François et Ani-la décidèrent de s'envoler pour l'Inde dès que le nouvel avion serait prêt pour le long voyage et que les papiers seraient en règle.

Le vol fut à la fois passionnant et exténuant. Par sauts de puce, le petit avion atteignit le Moyen-Orient. Chaque jour leur apportait un foisonnement d'images bigarrées, qui passaient progressivement du vert au gris à mesure qu'ils approchaient de Téhéran. A chaque escale, ils essayaient d'acheter des journaux anglais pour suivre l'évolution de la situation au Tibet. Ils furent étonnés, mais soulagés de lire le 17 mars 1959 (le jour où le Dalaï-Lama quittait Lhassa) que le

Premier ministre Nehru, en réponse à une question qui lui avait été posée devant le Lok Saba (le parlement indien), avait déclaré que tout était calme à Lhassa, que « les prétendus troubles du Tibet » n'étaient « que des bruits de bazar », et que leur propagateur, George Patterson, devrait quitter le pays s'il persistait à envoyer des comptes rendus aussi « exagérés et erronés ».

– Eh bien, ce n'est pas aussi grave que ce que nous pensions, fit observer François en retenant une chambre dans un hôtel de Téhéran.

Ani-la n'était pas convaincue.

Lorsqu'ils arrivèrent enfin à New Delhi, les pires craintes d'Ani-la se trouvèrent confirmées. Les reportages de George Patterson étaient rien moins qu'exagérés. On savait maintenant que Nehru avait délibérément menti au parlement, puisqu'il était au courant de la situation depuis le 10 mars, par le consul d'Inde à Lhassa. Lorsque le monde apprit que l'Inde avait délibérément nié la sanglante bataille de Lhassa, il se fit de par le monde un courant de sympathie en faveur des Tibétains, non seulement à l'étranger, mais aussi parmi les plus éclairés des Indiens, honteux et indignés de la conduite odieuse de leur gouvernement envers leur pacifique petit voisin du nord. On parla d'aider les Tibétains.

François et Ani-la en furent quelque peu réconfortés, bien que l'intérêt suscité par les Tibétains et l'indignation provoquée par l'attitude de Nehru fussent balayés par l'annonce sensationnelle de la prétendue fuite du Dalaï-Lama. La cause Khamba et tibétaine était masquée par l'intérêt passionné que nourrissait l'Occident pour les mystiques, la réincarnation, le Shangri-la et les lointains Himalayas. Les problèmes véritables étaient dissimulés sous des poncifs à sensation et personne ne comprit que le Dalaï-Lama ne s'était pas exactement enfui, mais qu'il avait été escorté, contre son gré, dans le Loka, par des Khambas désireux de l'empêcher de poursuivre les négociations avec les Chinois; ils voulaient aussi le pousser à proclamer une guerre sainte contre la Chine.

Ce fut à Lhuntse-Dzong dans le Loka que le Dalaï-Lama déclara solennellement le 26 mars que tout le Tibet devait s'unir pour combattre les Chinois. Sa Sainteté bénissait enfin la croisade des Khambas et reconnaissait que la résistance à l'envahisseur chinois était légitime. Un gouvernement provisoire fut établi à Lhuntse et l'unification du peuple tibétain officiellement proclamée.

A la suite de cette proclamation si longtemps attendue, les Khambas craignirent que la présence de Sa Sainteté dans le Loka ne fît qu'attirer les attaques chinoises et gêner leurs activités militaires. Les Khambas décidèrent donc que tant que dureraient les combats, le Dalaï-Lama devrait demeurer dans un endroit sûr. Il quitta donc le

Tibet sous escorte Khamba pour chercher asile en Inde, ironie du sort, dans le Towang, région tibétaine annexée par les Anglais.

En déclarant que le Dalaï-Lama avait fui le Tibet, la presse escamota l'essentiel : la lutte du Tibet uni contre les Chinois venait de commencer et non pas de s'achever.

Arrivé à l'aéroport Dum Dum de Calcutta, François se vit refuser son plan de vol pour Badogra. Aucun étranger n'était autorisé à s'approcher de Kalimpong. Ne souhaitant pas s'arrêter à Calcutta, François et Ani-la décidèrent de se rendre directement à Sarduja, puisque le maharadjah figurait en tête de la liste des éventuels sympathisants tibétains, établie par François.

Comme la première fois, François et Ani-la furent accueillis à leur descente d'avion par le maharadjah en personne. Quoique toujours mince et élégant, il semblait avoir perdu son bel entrain. Avant même que François n'ait eu le temps d'expliquer la raison de leur présence en Inde, le maharadjah commença à se plaindre amèrement des tentatives du gouvernement pour supprimer les indemnités viagères promises au moment de l'indépendance à tous les maharadjahs.

Pendant le thé, lorsque François put enfin aborder la question du Tibet, Ani-la et lui furent soulagés et ravis de trouver Sarduja tout à fait bien disposé.

– Nehru, commença Sarduja indigné, a toujours proclamé que l'Inde était le défenseur des petites nations non alignées. Je ne peux pas croire que ce soit lui qui ait menti au monde sur la situation du Tibet. Le Tibet, pays de quatre millions d'habitants, est attaqué par une nation de plus de six cents millions d'habitants et nous restons spectateurs. Pis encore, nous aidons les Chinois. Savez-vous que l'Inde a autorisé les troupes chinoises à pénétrer au Tibet par le Sikkim, afin de couper la route présumée du Dalaï-Lama vers le sud.

« Avec Hô Chi Minh au Viêt-nam, les communistes chinois au Tibet et un conseil municipal communiste à Calcutta, qu'allons-nous devenir ?

– Je suis inquiète pour Ariel, dit Ani-la, tandis qu'ils se promenaient dans les jardins. Je me demande ce qu'elle est devenue. Je crains le pire. Le Kham est, dit-on, à feu et à sang. On parle d'exécutions massives et de déportations.

– Depuis quand a-t-elle disparu ? demanda Sarduja.

– Presque dix ans. Comme le temps passe ! Elle doit avoir vingt-huit ans. Une jeune femme, répondit Ani-la. Je n'ose pas imaginer où elle est.

– Prabaka arrive ce soir de Calcutta avec sa femme, Lakshmi, annonça Sarduja.

Ani-la eut un serrement de cœur. La mention de Prabaka réveillait en elle d'autres souvenirs encore d'Ariel.

Avant le dîner, Sarduja, François et Ani-la prirent un verre sur la terrasse avec Prabaka et son épouse, petite femme aux traits délicats et à l'ossature fine, mise en valeur par le léger drapé de son sari transparent. Lakshmi avait un comportement enfantin et parlait un anglais de collégienne avec un accent par trop affecté. Impossible d'ignorer ce qui faisait l'intérêt de sa vie.

– Nous avons reçu la semaine dernière, annonça-t-elle fièrement, une bourriche de Fortnum et Mason avec des échantillons de tous leurs thés. Imaginez-vous que je n'ai jamais goûté d'aussi bons thés ici en Inde.

« Nous partons la semaine prochaine pour Londres, poursuivit-elle. Il fait tellement chaud ici en avril. Et il est hors de question de rater Ascot, n'est-ce pas chéri ? Nous sommes invités dans l'enceinte réservée à la famille royale. Lady Jennifer nous a invités, pour nous remercier de nous être si bien occupés d'elle, lors de son séjour à Calcutta. N'est-ce pas, Bunny ?

A la mention du nouveau surnom de Prabaka, Ani-la lança un coup d'œil à François et plongea dans son verre pour ne pas sourire.

« Bunny », comme l'appelait sa femme, avait grandi, ce qui n'avait fait qu'accroître sa gaucherie. Plus timide que jamais, il semblait ravi de laisser sa femme parler. Les films, le snobisme anglais et les gadgets américains avaient remplacé les conversations de curries, de serviteurs et de préséance, qui prévalaient avant l'indépendance.

Visiblement agacé par le bavardage de sa belle-fille, le maharadjah les congédia tous les deux, dès le dîner terminé, sous prétexte qu'il avait à parler d'affaires avec François.

Une fois dans le salon art-nouveau, le maharadjah alluma une cigarette et dit :

– J'ai parlé avec mes amis, au Turf Club, de la situation au Tibet. Nombre d'entre eux sont inquiets de l'actuelle politique de l'Inde envers le Tibet et de la situation qui y règne. Ils craignent pour leur avenir. Les communistes viennent de publier un communiqué au terme duquel le Tibet serait la paume de la main de la Chine, tandis que le Ladakh, le Népal, la N.E.F.A., le Sikkim et le Bhoutan en seraient les doigts. Il faut être un imbécile comme Nehru pour ne pas deviner les intentions de la Chine.

« Nous avons heureusement en Inde, poursuivit Sarduja, des gens qui, contrairement à Nehru, Panika et Menon, ont conscience de la gravité de la menace communiste sur l'Asie. Le premier président de la Cour d'Appel vient de réunir une commission internationale de juristes pour examiner la question du Tibet. L'industriel Birla a fait savoir que sa ville de Mussori était à la disposition du Dalaï-Lama. Il faudra environ une semaine à Sa Sainteté pour se rendre à cheval de Towang, sur notre frontière, à Tezpur en Assam pour y retrouver la première route. Il devrait arriver d'un moment à l'autre. Quant à moi, j'aimerais aider le Tibet, mais comment ?

François profita de cette ouverture pour exposer son plan.

– On pourrait essayer de parachuter au Tibet des médicaments, des armes légères et des munitions. Mission d'autant plus incertaine que le pays manque de postes de radio permettant de coordonner parachutages et atterrissages. Je pense cependant que l'opération mérite d'être tentée. La formation géologique de nombreuses vallées tibétaines, poursuivit François avec vivacité, a créé des centaines de pistes naturelles, plaines glacières unies dominant la plupart des rivières. Le gros problème est de déterminer qui se bat où et quels sont les besoins. On devrait pouvoir décoller du Népal ou du Sikkim.

– Ça ne devrait pas être trop difficile, coupa Sarduja. Le vieux rajah est un de mes amis.

– J'ai examiné des cartes détaillées à la Société Géographique de Paris, reprit François, et il semble possible en décollant du Sikkim, de piquer vers l'ouest, au-dessus de la corne orientale du Népal et de pénétrer au Tibet en suivant le fleuve Arun jusqu'à la région du Tengri et du Shelka Dorjedrzong. J'ai fait équiper notre nouvel avion pour ce genre de vols.

– Celui avec lequel vous êtes venus ? demanda Sarduja.

– Oui, répondit François, ravi de parler de son nouvel avion. Il peut voler à haute altitude et transporter plus qu'on ne l'imagine. Il est également muni d'un assez ingénieux système de délestage sous les sièges des passagers.

– Parfait, dit Sarduja avec un petit rire, le premier depuis leur arrivée. Pourquoi me laissez-vous m'escrimer à trouver une solution, alors que vous avez apparemment tout résolu depuis longtemps ? Eh bien maintenant, dites-moi quels sont vos plans ?

– Nous comptions aller à Kalimpong pour prendre contact avec quelques rebelles, répondit François. Mais on m'a refusé mon plan de vol pour Badogra. Aucun étranger n'a le droit d'entrer à Kalimpong. Nous comptions aussi acheter des médicaments et des armes, et les transporter au Sikkim. C'est là que vous pourriez sans doute nous aider...

– Je vous assure de tout mon soutien, François, répondit Sarduja avec enthousiasme. Je ne m'y connais guère en matière de trafic d'armes, mais je gage qu'il y a beaucoup de marchands d'armes à Calcutta. Bret et Briddle, qui me vendent tous mes fusils, sauraient certainement à qui m'adresser. Le reste n'est qu'une question d'argent. J'ai l'intention de donner deux *lakhs* (deux cent mille roupies) pour nos amis tibétains. Combien avez-vous pu réunir ?

François se leva et se dirigea vers l'autre bout de la pièce.

– Deux millions de dollars, dit-il calmement.

– Seigneur, dit Sarduja en se levant, un verre à la main. Bravo!

– Comme vous le savez, poursuivit François, la France a des intérêts considérables au Laos, au Cambodge et en Indochine. Je n'ai eu qu'à tirer les bonnes sonnettes. Je me suis contenté de prévenir certains de nos banquiers que si le Tibet ne réussit pas à repousser les communistes, on les verra bientôt descendre le Mékong et le Salouen. Imaginez-vous qu'aucun des banquiers ou des politiciens à qui je me suis adressé ne savait que ces fleuves parcourent plusieurs centaines de kilomètres au Tibet. Dès qu'ils en eurent pris conscience, ils se sont empressés de sortir leurs carnets de chèques. Il est évident que pas un mot de tout cela ne doit sortir de cette pièce.

– Cela va sans dire, François, dit Sarduja. Mais, ajouta-t-il, il y a sûrement d'autres Indiens désireux d'aider. Il suffit de coordonner nos efforts. Le travail le plus difficile revient à Ani-la, qui devra prendre contact avec les Tibétains. Personne, absolument personne ici ne parle tibétain.

Sur ce, on repassa le cognac et ils continuèrent de discuter de la menace communiste en Asie.

– Il n'y a pas que le communisme, déclara Sarduja. Dans ses grandes lignes le communisme est sans doute une bonne chose pour l'Asie. Regardez ce qui a déjà été fait en Chine : la corruption, la misère morale, la grande pauvreté ont été en partie supprimées. Non, ce qui est inquiétant, c'est la facilité avec laquelle les régimes communistes se transforment en dictatures. Rappelez-vous Staline. Voyez le culte de Mao et celui d'Hô Chi Minh. Ces doctrines politiques ne sont que trop souvent prétextes au despotisme. En attendant, nous avons Nehru sur les bras. Ce n'est pas un despote, mais sa conception du pouvoir est trop imprégnée d'un autoritarisme archaïque. Comme mon père et tant d'Indiens cultivés, il a dû lire beaucoup trop de biographies de Napoléon. Nous avons tous été nourris de littérature napoléonienne. Peut-être entendions-nous protester ainsi contre l'autorité victorienne. Résultat, le moindre politicien se prend pour le petit Français.

Sarduja s'arrêta et rit pour la deuxième fois ce soir.

– Écoutez, François, reprit le maharadjah sur un ton plus sérieux, si vous avez besoin d'un co-pilote, je suis votre homme. Il est grand temps que je fasse autre chose que chasser le tigre. Et puis j'admire votre geste. J'ai honte de ne pas y avoir songé plus tôt. Je crois que nous devrions laisser pour le moment votre avion ici, et essayer de vous faire entrer clandestinement à Kalimpong, puisqu'en tant que citoyens indiens, Ani-la et moi ne devrions avoir aucun mal à traverser la « ligne intérieure ». De Kalimpong, nous irons au Sikkim inspecter les terrains d'aviation, pendant qu'Ani-la se renseignerait auprès des rebelles pour déterminer les zones de parachutage. Je vous conduirai, ou plutôt c'est vous qui me conduirez, car pour vous faire traverser la « ligne intérieure », je vous ferai passer pour mon chauffeur.

Cette idée les fit tous rire.

Le lendemain, à 5 h 30 du matin, ils prenaient du thé, des toasts et de la marmelade dans la salle réservée au petit déjeuner. Le disque rouge du soleil levant annonçait une chaleur écrasante. Des paons perchés sur les casernes maintenant vides de ce qui avait été les Fusiliers de Sarduja, poussaient des cris stridents. Des oiseaux gazouillaient et sautillaient sur la terrasse dominant la pelouse au-delà de laquelle s'étendaient jusqu'au lointain delta du Brahmapoutre les champs d'herbe à éléphants. Par-delà l'horizon, ils devinaient les collines du Bhoutan et de l'Assam, et au-dessus, le Tibet.

Avant de partir pour Kalimpong, François reçut un turban sur lequel était brodé en fil d'or le lion de Sarduja sur fond de soie rouge. Il mit un certain temps à apprendre à se l'enrouler autour de la tête. Avec son nouvel uniforme, il s'assit derrière le volant de la jeep du maharadjah, dont les plaques minéralogiques portaient le même lion et le numéro « 1 ». Les serviteurs assistèrent amusés au départ d'Ani-la et du maharadjah, conduits par François. La voiture franchit les grilles de Sarduja et s'engagea sur la route poussiéreuse qui prenait au nord à travers les champs d'herbe à éléphants. Ils avançaient lentement, car il fallait éviter les bicyclettes, chars à bœufs, troupeaux de buffles qui, tête haute, avançaient en désordre, poursuivis par de petits enfants nus que l'on s'attendait à voir piétinés par ces masses énormes.

Le voyage se déroula sans incident jusqu'au pont du Couronnement sur la Titsa, au pied de la montée de Kalimpong. Un détachement de police du Bengale Occidental, *lathis* au poing, repoussait une petite foule. Ani-la remarqua plusieurs Bhoutanais et quelques étrangers manifestement pris au dépourvu par la soudaine fermeture de Kalimpong.

– Il vous faut un laissez-passer intérieur, déclarait un policier à un jeune homme qui argumentait avec force éclats de voix.

Un officier de police s'approcha de la jeep de Sarduja.

– Où allez-vous ?

– A Kalimpong, répondit Sarduja.

– Avez-vous un laissez-passer intérieur ?

– Non, bien sûr que non. Je suis Indien.

– Et la dame ?

– Elle habite Kalimpong.

– Puis-je voir vos papiers ?

François lança un coup d'œil à Sarduja qui lui adressa un regard furieux et ordonna.

– Chauffeur, garez la voiture sur le bas-côté.

– Sarduja montra sa carte d'identité.

Voyant à qui il avait affaire, l'officier de police s'excusa.

– Que Votre excellence veuille bien me pardonner, mais elle doit comprendre qu'avec tous ces espions, il nous faille prendre des précautions. Bon voyage.

François était sur le point de démarrer, lorsqu'un civil s'approcha en criant :

– Arrêtez cette jeep! Attendez une minute.

François coupa le moteur.

L'homme s'adressa à Ani-la.

– Puis-je voir vos papiers?

Ani-la, frappée de stupeur, fouilla dans son sac.

L'homme examina ses papiers. Puis prenant l'air important, il tendit la main à Sarduja :

– Inspecteur Banerjee, enchanté, Votre Excellence.

Sarduja lui serra la main avec répugnance.

Se tournant à nouveau vers Ani-la, l'inspecteur dit :

– Vous savez que nous vous avons à l'œil.

Ani-la rougit :

– Que voulez-vous dire?

L'homme ne répondit pas, aussi Ani-la se contenta-t-elle de hausser les épaules.

L'inspecteur fit signe à la jeep d'aller. Mais au moment où elle s'ébranlait il susurra avec un sourire mauvais à l'adresse d'Ani-la :

– Ariel Gordon...

Alors seulement elle se souvint. L'inspecteur, bien sûr. C'était lui qui était venu chez elle et qui avait fait toutes ces histoires à propos de l'héritage d'Ariel et des impôts. Mais pourquoi prononçait-il le nom d'Ariel maintenant? Ani-la ne voulait pas lever ce lièvre au moment où François et Sarduja ne songeaient qu'à entrer à Kalimpong. Elle fut soulagée lorsque la jeep s'engagea dans le chemin menant à son bungalow.

Elle fut d'autant plus étonnée de trouver tout en ordre qu'elle avait elle-même considérablement changé depuis son départ précipité, deux mois auparavant. Le vieux portail moussu était toujours aussi délabré; le bougainvillier et la pelouse; le petit cottage dont la véranda avait besoin d'un coup de pinceau.

Tradul vint en souriant à leur rencontre.

– *Tashi-di-le*, dit-il seulement.

Ani-la n'était pas du tout préparée à trouver six Tibétains assis sur le sol de sa cuisine.

– J'imagine qu'il s'agit de réfugiés, dit-elle pour tout commentaire lorsqu'elle annonça à François et Sarduja la présence de ses invités imprévus.

Quelques minutes plus tard Tradul apporta l'explication :

– Memsahib – c'est ainsi qu'il appelait Ani-la, lorsqu'il avait quelque chose d'important à dire – Kalimpong est plein de Tibétains. On se croirait à Lhassa. Ils arrivent tous les jours par centaines de Chumbi. Il y a plus de yacks que de Marwaris dans le bazar, mais pas d'herbe pour les nourrir. La police ramasse les Tibétains et les renvoie. Il y a un camp de réfugiés à Missamara, près de l'endroit où vivait George Sahib. Il y fait si chaud qu'ils meurent par centaines. Personne ne veut y aller. Ils n'ont rien, pas d'argent. Les Marwaris ne payent que vingt roupies pour un poney tibétain. Oui... vingt roupies! J'en pleurerais. Je me suis permis d'acheter deux poneys et un yack pour Memsahib. Je les ai mis derrière, près du bûcher.

– Quoi? fit Ani-la avant d'éclater de rire.

– Tu veux dire que nous avons un yack dans le jardin?

Mais elle n'était pas d'humeur à rire.

– Tradul, demanda-t-elle, quelles sont les nouvelles du Tibet?

– Memsahib devrait demander au grand homme qui est dans la cuisine. C'est un Pardapa, un personnage très important de Lhassa.

– Dis-lui de venir.

Tradul revint avec un jeune homme grand et distingué à la longue chevelure nattée qui portait à l'oreille gauche un pendentif de turquoise d'une quinzaine de centimètres.

Ani-la lui proposa de s'asseoir, après l'avoir présenté à François et à Sarduja, qui, expliqua-t-elle, étaient des amis du Tibet, devant lesquels il pouvait parler librement.

– C'est terrible, commença-t-il timidement. Les rues de Lhassa sont jonchées de morts. On dit que notre Cité sainte est en ruine. Certains disent même que le Potala et le Norbulinka n'existent plus.

« Je revenais de Gyantse, lorsque j'ai appris que des combats avaient éclaté à Lhassa. Je n'ai donc rien vu de mes propres yeux. Mais j'ai discuté avec un jeune homme qui est arrivé seulement hier et il m'a parlé des combats. Les Chinois ont immédiatement fermé la route qui dessert la vallée Chumbi. Les Khambas se battent maintenant dans le Loka. J'ai été un des premiers à passer en Inde, car au début les Chinois n'étaient pas encore très organisés. Beaucoup de Tibétains traversent encore la frontière, mais surtout de nuit.

– Ashi Pema, ma sœur aînée, a prononcé votre nom, c'est pourquoi je suis venu chez vous. Votre serviteur, Tradul, s'est montré extrêmement gentil. A la maison du Bhoutan où je me suis également arrêté, on n'a même pas voulu m'adresser la parole à moi, un Pardapa, à cause du divorce de ma sœur. Ah, Ashi Pema, combien d'ennuis elle nous aura causés.

A cette remarque Ani-la eut un sourire et demanda au jeune homme de continuer.

– Ani-la, vous n'imaginez pas où en est arrivée ma sœur. Mais je suis sûr que vous en avez eu quelques échos. Il y a d'abord le divorce, ensuite ce muletier de Kong-po de dix ans plus jeune qu'elle, oui dix ans de moins qu'elle. Et maintenant, comble de la honte, elle est secrétaire de l'Éducation, membre du Comité Consultatif chinois. Elle parle chinois et dirige les écoles. Elle est actuellement mariée au prince de Tradum, qui est si vieux qu'il peut à peine marcher. Mais les Khambas ne s'embarrasseront pas de savoir qui elle a épousé. Si elle tombe entre leurs mains, ils la tueront comme traître. Notre sœur nous a déshonorés. Elle est pire qu'un yack sauvage!

Ani-la sourit. Elle prit le jeune homme à part pour discuter de ses projets d'avenir. Avait-il de l'argent, des amis à Kalimpong? A toutes ces questions la réponse était non. Il n'avait qu'un seul projet, essayer de rejoindre le Dalaï-Lama à Mussori, petite ville de montagne du nord de New Delhi dans les Himalayas Occidentales.

– La question des réfugiés ne nous concernent pas vraiment, fit remarquer Ani-la à François et Sarduja, après le départ du jeune Pardapa. Nous devons songer à ceux qui combattent encore à l'intérieur du Tibet. Il faut que je me mette en campagne pour trouver ceux qui à Kalimpong pourraient nous mettre en relation avec les combattants rebelles.

Le lendemain, Sarduja et François laissèrent Ani-la à Kalimpong et se mirent en route pour le Sikkim, afin d'en inspecter le petit aéroport.

En descendant au bazar Ani-la eut du mal à reconnaître la ville. La population semblait avoir triplé. Les réfugiés les plus bizarres envahissaient les rues.

Des hommes et des femmes, tout droit sortis du Moyen Age, qui, pour beaucoup, voyaient pour la première fois des lumières électriques et des automobiles, bouche bée devant ce qui leur arrivait. Des paysans tirant leurs yacks se mêlaient aux aristocrates et aux riches fermiers, dont les épouses étaient splendidement vêtues, bien que couverts de poussière et de saleté après leurs navrants voyages. Chacun y allait de son récit. Et nul d'entre eux ne savait où aller ni que faire. En dépit de leur fuite tragique, la plupart arboraient des sourires, manifestaient une jovialité courtoise qui cachait le désespoir et la confusion dans lesquels ils se trouvaient.

32

L'échoppe de thé de l'ami d'Ani-la était comble. Cette dernière, qui avait toujours tiré avantage de son aspect européen, était maintenant suspecte, surtout aux yeux de Khambas, qui se méfiaient de tout le monde, en particulier des Indiens qu'ils soupçonnaient d'aider les Chinois. A force de patience, elle gagna la confiance de plusieurs Khambas, qui la mirent au courant des opérations des guérilleros et lui donnèrent les noms des chefs, cachés à Kalimpong.

Le bungalow d'Ani-la devint bientôt un foyer d'intrigues. Au cours de réunions secrètes, qui se tenaient de nuit, sous la garde de Khambas en armes, Ani-la étudiait les moyens de parachuter ou de transporter armes, munitions et médicaments aux insurgés qui tenaient le Tibet. Les perspectives étaient sombres. Craignant une invasion chinoise, non seulement le Bhoutan refusait d'aider les guérilleros, mais allait jusqu'à arrêter, désarmer et envoyer en Inde ceux qui avaient réussi à franchir sa frontière. Le Népal, pour sa part, demeurait neutre, bien que l'armée indienne contrôlât la frontière entre le Tibet et le Népal. Seuls des parachutages permettraient d'apporter de l'aide aux guérilleros. Dans le secret de la maison d'Ani-la on discutait des zones de parachutage. La région de Tengri, au nord-ouest de l'Everest, était considérée comme le meilleur site, car on pouvait l'atteindre par le Népal oriental sans avoir à survoler de hautes montagnes.

Avec plus de facilité que prévu, plusieurs chargements d'armes et de médicaments furent expédiés par camion de Calcutta à Sarduja, où ils furent stockés. Le maharadjah imagina ensuite un plan qui lui permît d'aller au Sikkim avec François reconnaître la route du Tibet par le Népal, et de faire parvenir des médicaments dans un monastère du Tibet.

Le maharadjah du Sikkim avait fréquenté la même école de Darjeeling que Sarduja. Ils étaient amis de vieille date et Sarduja n'eut aucun mal à obtenir une invitation en bonne et due forme à se rendre dans son palais de Gangtok. Cette invitation lui permit d'obtenir un permis de vol pour le Sikkim, qui, en raison des troubles du Tibet, avait été fermé même aux ressortissants indiens. Muni de son permis spécial, Sarduja alla trouver Robertson, officier politique du Sikkim et vieil ami d'Ani-la, pour lui demander un second permis pour son pilote personnel, enregistré sous le nom de François Thomlac de Pondichéry.

Deux jours plus tard l'Alpha Zéro Papa atterrissait au Sikkim. Au palais, modeste construction tibétaine, où il se rendit pour déjeuner, Sarduja fut enchanté de se trouver assis à côté du général Lall, commandant en chef indien de la région septentrionale. En face de lui, le chef du service de renseignements indien du secteur. Ce dernier expliqua, autour d'un verre de cognac, que les services de renseignements entretenaient une antenne importante à Gangtok, chargée d'observer la situation au Tibet. Il avoua à Sarduja qu'il ne s'agissait pas seulement de surveiller les actions des Tibétains, mais également celles des communistes.

Tandis que Sarduja déjeunait en si bonne compagnie, son pilote François, conformément à leur plan, décolla sans autorisation et survola le palais royal avant de disparaître à l'ouest. Sarduja avait prévu de dire que son « pilote » devait probablement faire une vérification, car le moteur avait eu des ratés en venant. Il expliqua cela pendant le déjeuner, de sorte que lorsque la police appela le général Lall en urgence quelques minutes plus tard pour l'informer que le « pilote-wallah de Pondichéry » avait décollé sans autorisation de l'armée, le commandant en chef n'en fut pas surpris et déclara qu'il était au courant, que le pilote effectuait juste une petite vérification.

Plusieurs heures après, sous la véranda du palais, le général, un verre à la main, lourdement appuyé sur l'épaule de Sarduja, proclamait son amitié pour le Maharadjah qui l'avait invité à faire plus tard un tour dans son nouvel avion, dès que le pilote serait rentré.

Le général indien déclina l'invitation, mais avisa son jeune et zélé aide de camp de prévenir la tour de contrôle que le commandant en chef répondrait de toutes les excentricités du pilote de Sarduja.

Lorsque Sarduja et François décollèrent enfin à 5 heures de l'après-midi, Sarduja avait hâte d'entendre le compte rendu de son vol sur le Tibet.

– Quelques minutes après avoir quitté l'aéroport, je me suis trouvé au-dessus du Népal : champs de riz, collines escarpées, puis un fleuve, le Tamur, aisément reconnaissable. Le Tamur m'a conduit vers les eaux blanches de l'Arun que j'ai suivies jusqu'au Tibet. L'Arun parcourt cent quatre-vingt-dix kilomètres au Tibet avant d'entrer au Népal, de sorte que la frontière n'est pas marquée par un changement de paysage. Après une soixantaine de kilomètres de vol plein nord, la végétation a disparu, tout était gris. J'avais atteint le Tibet. Alors, j'ai vu la plaine, immense table de billard suspendue au-dessus des gorges profondes de la rivière. J'ai compté les affluents de l'ouest et, entre le deuxième et le troisième, ainsi que les Khambas me l'avaient dit, j'ai repéré le monastère, exactement semblable à la description qui m'en avait été faite : assemblage de bâtiments blancs au pied d'une structure rouge, sans fenêtres. J'ai piqué vers un groupe de moines. Apercevant des hommes armés j'ai su que j'étais arrivé. Préférant ne pas atterrir, j'ai largué le chargement. Délesté, l'avion a bondi, puis s'est stabilisé. Le retour s'est déroulé sans incident.

– Bravo, dit Sarduja. Ni le commandant en chef, ni son aide de camp ne se sont doutés de rien.

De retour à Sarduja, François téléphona à Ani-la :

– Tout s'est bien passé, ma petite fleur orientale, annonça-t-il. Trop bien peut-être.

Au cours des deux semaines suivantes, l'opération fut répétée trois fois. Au même moment de durs combats se poursuivaient dans le Loka, au nord du Bhoutan, où il semblait impossible d'envoyer des armes, car les Indiens contrôlaient toutes les routes entre l'Assam et Towang.

L'été 1959 passa lentement, très lentement. Chaque jour amenait de nouveaux réfugiés en Inde. Pour les y recevoir on installa en hâte de nouveaux camps dans les jungles d'Assam; d'autres, avec plus de raison, furent installés dans les piémonts. Les journalistes occidentaux, qui ne parlaient pas tibétain, s'intéressaient davantage aux réfugiés qu'à la guerre, dont on ne savait pas grand-chose. Le Dalaï-Lama accorda quelques interviews. Les journalistes privilégiés espéraient naïvement que le dieu-roi leur donnerait des détails sur les combats du Tibet. Ils furent déçus, car les guérilleros khambas n'étaient guère aimés et n'entretenaient pas beaucoup de rapports avec les Lhasséens qui formaient l'entourage du Dalaï-Lama. Rares furent donc les informations qui parvinrent en Occident sur l'ampleur de la résistance Tibétaine.

Les Khambas poursuivaient le combat, harcelés par les Chinois au Tibet et par les Indiens en Inde. L'aide extérieure, de gens comme François, était rare. Le monde restait indifférent à la déclaration officielle de la Commission internationale des juristes, selon laquelle le Tibet était victime d'un génocide.

Lorsque François et Sarduja apprirent que les agents des services de renseignements indiens avaient fait sauter à Bénarès l'avion de M. Godet, un Français qui lui aussi aidait courageusement les Tibétains, François décida de suspendre ses vols; ils avaient à peine effectué une demi-douzaine de missions.

Durant les mois qui suivirent leur arrivée à Kalimpong, Ani-la se fit raconter la mort et les tribulations des réfugiés, et la lente désintégration du monde tibétain sous la domination militaire chinoise. Le Tibet Central, comme le Kham, dut se soumettre aux « réformes démocratiques » : les communes occupèrent les terres, la propriété privée fut confisquée. Il y eut huit mille morts à Lhassa, et bien davantage de prisonniers. Les chefs rebelles capturés furent publiquement moqués avant d'être jugés et condamnés. Les coupons remplacèrent l'argent. Puis la disette s'installa, car le Tibet avait à nourrir une force d'occupation de trois cent mille hommes.

Tout n'était cependant pas désespéré. Les Khambas avaient remporté plusieurs batailles spectaculaires dans le Loka et le Tengri, où François avait effectué ses largages ; une nouvelle base de guérilleros s'était établie dans le Mustang, petite principauté tibétaine vaguement rattachée au Népal. La base du Mustang commandait la route militaire chinoise qui, venant de l'ouest, suivait le cours du Brahmapoutre. Cette route était considérée comme la seule route sûre menant au Tibet avec la fermeture de la voie orientale menant à Kanting.

En septembre 1959, François dut quitter l'Inde. Il supplia Ani-la de revenir en France avec lui, pour qu'ils pussent enfin se marier. Ani-la était dans les affres, ne sachant que décider. Si elle restait, ne risquait-elle pas de le perdre ? François devait partir, la police secrète essayait de le coincer pour entrée illégale dans des zones interdites. Ani-la comprit qu'elle ne pouvait pas davantage quitter Kalimpong, que François y rester. Sur requête des services de renseignements, pour qui étaient suspectes ses sympathies tibétaines, la police locale ne cessait de la tracasser. Ils voulaient la voir quitter Kalimpong. Le gouvernement persistait à vouloir saisir ses revenus, et si possible le capital que George avait laissé à Ariel, car, selon eux, cette dernière pouvait légalement être considérée comme morte.

Ani-la craignait, si elle suivait François, de ne pas être autorisée à revenir en Inde, car à la suite de la crise tibétaine, le statut des ressortissants en Inde avait été modifié. Si elle partait, peut-être lui faudrait-il renoncer à tout espoir de retrouver Ariel.

Elle décida finalement de rester. Anglo-Tibétaine, elle avait conscience d'avoir un rôle unique à jouer dans cette crise. Elle se devait d'apporter aide et consolation à ceux qui arrivaient du Tibet démunis et impuissants. Depuis son retour, sa maison de Kalimpong ne désemplissait pas. Le jardin était couvert d'abris de fortune, où des familles entières trouvaient refuge.

– Il m'est impossible de partir maintenant, expliqua-t-elle à François. Je sais que tu comprendras.

– Bien sûr, dit François. J'attendrai.

Mais Ani-la en doutait. François était si beau, si gentil, et de plus riche et élégant. A des milliers de kilomètres de là, comment pourrait-elle le garder ?

La nuit qui suivit cette conversation, Ani-la fut incapable de dormir. Cent fois elle revint sur sa décision. Mais le lendemain matin, le spectacle des réfugiés et la lueur du courage qui brillait dans les yeux des blessés Tibétains, campant chez elle, la persuadèrent de rester.

Le départ de François laissa Ani-la mutilée. Elle ressassait les souvenirs des derniers jours passés ensemble à Calcutta. Il y avait eu le polo, les courses, les petits déjeuners au Toligange Club, bien loin des combats du Tibet, et de la misère sur le chemin de l'aéroport de Dum Dum, où, dans la lumière étrange de l'aube, Ani-la assista au départ de François par le même vol qu'elle avait pris pour Paris. L'Alpha Zéro Papa avait été saisi, puis vendu au gouverneur de Bihar.

– Il me faudra des mois pour savoir exactement de combien j'ai été volé, avait dit François. Mais à la guerre comme à la guerre.

Après son départ, Ani-la se réfugia pour pleurer dans sa chambre du Grand Hôtel, larmes mêlées de sueur, car la chaleur du jour pénétrait à travers les volets. Épuisée et suffocante, elle prit une douche et se mit nue devant le grand miroir. Triste spectacle.

– Ani-la, tu n'es qu'une vieille sorcière, se dit-elle à elle-même.

Elle essaya de trouver une posture plus avantageuse, puis se drapant dans une serviette, prit une pose d'empereur romain.

– Courage, fit-elle d'une voix brisée.

Il lui vint soudain à l'esprit qu'elle pourrait peut-être faire quelque chose pour les Tibétains au Tibet même, au lieu de se contenter de distribuer aux réfugiés du thé et des conseils dans son jardin de Kalimpong. Sa place n'était-elle pas au front ?

Réconfortée par cette résolution, elle reprit le chemin des collines et retrouva la villa où elle avait vécu, jusqu'à son départ pour Paris, une existence protégée et sans imprévu. L'amour de François lui avait donné une force inattendue et le dévouement de celui-ci à la cause tibétaine lui avait ouvert les yeux : son sang tibétain l'appelait aux côtés de son peuple qui se battait au-delà des montagnes. Mais une fois à Kalimpong, elle dut différer son départ pour le Tibet, car elle se trouva impliquée dans des activités en faveur des réfugiés : l'organisation d'un bal au Planter's Club à leur profit, la mise sur pied d'ouvroirs, et l'ouverture d'une petite école pour les orphelins tibétains.

Elle savait le courrier censuré, aussi s'arrangea-t-elle pour envoyer ses lettres à François par le consul de France à Calcutta.

Dans une lettre qui lui parvint de France, François lui redit son amour dans les termes les plus tendres :

« Ici, à Paris, écrivait-il encore, il est difficile de croire à ce monde de beauté et d'angoisse qui est ta vie quotidienne à Kalimpong. Aucun de mes amis n'a la moindre idée de ce qu'a été notre vie et de ce que demeure ta mission. »

33

A l'automne 1959, tandis que les réfugiés affluaient à Kalimpong, au Bhoutan et au Népal, les Khambas essayaient de s'opposer à une offensive chinoise dans le Loka. Pour Ariel, après sa fuite de la Cité sainte, la vie avait pris un tour nouveau. Jour après jour, elle participait à des raids éclair destinés à contenir l'ennemi. Et elle s'était habituée à ce qu'elle avait d'abord considéré comme un cauchemar. Il fallait chaque jour trouver de la nourriture, un abri, et l'ennemi. Ils vivaient désormais à la charge des paysans, qui leur fournissaient, parfois à contrecœur, de l'orge et des renseignements sur les mouvements des Chinois.

Du groupe initial de Tsume, ils n'étaient plus que cinq : Nordrop, un berger, un valet de ferme, Ampal, fermier de quarante-cinq ans qui ne disait jamais un mot, mais se battait comme un démon, et elle-même. Ampal ressortait toujours indemne des situations les plus désespérées. On le plaisantait, l'appelant « l'invincible », mais il ne répondait ni ne souriait jamais, se contentant de se rendre utile.

Ariel et ses compagnons qui se battaient dans la province de Loka, comprirent que les Chinois étaient en train de prendre le contrôle des hautes terres, rétablissant l'une après l'autre les garnisons proches des cols qui commandaient l'entrée au Bhoutan et en Inde. Ariel et sa petite bande rencontraient de plus en plus de patrouilles, armées de mitrailleuses, qu'il était pratiquement impossible d'attaquer. Les villageois qui approvisionnaient les Khambas, les informaient des unités chinoises qu'ils voyaient passer. Elles coupaient toutes voies de communication vers le sud de façon à empêcher la retraite des Tibétains dans cette direction.

Près d'un an après le soulèvement de Lhassa, le bruit courut que le Loka n'était plus défendable. Pour comble de malheur, le Bhoutan et l'Inde empêchaient toute circulation d'armes et de munitions en direction des rebelles, de sorte qu'ils ne pouvaient compter que sur le butin pris aux Chinois.

Les larmes aux yeux et la honte au cœur, les unités de guérilleros durent quitter le Loka. Mais où aller ? On disait que du Tengri, au centre du Tibet, à 300 kilomètres à l'ouest du Loka, il serait plus facile de résister aux Chinois. On parlait aussi du Mustang, plus à l'ouest, au nord de l'Annapurna. Plusieurs unités rebelles s'y seraient déjà regroupées et y recevraient des armes.

A bout de munitions, Ariel et les hommes de Tsume décidèrent donc d'abandonner le Tibet. Ils comptaient traverser le Bhoutan, l'Assam et gagner le Népal, soit 650 kilomètres en territoire ennemi, car nul n'ignorait que le Bhoutan, comme l'Inde, et dans une certaine mesure le Népal, étaient officiellement hostiles aux rebelles. Le Bhoutan désarmait ceux qui étaient pris, tandis que l'Inde les envoyait dans des camps, quand ils ne les remettaient pas tout simplement aux Chinois pour être fusillés. Personne au Tibet ne savait à quoi s'en tenir avec le Népal.

L'été 1960, lorsqu'Ariel arriva au pied du col de Laitsawa, il neigeait. La piste bordait un glacier, dont les profondes crevasses étaient fatales aux égarés. Ils rencontrèrent des bergers bhoutanais qui acceptèrent de leur faire passer le col, à la condition qu'ils ne disent rien aux seigneurs des Dzong. Dès qu'ils furent arrivés au pied du glacier, les bergers leur dirent de continuer seuls en descendant droit sur la vallée et ils retournèrent vers leurs hauts pâturages. A peine visible au départ et terriblement à pic, la piste plongeait bientôt dans une forêt de sapins, si épaisse que la lumière du jour y pénétrait à peine.

Voilà donc le Bhoutan, songea Ariel, qui entendait depuis si longtemps parler du « Pays du Dragon ». Elle s'en était forgée une image qui ne correspondait pas du tout à la réalité. Les bergers qui les avaient guidés n'avaient rien de commun avec les élégants bhoutanais, rencontrés à la Maison du Bhoutan de Kalimpong. Les gens d'ici étaient vêtus à la manière tibétaine de capes bleu foncé, les femmes portaient leurs longs cheveux entrelacés de bijoux d'argent.

Le premier jour de cette marche harassante à travers le Bhoutan, Ariel se sentit découragée. Était-ce la fin de la résistance ? Elle éprouva de façon accrue de l'inquiétude au sujet de ses enfants. Au cours des derniers mois elle s'était efforcée de ne pas y penser.

« Ils vont bien, se répétait-elle. Ils sont moins en danger qu'ici avec moi. »

Cette phrase qui l'avait si souvent aidée à surmonter la douleur de la séparation, n'avait plus de sens. N'aurait-elle pas dû aller les chercher pour fuir avec eux en Inde ?

En traversant la sombre forêt, Ariel songeait à l'avenir. Elle devait à tout prix poursuivre le combat à partir de la frontière du Népal. Elle essayerait ensuite de récupérer ses enfants et, qui sait, poursuivrait le combat avec eux. A l'avenir, comme dans le passé, sa vie n'aurait de sens que si elle restait fidèle à la cause tibétaine. N'avait-elle pas promis d'aimer et d'honorer Tsering « jusqu'à ce que les corneilles deviennent blanches » ? Et n'avait-elle pas le devoir de combattre, comme l'avait dit le vieux Wangchuk, jusqu'à ce que ses enfants prennent la relève et vengent leur père et leur grand-père ?

– Arrêtez! arrêtez!

Ils étaient depuis trois jours au Bhoutan lorsqu'ils tombèrent sur un jeune homme vêtu d'un magnifique *ko* en soie *endi* à rayures jaune et rouge, qui leur ordonna de s'arrêter. A son côté pendait une longue épée d'argent. Il avait à la ceinture un Luger et était suivi d'hommes armés et d'un seul poney. Les serviteurs entourèrent leur jeune maître et armèrent leurs fusils.

– Lâchez vos armes. Par ordre du roi Wangchuk. Donnez vos armes.

Une fois qu'ils se furent exécutés, il leur demanda :

– Où allez-vous ?

– En Inde, répondit Nordrop. Nous comptons nous rendre à Kalimpong, ajouta-t-il.

– Avez-vous des laissez-passer pour entrer en Inde.

– Ça peut s'arranger, expliqua Nordrop. Nous y avons des relations d'affaires et de la famille.

Le jeune seigneur bhoutanais sourit :

– Ils disent tous ça.

Puis s'adressant à ses serviteurs, il dit :

– Emmenez-les, je vous rejoindrai plus tard.

Dépités, Ariel et ses compagnons poursuivirent donc leur descente vers la vallée sous bonne escorte. Il leur avait été dur d'abandonner les armes, mais que faire sans munitions.

Des laissez-passer et des papiers. Voilà dix ans que cette question ne l'avait pas effleurée. Les Indiens exigeraient évidemment un passeport ou des pièces d'identité. Mais on devait pouvoir se débrouiller. Il était de toute façon trop tôt pour s'en inquiéter.

La vallée s'ouvrait maintenant sur des rizières, accrochées aux rivages escarpés de la rivière. Ils passèrent devant un grand monastère dont les toits étaient recouverts de planches de pins. Comme ceux de Kanting. Ils traversèrent encore des forêts, avant de déboucher sur une vaste étendue verte, bordée d'arbres : « les Mille Plaines », « Bumthang » en tibétain. Sur une arête dominant la rivière qui serpentait à travers les rizières, se dressait le bastion du grand *dzong,* le fort du Bumthang, long bâtiment relié à la rivière par un mur crénelé qui donnait à la citadelle un air inexpugnable.

– Je me demande ce que sont devenus les jeunes gens que j'ai connus à la Maison du Bhoutan, chuchota Ariel à Nordrop.

Dans le silence qui suivit, Ariel eut le sentiment que quelque chose s'était cassé. La mention de la Maison du Bhoutan, qui évoquait son passé, avait en quelque sorte brisé les liens qui l'avaient si totalement rattachée au Tibet. Elle comprit alors qu'il lui faudrait à tout prix renouer avec ce passé, dont elle s'était détachée depuis presque onze ans, depuis qu'elle avait quitté Kalimpong, et se rappeler qu'elle appartenait à un monde différent.

Songeant à Nordrop, elle se demanda ce que deviendrait leur amitié. La considérerait-il de nouveau comme une memsahib, une étrangère, qui avait un moment partagé sa vie ? Tracas bien futile. Mais elle n'y pouvait rien et se prenait à regretter amèrement d'avoir quitté le Tibet, bien qu'elle n'eût pas le choix.

Ils furent soulagés d'être conduits dans une petite cour, sur laquelle donnait une chapelle, plutôt qu'au *dzong*. Des gardes armés, debout près de la porte en bois, les fouillèrent, pour s'assurer qu'ils ne cachaient pas d'armes. Comme les hommes, Ariel fut fouillée par un jeune Bhoutanais au visage rond et à l'air maussade. On les mit ensuite derrière la chapelle dans une autre cour, où poussait un pêcher à côté d'un genévrier décharné. Ils y trouvèrent vingt autres Tibétains; certains portaient des treillis kaki.

Volés aux Chinois, songea Ariel en regardant ses hommes, minables en comparaison. Ils se dévisageaient tous avec méfiance, semblait-il. Ou était-ce de la honte ? Qui ne serait blessé dans son orgueil d'arriver ainsi sale et désarmé ?

– *Yul kare ?* D'où venez-vous ? demanda un robuste Tibétain en kaki.

– Du Kham, répondit Nordrop.

– *Kham Kare ?* De quelle partie du Kham ?

– Tsume.

Il y eut un silence.

– Je viens de Minyag, déclara un vieil homme. Nous sommes voisins.

Un autre silence. Puis les questions commencèrent à fuser :

– Comment sortir d'ici ?

– Depuis quand êtes-vous ici ?

– Que faut-il faire ?

Leur conversation, maintenant animée, fut interrompue par l'ouverture de la porte de la cour. Le beau Bhoutanais qui les avait arrêtés entra. Il se lança dans un discours officiel sur l'amitié qui avait toujours rapproché le Bhoutan du Tibet.

« ... Mais notre pays est trop petit pour se battre contre la Chine. Nous sommes engagés par traité avec l'Inde que nous consultons en matière de politique étrangère et qui ne nous autorisera pas à prendre part à ce conflit. Même si la situation au Tibet est très mauvaise, nous devons observer la neutralité. J'ai mission de vous confisquer vos armes. Je suis maintenant obligé de vous conduire à la frontière indienne. Nous organisons toutes les semaines une caravane pour l'Assam. Vous partez dans quatre jours. »

Son discours terminé, le jeune homme ne partit pas. Il paraissait avoir envie de parler aux prisonniers, si on pouvait les qualifier de tels.

Le vieil homme dans son uniforme chinois se leva et s'approcha du jeune seigneur. Ariel le suivit, fascinée par l'élégance du jeune homme et curieuse d'en savoir plus.

« ... pas de choix, l'entendit-elle dire. Le *Druk* est un si petit pays. Peut-être demain serons-nous envahis par la Chine. Les Chinois peuvent nous conquérir en un mois. Nous ne sommes pas faibles, mais nous ne sommes pas en position de combattre la Chine. C'est l'Inde qui approvisionne notre armée, et il n'en serait pas question. Nous détestons l'Inde et nous détestons la Chine pour tout ce qu'elle vous a fait à vous, nos frères. Nous admirons votre action.

« En fait, ma mère est tibétaine », ajouta-t-il avec un sourire.

Ariel le trouvait beau et charmant. Il lui rappelait les mauvais garçons qu'elle avait connus à la Maison du Bhoutan. Qu'étaient devenus ses amis bouthanais ? Mais elle n'osa pas demander de peur de briser le cercle magique de camaraderie et d'amitié qui l'unissait aux autres. Elle n'avait pas le droit de revenir au passé, alors que cette nuit encore, comme toutes les nuits depuis dix ans, des hommes quelque part au Tibet attendaient en embuscade, prêts à tuer ou à mourir pour reprendre ce qu'on leur avait arraché sous la menace du fusil, leur droit à vivre en paix.

Lorsque le jeune Bhoutanais fut parti, un Tibétain expliqua qu'il était le fils du vieux dzong-dpon.

Trois jours plus tard le jeune seigneur revint annoncer qu'ils partiraient le lendemain.

– C'est un voyage difficile, leur dit-il. Il fera très chaud. Ne buvez pas l'eau des cours d'eau, ne mangez pas de fruit, et que le joyau du lotus soit avec vous.

Au début ils avancèrent sans difficulté, puis le chemin emprunta un couloir escarpé et boueux le long de la rivière. Les Tibétains étaient suffoqués par la chaleur et l'humidité, la plupart d'entre eux n'étant jamais descendus si bas. Il leur fallut près d'une semaine pour atteindre le pied des montagnes, là où les rivières abandonnaient les versants abrupts qui les enserraient et se répandaient sur les plaines avant de rejoindre le Brahmapoutre. Ils avaient atteint les douars.

Ils s'arrêtèrent pour manger Les soldats bhoutanais sortirent chacun un petit sac de riz cru. Puis, l'un après l'autre ils se retirèrent. Il fallut un certain temps aux Tibétains pour saisir qu'ils étaient tous partis. C'est Nordrop qui découvrit leurs fusils entassés derrière un rocher.

– Je crois que nous devrions nous séparer, déclara Ariel. Nous serons plus opérationnels en petits groupes. Nous allons à Kalimpong. Je propose que vous ne voyagiez que de nuit. Si on vous demande qui vous êtes et où vous allez, dites que vous êtes bhoutanais, ou que vous venez du Sikkim, les Indiens ne font pas la différence. Ou bien dites que vous êtes Gyaga Khamba, tibétains de Darjeeling.

Les hommes écoutaient, surpris de l'autorité d'Ariel et reconnaissants pour ses conseils. Puis ils trièrent les armes : fusils à chargeur, Enfields anglais, 330 à un seul coup de fabrication indienne. Ariel les connaissait tous, les armes faisant depuis longtemps déjà partie de sa vie; mais quel pitoyable arsenal. Elle aurait préféré ne pas s'en encombrer, mais elle décida :

– Enfermons-les dans un sac et nous nous relayerons pour les porter. Son groupe enveloppa les fusils dans les couvertures qui ne leur seraient plus utiles, car la chaleur était devenue étouffante, inimaginable pour la plupart d'entre eux.

La nuit tombait lorsque le groupe d'Ariel dit adieu aux autres.

– Nous nous reverrons à Lhassa, dirent-ils avec optimisme.

Ils atteignirent sans difficulté la route reliant l'Assam au Bengale Occidental, qui les mènerait directement à Siliguri. Ils se mêlèrent au flot incessant d'Indiens en marche vers l'ouest. Ariel eut l'idée de demander à un homme de les prendre dans son char à bœufs, ce qui leur permit de traverser sans se faire remarquer plusieurs bazars animés. Elle savait qu'à l'aube ils ne seraient plus très loin d'Hassimara.

Qu'est devenu mon oncle ? se demandait-elle. Est-il toujours en vie ? Devrais-je m'arrêter à la plantation de thé ? Elle y renonça, jugeant que Kalimpong serait plus sûr, car les Tibétains y étaient nombreux. Il fallait à tout prix éviter de tomber entre les mains des Indiens.

Le voyage leur prit trois jours. Ils furent à deux reprises arrêtés par des policiers locaux, mais comme prévu, ayant déclaré aux Indiens qu'ils étaient du Sikkim, on les laissa passer. Ce n'est qu'une fois arrivés à Kalimpong qu'ils commencèrent à avoir des ennuis, car la ville était pleine de policiers vérifiant l'identité des réfugiés.

Avec ces foules de Tibétains sans un sou, qui tournaient en rond, sans rien d'autre à faire qu'à essayer de retarder le moment où ils seraient expédiés dans un camp de réfugiés, Ariel eut du mal à reconnaître l'endroit. Elle se rendit immédiatement à la maison de son oncle qu'elle trouva occupée par une famille d'Indiens. Ils décidèrent donc d'aller chez Ani-la, mais en chemin ils furent arrêtés par des policiers qui les conduisirent sur un terrain vague où se trouvaient déjà des dizaines de Tibétains, parqués comme du bétail. Dieu merci, personne ne fouilla leurs sacs, remplis d'armes. A la tombée de la nuit, les Indiens servirent un repas aux réfugiés, et à la faveur de la pagaille qui en résulta, Ariel et ses six compagnons s'échappèrent.

Ani-la venait d'éteindre les lumières du salon, après avoir jeté un dernier coup d'œil à la photographie de François qui trônait maintenant sur la cheminée. Elle était sur le point de se coucher lorsqu'on frappa à la fenêtre. Elle ralluma, ce qui éclaira en partie la pelouse. Ne voyant personne, elle alla ouvrir la fenêtre.

– *Sui re,* qui est là ? demanda-t-elle en tibétain.

Pas de réponse. Mais, apercevant un groupe de personnes tapies au coin de la maison, elle ouvrit la porte d'entrée. Elle ne discernait que des formes.

– Pouvons-nous entrer ? demanda une voix en tibétain.

Ani-la soupira. Encore un malheureux Tibétain blessé, pensa-t-elle. Elle ne savait plus combien elle en avait soigné avant d'appeler un médecin « sûr » ou de les faire admettre dans une clinique privée de Darjeeling. Elle savait que les hôpitaux de Kalimpong remettraient les Tibétains à la police. C'était toujours elle qui payait les notes avec l'argent de George.

Ani-la conduisit le petit groupe dans la cuisine. Elle allait demander qui était blessé, lorsqu'un des membres du groupe, une femme, l'attira par le bras dans l'entrée.

– Ani-la, c'est moi, Ariel, lui dit-elle alors avec un accent bizarre.

– Ce n'est pas possible ! Ce n'est pas possible ! put seulement dire Ani-la.

Elle scruta ce visage hâlé, encadré par une tignasse grasse et poussiéreuse, elle fit des efforts désespérés pour lui trouver une ressemblance avec l'Ariel qu'elle avait connue, mais il ne correspondait en rien à ses souvenirs. C'était impossible. Ce n'était pas le même visage. Et puis, cette voix étrange avec un accent étranger, qu'elle avait du mal à identifier, car la jeune femme s'exprimait dans un anglais hésitant. Mais elle éclata soudain de rire et Ani-la reconnut immédiatement le rire cristallin d'Ariel, le même que George.

– C'est idiot, bredouilla-t-elle, je n'arrive plus à parler anglais. Aucune pratique, des années, beaucoup, beaucoup.

Elle rit de nouveau.

– Parlons tibétain.

A sa stupéfaction elle entendit Ariel, c'était bien elle, parler couramment tibétain.

– Ma petite Ariel, ma petite Ariel, répétait Ani-la, les yeux pleins de larmes. Je n'arrive pas à y croire.

Ani-la n'arrêtait pas de pleurer.

– Ariel, ma chérie, dit-elle enfin, viens. Viens ici. Assieds-toi. Non, non, je vais d'abord vous donner à manger.

Ils étaient tous morts de faim et pendant le repas, ils parlèrent à bâtons rompus, laissant à Ani-la et Ariel le temps de réfléchir, de se calmer et de refroidir, sinon briser la première vague d'émotion.

Il va falloir que je lui dise pour George – sa mort et qu'il était son père, pensait Ani-la, tandis que les autres mangeaient.

Sans même songer qu'Ariel détenait peut-être aussi des nouvelles tragiques, Ani-la se dit qu'elle ne pouvait pas lui annoncer tout cela d'un coup. Le repas lui parut durer des heures. Et lorsqu'il fut terminé, il fallut trouver à chacun un coin pour dormir.

Enfin elle se trouva seule avec Ariel.

– Comment va oncle George.

Ani-la avait espéré repousser ou éviter ce moment.

– Chérie, commença-t-elle. C'est affreux, mais il faut que tu saches, ton oncle est mort...

– Je m'en doutais. Un de plus...

L'indifférence d'Ariel, son cynisme choquèrent Ani-la, mais elle se rappela avoir entendu dire que les soldats comme les prisonniers de guerre, dès leur retour, restaient souvent insensibles au malheur des autres.

– Et maintenant, parle-moi de toi, Ani-la. Que deviens-tu ?

Silence.

Ani-la ne savait que dire. Par où commencer ? Elle ne pouvait pas parler de François, non, ce serait déplacé. De l'héritage ? Non, ce serait prématuré. A la vue d'Ariel, de ses traits tirés, Ani-la comprit soudain que ce n'était pas l'Ariel qu'elle avait connue, mais un transfuge, une réfugiée, une rebelle. Comment avait-elle pu imaginer retrouver l'enfant qu'elle avait aimée ?

– Ma chérie, c'est à toi de me parler de toi. Comme tu le vois, je suis pareille à moi-même. Affreusement pareille, toujours collée au même endroit. Mais toi, ma chérie, raconte-moi tout, tout depuis le début.

– C'est si vieux, dit Ariel, les yeux brouillés. Si vieux et si loin. Ani-la j'ai du mal à me rappeler qui j'étais alors. Me reconnaîtrais-je même ? J'étais une enfant. J'étais amoureuse. Je voulais m'en aller. Je n'ai eu aucun mal à me donner. Tsering m'a emmenée. Il m'a enlevée. Ou plutôt nous nous sommes enfuis ensemble. Ce n'était pas très clair. Mais en fait il m'a emmenée. J'étais heureuse, tellement heureuse. Je vous aimais toi et oncle George, mais j'étouffais ici, comme oncle George en Angleterre. Je pense qu'oncle George aura compris et m'aura pardonné.

« Dis-moi, Ani-la, comment a-t-il pris mon départ ? A-t-il compris ? Il devait savoir que j'avais besoin, comme lui, de m'échapper.

Ani-la regarda le sol :

– Je suis sûre qu'il a compris, chérie. Mais raconte encore.

Elle sentait qu'Ariel avait besoin de parler et que ce n'était pas le moment de lui raconter les circonstances de la mort de George.

– Eh bien, poursuivit Ariel, au début j'ai été très heureuse. Nous avons été à Lhassa. J'ai très vite appris le tibétain. A Lhassa j'ai rencontré Wangchuk Lendrup, le père de Tsering, le grand marchand. Il me traitait comme sa fille et j'ai senti qu'en lui j'avais trouvé un père. Nous ne sommes pas restés longtemps, nous sommes partis pour le Kham. Je suis tombée enceinte et j'ai eu Sonam, mon premier enfant. Tout allait pour le mieux, nous avions tout ce que nous pouvions souhaiter. J'étais la femme la plus heureuse du monde. Je n'imaginais pas que cela puisse finir, qu'il puisse se passer quelque chose à Tsume – c'est le nom de notre vallée. Notre maison était magnifique, une grande bâtisse de pierre, tellement plus solide que les maisons de torchis du Tibet Central. Il y avait une tour de neuf étages, comme dans les contes de fées tibétains.

– Je suis désolée, Ani-la, peut-être ne connais-tu pas les contes dc fées. Je les ai tous appris, et les épopées aussi. Les soirs d'hiver, on racontait des histoires. Connais-tu l'épopée de Gesar de Ling. Nous n'étions pas loin de Ling, mais le moindre village du Tibet prétend avoir reçu la visite de Gesar. C'est ainsi que petit à petit je suis devenue tibétaine. Imagine !

Ariel se mit à rire, puis tout à coup ses yeux se rétrécirent, sa voix s'altéra et elle poursuivit, toute troublée.

– Au début ils se sont comportés correctement. Ils feignaient de comprendre le Kham. Ils ont été habiles. Ils ont tiré partie de notre fierté. Ils nous ont promis l'autonomie.

« Puis les Chinois ont construit des routes. Ils ont coupé du bois et ont installé des boutiques. Dans chaque grande ville ; ils ont construit une clinique, un magasin gouvernemental et une maison de repos, entourés de hauts murs. Du jour au lendemain ils les ont transformés en garnisons chinoises avec soldats et cadres politiques. Mais cela ne nous importait guère. Jusqu'à ce qu'ils commencent à parler de réformes, de réformes « démocratiques ». A Tsume nous étions plutôt favorisés. Nous étions loin de la route. Il semblait que rien ne changerait jamais. Puis il fut question de bombardements, d'attaques de monastères, d'accusations publiques, le début des réunions de « lutte des classes ». Quand on apprit qu'ils allaient nous prendre nos armes et abolir notre religion, les hommes décidèrent de se battre.

« Au début ils remportèrent des succès. Oh, j'ai oublié. Entre-temps nous avions eu deux petites filles, Tsi-la et Drolkar.

Ariel s'arrêta, les yeux dans le vague, avant de reprendre son monologue.

– Drolkar était la plus jeune. Nous ne l'appelions jamais par son nom; nous l'appelions simplement *pumo,* petite fille.

« Tsering commandait un petit groupe de résistants de notre village. Ils allaient en patrouille dans les collines. Ils pensaient avoir découragé les Chinois qui se montraient rarement et n'essayaient pas de nous imposer leurs réformes. Les hommes reprirent confiance, et c'est alors que les Chinois frappèrent. C'était au printemps 1957.

Ariel paraissait très agitée. Ani-la lui demanda si elle désirait quelque chose.

– Non, non merci, je préfère terminer. Ils sont arrivés de partout et au cours de la première grande opération, Tsering a dû se faire prendre. Je ne l'ai jamais plus revu. D'après certains de ses amis, il aurait été grièvement blessé. Mort peut-être. Puis les Chinois sont arrivés et nous ont enlevé nos terres. Ils ont battu le père de Tsering. Il est mort d'une attaque. Il n'a pas supporté l'humiliation. Je me suis enfuie avec mes enfants et quelques amis de Tsume. Nous avons erré pendant plus d'un an dans le Changthang, nous dirigeant lentement vers l'ouest. Ma petite *pumo,* Drolkar, est morte pendant le voyage. Beaucoup d'autres sont morts aussi.

« Nous avions à lutter contre la fatigue, le froid et la faim, mais nous sommes tout de même arrivés à Lhassa. Et puis... Mais, Ani-la, tu connais la suite.

« Nous nous battons depuis presque deux ans. Et nous vaincrons, je te le dis. Bien que nous ayons dû abandonner Lhassa. Il y a encore des *magars* (camps de guérilleros) dans les montagnes du Tibet, dans le Loka, l'U et le Tsang, et dans le Changthang aussi. Les Chinois ne gagneront pas. Ils peuvent bien occuper des villes, faire des prisonniers, mais vaincre, non.

Ariel arpentait la pièce. Sa voix était stridente.

– Nous avons besoin de fusils, de munitions. Nous avons besoin de radios, nous avons besoin d'aide. Que fait le monde ? Ne voit-on pas que nous sommes en train de mourir ? Ne sait-on pas que les Chinois emmènent nos enfants en Chine ? Ne sait-on pas que les Chinois tuent nos lamas ? Les journaux ne le disent-ils pas ici en Inde, ou en Angleterre, ou en Amérique ? Ani-la, dis-moi, que se passe-t-il ? conclut Ariel en criant.

Il se fit un lourd silence. Ariel reprit doucement :

– Que faites-vous tous ? Que fais-tu ici, Ani-la, toi qui es à moitié tibétaine. Ne devrais-tu pas être avec nous ? Pardonne-moi, mais une seule chose compte pour nous, est-on, oui ou non, prêt à mourir. Il est difficile d'imaginer qu'ailleurs la vie puisse continuer comme si de rien n'était.

Tandis qu'Ariel parlait, Ani-la remarqua combien elle avait le visage fatigué, le teint blême. Son caractère aussi semblait avoir changé.

Elle s'exprimait avec force et netteté, avec passion aussi, en s'agrippant au fauteuil. Ani-la se demandait ce que pouvait bien signifier pour elle ce retour à Kalimpong. Cela avait-il encore un sens ? Sans doute pas. Kalimpong n'avait peut-être été pour elle qu'un épisode de son adolescence. L'Ariel qu'elle avait connue n'existait plus; elle avait été remplacée par une jeune femme volontaire, familière de la souffrance et de la guerre. Mais plus que la maturité et la dureté d'Ariel, ce qui étonna surtout Ani-la fut de découvrir en elle une parfaite Tibétaine; elle l'était devenue non seulement d'extérieur, mais de manière et d'expression. Elle s'exprimait par des phrases courtes et précises, avec une économie de mots, caractéristique de la langue tibétaine.

– J'ai laissé Sonam et Tsi-la au monastère de Sera. J'ai appris que les Chinois avaient bombardé le monastère, de sorte que j'ignore s'ils sont morts ou vivants. Sonam a presque dix ans. Il est beau, polisson comme presque tous les Tibétains, et tendre. La fille, elle est si petite. Je suis très malheureuse d'avoir dû les laisser. Mais Tsering et leur grand-pèrc auraient fait de même. « Chaque génération a une œuvre à accomplir », dit-on dans le Kham. Les enfants grandiront peut-être seuls, mais sans honte. Je n'ai pas souffert d'être orpheline. N'est-ce pas, Ani-la ?

Pour la première fois Ariel sourit, puis elle se leva et prit le visage d'Ani-la dans ses mains.

Kypo, dit-elle.

Ses yeux se remplirent de larmes.

– Ariel, ma petite Ariel, tu m'as beaucoup manqué. Et j'étais si inquiète. J'ai tant prié pour toi.

– Je n'étais pas malheureuse, Ani-la. J'ai pleuré, oui. J'ai pleuré de rage et de colère, mais je n'ai jamais rien regretté. C'est mon karma. Il était écrit que je connaîtrais l'horreur, mais je n'ai pas de regrets. Chacune de mes journées a un sens. Je ne connais plus l'angoisse du choix; ma vie est claire et simple. Je n'ai besoin que d'un bon fusil.

Ariel rit. Ani-la ne dit rien.

– Tu te rappelles ce crétin de Prabaka ? Eh bien, tu ne le croiras pas, mais il ne se passe pas de jour que je ne pense à lui, car c'est lui qui m'a appris à tirer. Plus d'un Chinois a eu à regretter que j'aie été une aussi bonne élève.

Ariel eut un regard insoutenable.

– Viens donc prendre un bain, proposa Ani-la pour la calmer.

Non, Ariel n'avait pas changé, elle était toujours belle et passionnée, mais elle semblait terriblement fragile.

– Tu sais, ça fait dix ans que je n'ai pas pris un vrai bain et ça ne m'a pas vraiment manqué. J'allais à des sources d'eau chaude. Il n'y en a pas beaucoup dans le Kham, mais tu sais tout cela, Ani-la.

– Oh, mon Dieu, une *shelgo,* fit Ariel en s'arrêtant devant la grande glace de la salle de bains.

Après s'être examinée avec soin, elle fit des grimaces et tira la langue.

– C'est la première fois que je vois cette femme, expliqua-t-elle. Quelle déception! Ça fait drôle de ne pas s'être vraiment regardée pendant des années.

– Ani-la, reste avec moi. Je crois que je ne sais plus comment on prend un bain. Je pourrais tomber et me noyer.

Cette dernière phrase, Ariel la prononça en anglais.

– Mon anglais va revenir, je le sens. Curieux langage, le tibétain. J'aime bien tous ces petits mots. Tu ne comprendrais pas le *kham-ke* de Tsume, notre dialecte.

Tout en parlant, Ariel dénoua sa ceinture et retira des plis de sa robe des morceaux de papier, des bouts de tissus et des pièces. Une balle tomba par terre.

Elle resta un instant là, nue et les bras ballants. Son visage et ses avant-bras hâlés faisaient contraste avec la pâleur du reste du corps, où apparaissaient de fines veines bleu pâle. Comme elle est belle, songea Ani-la, si mince et forte. Puis elle remarqua deux vilaines cicatrices, une le long du bras, l'autre, une profonde entaille, sous le sein gauche.

– J'ai une drôle de touche, non? demanda Ariel.

– Non, euh... je suis désolée, je regardais ces cicatrices. Ma pauvre chérie.

Ariel se contenta de hausser les épaules et entra dans le bain.

– Deux balles, rien de sérieux. J'ai eu de la chance.

Quelques minutes plus tard, Ariel jouait comme un enfant avec l'éponge. Elle était maintenant détendue et Ani-la pensa le moment favorable pour lui parler de George et d'Ashi Pema. Mais elle n'eut pas le courage de gâcher cet instant de bonheur et décida de lui parler le lendemain, après une nuit de sommeil.

Enveloppée dans la robe de chambre d'Ani-la, Ariel semblait bien fragile. Ses longs cheveux mouillés pendaient tristement de part et d'autre de ses yeux bruns. Ani-la chercha en vain dans son visage quelque ressemblance avec George et Pema. Elle avait de longues jambes minces aux cuisses finement fuselées. Son dos légèrement cambré donnait à sa poitrine un air provocant. A vingt-neuf ans, Ariel était très séduisante, avec quelque chose d'une adolescente, et Ani-la trouvait bien triste qu'elle fût engagée seule dans un combat désespéré.

Cette nuit-là, Ariel dormit dans le lit d'Ani-la, pelotonnée contre elle comme un enfant.

Les premiers mots qu'elle prononça le lendemain matin furent :

– Ani-la, je dois partir.

– Mais non, il faut que tu restes au moins quelques jours. Je dois te parler; j'ai des choses très importantes à te dire.

– Ani-la, tu n'as pas l'air de comprendre. Comment crois-tu que nous sommes venus hier soir ? Écoute, nous avons des armes derrière la maison. Nous les avons cachées hier soir. Nous venons des *douars*, nous cachant dans la jungle, trouvant refuge chez des Lepcha, pour ne pas tomber sur la police ou sur l'armée. Ils arrêtent les Tibétains pour les envoyer dans des camps ou les conduire dans les collines. Kalimpong est rempli d'agents chinois. Les Indiens leur ont livré des Tibétains, je le sais. Nous sommes en guerre et l'Inde est alliée à l'ennemi. Kalimpong n'est pas un endroit sûr. Tu le sais. Nous nous sommes arrêtés ici en allant au Népal.

Lorsqu'Ariel eut terminé, Ani-la dit :

– Écoute, chérie, j'ai plusieurs choses à te dire.

« Il faut d'abord que tu saches que j'ai moi aussi été impliquée dans les combats, bien que de manière indirecte. Nous avons livré des armes et recueilli de l'argent. Ici, je cache les Tibétains et j'essaye d'en faire sortir des camps. Alors, crois-moi, je comprends parfaitement. Mais il faut que tu m'écoutes; je dois te parler de ton oncle. Viens ici.

Ani-la installa Ariel devant son bureau et tira une chaise à côté d'elle.

– Écoute, ma chérie, je ne sais pas par où commencer... Mais voilà... ton oncle... eh bien, tu vois, lorsqu'il est mort il t'a laissé tout ce qu'il possédait, toute sa fortune. Il était riche. Tu es riche, et vois-tu, il m'a confié sa fortune en attendant qu'on te retrouve. La plus grande partie de tes avoirs est entre les mains de différents hommes d'affaires en Angleterre. Tu as plusieurs centaines de milliers de livres anglaises d'actions de la Compagnie des thés d'Assam. Bien que l'essentiel de ta fortune soit à Londres, à la Westminster Bank, tu peux prendre tout ce dont tu as besoin ici à Calcutta. Comme l'exige son testament et la législation indienne aussi bien qu'anglaise, il faut que je te donne droit de signature.

Ani-la s'arrêta. Ariel paraissait indifférente à ce qu'elle venait d'entendre.

– Écoute, Ariel, voici son testament. Ne le lis pas tout de suite. Prends ton temps et je t'expliquerai tout en détail plus tard. Il faut que tu essayes de comprendre George. C'était un homme bon. Il t'aimait tendrement. Il a cru faire pour le mieux.

Ani-la n'avait pas le courage de lui dire en face que George était son père. Comment réagirait-elle ? Avec colère ou tristesse ? Il était difficile de savoir dans quelle mesure elle avait souffert de la mort de ses parents présumés. La mort de Drolkar l'avait endurcie; et elle découvrirait peut-être avec indifférence que sa mère vivait toujours et que son oncle était en fait son père.

Après lui avoir remis le testament, Ani-la sortit du même tiroir le journal intime d'Ariel, quelques photos qu'elle regarda avec stupeur et son vieux passeport britannique.

– Ça, j'en aurai besoin, dit Ariel, ainsi que de tout autre papier officiel.

Sur quoi elle les fourra précipitamment contre sa poitrine dans les plis de sa *chuba*.

– Ani-la, as-tu une grande enveloppe ? demanda-t-elle.

Ani-la descendit en chercher une.

En contournant l'extrémité de la rampe, Ani-la aperçut la jeep à travers les bougainvillées et vit les uniformes kaki de l'Escadron de la police spéciale.

– La police, cria Ani-la en remontant à toute vitesse.

– Filez par la porte de derrière, passez la haie, et derrière les huttes, suivez le talus jusqu'à la route qui descend à la Tista. Ariel, mon amour ! Ariel, donne-moi de tes nouvelles. Je t'aime !

Ariel dévala l'escalier et se précipita dans la cuisine pour prévenir ses amis :

– La police... Filons !

– Nous partons pour le Népal, pour Katmandou, cria-t-elle, sans se retourner, à l'adresse d'Ani-la. Ensuite nous gagnerons un endroit appelé Mustang. Ani-la, je t'aime. Je t'écrirai aussitôt que possible.

Tandis qu'Ariel et ses amis disparaissaient derrière les huttes, Ani-la entendait les pas des policiers sur les marches de la véranda.

– Inspecteur Banerjee.

Ani-la fit entrer l'homme, qui fit signe à ses assistants de rester dehors.

– Je voudrais vous parler, annonça-t-il avec emphase, en entrant dans le salon sans y avoir été invité.

Ani-la eut un sourire forcé.

– C'est au sujet des Tibétains, dit-il. Nous savons que vous cachez des Tibétains.

– Mais bien sûr, inspecteur, répondit Ani-la sans se démonter. Regardez au fond du jardin, c'est un camp de réfugiés. Ces huttes ne sont pas des logements de serviteurs. Mais je n'ai pas manqué de signaler à la police tous les Tibétains réfugiés ici. Ce sont des amis et des parents et je réponds d'eux.

Banerjee était visiblement contrarié.

– Ce n'est pas pour ça que je suis venu, dit-il en montrant un dossier sale qu'il avait sorti d'une serviette en cuir fatigué. Il y a des réfugiés, de simples réfugiés, et puis il y a les agents, les agents tibétains. J'ai également un autre dossier sur vous. Nous vous avons à l'œil depuis longtemps, miss Whittlesey.

« Vous êtes l'objet de poursuites, de plusieurs poursuites. Par où commencer ? Il y a d'abord le problème de votre statut d'immigration. En tant qu'Anglo-Tibétaine vous ne pouvez pas bénéficier de l'accord indo-britannique de résidence réciproque. Voyez-vous, vous n'êtes ni ressortissant indien, ni, à proprement parler, sujet anglais. Le Tibet ne faisant pas partie du Commonwealth, votre passeport anglais ne vous autorise pas à bénéficier des avantages accordés aux résidents du Commonwealth, comme il est stipulé dans la loi de l'amendement de septembre 1952 de l'acte d'immigration révisé de 1947. Ce qui signifie qu'en tant qu'étrangère, vous ne pouvez résider à Kalimpong qu'avec une autorisation spéciale du ministre des Affaires étrangères, circonscription nord. Et le ministre n'accorde aucune exception à l'interdiction votée par le Lok Saba, pour écarter, en cette période de crise, tous les étrangers de la zone intérieure.

Banerjee s'arrêta, fier de son discours.

– Et ce n'est qu'un début, poursuivit-il lentement. La police judiciaire a plusieurs rapports sur un ami à vous, un gentilhomme. Vous voyez de qui je veux parler.

Banerjee sourit, dévoilant une bouche pleine de dents rouges teintées par le bétel.

– Un certain comte de Calmont. Il est actuellement poursuivi pour infraction au règlement de l'aviation civile; il y a vingt-cinq chefs d'accusation. Vous êtes nommée à plusieurs reprises comme complice, pas uniquement comme passager, mais pour avoir déposé des plans de vol faux dans le Bihar, le Sikkim et le Bengale Occidental.

« De plus le trésor public du Bengale Occidental vous accuse de fraude, accusation aggravée par un rapport de New Delhi concernant le non-rapatriement des fonds de George Stevens et le non-paiement des droits de succession. D'autre part l'État prétend à l'ensemble de l'héritage, du fait que miss Ariel Gordon ne l'a pas réclamé.

Ani-la était livide.

– Je me suis occupée de tout cela avec mon avocat à Calcutta, coupa Ani-la. Il a obtenu un sursis du tribunal d'instance de Toligang. Vous pouvez vous mettre en rapport avec lui.

Banerjee observa un moment de silence. Puis il se dirigea vers la porte en souriant.

– Bon, nous verrons ça. Pour l'instant je vous arrête et vous délivre un mandat d'expulsion.

– Mais, inspecteur, protesta Ani-la, il faut au moins me laisser le temps de faire mes bagages. J'habite ici depuis que je suis toute petite. Je suis ici chez moi et je ne vois toujours pas ce qui pourrait m'en chasser.

– Suivez-moi, miss Whittlesey. Les Anglais ne sont plus les maîtres en Inde, vous savez. Nous avons des lois d'immigration et je suis ici pour veiller à ce qu'elles soient respectées.

– Allons, allons, mister Banerjee, ce n'est pas ainsi qu'on traite une des plus vieilles résidentes de Kalimpong, s'indigna Ani-la, tandis que l'inspecteur faisait signe à un de ses hommes de lui mettre des menottes.

S'approchant d'Ani-la, Banerjee chuchota :

– Pour Ariel, je suis au courant de tout : sa fugue au Tibet et sa correspondance secrète. J'aurais pu faire arrêter George Stevens pour trahison. J'ai préféré ne rien dire. Mais tout est noté. J'ai même les lettres d'Ariel Gordon à son oncle.

34

L'expulsion d'Ani-la provoqua un énorme scandale. On put à cette occasion prendre la mesure du cynisme de la politique tibétaine du gouvernement indien et de la façon dont étaient traités les étrangers susceptibles d'être les témoins importuns de la participation de l'Inde à ce que la Commission Internationale des Juristes considérait comme un génocide.

Il n'est guère d'humiliation qui ne lui fut épargnée; les nécrophages des diverses administrations indiennes se disputaient comme des vautours le moindre de ses biens. Le bungalow fut saisi en nantissement d'éventuels arriérés d'impôts dans la succession de Stevens, et en attendant une nouvelle législation concernant le transfert obligatoire en Inde de possessions étrangères d'individus décédés dans le pays, quelle que fût leur nationalité.

Ce fut pour Ani-la un déchirement, quelque peu adouci par François qui l'attendait avec la promesse d'un exil doré. Exil bien éloigné du monde étrange de Kalimpong, dernière fenêtre ouverte sur le Tibet, sa terre natale. Et puis il lui fallait se séparer d'Ariel, alors qu'elle venait de la retrouver.

Une fois en France, Ani-la n'eut plus aucune nouvelle de la fille de George. Elle lisait de temps à autre que les Khambas étaient accusés par les Chinois d'utiliser le Népal et le Mustang comme bases opérationnelles. Puis la situation au Tibet fut de nouveau recouverte d'un halo de silence.

A Belchale, Ani-la se demandait avec angoisse quelles avaient pu être les réactions d'Ariel à la lettre qu'elle lui avait remise en même temps que le testament. Lettre dans laquelle George expliquait qu'il était son père. Et qu'avait-elle pensé en découvrant qu'Ashi Pema était sa mère ? En avait-elle entendu parler, l'avait-elle rencontrée pendant son séjour à Lhassa ? Et où était Ashi Pema en ce moment ? Rares étaient les lettres qui lui parvenaient de Kalimpong. Les nouvelles étaient généralement mauvaises : exécutions à Lhassa, afflux incessant de réfugiés, épidémies dans les camps. Le Dalaï-Lama avait quitté sa prison dorée de Moosorie pour Dharamsala dans l'Himalaya Occidental. Du fait que le gouvernement indien l'empêchait de jouer un rôle politique, il était devenu une figure stérile, étrangère, semblait-il, à la lutte des Tibétains.

Ani-la et François se marièrent dans l'intimité champêtre de Belchale. Ani-la en oublia quelque peu l'humiliation de son expulsion de Kalimpong. Habitée par une énergie et un enthousiasme intacts, elle voulait à tout prix rendre François heureux, se montrer digne de son amour et de son rôle de châtelaine de Belchale.

Plongée dans un monde radicalement différent, enfermée dans son bonheur, Ani-la devait faire un effort de mémoire pour raviver le caractère d'urgence de la crise tibétaine. Tout cela paraissait si lointain, si irréel.

François annonça un jour qu'il avait une surprise pour elle. Il l'emmena dans leur nouvelle Citroën devant un vaste et austère bâtiment situé au bord de la Loire. Ils sonnèrent à une grande porte de chêne. Une religieuse leur ouvrit.

– *Ah! monsieur le comte, c'est pour la sœur Marie-Rose. Suivez-moi.*

Ils prirent un couloir dont la propreté stérile dégageait une impression de malaise : le paradis serait-il ennuyeux ? Un second couloir les conduisit devant une petite porte. La sœur frappa. Une voix tonitruante se fit entendre :

– *Entrez.*

Ils pénétrèrent dans une pièce, dont le désordre surprenait après la nudité des couloirs. On y dénombrait toute sorte de tapis, portraits de famille, tables, sièges et livres. Au fond, un énorme lit « Empire » recouvert de plusieurs matelas, sur lesquels était étendue la silhouette massive d'une religieuse, affublée d'un gilet rose vif.

– *Tashi di Leg,* lança la religieuse avec un enthousiasme inattendu.

François recula pour observer l'effet de surprise sur Ani-la, qui d'étonnement en perdit son tibétain.

Ani-la n'arrivait pas à croire que sœur Marie-Rose eût vécu tant d'années au Tibet Oriental. Ani-la lui demanda si elle avait entendu parler de Tsume. Elle prononça le nom d'Ariel.

A la surprise d'Ani-la, sœur Marie-Rose se souvenait avoir soigné une jeune Anglaise qui avait failli faire une fausse couche à Kanting.

– Il ne devait sûrement pas y avoir plus d'une Anglaise mariée à un Khamba. C'était certainement votre Ariel, ajouta-t-elle.

Ani-la et sœur Marie-Rose restèrent des heures à évoquer le Tibet. Elles en éprouvaient toutes deux un mélange de joie et de mélancolie. Sœur Marie-Rose raconta qu'elle avait passé cinq ans dans une prison chinoise. C'est l'arthrose, aggravée par l'humidité de sa cellule, qui l'avait rendue grabataire.

Ani-la retourna chaque semaine voir sœur Marie-Rose, qui par l'intermédiaire d'un organisme de secours, l'aida à adopter avec François un orphelin tibétain. En préparant une chambre pour le petit garçon, qui devait arriver de Dharamsala, Ani-la éprouvait un sentiment de plénitude.

Et puis ce fut le choc. Ani-la fut bouleversée d'apprendre par une lettre de ses hommes d'affaires qu'Ariel était passée à Londres et repartie sans lui faire signe.

35

Une fois débarrassés de la police de Kalimpong, Ariel et sa petite troupe avaient continué leur marche vers le Népal. Après avoir traversé le Sikkim sans difficulté, ils atteignirent la frontière du Népal qui n'était pas gardée. Parvenus sur les contreforts abrupts du Népal Oriental, ils avancèrent lentement sans être inquiétés vers Yambula, nom tibétain de Katmandou. Cinq jours après avoir quitté Kalimpong, Ariel put enfin prendre connaissance des papiers que lui avait donnés Ani-la. Cette visite l'avait replongée dans le passé, à l'orée d'un monde à la fois nouveau et vaguement familier.

Elle avait été quelque peu troublée de voir que ni le bungalow ni Ani-la n'avaient changé, alors qu'elle-même avait tant évolué, aussi bien physiquement que moralement. Elle était irritée de retrouver Kalimpong telle qu'elle l'avait laissée : à la frontière de deux mondes, où tout sonnait faux; protégée par sa neutralité, des horreurs de la guerre.

Le malaise d'Ariel augmenta à la vue des photographies, journaux intimes, papiers, et de son passeport anglais périmé, tous accessoires de la pièce dans laquelle elle avait jadis joué son rôle et qui n'avait, lui semblait-il, plus aucun sens. Elle lut le testament de son oncle; déchiffrant avec peine le jargon juridique, elle finit par comprendre qu'il lui avait laissé tout ce qu'il possédait, c'est-à-dire beaucoup. Elle trouva ensuite la lettre qu'il avait écrite à Ani-la. Ses yeux tombèrent sur le passage : « J'ai une fille anglo-tibétaine comme toi. Elle s'appelle Ariel Gordon; c'est ma sœur et son mari qui l'élèvent en Angleterre, mais elle ignore qu'ils ne sont pas ses parents. Sa mère est la princesse Pema de la famille Pardapa de Lhassa... »

Assise sur un rocher, près de la hutte de torchis dans laquelle ils avaient l'intention de passer la nuit, Ariel lisait et relisait ce passage. Nordrop nettoyait un ustensile de cuisine pour le repas du soir.

Ainsi, son oncle était son père, et sa mère une aristocrate tibétaine. Sur le coup, elle s'étonna de ne pas être davantage bouleversée. Mais elle était si habituée à être déracinée. Et puis ses parents étaient déjà morts dans sa tête, à Londres, sous les bombardements. Cette nouvelle mort ne l'atteignait pas comme la première.

Lui en vouloir? De l'avoir d'abord abandonnée, ensuite de ne pas avoir eu le courage de lui révéler qu'il était son père? Elle était trop loin, maintenant, et le vaudeville de sa naissance était écrasé par de nouveaux drames. Il l'avait privée d'un père, mais il s'était privé d'une fille. La douleur de vivre dans ce mensonge affectif était déjà une terrible punition.

Tout était plus clair, désormais. Pourquoi elle n'avait pas pu résister à Tsering; pourquoi elle avait plongé dans le monde tibétain avec tant de naturel; pourquoi son sang avait parlé au moment de la révolte de son peuple.

Et sa mère, dans tout cela? Peut-être s'étaient-elles croisées dans les rues de Lhassa.

Et qui était cette Ashi Pema, qu'elle n'avait jamais vue et qui avait épousé un autre homme?

– Nordrop, appela-t-elle, as-tu entendu parler de la famille Pardapa de Lhassa?

– Quoi? demanda Nordrop en levant la tête.

– As-tu entendu parler d'une famille de Lhassa du nom de Pardapa?

– Je crois, oui. Pourquoi?

– Pour rien, non comme ça.

Cette nuit-là, elle fit un rêve étrange: son oncle George entrait dans sa chambre à Kalimpong. Elle voyait distinctement la chambre, et le visage de son oncle était si net qu'elle avait l'impression de pouvoir le toucher. Il disait quelque chose qu'elle ne pouvait comprendre, ou plutôt il faisait quelque chose, il essayait d'entrer dans son lit.

Ariel se réveilla effrayée et regarda autour d'elle. Elle était allongée sur le sol, à côté de Nordrop. Ils dormaient toujours côte à côte, sans se déshabiller.

Nordrop avait pris une grande place dans sa vie. Elle ne lui avait pourtant même jamais ouvert son cœur. Il se contentait d'être là, gardien du souvenir de Tsering, son meilleur ami, et, à présent, celui d'Ariel. Il lui était tout dévoué, mais gardait un côté mystérieux. Elle s'était souvent demandé ce qu'il pensait, ce qui le faisait vivre. Il avait été moine, puis il avait quitté son monastère, ce qui était assez fréquent au Tibet et n'entraînait d'ailleurs aucun blâme. Pourtant il n'était pas marié. A-t-il un problème? se demanda Ariel, qui chassa aussitôt cette pensée de son esprit.

Elle essaya de dormir, mais ses sens étaient en éveil. Elle n'avait plus fait l'amour depuis cette nuit avec Andustang dans la neige. La violence avec laquelle ils s'étaient aimés l'avait rassasiée pour des mois. Elle n'avait jamais ressenti depuis lors de désirs aussi impérieux, mais se sentait à présent agitée et gênée par son rêve. Et si elle était sexuellement anormale comme son père, lequel était sans aucun doute un obsédé sexuel? Elle n'en était pas encore là. Peut-être vieillissait-elle? Et puis l'ombre de Tsering ne la quittait pas. Depuis l'incident dans la neige, elle avait réussi à chasser son souvenir hors du monde de ses désirs. Elle ne l'avait pas oublié, elle avait seulement accepté de continuer à vivre sans lui. Il fallait qu'elle prît un amant, car elle ne pouvait plus supporter sa solitude, cette vie de nomade, de combat et de haine. Toujours seule, loin de ses enfants, et maintenant, sans même un passé.

Ariel s'endormit enfin, découragée.

La piste qu'ils suivaient pour gagner Katmandou était longue et difficile; si raide qu'il était impossible d'utiliser des poneys, si humide qu'ils glissaient tout le temps, si chaude qu'ils étaient continuellement malades. C'est dans un état pitoyable qu'ils arrivèrent enfin aux abords de la capitale du Népal. Sur le chemin, ils rencontrèrent d'autres bandes de Tibétains de la région de Tengri qui avaient fui par le col du Natula; ils apportaient des nouvelles des combats qui se livraient dans cette zone. Le lama de Rombuck, apprirent-ils, venait juste d'arriver au Népal. Ce qui en avait décidé un grand nombre à quitter leurs villages du nord de l'Everest. La résistance aux Chinois se concentrait maintenant plus à l'ouest.

Parvenus dans la vallée de Katmandou, serrée dans ses collines verdoyantes, couvertes de rizières en terrasses, Ariel piqua droit sur Bodnath, le grand *chorten,* où de nombreux Tibétains se rendaient en pèlerinage. Bodnath était devenu le point de rassemblement des Tibétains à Katmandou. A la différence de l'Inde, le Népal était demeuré neutre dans la crise tibéto-chinoise. Ce pays paisible avait toujours entretenu des relations amicales avec le Tibet, où travaillaient de nombreux artisans népalais. Plusieurs chefs rebelles avaient installé leur quartier général dans les petites maisons à deux étages de briques rouges qui formaient deux cercles concentriques autour du grand chorten.

– D'où venez-vous? demanda un homme de grande taille, vêtu d'une *chuba* kaki, à Ariel qui se tenait, un peu ahurie, devant le majestueux monument dont la flèche dorée couronnait une vaste coupole de pierre blanche.

– De Tsume dans le Minyag, répondit-elle.

– Bon, tous les garçons de Kanting sont logés par là, dit l'homme en désignant la gauche. Juste deux portes après la maison du Chini lama, gardien du sanctuaire.

– *Tudeche,* merci, dit Ariel.

– De rien, chérie, nous avons besoin de jolies filles comme vous, répondit le soldat d'un air détaché.

Nordrop le foudroya du regard. Ils croisèrent d'autres Khambas qui tous demandaient d'où ils venaient. On les conduisit au premier étage d'une des maisons de brique. Soulevant sa *chuba,* Ariel gravit lestement les marches en bois, suivie de Nordrop traînant leur sac de fusils. La pièce dans laquelle ils entrèrent était basse de plafond, ses fenêtres treillagées donnaient sur le *chorten.* Plusieurs hommes en vêtements militaires chinois, d'autres en costume Khamba traditionnel étaient debout dans la pièce, tandis que quatre autres étaient assis à jouer aux dés.

Ils levèrent tous la tête à l'entrée d'Ariel. Un lourd silence s'établit, puis l'un des hommes demanda d'où ils venaient.

– De Tsume, répondit un peu nerveusement Ariel. Je suis la femme de Tsering Lendrup.

– Sa femme ou sa veuve? s'enquit l'un des rebelles.

Ariel se retourna vivement :

– Que voulez-vous dire?

– La dernière fois que je l'ai vu, à Lunak, dans une maison, il était grièvement blessé. Il doit être mort.

– Vous n'en êtes pas sûr! fit Ariel furieuse.

– Non, répondit l'homme. Quand j'ai quitté la maison, il était encore en vie.

– Alors, taisez-vous, s'écria Ariel avec colère. Tant qu'on ne l'aura pas vu mort, il est mon mari...

– Allons, madame, dit un homme debout près de l'escalier, asseyez-vous donc. J'ai bien connu Wangchuk Lendrup. Nous avons tous ici entendu parler de votre famille. La plupart d'entre nous venons des environs de Kanting. Excusez ce vieil imbécile, mais comme nous tous il est un peu amer.

Ariel examina le jeune homme; il avait les cheveux coupés court à la mode chinoise et portait un treillis kaki.

– Je suis le frère de Pemba, le *Gyalpo* de Ralla, dit-il.

Son sourire découvrit une dent en or.

– En fait, j'ai rencontré une fois Tsering, pendant que vous étiez à l'hôpital. Je ferai tout ce qui est en mon pouvoir pour vous.

– Merci, fit Ariel, souriant d'un air las.

Pemba Ralla trouva pour Ariel et ses amis un logement dans une maison voisine. Une seule pièce, spacieuse et propre sous le toit de tuile d'une maison qui abritait en temps normal de ces pèlerins qui venaient ici par milliers du Ladakh et du Tibet.

Ariel apprit par Pemba combien de chefs rebelles avaient atteint le Mustang et elle découvrit que l'approvisionnement de certains de leurs camps militaires provenait de sources diverses. Le bureau du Dalaï-Lama en Inde en fournissait une petite partie, le reste était chichement distribué par les services de renseignements de différents pays étrangers. Les Américains intervenaient indirectement par l'intermédiaire de la CIA, certains Tibétains étaient aidés par Formose, ce qui créait des dissensions parmi les rebelles réunis à Katmandou, car Tchang Kaï-chek était aussi haï que Mao par certains Tibétains; nul n'ignorait en effet qu'il avait déclaré, en exil, que le Tibet faisait partie de la Chine.

– C'est un peu la pagaille ici, expliqua Pemba à Ariel, lorsqu'elle fut installée. Chaque groupe rebelle est indépendant des autres; il y a des rivalités et aucune unité de commandement; et le pire est que nous sommes dramatiquement à court d'armes et de médicaments.

– Nous devrions tous aller à Mustang, suggéra Nordrop, ce même soir. Je crois savoir que nous pourrions nous joindre à un groupe de Litang ou à un autre de Kanting.

Ariel approuva l'idée et en parla à Pemba.

– Il faudrait surtout de l'argent, des armes, de l'aide étrangère rétorqua-t-il.

Frappée par ces paroles, Ariel se demanda si elle ne pourrait pas servir la cause tibétaine plus efficacement qu'avec un fusil. Et si elle allait en Angleterre parler au nom des Tibétains? Elle raconterait à l'Occident les horreurs perpétrées au Tibet.

– Je devrais peut-être essayer de trouver en Angleterre de l'argent et des armes pour le Tibet? dit-elle ce même soir à Nordrop. J'y ai bien réfléchi, personne en Europe ne semble comprendre ce qui se passe ici.

– Mais, objecta Nordrop, comment comptes-tu arriver là-bas? Tu n'as pas d'argent, plus de bijoux.

– Ani-la m'a appris que mon oncle George m'avait laissé de l'argent, expliqua Ariel. Tu pourrais m'accompagner, Nordrop.

– Jamais on ne m'autorisera à quitter l'Inde, répondit-il. Et puis je n'ai pas envie de partir. Nous avons traversé ensemble trop d'épreuves pour nous séparer maintenant, et nous ne pouvons pas abandonner les autres.

Perplexe, Ariel sentait où était son devoir, même s'il impliquait de quitter Nordrop auquel elle était si attachée.

Pendant que tout le monde dormait dans la petite maison qui donnait sur le *stupa* de Bodnath, Ariel réfléchissait à son départ, convaincue que c'était ce qu'elle avait de mieux à faire. Elle demanda cependant conseil à Pemba de Ralla. Il fut stupéfait d'apprendre qu'elle était à moitié anglaise, car on lui avait parlé de sa bravoure et de son dévouement à leur cause. A la suite de cette révélation, il la taquina, elle avait l'air aussi anglaise qu'il avait l'air chinois. Mais il l'encouragea vivement à partir, estimant, comme tous les Tibétains, que si le monde savait réellement ce qui se passait au Tibet, on leur viendrait en aide.

Ariel faisait chaque jour à pied les trois kilomètres séparant Bodnath du bazar de Katmandou, où des étrangers flânaient ou roulaient en rickshaws, touristes anglais ou américains découvrant les charmes de la capitale du Népal en 1961. Elle apprit par hasard que Boris, le Russe qui avait dirigé le « Club 300 » de Calcutta avait ouvert le Royal Hôtel dans un grand palais de Katmandou. Comme il avait été un bon ami de son oncle, Ariel décida de lui demander conseil.

Avant de se rendre au Royal Hôtel, Ariel se lava les cheveux et nettoya sa *chuba.* Elle franchit timidement la grande grille d'entrée, passa devant un impressionnant *chokildar* en livrée qui par bonheur ne l'arrêta pas. Au-delà de la grille s'étendait un jardin, presque un parc, dont les grands pins abritaient des corbeaux qui faisaient une guerre incessante et bruyante aux grandes chauves-souris qui nichaient dans les mêmes arbres. On se serait cru dans une maison de campagne abandonnée. Le palais de stuc blanc avec ses tours couronnées de toits en parasols présentait deux étages de galeries à colonnes, donnant sur une pelouse d'épais gazon encadrant une fontaine, du haut de laquelle une beauté victorienne contemplait les poissons rouges et les fleurs de lotus du bassin.

Au rez-de-chaussée, un employé lui demanda ce qu'elle désirait. Elle répondit en anglais qu'elle voulait parler à Boris, le propriétaire. Le boy, visiblement surpris de l'entendre parler anglais, disparut par un escalier de marbre pour revenir quelques minutes plus tard suivi d'un personnage imposant au visage souriant. Boris regarda Ariel d'un air intrigué avant de demander :

– Oui ? Que puis-je faire pour vous ?

Ariel hésita un instant. Au souvenir de sa visite chez Ani-la, elle craignait que son anglais ne la trahît.

– Je veux vous parler, put-elle seulement proférer.

– Oui. De quoi s'agit-il ? répéta Boris.

– Je voudrais vous parler en particulier. Nous nous sommes rencontrés à Calcutta au « 300 », il y a de nombreuses années. Je suis la nièce de George Stevens.

En disant cela, Ariel avait le sentiment de parler de quelqu'un d'autre.

– George Stevens, mon Dieu, mon Dieu, murmura Boris. Bien sûr, venez, je vous prie, suivez-moi.

Avec une agilité surprenante chez un homme de sa corpulence, Boris gravit à grandes enjambées les marches de marbre gris ; du palier de la galerie du premier étage, il entraîna Ariel, par un escalier métallique en colimaçon jusqu'à une sorte de studio sous le toit du palais. Ils entrèrent dans une grande salle où de confortables canapés encadraient une cheminée en briques, faisant face à une immense fenêtre ouvrant sur le parc et au-delà sur les montagnes verdoyantes.

– Dites-moi maintenant ce qu'une jeune fille anglaise comme vous fait dans ces vêtements tibétains, demanda Boris en la priant de s'asseoir.

Ariel rougit :

– Je ne suis plus une jeune fille et je suis en partie tibétaine. Je voudrais votre avis sur une affaire très importante.

– Mais je ne demande pas mieux. Votre oncle était un vieil ami. Je l'ai rencontré à son arrivée à Calcutta. C'était un personnage, ajouta Boris d'un air entendu.

Ariel ignora cette dernière remarque.

– Je dois vous demander de ne rien répéter de ce que je vais vous dire.

Deux heures plus tard, Ariel redescendait l'escalier suivie de Boris dont le visage exprimait une grande concentration. Arrivé au bas de l'escalier, il baisa la main de la jeune femme avec une respectueuse tendresse.

Fidèle à sa parole, Boris fit tout pour faciliter le départ d'Ariel. Il lui prêta l'argent nécessaire à payer un billet d'avion pour Calcutta et s'arrangea pour qu'un des notaires, chargé par Ani-la de s'occuper de ses affaires, l'attendît à l'aéroport. Décidée à ne porter en Angleterre que des vêtements tibétains, Ariel commanda chez un tailleur de Bodnath plusieurs *chubas* en tissu léger dans lesquelles elle paraissait particulièrement mince et élégante; elle joignit à ses *chubas* des chemises en belle soie de couleur. Comme elle le faisait depuis dix ans, elle se natta les cheveux en tresses enroulées autour de la tête. Sa peau, que le soleil des hautes altitudes ne brûlait plus, était pâle à présent. On hésitait devant ce teint à la prendre pour une Orientale. Après des années de chevauchées à travers le Tibet, elle avait acquis un maintien très droit qui lui donnait en marchant l'air un peu hautain, ou plutôt détaché, comme si elle voguait sur un nuage. Cette impression n'était pas entièrement fausse, elle se sentait en effet étrangère dans le monde qui l'entourait, comme coupée en deux, effrayée de perdre son identité et de briser le lien qui l'attachait à ses enfants, à Nordrop, Tsering, Tsume. Elle rejetait le monde nouveau qui l'entourait, le contemplant de l'air distrait dont on regarde ce qu'on ne veut pas voir.

Calcutta lui apparut comme un rêve. Elle fut accueillie à sa descente d'avion par le notaire d'Ani-la, qui la conduisit en ville.

– Je crois que nous ferions mieux d'aller directement à mon étude, proposa James Marlow. Les affaires d'abord. Lorsque nous aurons fini on y verra plus clair.

– Que voulez-vous dire ? demanda Ariel un peu sèchement.

Une fois dans son bureau, Marlow, à la grande surprise d'Ariel, lui révéla qu'Ani-la avait été expulsée de Kalimpong et vivait maintenant en France.

– Avant de partir, elle m'a dit qu'elle vous avait vue. Elle voulait s'assurer que, en dépit de votre longue absence, il n'y aurait pas de problème pour le transfert à votre nom du capital de George Stevens. Je lui ai répondu que l'affaire n'était pas si simple. J'ai le regret de vous dire que les possessions de votre oncle en Inde ont été saisies. Tout, sauf le compte en roupies qui est toujours au nom de miss Whittlesey. J'imagine que votre passeport est périmé; je me suis informé auprès du bureau du haut commissaire anglais : on m'a dit que vous pourriez en obtenir un nouveau en deux jours. Ils ont renoncé à exiger un extrait d'acte de naissance, ce qui aurait demandé un temps considérable. Je crois savoir que vous êtes née à Gerard's Cross.

– Oui, c'est du moins ce qui est inscrit sur mon ancien passeport.

Le notaire conseilla ensuite à Ariel d'aller à la Westminster Bank de Sloane Street dès son arrivée à Londres.

– Ils détiennent les titres de votre oncle et vous transféreront capital et revenus ainsi que le solde du compte actuellement au nom de miss Whittlesey. Puis-je ajouter que cette dernière s'est remarquablement bien occupée de vos affaires. J'ai le plaisir de vous annoncer que vous disposez maintenant d'une fortune considérable.

Le notaire rayonnait. Il s'attendait à ce qu'Ariel réagît d'une manière ou d'une autre, mais bien qu'il réitérât sa déclaration, elle ne montra aucun signe d'étonnement ou de plaisir.

– Puis-je avoir accès à une partie des fonds qui se trouvent ici?

– Malheureusement pas. Comme je vous l'ai dit, étant donné la complexité des lois indiennes, le compte de Calcutta devra rester au nom de miss Whittlesey. Le gouvernement est toujours en litige avec cette dame. Mais je peux vous prêter ce dont vous avez besoin; vous me rembourserez plus tard, en envoyant un chèque à ma banque de Londres.

Ariel le remercia et accepta de se laisser déposer au Grand Hôtel.

Cette nuit-là Ariel ne put dormir. Des souvenirs, des doutes, des craintes l'assaillaient. Et si on ne la laissait pas rentrer en Inde? D'ailleurs que pourrait-elle vraiment obtenir à Londres? Elle ne savait plus grand-chose de l'Angleterre, en dehors de ses souvenirs d'enfance, et de ce qu'en disaient les Anglais vivant en Inde, qui ne se lassaient pas de donner de leur pays l'image d'un paradis mythique. Et puis elle ignorait ce que le monde pensait de la crise tibétaine. Comment et où se renseigner? Et sans amis à Londres, où loger?

Elle songeait aux événements étranges de ces derniers jours. A la façon dont elle redécouvrait petit à petit tous ces petits rites, qui lui avaient autrefois semblé aller de soi, et qu'elle avait oubliés : manger avec un couteau et une fourchette, boire dans des tasses à anses qu'elle se surprit à serrer dans ses mains comme les *purus* tibétains. Et les lits occidentaux, si mous qu'elle ne pouvait y trouver le sommeil. En désespoir de cause, elle mit une couverture à même le sol et essaya de dormir, mais elle était encore éveillée quand l'aurore commença à filtrer à travers les persiennes, lui rappelant la nuit lointaine où elle était restée au « 300 » jusqu'à l'aube. Elle se revoyait dans cette robe de soie rouge, avec l'impression de regarder la photo de quelqu'un d'autre. Son moi tibétain faisait désormais écran aux souvenirs du passé. Ainsi avait-elle été horrifiée par le gaspillage de nourriture qu'elle pouvait constater à l'hôtel. On lui avait servi pour elle toute seule un morceau de viande qui au Tibet aurait fait un ragoût substantiel et une soupe pour dix. Devant les boutiques de Calcutta, elle s'émerveillait comme une enfant à la vue de trésors fabuleux : fils, aiguilles, soies de couleur, sans parler de la fine gabardine de laine qu'aucun métier tibétain n'aurait pu tisser. Ces trésors qui auraient fait merveille sur les marchés de Lhassa et de Kanting étaient ici dévalorisés de par leur abondance.

Dégustant sa première glace, mangeant son premier gâteau, grignotant ses premiers chocolats depuis dix ans, elle voyait s'évanouir des rêves naguère fréquents. Combien de fois, parcourant à cheval des contrées désertiques et brûlantes, avait-elle rêvé de ces glaces qui, à présent, dans les locaux à l'abandon de Firpo's perdaient leur fascination mythique.

Pendant les trois jours qui précédèrent son départ, Ariel, ne souhaitant pas nouer de nouvelles amitiés, resta seule à Calcutta. Elle estimait que ses sentiments profonds étaient trop précieux pour être partagés avec des connaissances de rencontre. Aussi se refusait-elle à rendre les sourires que lui adressaient les clients de l'hôtel. Elle s'asseyait dans la partie la plus vide de la salle à manger, qui se trouvait alors dans la cour des palmiers avec ses grandes colonnes victoriennes, dévorant dans son coin le *Times of India* ou le *Calcutta Statesman*, comme s'ils pouvaient contenir quelque message personnel, un conseil au sujet de l'entreprise dans laquelle elle s'était peut-être trop hâtivement embarquée.

Ce fut avec un grand soulagement qu'elle attendit enfin à la porte du Grand Hôtel le taxi qui devait la conduire à l'aéroport. Elle était plus que jamais décidée à secouer l'Angleterre par son témoignage. Impossible, se disait-elle, que des nations civilisées permettent que ce pays soit bombardé par des avions, alors que les Tibétains n'ont que des chevaux, de vieux fusils et des sortilèges à opposer au matériel moderne. C'est avec ces pensées qu'Ariel s'envola vers l'Angleterre.

Il bruinait, le temps était gris et froid, lorsque l'avion atterrit à Londres. Une impression de mélancolie émanait du sinistre univers de béton de l'aérogare dont les couloirs retenaient encore les dernières traces de l'Orient : hommes d'affaires japonais, Sikhs enturbannés, femmes en sari. Là commençait l'univers des petits employés britanniques et des douaniers, qui, à cause de son costume, la traitaient comme une clocharde. Les « alors, madame, vous ne savez pas lire ? » quand elle se trompa de porte ou « dépêchez-vous, ma petite, je n'ai pas de temps à perdre », lorsqu'elle chercha de la monnaie, témoignaient de cette attitude.

L'aérogare parut à Ariel l'antichambre du désespoir. Un Pakistanais en haillons balayait très lentement les mégots de cigarettes, suivi de près par sa femme en pantoufles, rappels incongrus de l'empire perdu. Ariel retrouva beaucoup d'autres Asiatiques dans l'hôtel, où elle échoua, sur les conseils d'un employé de l'aéroport. Il était situé à Bayswater, quartier morne envahi de représentants de toutes les races de l'empire britannique. Ses vêtements tibétains n'attirèrent d'ailleurs guère l'attention. Un étudiant boutonneux, qui essaya de lier conversation avec elle dans le vestibule, croyait qu'elle venait de Birmanie, et, dans l'ascenseur, un Nigérien lui demanda si elle était thaïlandaise.

En fin d'après-midi, Ariel se risqua hors de l'hôtel pour une courte promenade. Fatiguée et découragée, elle observait la circulation, les belles voitures confortables, luisantes sous la bruine. A travers une fenêtre, elle plongea avec envie le regard dans un salon accueillant. Debout sur le trottoir dans l'anonymat de la grande cité, elle se sentait seule, plus seule qu'elle ne l'avait jamais été dans les plaines les plus désolées du Tibet. Solitude de l'âme, augmentée de la crainte angoissante de ne trouver personne à Londres ou même dans toute l'Angleterre qui se souciât d'elle ou du Tibet. Elle savait pourtant qu'il lui fallait essayer. Mais comment commencer sa campagne ? Où aller d'abord ? C'était de la folie d'être partie sans la moindre recommandation, d'autant qu'elle n'avait pas de famille.

De retour à son hôtel, Ariel rencontra Naveen, jeune étudiant indien à la peau foncée, originaire du Kerala. Pour ne pas rester seule, elle dîna avec lui dans le restaurant malodorant du sous-sol. Au début, leur conversation fut un peu guindée, mais Naveen se révéla très agréable et Ariel ne tarda pas à lui parler de son projet et de la nécessité dans laquelle elle se trouvait de faire des recherches sur le Tibet.

– Allez donc à St. James Square, à Chesham House, lui conseilla Naveen. On y trouve des dossiers sur tous les sujets d'intérêt politique. C'est juste à côté de la Bibliothèque de Londres.

Le lendemain matin, sous un soleil éclatant, Ariel se mit en route pour St. James Square. Elle traversa, quelque peu ragaillardie, Picadilly, puis s'engagea dans Bond Street. A Chesham House, Elizabeth Greenway, la bibliothécaire, fut aussi aimable et empressée que la plupart des gens rencontrés jusqu'ici s'étaient montrés froids et impolis.

– Qu'est-ce qui vous intéresse? s'enquit miss Greenway.

– La situation au Tibet, répondit Ariel.

Quelques minutes plus tard, miss Greenway apportait deux grands cartons.

– Vous avez là toutes les coupures de presse depuis 1940, mais il n'y a pas grand-chose avant 1950. Je vais vous apporter un index des articles parus dans les mensuels et une bibliographie des ouvrages récents. Si nous n'avons pas tous les livres, je pourrais vous les faire venir de la Bibliothèque de Londres à côté.

Ariel ouvrit, très excitée, le premier carton. Son enthousiasme fut de courte durée et se transforma rapidement en dégoût, lorsqu'elle lut certains articles erronés dans les dernières pages de journaux de deuxième ordre. Ainsi apprit-elle que les Nations unies avaient refusé en 1950 la demande du Salvador de mettre la question tibétaine à l'ordre du jour. Les articles ne s'étoffèrent que pour relater la fuite du Dalaï-Lama de Lhassa. A les lire, on avait l'impression que le Tibet était un pays imaginaire, un inaccessible Shangri-la. Il n'était mentionné nulle part que la plupart des Tibétains étaient cultivés, que le pays était couvert de bibliothèques et de chapelles, remplies d'œuvres d'art, que le niveau de vie y était beaucoup plus élevé que dans n'importe quelle contrée rurale d'Inde ou de Chine. Le Kham était rarement mentionné, à part quelques allusions aux « bandis khambas ». On ne comprenait d'ailleurs pas très bien qui combattait qui. On avait l'impression que la Chine contrôlait le Tibet tout entier. Quant aux rapports récents, ils ne disaient rien de la résistance acharnée des Tibétains à l'envahisseur chinois.

Ariel dressa la liste des erreurs, nota les dates, les noms des journalistes. Il faisait nuit lorsqu'elle quitta la bibliothèque et elle avait complètement oublié d'aller à la Westminster Bank.

Elle passa toute la matinée du lendemain à la banque, où elle fut mal reçue par le portier et traitée en princesse par le directeur, chargé de son compte. Après avoir signé les papiers indispensables, le compte fut mis à sa disposition. Le banquier lui donna l'adresse d'Ani-la en France, l'informant que celle-ci était mariée et s'appelait désormais comtesse de Calmont. Ces nouvelles l'intriguèrent beaucoup. Elle dut ensuite prendre une décision très importante. Le directeur voulait savoir si elle souhaitait garder ses parts de la Compagnie des thés d'Assam. Il lui conseillait de le faire.

– La compagnie, expliqua-t-il, a investi dans d'autres affaires, des chaînes de denrées alimentaires en Angleterre et en Irlande, du vin en France, une grande distillerie en Écosse. Elles marchent toutes bien, comme vous pouvez le constater d'après l'augmentation annuelle de vos dividendes et mieux encore d'après la valeur croissante de vos actions.

Ariel fut quelque peu éblouie par l'importance de la somme qui lui revenait : plus d'un demi-million de livres. Avant de quitter la banque, elle se fit donner cinq cents livres et fut frappée par l'épaisseur et la raideur des billets anglais, si différents des minces roupies indiennes.

Dehors, elle héla un taxi et se retrouva confortablement installée à l'arrière du véhicule, séparée du chauffeur par une vitre coulissante. Combien lui paraissaient loin les jours où elle marchait péniblement vers Katmandou, Tate, Kiratichap, Chaubas..., se répétait-elle à mesure que les noms des hameaux de la piste lui revenaient à la mémoire. Où est Nordrop à présent ? se demanda-t-elle. A-t-il décidé de rester, ou bien est-il en route pour le Mustang ? Elle pensa à Sonam et Tsi-la. Comme elle aurait aimé les avoir ici avec elle. Comment étaient-ils maintenant ? Ils devaient avoir beaucoup grandi. Mais la circulation d'Hyde Park Corner l'abasourdit. Elle passa le reste de la journée à la bibliothèque et c'est déprimée qu'elle regagna seule sous la pluie sa triste chambre de Bayswater.

La fenêtre ouverte, elle écoutait la pluie tomber et se demandait qui, dans une grande ville comme celle-ci, pourrait comprendre ce qu'était la vie dans un monde sans autos, ni électricité, ni usines, dépourvu de tout ce qui était considéré comme essentiel ici. Dans les articles sur le Tibet, elle avait lu et relu les mots : arriéré, médiéval, féodal. Ces qualificatifs suffisaient-ils à rendre le monde indifférent au combat du Tibet ?

S'étant réveillée tard le lendemain matin, il était près de 11 heures lorsque Ariel arriva à St. James Square. Elle passait devant la Bibliothèque de Londres, logée dans le bâtiment contigu à Chesham House, quand elle aperçut un homme portant une énorme pile de livres, qu'il laissa tomber à ses pieds. Comme elle se baissait pour l'aider à les ramasser, elle remarqua qu'il avait les cheveux gris argent et parlait anglais avec l'accent inimitable d'un homme du monde. Il se confondit en remerciements et lui demanda :

– Puis-je vous offrir un verre pour tout le mal que vous vous êtes donné ?

Ravie de briser la solitude dans laquelle elle se sentait enfermée depuis son arrivée Ariel n'eut aucun scrupule à accepter.

– J'ai ma voiture à côté, si vous voulez bien me suivre, dit-il, la pile de livres en équilibre instable dans ses bras.

Il faillit les laisser choir de nouveau avant de les poser sur une énorme voiture verte, pendant qu'il fourrageait dans ses poches encombrées de menus objets pour en extraire sa clé. Ariel l'aida à les mettre à l'arrière de la voiture. L'homme lui dit alors :

– Voyons, je ne sais pas où nous pourrions aller. Je ne peux pas vous emmener dans un pub. Accepteriez-vous un verre chez moi ?

– Eh bien, je ne sais pas. C'est très gentil à vous, mais il vaut mieux que je rentre, balbutia-t-elle timidement, bien qu'elle souhaitât accepter, car quelque chose dans les manières décontractées et ironiques de l'inconnu lui rappelait son oncle.

– Ce n'est pas mon genre de draguer les jeunes femmes, ajouta-t-il. Alors pour ce qui est de la gêne, nous serons quittes.

Ouvrant la portière de sa jaguar toute cabossée, il dit :

– Allez, venez donc, j'habite tout près d'ici.

Une telle candeur amusa Ariel. Il parvint avec quelque difficulté à faire démarrer sa voiture, tout en se présentant sous le nom de Michael Campbell. Il manœuvra maladroitement les nombreux leviers du véhicule et démarra avec une nonchalance qui énerva le conducteur de la voiture qui le suivait. Après avoir heurté plusieurs angles de trottoir, Michael traversa majestueusement Hyde Park Corner et s'arrêta enfin devant une de ces belles maisons à colonnades en stuc blanc de Belgravia qui rappelait à Ariel Calcutta.

En sortant de la voiture que Michael avait abandonnée, plutôt que garée, à une distance respectable du trottoir, celui-ci demanda en souriant :

– Qu'est-ce que c'est que cet accoutrement ?

– C'est tibétain, répondit Ariel, nullement vexée par une question qui à Bayswater l'aurait rendue furieuse.

– C'est bien ce que je pensais, dit Michael. Ce n'est pas vrai, ajouta-t-il aussitôt. Je ne savais même pas que les Tibétains portaient des vêtements. Ce qui n'est pas vrai non plus, mais puis-je avoir l'audace de vous demander ce que vous faites avec des vêtements tibétains.

– Je suis tibétaine, répondit Ariel amusée.

– Eh bien, entrez tout de même, dit Michael d'un air malicieux en ouvrant une grande porte vitrée qui donnait sur un vestibule, au sol recouvert d'un épais tapis. Sur une console était empilé un courrier volumineux, à côté duquel il réussit à poser ses livres. Il prit une poignée de lettres et ouvrit la porte de son appartement.

– J'ai peur que ce ne soit un peu en désordre, lui cria-t-il par-dessus son épaule.

Ariel entra dans une antichambre sombre aux murs couverts de fresques de Pompéi, dans laquelle donnaient deux grands salons. L'appartement était incontestablement élégant; des moquettes bleu pâle en recouvraient le sol. La pièce de devant ouvrait sur la rue par deux hautes fenêtres; une cheminée de marbre était encadrée par deux bibliothèques dont les livres à reliures de cuir étaient pratiquement cachés par des papillons sous verre, des cristaux de roche, des vieux poignards et des miniatures.

– Avant que vous ne m'expliquiez ce qu'une Tibétaine parlant anglais faisait à St. James Square, je dois vous révéler, ce que vous avez peut-être deviné, que je suis écrivain, dit Michael en désignant les piles de livres disséminées dans la pièce, d'où dépassaient des marques de papier.

« Êtes-vous vraiment tibétaine ? Je croyais que vous portiez un habit malais. J'espère ne pas vous avoir offensée. Qu'aimeriez-vous boire ? J'ai un petit vin blanc dans le réfrigérateur, il n'est pas très bon, mais malheureusement je n'ai que ça.

Ariel avait déjà remarqué que son nouvel ami avait une façon bizarre de répondre à ses propres questions. Lorsqu'il lui eut donné un verre de vin, elle décida d'engager la conversation.

– Un bel appartement, une auto minable, une cave avec une unique bouteille de vin, maladroit et écrivain. Tout cela est très intéressant, mais qu'écrivez-vous ?

Ce petit résumé fit rire Michael.

– Je m'intéresse surtout à la période edwardienne, mais ça n'a aucun intérêt. Parlez-moi plutôt de vous.

– Non, non, je veux en savoir davantage sur vous. Je viens juste d'arriver et je n'ai jamais rencontré de vrai Londonien, alors, expliquez-moi tout.

– Bien, ma chère, mais d'abord je ne suis pas Londonien. Personne, comprenez-vous, personne n'est natif de Londres. Ici, chacun vient de la campagne. Seuls la femme de ménage et le cabaretier sont londoniens.

– Alors, d'où êtes-vous ?

– D'Écosse, de l'Aberdeenshire sur la côte ouest, tout à fait en haut. Voyez-vous, c'est là un snobisme victorien, ou peut-être edwardien, personne ne se dit londonien, même parmi ceux qui passent toute leur vie à Londres. Et quand je dis personne, ça veut dire personne. Et vous, à quel point êtes-vous tibétaine ? Dites-moi d'où êtes-vous vraiment ?

Ariel était d'humeur charmante. Elle était fascinée par Michael qui lui rappelait tellement son oncle, dont l'humour, comme celui de Michael, était certainement le fruit du même genre d'éducation, inspiré par la crainte d'être ennuyeux, le pire des crimes.

Il ne lui fallut guère de temps pour raconter sa vie à Michael. Il l'écouta attentivement sans faire la moindre remarque.

– Et me voici, conclut Ariel. Je suis arrivée il y a trois jours, j'ai lu tout ce qui est paru dans la presse occidentale et malgré ça je ne vois pas comment mobiliser l'opinion en faveur du Tibet.

– Écoutez, proposa Michael, après un long silence, je peux sans doute vous être de quelque utilité. Il faut faire appel à des journalistes, des membres de différentes sociétés s'intéressant au Tibet, des personnalités influentes dans le domaine des arts, de la politique et des lettres. J'y songe, j'ai un dîner ce soir chez lady Mable Rump, je pourrais vous y emmener. Vous y rencontreriez le vieux lord Tritpole, il est président de la Nouvelle société des amis de l'Asie; il n'est jamais allé au Tibet, mais il a exploré le Gobi. En attendant, je pourrais appeler mon vieil ami James Hughes qui est au Foreign Office. Nous étions à Oxford ensemble. J'ai son numéro : 235 66 30.

Michael composa le numéro.

– Pourrais-je parler au sous-secrétaire, James Hugues ?... Michael à l'appareil. Écoute, j'ai ici une amie qui vient du Tibet. Tu ne veux pas venir ce soir discuter un peu de notre politique tibétaine et nous apprendre ce que tu sais sur les associations tibétaines en Angleterre. Oui, toujours la même adresse : 84 Eaton Place. Quand tu voudras, avant 8 heures, car je sors dîner. Non. Chez lady Mable. C'est ma bonne action de la semaine. Très bien, alors demain 7 heures.

En raccrochant, Michael vit qu'Ariel le regardait avec une affection amusée.

– Quoi d'autre ? Ah, la presse. Je pense que vous devriez attendre d'avoir quelque chose à présenter. Vous connaissez la presse. Si vous ne vous montrez pas précise, les interviews en resteront au charmant costume que vous portez.

Michael prit un air plus sérieux :

– Écoutez, ma chère, je ne veux pas paraître négatif, mais comprenez-le ici les gens ignorent tout du Tibet. L'Angleterre en a marre de l'Empire et de tout ce qui s'ensuit. L'Inde peut se charger du Tibet. Le Tibet n'est plus notre affaire. Il était à l'ordre du jour en 1904. Aujourd'hui la drogue et l'essor de la confection sont à l'ordre du jour. Quant au Tibet, c'est « loin, loin, loin », comme dit la chanson.

– Mais, Michael, dit Ariel en se levant, c'est là où je veux en venir. Pourquoi nous oublier, laisser la Chine détruire une petite nation ? L'Angleterre n'a pas reconnu la Chine rouge. Pourquoi reconnaît-elle ce que seule l'Inde a admis, que le Tibet fait partie de la Chine ? Il y a tellement d'hypocrisie dans tout cela ! Vous allez bientôt me conseiller d'aller demander de l'aide à Formose. C'est ridicule.

– Pas tant que ça, lança Michael. Je lisais justement l'autre jour qu'il était question que Formose aide les Tibétains. A la suite de conversations avec le frère aîné du Dalaï-Lama. Il est évident que la C.I.A. est derrière Formose... Peut-être y a-t-il quelque chose à faire.

Stupéfaite, Ariel répondit :

– Mais ne comprenez-vous pas que nous haïssons Formose autant que la Chine communiste. C'est l'invasion chinoise, non le communisme que nous voulons arrêter. N'oubliez pas que vos ancêtres mangeaient encore des baies sauvages, alors que nous signions notre premier traité avec la Chine pour fixer nos frontières respectives.

Ariel était indignée et Michael remarqua combien ses yeux étaient beaux lorsqu'ils étincelaient de colère, avec quelle élégance elle relevait haut la tête. Il lui trouvait une séduction singulière. Et Michael, tout Londres pouvait en témoigner, s'y connaissait en jolies femmes. C'était d'ailleurs le tourment de sa vie; d'une part il aimait les femmes, et de l'autre, il ne supportait pas les complications, non qu'il manquât de cœur ou fût égoïste, mais il avait décidé une fois pour toutes qu'il ne pourrait jamais faire un bon mari. De toute façon à cinquante-deux ans, il était trop vieux. Les femmes, aimait-il à croire, étaient faites pour s'occuper de lui. En échange, il était charmant avec elles, écoutait leurs histoires, les conseillait pour leurs toilettes, leurs amants et les accompagnait chez le vétérinaire avec leurs chiens malades. Tant qu'il n'y avait pas de « complications », il couchait naturellement avec elles. La dame du moment ne devait jamais se croire autorisée à déplacer ses manuscrits, ou, pis encore, à répondre au téléphone, ou se mêler un tant soit peu à ce qui était l'aspect le plus sérieux de sa vie. Il entendait protéger sa vie d'écrivain, de spécialiste de l'époque edwardienne, qu'il revivait inconsciemment, modelant certaines de ses attitudes envers les femmes sur celles des élégants libertains d'alors. C'est pourquoi tant de femmes étaient amoureuses de lui et son appartement était envahi par une interminable procession d'admiratrices de tous âges. Certaines lui apportaient des gâteaux, d'autres venaient pleurer sur son épaule ou l'inviter à leurs bals, d'autres encore le consultaient sur la vente d'un tableau de maître ou d'un symboliste mineur dont l'œuvre revenait à la mode.

Le dîner de lady Mable correspondait exactement à ce qu'Ariel avait lu de Londres. La maison était magnifique et l'hôtesse absolument charmante. Elle présenta Ariel à chacun, expliquant qu'elle était tibétaine. Contrairement à ce qu'Ariel avait imaginé, la plupart des invités avaient entendu parler du Tibet, mais on voyait bien qu'ils avaient été triés sur le volet : ambassadeurs à la retraite, ministres, millionnaires, tous très conventionnels. Ariel suscita la sympathie générale. La soirée passa très vite et les invités prirent congé avant qu'elle n'ait eu le temps de soumettre son cas et de demander de l'aide. Michael lui avait présenté de nombreuses personnalités dont elle embrouillait les noms.

– Ne vous tracassez pas, ma chère, nous réglerons tout cela demain, l'encouragea Michael en lui tendant une nouvelle coupe de champagne.

Michael et Ariel furent les derniers à partir et il était très tard lorsqu'ils dirent au revoir à une lady Mable un peu vacillante qui les embrassa tous les deux au sommet de l'escalier avec cette recommandation :

– Attention, Michael, que le Tibet ne vous fasse pas oublier Tripoli.

– Que voulait-elle dire ? demanda Ariel lorsqu'ils eurent retrouvé la voiture.

– Oh, rien, elle faisait simplement allusion à un voyage que nous avons fait ensemble en Libye, il y a très, très longtemps. Elle est manifestement jalouse de vous.

Ariel n'en fut pas outre mesure émue. Il y avait donc en Angleterre des gens qui comprenaient, qui s'intéressaient au Tibet. Des gens qui l'aideraient. Les Anglais n'étaient pas aussi insensibles qu'elle l'avait craint. Elle avait même obtenu un rendez-vous avec lord Tritpole à la Nouvelle société des amis de l'Asie.

– Michael, vous ne savez pas ce que vous avez été bon pour moi, dit-elle tout excitée, une fois dans la voiture. Je ne peux pas vous dire à quel point j'étais malheureuse, inquiète et désespérée. Il est difficile de croire qu'il y a quelques semaines, je me cachais de la police. Mais comment pourriez-vous comprendre ? Pouvez-vous imaginer que depuis trois ans je me bats comme soldat, oui, ma petite personne. Si je vous connaissais mieux, je vous montrerais mes cicatrices, ajouta Ariel avec un petit rire.

– Surtout n'en faites rien, sinon j'aurai un accident. Dites-moi plutôt où se trouve votre hôtel. Vous avez dit Bayswater, quelle horreur !

Il leur fallut un certain temps pour le découvrir. La porte était fermée, Michael dut frapper à toutes les fenêtres du rez-de-chaussée pour se faire ouvrir.

– C'est très moche, dit Ariel en manière d'excuse, mais c'est ici qu'on m'a envoyée.

– C'est sans importance, répondit Michael, demain nous vous trouverons quelque chose dans un quartier plus convenable.

Michael l'embrassa sur le front, avec une délicatesse toute paternelle qui la toucha profondément. Puis il se dirigea vers sa voiture en fouillant dans sa poche pour trouver ses clés.

Le rendez-vous d'Ariel avec lord Tritpole avait été fixé à 11 heures, le lendemain matin. L'escalier en marbre du siège de la Nouvelle société des amis de l'Asie était solennel et glacial. Ariel fut flattée d'être introduite dans la pièce surchargée de dorures qui servait d'antichambre au bureau de lord Tritpole. Celui-ci vint en personne la chercher et lui expliqua que les gravures sur les murs étaient de Robert Cullers, le célèbre artiste du XIXe siècle.

– Il nous a laissé une importante collection de ses œuvres d'Extrême-Orient, dont nous avons donné quelques-unes au British Museum. La Société, en dépit de son qualificatif de nouvelle, a été créée en 1856 pour remplacer l'ancien « Cercle Mandarin », fondé vingt ans plus tôt par M. de Balverne, un émigré français.

Après avoir installé Ariel confortablement dans son bureau, il reprit :

– Nous patronnons plusieurs bonnes œuvres qui datent des premiers jours de l'Empire, telles que la Caisse des veuves de Canton pour les familles des victimes des guerres de l'opium. Je crains que nous n'ayons rien pour le Tibet, n'est-ce pas miss Cardigan ? poursuivit lord Tritpole, s'adressant à une petite dame desséchée qui sortit de derrière un paravent chinois.

– Non, rien sur le Tibet, dit-elle. Nous sommes convenus de laisser tout cela à sir Rupert de la Société tibétaine. Voulez-vous que je vous donne son numéro de téléphone ?

– Oui, excellente idée.

Se tournant vers Ariel, il ajouta :

– Peut-être devrions-nous nous intéresser au Tibet maintenant qu'il a été officiellement reconnu comme chinois ? Je veux dire par là qu'après tout la Chine est notre spécialité. Sir Rupert vous plaira, bien qu'il ait beaucoup vieilli. Mais c'est notre cas à tous, n'est-ce pas ?

A cette dernière remarque Ariel comprit qu'en dépit de son importance, la Nouvelle société des amis de l'Asie ne pourrait jamais constituer une aide efficace. Cependant, lord Tritpole appela la secrétaire de sir Rupert afin de fixer un rendez-vous pour Ariel le lendemain.

Elle passa le reste de l'après-midi à Chesham House, un œil sur sa montre, de peur de ne pas être à l'heure pour retrouver Michael. Le taxi n'allait pas assez vite à son gré, chaque feu rouge semblait interminable. Ne serais-je pas en train de tomber amoureuse ? se demandait-elle en s'agitant nerveusement sur son siège. Elle éprouvait en sa présence une sensation de chaud bien-être qui avait le don de l'engourdir. Ce doit être le sang des Stevens, se dit-elle. Nous avons beaucoup de mal à contrôler nos passions.

– Inutile de sonner, la porte est toujours ouverte, furent les premiers mots de Michael.

Une lettre à la main, il se dirigea vers la grande table de marbre qui occupait presque toute la pièce du fond et servait de bureau quand elle n'était pas entièrement occupée par les verres et les bouteilles de vins destinés à ses invités.

– Je suis à vous dans une minute. Dieu, que vous êtes belle dans cette *chuba* verte. *Chuba,* est-ce bien le mot ?

– Oui, dit doucement Ariel, craignant de l'avoir dérangé.

Elle demeura quelques minutes seule, assise sur l'un des longs canapés. Elle entreprit d'examiner les papillons, les oiseaux empaillés, les tableaux, lorsqu'une charmante jeune fille d'une vingtaine d'années fit son entrée sans s'être annoncée.

– Michael est-il là ? demanda-t-elle, avant de l'avoir aperçu dans l'autre pièce.

Michael la pria de tenir compagnie à Ariel dans le premier salon pendant qu'il terminait de taper son courrier.

Les deux femmes s'observèrent timidement.

– Vous avez une robe extra, dit la nouvelle arrivée.

Ariel expliqua que c'était un costume tibétain.

– L'avez-vous trouvé au marché de Chelsea ?

– Non, pourquoi ? demanda Ariel, surprise.

– Oh, parce qu'on y trouve un tas de trucs indiens. J'ai des amis qui vont au Népal l'été prochain. Ils y vont en voiture. Ma mère ne veut pas me laisser y aller. J'espère que Michael m'aidera. Voyez-vous, ma mère et lui sont de vieux amis. Peut-être réussira-t-il à la convaincre. Je meurs d'envie de voyager. On s'embête tellement ici en été. L'autre jour j'ai lu quelque chose sur le Tibet. La façon dont ils choisissent le Dalaï-Lama. C'est inouï. C'est quand même bizarre, choisir comme ça un petit garçon. Vous n'êtes pas vraiment tibétaine, non ? Vous avez l'air plutôt anglaise, propre et, comment dire, élégante.

La jeune fille rougit et Ariel devint rouge de colère. Mais elle essaya d'imaginer la réaction de Nordrop et réussit à se maîtriser ; elle s'efforça d'être gentille et compréhensive. La jeune personne continua de parler de ses vacances et de l'Orient comme d'un monde de rêve. Le Tibet était manifestement pour elle une sorte de terre sainte. Ariel se demandait pourquoi tout le monde, journalistes, hommes politiques ou jeunes filles ignorantes, parlait d'abord des lamas. Ne comprenaient-ils pas que le Tibet n'était pas différent de ce qu'avait été l'Angleterre quelques siècles plus tôt, quand le pays était couvert d'abbayes ? Ne comprenaient-ils pas que les moines du Tibet, comme ceux d'Europe, étaient des gens normaux, certains stupides, d'autres brillants, que les Tibétains étaient, comme tout le monde, prompts à la joie et aux larmes, non pas un peuple de rêveurs, de sages ou de prophètes.

Ariel était en train d'expliquer tout cela quand Michael les rejoignit.

– Continuez, dit-il.

Ariel expliqua que malgré le Dalaï-Lama et tous les moines, le Tibet était un pays comme un autre avec des factions politiques, des riches, des pauvres, des bons et des méchants. Mais en temps de guerre il fallait oublier les lamas et penser aux soldats et à la lutte que les Tibétains menaient contre les envahisseurs chinois.

La jeune fille ne parut nullement impressionnée. Elle ne se souciait manifestement que de ses vacances. Après avoir écouté sa requête, Michael accepta de l'aider, et la visiteuse s'en alla après l'avoir embrassé d'une façon qu'Ariel jugea un peu trop tendre.

Elle venait à peine de disparaître que Hughes, l'ami du Foreign Office de Michael, arriva. Il était charmant et bien informé. Après avoir taquiné Michael sur sa vie mondaine, il exprima une profonde et apparemment sincère sympathie pour la situation du Tibet.

– Je sais que les Khambas poursuivent leur lutte acharnée, dit-il, nous avons suivi toutes les phases de la guerre, bien que nous ne disposions au Foreign Office que de sources incertaines. Je suis moi-même allé en Inde il y a six mois et il est évident que Nehru ne souhaite pas que soit dévoilée la vérité. Le Dalaï-Lama, d'après ce que je crois savoir, n'est pas autorisé à faire des déclarations politiques, ce qui paralyse toute solution de l'affaire tibétaine; car beaucoup de gens considèrent le Dalaï-Lama et son entourage en exil comme la seule voix du Tibet. Cela ne fait que tout embrouiller et masquer la réalité.

Après quelques verres de vin, Hughes, poussé par les questions pertinentes de Michael et d'Ariel, finit par dire :

– Pour vous dire la vérité, et une vérité qui ne vous sera pas agréable à entendre, ni le gouvernement britannique, ni celui d'aucune des grandes puissances ne fera quoi que ce soit pour le Tibet. Je regrette que les Anglais aient laissé tomber les Tibétains, mais hélas, quand il s'agit d'intervenir en faveur des petits pays, nous sommes défaillants. Les nobles attitudes du XIXe siècle, si tant est qu'il y en eût, sont du domaine du passé. Ne comptent dorénavant que le commerce, les affaires, et, sur ce terrain, le Tibet n'existe pas. De plus, il y a la malencontreuse notion de non-intervention; nous ne pouvons pas nous immiscer dans les affaires intérieures de la Chine. Formose ou Pékin s'opposeraient à tout ce que nous pourrions dire ou faire. Quant à la question cruciale de l'indépendance du Tibet, personne ne s'y intéresse vraiment ici, ni ne désire s'en mêler.

Ariel était atterrée. C'était si clair, si simple, si désespéré.

– Mais il y a sûrement, insista-t-elle, une forme de justice...

– Pas dans les affaires internationales. Voyez-vous, il n'existe pas de gouvernement mondial et la Cour Internationale de La Haye ne peut être d'aucun secours en la matière, parce que personne ne souhaite soulever la question, et que la Chine ne fait même pas partie des Nations unies.

Ces révélations laissèrent une cicatrice profonde dans l'esprit d'Ariel.

Ils allèrent ensuite tous « Chez Alvarado », restaurant italien tout proche de là, où toutes les jolies femmes que connaissait Michael semblaient s'être donné rendez-vous. Il lui fallut un certain temps pour faire le tour de la salle, allant de table en table distribuer des baisers. Il s'arrêta devant l'une d'elles pour présenter Ariel à Jeremy Maxilary, correspondant du *Times* en Extrême-Orient.

– Voilà votre homme, dit Michael en s'asseyant.

La soirée fut agréable. Ariel en oublia un moment les sombres propos de Hughes. La conversation consistait surtout en potins. Ces commérages sur les faits et gestes de la société londonienne ennuyaient et intriguaient à la fois Ariel. Elle était manifestement tombée sur des gens « bien », comme on aurait dit à Calcutta, ce qui correspondait aux

« bouches suaves » de Lhassa, ces gens à la langue mielleuse, aux opinions et aux cœurs changeants.

Ariel trouvait que Michael était trop bon de lui consacrer tout son temps, de la présenter à ceux qui pouvaient lui être utiles. Après le dîner, tout le monde retourna prendre un verre chez Michael. Quand les derniers invités furent partis, Ariel resta.

– Michael, dit-elle, les femmes au Tibet invitent souvent les hommes à dormir avec elles. Je veux dire par là que j'aimerais rester.

– Eh bien, vous êtes un drôle de numéro, commenta Michael.

Personne, au cours de ses nombreuses aventures, ne s'était comporté de la sorte. Personne non plus ne lui avait fait l'amour comme Ariel. Après avoir défait ses tresses, elle l'aima avec une passion furieuse, avec l'agressivité d'un animal sauvage. Dans un débordement d'énergie, dû à des mois de frustration et de colère, Ariel essaya de réduire Michael à sa merci. Il ne reprit que plus tard le contrôle de la situation, caressant doucement le corps fatigué et frêle d'Ariel, laissant courir ses doigts le long de la colonne vertébrale, de ses hanches et des vilaines cicatrices qui le choquaient et l'affligeaient. La violente passion d'Ariel se transforma alors en tendresse presque enfantine, elle se pelotonna contre la large poitrine de Michael et pleura doucement jusqu'à l'aube.

La semaine suivante fut très agitée. Michael aida Ariel à esquisser un article, dans l'espoir que Jeremy Maxilary pourrait l'utiliser. Ils attendirent patiemment le résultat de l'interview qu'elle avait eue avec lui dans l'appartement de Michael. L'article parut sur trois colonnes. En lisant le titre : « Le Tibet continue seul le combat », Michael et Ariel s'embrassèrent de joie. Mais le contenu les rendit furieux. Comme beaucoup d'autres articles, celui-là reléguait la solution au second plan pour mettre l'accent sur les complexités juridiques de l'invasion du Tibet par la Chine.

– Personne, ici, ne comprend donc qu'une invasion est une invasion, que la guerre est la guerre, qu'elle exige l'action, non d'interminables débats juridiques, cria Ariel. Ces discussions sont une manie des Occidentaux. Quelle différence cela fait-il si le Tibet a reçu ou non un certificat d'indépendance ? La Chine et le Tibet sont des pays très différents, avec des langues, des coutumes, des territoires différents. Chacun a sa propre histoire. La guerre elle-même démontre ces dissemblances. Point n'est besoin de preuve légale.

Dans la prose élégante de Jeremy, Michael découvrit des remarques blessantes sur le Tibet, dont le nom même était mentionné avec une certaine ironie amusée, telle que pourrait en inspirer la mention du Lichtenstein à côté de celle des États-Unis. La façon dont pouvait rugir un petit pays semblait amuser le journaliste professionnel.

Déçue par cet article, Ariel ne le fut pas moins par la Société du Tibet et les Amis du Tibet. Il lui fut clairement expliqué que de telles organisations étaient uniquement destinées à aider les réfugiés. Aucune de ces sociétés bénévoles, un tantinet moralisatrices, ne songeait à aller au cœur du problème : les raisons politiques de cet afflux de réfugiés. « La politique, disaient-ils, n'est pas notre affaire. » Il devint vite évident pour Ariel que la politique tibétaine n'était l'affaire de personne.

– Michael, ce qui me tue, c'est que personne ne veut même savoir ce qui se passe réellement. Dès qu'on parle de la guerre tout le monde tire le rideau. La guerre est un mot magique qui rend sourd et aveugle. Si on parle de souffrance, de faim, ils ouvriront volontiers leurs portefeuilles pour nourrir et aider les victimes, mais si l'on mentionne les causes de cette souffrance et de cette faim, ils se retirent aussitôt en disant que c'est de la politique et qu'on n'y peut rien. Quant à la Croix-Rouge, elle prétend qu'il n'y a pas de guerre au Tibet, au sens international du mot, que le Tibet ayant été reconnu par quelques pays comme faisant partie de la Chine, cette guerre n'est qu'une révolution, une affaire de politique interne, dont ils n'ont pas à se mêler. L'aide médicale modeste que la Croix-Rouge a envoyée par le Népal est sur le point de cesser. Personne n'est prêt à donner de l'argent pour les combattants tibétains de la liberté, pour les enfants, oui, pour les réfugiés, oui, mais pas question d'aider ceux qui luttent pour survivre, sous prétexte que là, c'est la guerre, la politique, dans lesquelles on refuse d'être impliqué. Et puis, comme tant de gens l'ont dit, croyez-vous vraiment que les Tibétains peuvent gagner la guerre contre la Chine ?

Plus Ariel était déprimée, plus elle était recherchée. Le téléphone ne cessait de sonner chez Michael. Tous réclamaient sa présence à leurs dîners. « Surtout, Michael, veillez à ce qu'elle porte un de ses costumes tibétains, ils sont tellements séduisants, tellements raffinés », lui recommandait-on.

A la fin d'un de ces nombreux dîners, une grande et imposante femme prit Ariel à part.

– Ma chère, dit-elle, voilà un chèque de trente livres, ce n'est pas grand-chose, mais ça peut aider.

– C'est Mary McPherson, lui chuchota-t-on à l'oreille, la fondatrice de l'Association Britannique des terriers de Lhassa.

Indignée, Ariel se plaignit à Michael.

– C'est odieux, le premier, et, jusqu'ici, le seul chèque que j'ai reçu provient de la présidente de l'association des amateurs de chiens tibétains. Et la World Wildlife Fund ? Peut-être ignorent-ils que leurs chers pandas vivent dans un pays de langue tibétaine, le pays des Sherpas Amdo ? Je suppose que c'est plus facile, ou moins gênant de sauver un animal qu'un peuple. On a réuni des millions pour les pandas, mais pas un mot pour dire que leur territoire a été volé à coups de canon aux Tibétains par les Chinois! Dites-le au duc d'Édimbourg.

Michael s'efforça, mais en vain, de raisonner Ariel.

– Écoute, ma chérie, si tu crois que les gens n'ont rien d'autre à faire en Angleterre qu'à donner de l'argent pour permettre à quelques Khambas de se battre à l'autre bout du monde, tu te trompes. Nous avons nos propres problèmes, ne peux-tu le comprendre ? Je trouve que les gens ont été rudement gentils de te témoigner tant d'intérêt, de te donner tant de leur temps. Comprends-le, les êtres humains sont avant tout égoïstes et se sentent rarement concernés par ce qu'ils ne voient pas.

Cette sortie réduisit Ariel au silence. Elle ressentait une peine profonde. Quand Michael essaya ensuite de la prendre dans ses bras, elle lui tourna le dos et se poussa au bord du lit.

Quand Michael se réveilla le lendemain matin, Ariel était déjà debout, tout habillée.

– Que vas-tu faire à cette heure ? demanda Michael en mettant la bouilloire sur le gaz.

– Je pars.

– Qu'est-ce que ça veut dire ? Tu ne peux pas partir maintenant. J'ai accepté deux soirées pour toi. Il faut que tu restes.

– Je ne dois rien, répondit Ariel avec colère. Toi, avec tes maudites soirées. Tout ce que je récolte, ce sont des compliments sur ma *chuba*. Je perds mon temps.

Ariel éclata alors en sanglots.

– Pardonne-moi Michael. Je ne suis pas gentille. Tu as été le seul à vraiment essayer de m'aider. Je t'en suis très reconnaissante. Grâce à toi, j'ai tout essayé. Pardonne-moi. Je suis sûre que tu comprendras que je dois partir à présent. J'ai appelé l'aéroport : il y a un avion à 10 heures. C'est tout simple.

Michael essaya de la persuader de rester, mais Ariel ne céda pas. Elle sortit appeler un taxi. Michael se contenta de la suivre avec les bagages. Elle refusa même qu'il l'accompagnât à l'aéroport et ne dit rien d'affectueux lorsque le taxi démarra. Déçu et blessé, Michael regagna son confortable appartement. Drôle d'oiseau, pensa-t-il, mais elle est partie juste au bon moment, pas de complications.

Une minute plus tard, Michael trouvait une courte note sur sa machine à écrire :

Je suppose qu'en cas de guerre, il n'y a vraiment qu'une seule chose à faire : combattre. Je me suis trop attardée ici. J'ai eu tort de venir. Merci pour ta gentillesse.

Affection,

ARIEL

On ne revit jamais Ariel Gordon à Londres. On n'entendit plus parler d'elle. Trois semaines plus tard, en dépit des conseils de ses banquiers, elle fit liquider toutes ses actions de la Compagnie des thés d'Assam et transférer le produit de cette vente, soit cinq cent soixante-quinze mille livres sterling, de la Westminster Bank à un compte numéroté à Hong Kong. A peu près au même moment, la comtesse de Calmont reçut une courte lettre d'Ariel la remerciant de s'être occupée de ses affaires en insistant pour qu'elle acceptât un chèque. Le ton formel de cette lettre blessa Ani-la qui désirait tellement retrouver l'Ariel qu'elle avait connue autrefois à Kalimpong. Cependant, au fond d'eux-mêmes, Ani-la et François comprenaient, approuvaient et admiraient sa décision.

36

Cinq ans après la disparition d'Ariel, Mao Tsé-toung déclencha, en août 1966 à Pékin, sa grande campagne contre l'armée chinoise qui, estimait-il, était devenue trop puissante. Mao appelait la jeunesse à une révolution permanente contre « la menace toujours présente du révisionnisme bourgeois ». Il appelait à « la révolution culturelle », qui enverrait les intellectuels aux champs et abolirait les classes sociales.

La Chine, dit un proverbe chinois, devrait se gouverner comme on cuit un poisson, très légèrement. Cette méthode a été pratiquée pendant des millénaires, sans lois rigides à l'occidentale, par de vagues mots d'ordre. Pragmatiques, les Chinois préféraient ce vague qui préservait leur capacité d'intervention.

Conformément à la tradition, Mao demeura à dessein ambigu quant à la révolution culturelle. Mais il s'aperçut vite, à son grand désarroi, qu'il perdait le contrôle du mouvement révolutionnaire, car les Gardes Rouges se comportaient d'une façon insensée, particulièrement au Tibet.

La guérilla continuelle, menée par les Tibétains depuis 1959, avait obligé les Chinois à maintenir dans le pays une énorme force militaire de trois cent mille hommes, à laquelle s'ajoutaient des milliers d'administrateurs civils. Soldats, et cadres civils, redoutaient le Tibet, comme les Russes, la Sibérie.

En dépit de leur éloignement de Pékin, les fonctionnaires réagirent sans tarder à l'appel de Mao pour la révolution permanente, spécialement destinée à abolir le pouvoir militaire. Les jeunes Gardes Rouges civils, plus violents au Tibet que partout ailleurs en Chine, dénoncèrent bientôt les militaires comme réactionnaires. L'armée réagit violemment à ces accusations. Une fois encore, comme en 1966, les coups de feu éclatèrent dans les rues de Lhassa, mais cette fois, les Chinois se battaient entre eux.

Le commandant en chef chinois qui gouvernait virtuellement le Tibet occupé fut ridiculisé et renvoyé à Pékin. Pendant un certain temps, les Gardes Rouges furent maîtres de la situation. S'étant débarrassés du contrôle militaire, ils tournèrent leur zèle fanatique contre ce qui restait des institutions dites bourgeoises : l'Église et l'aristocratie. L'Église avait déjà été démantelée : beaucoup de moines avaient été renvoyés chez eux et obligés à se marier. Quant à l'aristocratie, ceux de ses membres qui n'étaient pas morts en combattant les Chinois avaient, pour la plupart, fui en Inde. Il ne restait plus à détruire que les grands monuments de la foi tibétaine : les monastères dont on comptait quelque trois mille six cents.

En quelques mois les Gardes Rouges détruisirent plus de chapelles, de monastères et de bibliothèques qu'il n'en avait été détruit depuis 1950 par les combats. A Lhassa, ils saccagèrent même le Jokhang, la cathédrale sacrée qui avait été en partie restaurée après les combats de 1959.

Il ne leur fallut pas longtemps pour cogner à la porte du ministre de l'Éducation, Ashi Pema, une des Tibétaines les plus influentes de Lhassa.

Entendant du bruit devant sa porte, elle sortit voir ce qui se passait. Une bande de jeunes Gardes Rouges hurlaient des slogans en brandissant des exemplaires du livre de Mao.

De sa voix perçante et autoritaire, Ashi Pema essaya en vain de les faire taire et de les renvoyer. S'approchant d'elle, un jeune homme lui arracha des cheveux un ornement de turquoise, ce qui eut pour effet de libérer ses longues tresses. Tandis qu'elle s'efforçait de les rattacher, les jeunes gens la poussèrent de côté et firent irruption dans sa maison. Ils formèrent un dragon, en se tenant par la taille et se mirent à chanter des slogans contre la bourgeoisie. Ashi Pema vit voler ses tapis par les fenêtres, dont les treillages peints furent systématiquement brisés. Un garçon la saisit et lui enfonça sur la tête un bonnet pointu de moine. Puis sous les cris et les huées, elle fut traînée en procession par la grand-rue jusqu'au Jokhang. Ils prirent une chaise dans une boutique et obligèrent Ashi Pema à s'y asseoir au milieu de la rue. A tour de rôle, les jeunes gens s'adressèrent à elle d'un ton moqueur : « La haute et puissante princesse Pema, ministre de l'Éducation du Comité Préparatoire tibétain. » Puis l'un d'eux s'avança et prit la parole : « Nous, étudiants, déclarons que pour votre rééducation, vous devez aller travailler un an dans une ferme afin d'apprendre pourquoi, à partir de sa racine, l'orge pousse en hauteur. »

Des éclats de rire accueillirent ce discours. Un autre jeune homme s'avança et ébouriffa les cheveux d'Ashi Pema.

– Voilà une coiffure plus démocratique, dit-il. Débarrassez-vous maintenant de vos turquoises, comme nous allons vous débarrasser de vos titres. Camarades, ôtez-lui ses vêtements.

Ils se mirent à lui enlever sa *chuba*. Ils la firent tourner lentement, à mesure qu'ils déroulaient les six mètres de sa ceinture de soie. Pendant cette épreuve Ashi Pema frappa ses agresseurs, leur griffant le visage avec ses bagues, en blessant plusieurs.

La ceinture fut enfin déroulée, la *chuba* tomba à terre exposant la princesse à l'humiliation d'être vue en sous-vêtements. On apporta une chemise et des pantalons bleus, on la fit monter sur la chaise, vêtue d'un costume chinois trop ample. Alors commença un jeu que seuls les jeunes gens trouvèrent drôle. Ils firent réciter à Ashi Pema, ex-ministre de l'Éducation, l'alphabet tibétain, « kaah, khah, ga, gna... », la harcelant et l'empêchant de descendre de la chaise.

A la vue de ce spectacle, les passants tibétains passaient leur chemin sans demander leur reste. Malgré le bruit, Ashi Pema entendit l'un d'eux s'écrier : « C'est bien fait pour cette garce pro-chinoise. » Ces paroles la blessèrent plus profondément que les exactions des Gardes Rouges.

Elle avait réussi depuis 1959 à se persuader qu'elle n'était pas un traître, qu'elle avait agi au mieux, qu'elle avait contribué à la création d'un nouveau système éducatif, grâce au Comité préparatoire, soutenu par les Chinois. Elle n'était d'ailleurs pas la seule Tibétaine à croire que, si le Tibet voulait avoir à l'avenir son mot à dire dans ses propres affaires, il fallait soutenir ce comité. Refuser de coopérer donnerait à la Chine le contrôle absolu du pays. Elle avait plus d'une fois réussi à s'opposer à certaines mesures trop sévères prises à l'encontre des Tibétains.

– J'ai fait plus pour le peuple tibétain en restant ici, aimait-elle à dire, qu'en travaillant dans un camp de réfugiés en Inde. Le Dalaï-Lama et son entourage peuvent profiter d'un confortable exil, mais le Tibet continue et c'est à nous, qui avons choisi de demeurer ici, qu'incombe la responsabilité d'empêcher la Chine de détruire complètement notre culture.

Debout sur une chaise devant le Jokhang, et vêtue à la chinoise, Ashi Pema se sentait à la fois honteuse et insultée. Comment les Chinois pouvaient-ils oser faire cela à une Pardapa, épouse du prince de Tradum ? Comment pourrait-elle jamais regarder quelqu'un en face, maintenant qu'elle avait été vue presque nue devant la cathédrale ?

La bande de Gardes Rouges s'enfuit aussi vite qu'ils étaient venus. Voûtée comme une vieille femme, les yeux baissés, espérant ne pas être reconnue dans ses vêtements chinois, Ashi Pema se retrouva seule. Elle se dirigea instinctivement vers la sécurité de sa maison. Elle était sur le point d'y entrer quand un bras l'arrêta.

– Désolé, nous l'avons réquisitionnée.

Échevelée et sale, Ashi Pema leva les yeux sur un petit visage rond de Chinois.

– Laissez-moi passer, dit-elle en chinois avec une telle autorité que le jeune homme s'écarta.

La maison était sens dessus dessous. Tous ses biens les plus précieux étaient empilés les uns sur les autres : banderoles peintes rares achetées à des aristocrates émigrés en Inde, délicates coupes de jade, service à thé en fine porcelaine, bols d'autel en argent, tissus, tapis. Tout cela amoncelé au milieu des feuillets déchirés de ses inestimables manuscrits et livres tibétains. Pema monta ensuite dans ses appartements. Le spectacle était semblable : tables renversées, étagères arrachées des murs, sols jonchés de pots de cuivre de sa collection, et, sanglotant dans un coin, sa servante Chukie. Les Gardes Rouges l'avaient frappée, expliqua-t-elle à travers ses larmes. Ils avaient également battu le vieux prince que Pema découvrit inanimé dans la chapelle. Il était allongé, pâle comme la mort, les bras en croix, tel un grand épouvantail, mais respirait encore. Ashi Pema essaya de lui verser de l'eau sur le front.

On entendit de nouveau des cris dans la rue. Puis des coups de feu. Quelques minutes plus tard, un détachement de l'Armée Populaire de Libération pénétra dans la maison, conduit par un jeune officier chinois très correct.

– Je vous prie d'accepter nos excuses pour cet acte de sauvagerie des Gardes Rouges. Nous ferons tout pour châtier les coupables.

Les soldats transportèrent le vieux prince à l'hôpital militaire voisin. Pema passa la nuit dans l'enceinte de barbelés du camp chinois. Elle y resta une semaine, pendant que se mourait son mari. Elle n'était d'aucune utilité; les infirmières se relayaient auprès du vieillard et ne l'autorisaient à rester que quelques minutes à la fois auprès de lui. Devant la mort imminente de Tradum, elle n'éprouvait guère de tristesse. Le vieux prince n'avait pas été beaucoup plus pour elle qu'un compagnon. Son titre l'avait flattée et en retour, elle lui avait procuré une vieillesse heureuse, du moins se l'imaginait-elle. Il avait en tout cas eu une vie agréable comparée à celle de beaucoup de vieux aristocrates incapables de fuir et réduits à vivre à Lhassa de la charité de leurs anciens domestiques, sans parler de ceux qui croupissaient en prison. On estimait à huit mille le nombre de Lhasséens qui s'y trouvaient encore en 1966.

Tandis qu'elle errait sans but dans les camp chinois, Ashi Pema se remémorait sa vie. Pourquoi, se demandait-elle, tout ce qu'elle avait entrepris s'était-il terminé dans l'amertume ? Assise, des heures durant, sur le marchepied d'une jeep de Pékin, les yeux fixés, par-delà les barbelés, sur le Potala, elle revoyait sa jeunesse insouciante, choyée, dans la grande maison familiale, sa joie d'aller en Inde pour la première fois, sa découverte des autos et de l'électricité à Kalimpong. Puis il y avait eu Calcutta, sa grandeur, son modernisme étourdissants, les réceptions avec les maharadjahs et les officiels anglais. Mais elle se rappelait surtout sa première soirée à la Maison du Bhoutan, et plus tard, ce premier soir au Planters Club de Darjeeling avec George Stevens. Elle se rappelait le petit *rickshaw*, qui l'avait amenée au Club par une ruelle étroite, le son de l'orchestre au loin, puis, le va-et-vient des autres invités, les Anglaises en robes bleu pâle ou roses, elle-même vêtue d'une magnifique *chuba*, les cheveux étincelants de pierres précieuses. Quand elle était entrée, tout le monde s'était retourné pour la regarder, car elle était très belle, d'une beauté rehaussée par une distinction que le plus arrogant Barah Sahib ne pouvait pas ne pas reconnaître. N'avait-elle pas entendu un vieux colonel dire : « Pour la beauté, les Tibétaines ne craignent personne. » Jamais Ashi Pema n'oublierait sa première danse avec George, elle si petite, lui si grand, si beau que la plupart des couples s'étaient arrêtés de danser pour les regarder valser. Elle s'était abandonnée dans ses bras, avait fermé les yeux. Quand elle les avait rouverts, tout tournait autour d'elle. C'était merveilleux. C'était merveilleux aussi d'être amoureuse pour la première fois. Le fait d'avoir à combiner leurs rendez-vous quotidiens à l'insu de sa mère avait renforcé leur idylle. George arrivait dans sa petite auto découverte et la prenait derrière la poste de Kalimpong. Ils se donnaient un baiser rapide dans la voiture, puis s'embrassaient plus longuement au cours de leurs promenades dans les champs, loin de la route. La vue, se souvenait Pema, était magnifique : on apercevait les champs de riz en terrasses des Lepchas, comme autant de marches recouvertes d'un tapis vert, avec çà et là, des touffes de bambous s'agitant, telles des plumes, sous un ciel découpé par les arêtes des pics enneigés. Ils avaient trouvé une rizière asséchée et s'y étaient assis à l'abri d'un talus face à l'amphithéâtre des montagnes du Tibet. George lui avait déposé un baiser sur le front. Puis, pendant qu'il l'embrassait sur la bouche, sa main avait glissé jusqu'à sa ceinture, qu'il s'était mis à dérouler lentement, délicatement. Elle se souvenait de la sensation provoquée par les doigts de George aux prises avec les mètres de tissu. Elle était étendue là, immobile. Elle avait senti l'étoffe glisser et reglisser derrière son dos, et puis plus rien. Avec la même douceur il avait ouvert sa *chuba* qui était tombée autour d'elle, formant une couverture sur l'herbe. Il lui avait légèrement écarté les jambes et l'avait caressée avec délicatesse. Elle avait éprouvé un délicieux sentiment d'abandon. Les yeux fermés à cause du soleil, elle avait senti l'ombre de George bouger au-dessus d'elle. Elle n'avait pas osé le regarder en face. Elle avait mis du temps à comprendre que, doucement au début, puis, avec une délicieuse violence, là, sous le ciel bleu, devant les grands pics,

George Stevens avait fait d'elle une femme. Une femme et une mère

C'est alors qu'avait commencé le désastre, alors qu'elle avait appris à tricher avec elle-même et avec les autres. Du jour où elle avait su qu'elle était enceinte, Ashi Pema n'avait connu qu'angoisse et peur. D'abord, la peur d'en parler à sa mère, de ruiner les projets de mariage qu'elle avait faits pour sa fille. Rêves et ambitions étaient menacés par la venue d'un enfant non désiré. Si beau et charmant qu'il fût, son amant n'était après tout qu'un jeune planteur de thé, un homme d'affaires. Ashi Pema décida d'abandonner l'enfant.

Les yeux perdus au-delà des barbelés, elle pensait à Ariel et se disait que ce premier crime avait été le début des tracas dans lesquels elle s'était débattue le reste de sa vie.

Si elle avait péché, elle avait durement payé. Cette enfant non désirée, dont elle ne se rappelait même pas le visage, était demeurée enfouie au plus profond de ses rêves. Elle lui avait gâché les joies de la maternité. Lorsque, devenue une dame respectable au Bhoutan, elle s'était penchée sur trois berceaux, elle avait cherché le fantôme de l'enfant qu'elle n'avait pas connue. C'est cette même enfant qui l'avait conduite à rompre avec son mari pour retourner au Tibet. Mais là aussi elle avait manqué son but; elle n'avait pas réussi à retrouver Ariel, et s'était prise à un autre piège, qui l'avait menée là où elle se trouvait maintenant, flétrie comme traître, déshonorée et humiliée en public, obligée de chercher refuge dans le camp des ennemis du Tibet. Pema pleura amèrement dans la manche bleu fané de sa veste chinoise, se jurant une fois encore de consacrer sa vie à retrouver Ariel.

Personne ne remarqua la disparition d'Ashi Pema, tout de suite après les obsèques du prince de Tradum. Les autres membres du Comité préparatoire voyant sa chaise vide, pensèrent que le chagrin et le deuil expliquaient son absence.

Sur la route de l'Inde, personne ne fit très attention à la petite femme qui demandait poliment en chinois aux conducteurs de camions de l'emmener un bout de chemin. Arrivée dans la vallée Chumbi, elle dut faire preuve d'habileté.

A la frontière, puissamment gardée, Ashi Pema se rassura en tâtant discrètement une petite poche cousue dans sa chemise : trois bagues en or qu'elle avait, non sans mal, retirées des doigts de son mari mort. L'or, elle n'en doutait pas, serait utile, car il n'y avait pas de fonctionnaires chinois que l'on ne pût acheter. Elle n'eut finalement pas à utiliser les bagues; grâce à son seul charme, elle réussit à convaincre un jeune homme de la conduire de nuit jusqu'à la frontière de l'Inde. Quand l'aurore se leva au-dessus des montagnes, elle se trouvait seule dans un champ couvert de fleurs. Elle était au Sikkim. Lorsqu'une patrouille indienne l'arrêta, elle expliqua qu'elle était bhoutanaise et amie du maharadjah. A sa stupeur, les soldats la laissèrent passer.

Ashi Pema n'était pas préparée à la réception qui l'attendait à Kalimpong. L'une après l'autre les portes lui furent littéralement claquées au nez. Les Bhoutanais ne lui avaient pas pardonné son divorce d'avec le dzong-dpon de Bumthang, les Lhasséens exilés la traitaient ouvertement de traître. Quant aux Indiens, ils se montraient pour la plupart hostiles et méprisants envers elle. Elle apprit que la maison d'Ani-la avait été confisquée et qu'elle-même avait été expulsée du pays. Au lieu d'être découragée, Ashi Pema jura de se venger de ceux qui la rejetaient. Consciente qu'il n'y avait pas de place pour elle en Inde, elle écrivit à Ani-la en France pour lui demander de l'aider à venir en Europe. La réponse arriva plus vite qu'elle ne s'y attendait. Ani-la lui envoya immédiatement un billet d'avion, accompagné de l'engagement de prise en charge, exigé par le gouvernement indien. Le lendemain du jour où elle avait reçu le billet, elle obtint, après une scène violente à la Maison du Bhoutan, un document certifiant qu'elle était de nationalité bhoutanaise.

A Paris, une Ani-la radieuse, transformée par le bonheur et la fortune, l'accueillit à l'aéroport et l'emmena directement à Belchale. L'élégance discrète du château chassa bientôt toute gratitude du cœur d'Ashi Pema pour faire place à un sentiment d'envie.

Ani-la était heureuse de voir Pema, d'évoquer le souvenir du passé, de faire revivre l'image obsédante, mais maintenant légèrement floue d'Ariel. Elle raconta à Pema le bref passage de la jeune femme à Kalimpong, ses combats dans le Kham, la mort de sa petite-fille et la disparition de Tsering. Pema écouta attentivement et transcrivit ensuite ce récit, mais elle ne témoigna pas la moindre gratitude pour ces informations et ne fit aucun commentaire. Son manque apparent de sympathie pour Ariel choqua Ani-la et les relations entre deux femmes, si différentes de cœur, devinrent tendues.

Plus que du bonheur d'Ani-la et de sa position sociale, Ashi Pema était jalouse de l'intimité qu'elle avait eue et continuait d'avoir avec Ariel. Ashi Pema était ulcérée de voir qu'Ani-la aimait vraiment Ariel et la connaissait si bien. Dès qu'elle parlait d'Ariel, la blessure se rouvrait.

Le ressentiment évident qu'elle nourrissait contre Ani-la rendit bientôt irrespirable l'atmosphère du château. François et sa femme furent soulagés quand Pema annonça que, si agréable que fût la vie à Belchale, elle n'était pas faite pour vivre à la campagne et irait habiter l'Angleterre. Ani-la lui donna le chèque dont Ariel lui avait fait cadeau, puis lui expliqua ce qu'était, à sa connaissance, devenue la fortune héritée de George. Pema ne comprenait pas ce que sa fille avait fait de tout cet argent.

– Elle ne peut pas avoir été bête à ce point, fit seulement observer Pema, lorsque François suggéra qu'elle avait pu le dépenser pour aider les Tibétains.

A son arrivée en Grande-Bretagne, Ashi Pema réussit non sans difficulté à se mettre en contact avec le frère de George, F.F. Stevens, le célèbre anthropologue, alors veuf, qui enseignait à Oxford. Était-ce la beauté de Pema ou son titre que le professeur devait plus tard prononcer avec emphase en public, ou était-ce, comme le chuchotaient quelques étudiants malicieux, certains secrets orientaux d'alcôve ? Quoi qu'il en fût, la princesse Pema devint la compagne du vieux professeur. On pouvait la voir se promener autour des collèges, droite comme une reine, ou plutôt comme une impératrice, car la plupart des étudiants la prirent d'abord pour une Chinoise. La princesse n'avait pas l'air très drôle, mais plusieurs étudiants de Saint Anthony furent heureux de profiter de son érudition. Elle parlait couramment le chinois et le tibétain, et donnait des cours particuliers.

La princesse et le professeur formaient un couple curieux, non dépourvu d'intérêt. Le vieux F.F. était lui-même une légende vivante : Le seul homme blanc à avoir été circoncis avec une griffe de lion au cœur de l'Afrique, un amateur de femmes qui avait toujours fasciné les professeurs un peu puritains d'Oxford. Ces mêmes professeurs étaient persuadés que la princesse Pema connaissait un ou deux trucs, du genre de ceux qu'ils avaient furtivement contemplés à la Bodleian, dans la section de l'érotisme oriental, qui n'était pas la moins prisée de cette célèbre bibliothèque.

Ashi Pema reconquit fierté et dignité à Oxford. Pourtant, elle n'y trouva pas la paix. Plus le temps passait, plus elle s'inquiétait du sort d'Ariel. Pendant des années, elle harcela le vieux F.F. pour qu'il l'aidât dans sa quête en écrivant à ses collègues du monde entier, pour leur demander informations et témoignages. Elle relisait sans relâche le journal d'Ariel qu'Ani-la lui avait donné à Belchale avec toutes ses lettres et ses papiers. Ashi Pema avait même été voir Michael Campbell à Londres, après avoir appris qu'il avait connu Ariel. Ayant, grâce à des amis indiens, réussi à soudoyer un certain Banerjee, elle obtint les lettres d'Ariel conservées au commissariat de Kalimpong.

Tous ces efforts aboutirent à une masse de notes que Pema classait inlassablement avec un soin maniaque dans la maison de retraite de Brighton, où le couple s'était retiré après la première attaque du professeur en 1975.

C'est en mars 1979 que son vieux professeur F.F. Stevens mourut pour être enterré le 17 à St. Gildas, Brighton. Ce fut alors que je rencontrai la princesse Pema.

Six mois plus tard, ayant enfin lu avec beaucoup d'intérêt tous ses papiers, pendant mes vacances en Écosse, je fus naturellement bouleversé en découvrant qu'Ashi Pema était morte peu de temps après le professeur, car moi non plus, je n'arrivais pas à chasser Ariel de mon esprit. Ashi Pema avait rallumé l'idéalisme de ma jeunesse. L'histoire de cette jeune femme qui s'était dévouée à la cause tibétaine ravivait mon indignation devant l'indifférence du monde pour le génocide tibétain.

Mais, pendant des années, j'avais moi aussi péché par omission. J'étais moi aussi resté silencieux. Avec le temps mon idéalisme s'était émoussé. Les déceptions de la vie me laissaient sinon indifférent, du moins extérieur aux malheurs du Tibet. Je m'étais habitué aux reportages rassurants des journalistes photographes sur le Dalaï-Lama, que sa fervente neutralité avait rendu inapte à dénoncer les horreurs perpétrées contre le peuple tibétain. Dans mon premier enthousiasme, j'avais même écrit un court article dans lequel je déclarais avec insolence que le XIVe Dalaï-Lama n'était peut-être pas la meilleure réincarnation de la lignée, certainement pas celui dont on avait besoin pour combattre les Chinois.

Puis, avec les années, je commençai à me persuader que l'annexion par la Chine était peut-être le karma du Tibet et pouvait, comme par le passé, n'être que passagère. Comme tant d'autres, je m'étais surtout soucié des réfugiés, oubliant les combattants de la liberté et ceux qui étaient restés là-bas.

Au début des années soixante, alors que la mode des gourous avait envahi la jeunesse, je me trouvais assis non loin d'une bande de hippies mystiques, quand le nom du Tibet parvint à mes oreilles parmi d'autres, *rimpoches, karma, dharma,* illuminations...

Le Tibet réel disparaissait derrière les vieux clichés du passé, ceux d'un pays imaginaire de seigneurs et de lamas.

L'histoire d'Ariel raviva mon idéalisme d'autrefois. Je fus de nouveau poussé à agir. Je décidai donc de prendre immédiatement contact avec Ani-la et cherchai en vain dans le dossier son adresse en France.

– Vous le trouverez dans le Bottin Mondain, suggéra un hôte écossais. On y trouve tous les vrais et les faux aristocrates ainsi que leurs châteaux.

Mais où trouver cet annuaire français en Écosse? J'étais à nouveau découragé. Était-il vraiment nécessaire d'en savoir davantage sur Ariel? Elle avait disparu en 1962, dix-sept ans plus tôt. Un simple calcul lui donnait quarante-neuf ans. Cette révélation me causa un choc. Elle avait mon âge.

De retour à Londres, je trouvai le Bottin Mondain au Turf Club et le numéro de téléphone du comte de Calmont. J'appelai aussitôt Belchale. De nouveau, la malchance sembla me poursuivre. Le vieil homme qui répondit d'une voix chevrotante me dit qu'Ani-la, gravement malade, était à l'hôpital depuis plus d'un an : un cancer. Je m'excusai et demandai si on avait des nouvelles d'Ariel Gordon. Après un silence, il me fut répondu : « Hélas, non, mais pourquoi, je vous prie, une telle question maintenant? »

Je balbutiai dans le récepteur que j'avais rencontré sa mère et raccrochai sans insister davantage. J'étais désolé pour Ani-la, et déçu. Mon enquête, si on pouvait lui donner ce nom, ne menait nulle part. En fait, de quelque côté que je me tournais, j'aboutissais à une impasse. Je n'oubliai pas Ariel pour autant, mais je ralentis mes recherches, recueillant à l'occasion quelque information nouvelle. Ainsi le jour où je rencontrai Michael Campbell dans un salon de Londres. Michael se souvenait d'Ariel.

– C'était une fille extraordinaire, trop belle pour ce triste monde, dit-il d'une voix qui me semblait à la fois sincère et moqueuse.

Drôle de type. Ariel n'avait guère troublé sa vie de cocktails. Je tombai encore trois fois de suite sur lui dans des soirées. Ne devenais-je pas un peu trop mondain moi-même ?

C'est alors que je rencontrai Jane. Une beauté américaine. Une saine enfant du Midwest, dont le gentil sourire, la bonté naïve nous dérangent un peu, nous autres misérables Européens. Jane était merveilleuse. Mon cynisme, mes anodines perversions lui rappelaient peut-être les personnages compliqués des romans dont la lecture était obligatoire dans les collèges américains. J'avoue que j'aimais jouer avec elle au grand méchant loup. Bien que ma quête d'Ariel eût été mise en veilleuse, j'en discutais avec elle. A ma grande surprise elle fut émue aux larmes et très fâchée que je n'en fasse pas davantage.

– Espèce de vieil imbécile, me dit-elle un matin, au lieu de rester là au milieu de tous tes livres, pourquoi ne pars-tu pas pour le Tibet ? Ma tante Molly, de Cedar Rapids, y est allée l'année dernière avec les voyages Linblad.

Je frémis à l'idée de me joindre à un groupe de touristes entre deux âges. Mais Jane avait raison. Le Tibet était désormais ouvert. De nouveau je rêvais d'Ariel. Superbe avec ses longs cheveux au vent, une cartouchière mal ajustée autour de la taille. Fidèle à l'idéal qui avait autrefois brûlé dans mon propre cœur.

En m'éveillant le lendemain matin, j'éprouvai, à la vue du visage enfantin de Jane posé à côté de moi sur l'oreiller, du dégoût pour le play-boy que j'étais devenu. Je songeai à George Stevens. Et j'étais parti.

37

Je devais me joindre à une expédition qui se proposait d'explorer le Minyang Konka, le pic le plus élevé de Chine. Situé dans la province du Seu-Tchouan, il marquait la frontière de la Chine et du Kham. C'était l'occasion ou jamais. Mais lorsque je reçus le bulletin d'inscription, je me trouvai devant une nouvelle impasse. Le prix en était prohibitif. Je confiai mon dépit dans une lettre très sèche, expliquant que c'était dommage pour eux, car ma connaissance de la langue tibétaine leur aurait sûrement été utile dans une telle expédition. Quelques jours plus tard, je recevais un appel téléphonique. Accepterais-je d'être l'éminence grise culturelle de ce premier voyage dans un pays qui avait longtemps été zone fermée ?

Pékin m'enchanta. Ce monstre urbain, dont les habitants avaient fait tant de mal au Tibet, évoquait pour moi un dragon d'une taille et d'une force extraordinaires ; il ressemblait aux dragons de papier géants, effrayants par la multitude de ceux qui sont à l'intérieur pour les faire avancer. Les foules étaient omniprésentes à Pékin, poursuivant on ne sait quel but avec l'obstination de fourmis. Étaient-ils mus par des motifs personnels ou suivaient-ils aveuglément une conscience collective ?

De Pékin, je pris l'avion pour Chengtu, la partie la plus gaie de la Chine, où la bonne chère et les jolies filles faisaient paraître charmants les fonctionnaires les plus austères. Jusqu'à ce qu'on ait appris à déchiffrer derrière les visages souriants, le désespoir issu de millénaires de famine, d'épidémies et d'inondations. Un désespoir qui laisse peu de place à la chaleur, à la bonté, à la charité. En Chine, les chiens se dévorent entre eux.

Telles étaient mes pensées lorsque je pris le minibus qui menait à Kanting par une route sinueuse. Nous devions être les premiers étrangers à visiter Kanting depuis que sœur Marie-Rose avait été emmenée pour « rééducation » en 1949. Je ne trouvai pas trace de sa mission. A sa place, et tout le long de l'étroite rue principale, se dressaient des bâtiments en ciment, servant de logements aux fonctionnaires chinois. Kanting est aujourd'hui une forteresse d'où le Tibet est tenu sous contrôle. Je constatai, à ma grande surprise, que rien n'avait changé l'élégance altière des Khambas, qui tous portaient encore avec insolence les magnifiques *chubas* bordées de léopard et les toques de renard, au mépris du costume monochrome des Chinois. A Kanting, les superbes Tibétains de l'Est témoignaient peu de respect aux Chinois. Je fus heureux de noter que les Khambas continuaient à défier la Chine et que, contrairement à ce que j'avais craint, l'esprit du Kham était loin d'être vaincu.

Nos muletiers nous rejoignirent à Kanting. Je demandai à l'un d'eux s'il savait où se trouvait Tsume.

– Tsume, la vallée ou le village?

– Les deux, répondis-je.

– La vallée, expliqua-t-il, a quatre-vingts kilomètres de long. Nous allons la croiser en contournant la montagne, mais le village est un peu au sud de notre route.

Une semaine plus tard, j'étais devant la maison des Lendrup. Elle ressemblait à ce que j'avais imaginé. Il n'y avait toujours pas de route. J'avais aperçu de loin la tour de neuf étages. Elle était beaucoup plus haute que je croyais. Les arbres autour étaient assez sinistres, des pins Douglas, je pense.

Je prenais des photos de la tour, lorsqu'un enfant s'approcha et me dévisagea avec curiosité.

– Est-ce la maison des Lendrup? demandai-je.

Au même moment une femme sortit sur le perron surélevé, au pied duquel se trouvait une niche occupée par un chien. Elle s'adressa à l'enfant. Je ne compris pas ce qu'elle disait, car je ne connaissais pas encore très bien le dialecte Khamba. La femme me pria d'entrer et retourna dans la maison. Je gravis derrière l'enfant les marches du perron et franchis la porte d'entrée pour me retrouver dans un étroit et sombre couloir de pierre qui donnait sur un escalier menant dans une petite salle noircie par la fumée. Une femme se tenait devant le feu, grande, mince, droite. La mère de l'enfant, sans doute. Mais, lorsque mes yeux se furent accoutumés à l'obscurité, je vis que ses cheveux auburn étaient mêlés de gris. Une certaine mélancolie, qui semblait intemporelle, se lisait sur son visage, une lassitude. Ou bien était-ce l'indifférence de ceux, qui, à force de se faire trop de soucis arrivent à ne plus s'en faire, l'expression de quelqu'un qui a abandonné son sort au destin? Je savais que c'était Ariel.

Elle me regarda avec quelque curiosité, ce qui était naturel, car aucun étranger ne venait jamais dans ces parages. Sachant ce qu'elle devait penser des Européens, je comprenais qu'elle pouvait trouver ma visite indésirable. Comment aurait-elle pu deviner que je vivais avec elle depuis plusieurs années, grâce aux documents qu'Ashi Pema m'avaient donnés, que j'étais au courant de multiples détails intimes de sa vie, de la forme de ses cicatrices, aussi bien physiques que morales. Mais peut-être me faisais-je d'elle une fausse image, créée par ma seule imagination. Ne devrais-je pas me préparer à quelque déception, « à la morne banalité du sublime », comme avaient dit les poètes, ou était-ce le contraire, « le sublime de la banalité » ?

Je me demandai, pendant un moment, si j'avais eu tort de venir, de poursuivre le fantôme d'Ariel. La vérité, c'est que j'étais amoureux d'elle, de l'Ariel que j'avais fabriquée dans mon esprit, qui avait vécu et agi, comme j'avais rêvé de le faire, sans l'avoir jamais osé, celle dont l'idéalisme m'avait momentanément fait oublier ma lâche capitulation. Confronté maintenant à la véritable Ariel, j'avais honte de ma médiocrité.

Je ne savais pas si je devais me présenter et poursuivre mon enquête ou accepter simplement les trois coupes rituelles de thé salé avant de rejoindre mon expédition.

D'une voix hésitante j'essayai d'expliquer qui j'étais et ce que je faisais à Tsume, mais mon récit devait paraître bien étrange. Ariel écoutait sans broncher. Je lui racontai le point de départ de mon enquête : les obsèques à Brighton, les papiers de sa défunte mère.

– Dites-moi, demandai-je, ce qui s'est passé après votre retour d'Angleterre en 1962.

Cela prit du temps, beaucoup de temps, mais elle était toute disposée à raconter. Elle s'exprimait en tibétain, avec parfois un mot anglais qu'elle prononçait avec un fort accent, les yeux brillants dans la demi-obscurité de la minuscule pièce, le dos contre la mince cloison de bois que les Chinois avaient fait installer pour diviser la maison en plusieurs logements. Elle retirait une main longue et fine des plis de sa *chuba* pour tisonner le feu de bouse de yack qui brûlait sous un trépied en fer forgé. Nous bûmes de nombreuses tasses de thé...

En quittant l'Angleterre, Ariel était retournée au Népal. Elle y avait rencontré le chef d'un des camps militaires tibétains du Mustang. A Bodnath, sanctuaire du Chini Lama, elle avait trouvé Nordrop. Le Chini Lama lui avait présenté l'homme qui s'occupait d'acheter des armes qu'elle payait sur son compte numéroté de Hong Kong. Elle avait dépensé tout ce qu'elle possédait en fusils et munitions, qui furent acheminés par caravane au Mustang le long de la rivière Kali Gandaki.

– Nordrop et moi, nous sommes mariés, continua-t-elle lentement. Nous avions décidé d'unir nos vies, afin de nous battre ensemble pour le Tibet, pour Tsering, pour tout ce qu'il avait enduré pour nous.

« Nous avons vécu pendant quatre ans sur les pentes escarpées, nues et éventées du Mustang, dans un camp surplombant le Brahmapoutre et la route stratégique chinoise qui longe ses rives. Nous avons participé à de nombreux raids de l'autre côté de la frontière contre des convois chinois, poursuivit Ariel d'un air absent.

Puis elle s'arrêta un long moment, comme si son esprit se refusait à se souvenir. Elle reprit d'une voix hésitante :

– Un jour, c'était en 1966, nous avons déclenché une nouvelle attaque contre un convoi chinois.

« Il n'y avait que deux camions, précisa-t-elle. Je les voyais avancer lentement, l'un derrière l'autre, comme des cafards. Aux premiers coups de feu, le conducteur du véhicule de tête bloqua ses freins. Il fut abattu au moment où il sautait hors de la cabine. Son passager tomba, comme il essayait de plonger sous le camion. Nous tirâmes ensuite sur les hommes du second camion.

Ariel avait le visage tendu.

– Je descendis la colline en courant. C'était un matin clair. Je me souviens d'avoir entendu des chants d'oiseaux et le bouillonnement d'un ruisseau qui courait près de la route. Un des nôtres cria qu'il y avait des fusils dans le second camion. En m'approchant de lui, j'aperçus le visage du passager du premier camion. Il était grièvement blessé. Il avait les yeux vitreux, le regard détaché de ce bas monde que j'avais si souvent vu. Je l'entendis en passant dire : " Ama, ama ". Un de nos hommes arriva, prit son pistolet et l'acheva.

« A peine revenue au *magar,* sa voix s'est mise à me hanter : " ama, ama ". Cet enfant n'était pas plus âgé que mon propre fils, Sonam. Après cela je n'ai plus connu de repos. J'ai compris soudain où était mon devoir.

« Je devais renoncer à me battre et aller chercher mes enfants. Je ne sais pas exactement pourquoi, mais j'avais subitement perdu tout espoir de changer quoi que ce soit par les armes. »

Ariel était retournée à Lhassa au printemps 1967. Alors avait commencé un long calvaire pour retrouver ses enfants. A sa grande joie, elle avait retrouvé sa fille Tsi-la dans un petit hameau proche de Lhassa, où l'avait conduite durant les combats la vieille servante de Lendrup. A la mort de celle-ci, Tsi-la avait été vivre chez un couple de vieux.

– Lorsque je l'ai retrouvée, elle était triste, maigre, émaciée. Elle ne me reconnut pas et j'ai moi-même eu du mal à la reconnaître. La famine sévissait alors au Tibet.

Ariel s'arrêta de nouveau.

– Je l'ai laissée avec le vieux couple; elle y serait plus en sûreté pendant que Nordrop et moi irions à la recherche de Sonam.

Les yeux d'Ariel semblaient s'illuminer à la lueur rouge du feu qui dessinait ses traits délicats à la manière des maîtres flamands.

– Nous avons enfin appris que Sonam avait été emmené de force en Chine pour y étudier avec des centaines d'autres enfants tibétains. Il n'était pas revenu. J'étais désespérée.

A la faveur du chaos de la Révolution Culturelle, Ariel et Nordrop avaient réussi à s'acheminer par petites étapes vers l'est, vers le Kham.

– J'avais perdu, expliqua Ariel à voix basse, toute envie de me battre. Je ne souhaitais qu'une chose : retourner à Tsume. C'était comme perdre la foi ou devenir adulte. Je ne sais pas. Peut-être avais-je vieilli. J'étais devenue indifférente. Au début, je me haïssais pour cela, mais quand enfin nous avons atteint Tsume, le passé était enterré. Je suis devenue membre de la commune. Le commissaire local m'a attribué une chambre, pas celle-ci, une autre dans une petite maison. Il y avait encore bien des visages familiers au village, mais beaucoup étaient partis. Tout le monde a été gentil pour moi. J'ai été traitée avec plus que du respect, presque de la vénération. Aucun des villageois n'avait accepté un seul mot de propagande chinoise. Leur résistance passive me réconfortait. Personne, même le plus misérable mendiant ne s'était laissé prendre au piège chinois. Ailleurs il y avait bien sûr des exceptions, des gens malavisés comme ma mère. J'ai tout appris sur elle à Lhassa, lorsque j'ai rencontré Jigme Pardapa. Je n'ai pu résister à l'envie de lui dire que j'étais du même sang. " Ashi Pema a toujours été trop ambitieuse, m'a-t-il dit, même quand elle était jeune. Elle était trop fière pour être heureuse. "

« J'étais à Tsume depuis un peu plus d'un an lorsqu'à ma grande joie Sonam arriva. Je ne l'ai pas reconnu tout de suite. Il était grand, beau, agressif. Il avait été à l'école près de Chengtu, parlait et écrivait le chinois comme le tibétain. Les Gardes Rouges l'avaient envoyé travailler comme ouvrier agricole dans une ferme au Chinghia septentrional. Il y était resté deux ans, puis s'était échappé et avait lentement regagné Tsume. Au début, il avait eu des problèmes avec les fonctionnaires chinois, mais, comme il parlait bien chinois, on le nomma commissaire de Tsume. Grâce à lui je me suis réinstallée dans la vieille maison plutôt dans une petite partie. Sonam s'est marié. Voici mon petit-fils, Tsering, dit-elle en désignant le jeune garçon que j'avais rencontré pendant que je prenais des photos et qui était maintenant tranquillement assis dans un coin.

« Sonam est en ce moment à Kanting à une réunion sur la nouvelle politique de la Chine envers le Kham. Ils disent que nous pourrons avoir notre propre bétail, nos propres récoltes et nos propres terres. Je ne sais pas ce qu'il y a de vrai et de sincère là-dedans. Tout change si vite. Et qui s'en soucie ? Ce n'est pas le bétail que nous voulons, mais notre légitime indépendance. Nous voulons que les Chinois s'en aillent.

Ariel s'arrêta. Je vis se rallumer l'espace d'un instant dans ses yeux l'étincelle depuis longtemps éteinte. Puis elle reprit lentement :

– Il y a quatre ans, à notre stupeur nous avons vu arriver un matin Tsering, mon mari. Estropié, malade, mais vivant, après quinze années dans la prison de Kanting à manœuvrer les métiers à tisser de la filature de laine de la prison. Quinze années derrière des murs de six mètres de haut. Un homme brisé, ayant renoncé par excès de fatigue.

– Mais alors, et Nordrop ? fis-je intrigué, regrettant aussitôt ma question.

A ma surprise Ariel se mit à rire.

– Oh, cela n'a posé aucun problème. Il n'est pas rare ici qu'une femme ait deux maris.

Je me rappelai alors la polyandrie, coutume selon laquelle de nombreuses Tibétaines épousaient un ou deux frères de leur mari.

– Où est Nordrop ? hasardai-je.

– En ce moment, il est sur les pâturages. Nous travaillons tous les deux pour la commune. Tsering est mort trois mois après son retour.

Je ne pus discerner aucune tristesse dans sa voix, seulement le ton de lassitude qui avait marqué toute sa conversation.

– Nous gagnons cinq *yuan* par jour, quand il y a du travail, poursuivit Ariel. La terre est très mal cultivée, comme vous l'avez sans doute remarqué. Personne ne s'en soucie. Même s'il se produit un changement, rien ne pourra nous rendre ce que nous avons perdu. Il n'y a pas un jeune ici qui sache lire ou écrire. Les Chinois ont détruit tous les monastères, tous nos livres, toutes nos statues et n'ont construit aucune école hors de Lhassa, Shijadré et Gyandré. Sous le contrôle permanent des Chinois, il est difficile de conserver des traditions. Pourtant nous essayons. Les Khambas sont fiers, mais que pouvons-nous faire ? Sonam dit que je n'ai pas à m'inquiéter, que l'heure de la vengeance viendra. Je ne sais pas. Peut-être a-t-il raison ? Son grand-père disait quelque chose d'analogue, que la nature humaine ne change pas, que seuls nos corps vieillissent.

J'éprouvais, en écoutant Ariel parler, une grande tristesse, ou peut-être était-ce de la déception. Qu'était-il advenu du courage et de la passion que j'attendais de la fille de George Stevens, de l'enfant de l'incorrigible Ashi Pema ? La flamme qui la brûlait était-elle éteinte ? Ou avait-elle, comme moi, perdu l'idéalisme de la jeunesse ?

Il me fallait rejoindre les gens de l'expédition. J'étais sur le point de me lever quand entra une silhouette à peine discernable dans la demi-obscurité. Une jeune femme s'était assise près de moi. Je sentais son corps contre le mien, comme elle se penchait en avant pour ne rien perdre de la conversation. J'examinai furtivement son profil et croisai son regard lorsqu'elle leva la tête pour me regarder de ses grands yeux sombres et ardents.

– Dis-lui, dis-lui, ama, comment Nordrop et toi avez fermé la grand-route de Lhassa pendant une semaine, s'exclama la jeune fille avec enthousiasme, sa douce voix vibrant d'excitation, ses yeux étincelants.

Je la regardai avec tendresse. Puis je levai les yeux d'un air gêné vers Ariel, qui avait surpris mon regard. Mais elle était assise là, impassible. Elle ne répondait pas et ne paraissait pas me voir. Dans le long silence qui suivit, je ne pus m'empêcher de contempler, fasciné, la fille d'Ariel, tandis qu'elle me versait du thé.

J'eus soudain envie de partir. Il était temps que je m'en aille. Je n'avais rien à offrir à Ariel, aucune parole de consolation, aucun moyen d'exprimer ma sympathie, mes sentiments, ou la certitude que les choses changeraient. Un lourd silence s'était établi entre nous. Peut-être m'en voudrait-elle de mon indiscrétion, d'avoir rouvert d'anciennes blessures. Je me levai, fouillai dans ma poche et en tirai ce que je cherchai, un *kata,* une écharpe blanche que je mis respectueusement autour du cou d'Ariel. Je ne dis rien, elle non plus. Mais je gravai dans ma mémoire l'image de cette femme, assise près du feu. J'étais profondément ému.

Je n'étais pas tout à fait moi-même lorsque je me retrouvai devant la vue époustouflante des montagnes dorées par le soleil couchant. Le ton rouille de l'herbe sèche des collines basses ressortait sur le blanc argenté des éperons massifs du mont Minya Konka. Je m'arrêtai, en proie à des sentiments contradictoires. C'est alors que je remarquai la jeune fille à côté de moi.

– *Kypo re,* dit-elle doucement en regardant les pics.

Ses yeux reflétaient les rayons du soleil. Une expression de vive bonté éclairait ses beaux traits. Son seul charme suffisait à expliquer mon trouble. J'étais depuis si longtemps sevré d'amour, je nourrissais depuis si longtemps une passion pour le Tibet. Je plongeai le regard dans ses yeux sombres mouchetés d'or. Prenant sa main, je la portai à mes lèvres. Je ne pensais plus à rien. Elle me sourit. Je la pris doucement dans mes bras et l'embrassai. A ma surprise, sa bouche était douce et avide. Je fermai les yeux, redécouvrant une tendresse, dont ma vie était depuis longtemps privée. Je comprenais enfin ce qui m'avait vraiment amené jusqu'ici, l'admiration et l'amour. Je savais que j'avais trouvé dans la fille d'Ariel l'image même dont j'avais toujours été amoureux, la personnification de tout ce que je n'avais pas accompli, l'idéal qui avait été mien autrefois, la pureté et le courage que j'avais perdus. Comme elle se dégageait doucement, je pris de nouveau sa main et la portai à mes lèvres brûlantes. Elle avait le visage radieux, voilé, me sembla-t-il, par une montée de larmes, tandis que je baisai les veines bleu pâle de son poignet.

J'avais toujours désiré épouser une Tibétaine, afin de communiquer plus complètement avec un peuple dont je parlais la langue, dont j'avais fait miennes la cause et les coutumes. Un monde qui était devenu un autre moi-même, qui échappait à la compréhension de mon entourage, un monde inexplicable à ceux qui ne pouvaient sonder la profondeur de mon attachement au Tibet. Tout se précisait maintenant dans mon esprit, alors que nous descendions, la main dans la main, les marches de pierre du perron, laissant derrière nous la grande porte de la maison fermée sur le chagrin de toutes ces années, sur le souvenir de ce qui avait été perdu dans la tourmente.

Je vis pour la première fois un avenir au Tibet et par conséquent pour moi-même.

Tout reposait sur la beauté et l'arrogance de la jeunesse. La nouvelle génération était prête, prête à combattre de nouveau. La roue de la vie avait, semble-t-il, fait un tour complet. La victoire qu'Ariel craignait de ne pas voir serait la leur. Tous les jeunes Khambas rencontrés à Kanting ne m'avaient-ils pas dit : « Nous avons des fusils volés aux Gardes Rouges. Les Chinois ne savent pas où ils vont et la plupart semblent ne plus s'intéresser à la politique ni au Tibet. »

Cette opinion corroborait mes propres observations. Les vents allaient tourner, ils avaient tourné, l'espoir renaissait. Mais, comme par le passé, il ne pouvait venir du dehors. Quand j'atteignis avec Tsi-la notre camp avec ses tentes criardes, ses papiers d'emballage et ses plastiques, j'eus honte. Non, je ne pouvais pas, comme George Stevens, faire irruption dans la vie de cette enfant innocente. Je n'avais vraiment rien à offrir, car même l'amour ne suffirait pas.

Tandis que je m'envolais seul de Chengtu à Pékin et de Pékin à Londres, via Karachi, je compris mieux que j'étais devenu vieux moi aussi. Comme Ariel j'avais vieilli. Mais je savais maintenant, comme Wangchuk, le père de Tsering, que le Tibet survivrait « jusqu'à ce que les corneilles deviennent blanches ». Il y aurait toujours des jeunes, qui au lieu de parcourir les notices nécrologiques du *Times,* considéreraient « L'oppression persistante au Tibet » non pas comme un simple titre, mais comme un appel à l'action.

Un dernier regain d'idéalisme m'a fait écrire l'histoire d'Ariel pour que d'autres que moi puissent voir son visage là où il n'y avait peut-être qu'un vide sur leur carte du Tibet.

Mars 1986

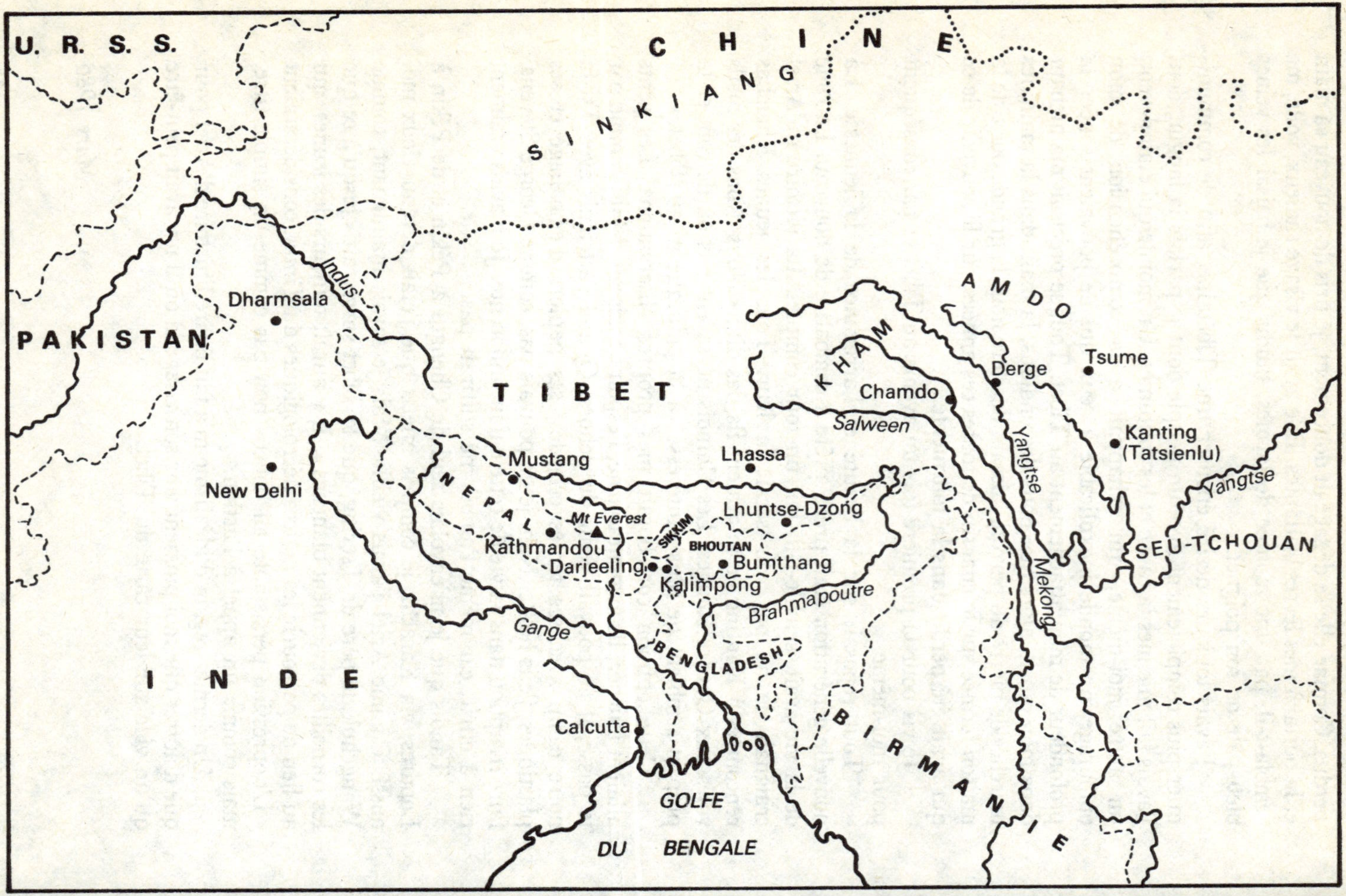
U. R. S. S.
C H I N E
S I N K I A N G
PAKISTAN
Dharmsala
Indus
TIBET
A M D O
K H A M
Tsume
Derge
Chamdo
Kanting
(Tatsienlu)
Salween
Yangtse
Yangtse
Lhassa
Mustang
New Delhi
N E P A L
Mt Everest
Lhuntse-Dzong
SIKKIM
BHOUTAN
Kathmandou
Bumthang
Darjeeling
Kalimpong
SEU-TCHOUAN
Mekong
Brahmapoutre
Gange
BENGLADESH
I N D E
Calcutta
B I R M A N I E
GOLFE
DU BENGALE

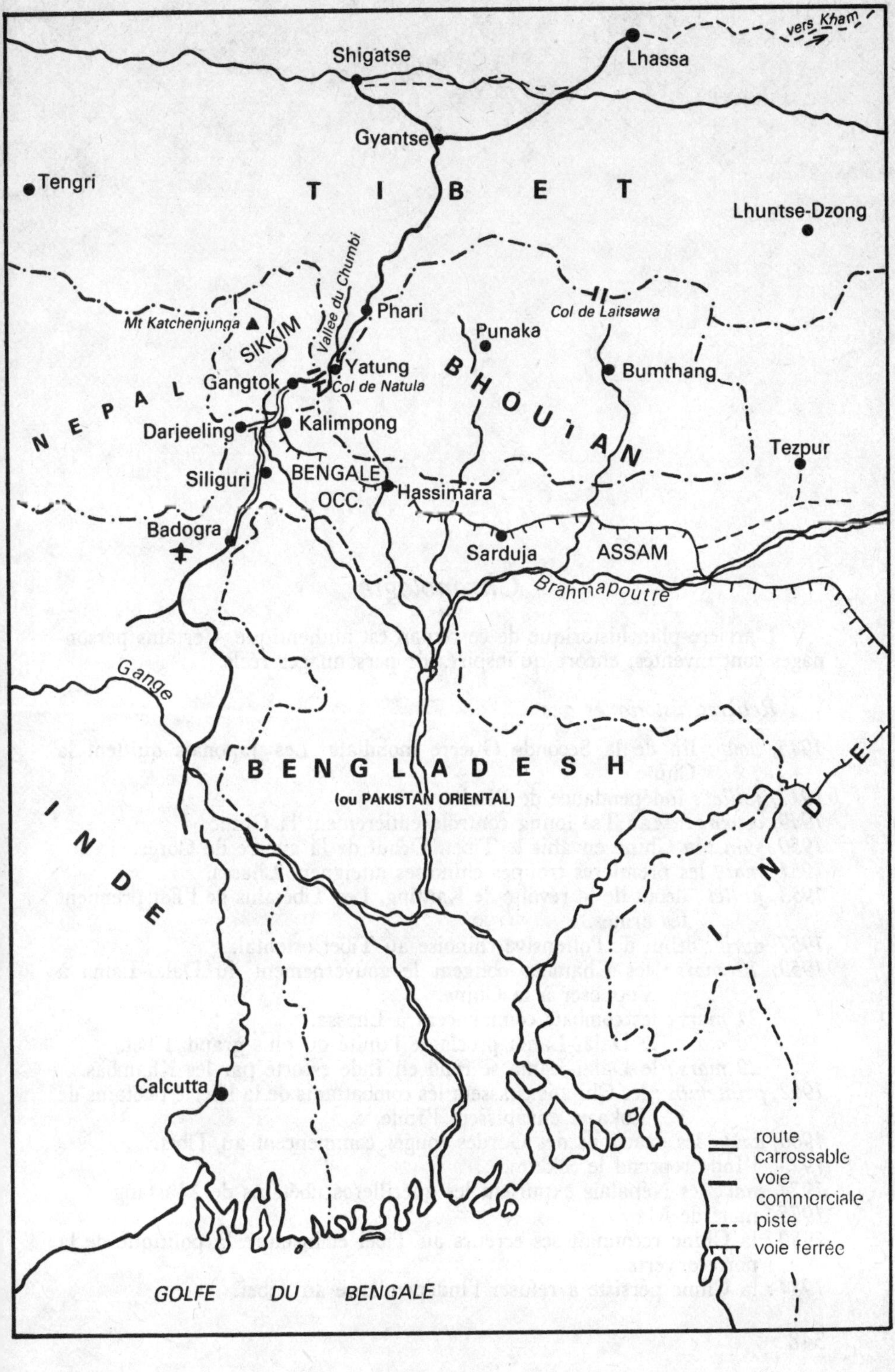
vers Kham
Shigatse
Lhassa
Gyantse
Tengri
TIBET
Lhuntse-Dzong
Vallée du Chumbi
Phari
Col de Laitsawa
Mt Katchenjunga
SIKKIM
Punaka
Yatung
BHOUTAN
Bumthang
Gangtok
Col de Natula
NEPAL
Darjeeling
Kalimpong
Tezpur
Siliguri
BENGALE OCC.
Hassimara
Badogra
Sarduja
ASSAM
Brahmapoutre
Gange
BENGLADESH
(ou PAKISTAN ORIENTAL)
INDE
INDE
Calcutta
route carrossable
voie commerciale
piste
voie ferrée
GOLFE DU BENGALE

Chronologie

L'arrière-plan historique de ce roman est authentique. Certains personnages sont inventés, encore qu'inspirés de personnages réels.

Repères historiques

1945, août : fin de la Seconde Guerre mondiale. Les Japonais quittent la Chine
1947, juillet : indépendance de l'Inde.
1949, octobre : Mao Tsé-toung contrôle entièrement la Chine
1950, juin : la Chine envahit le Tibet. Début de la guerre de Corée.
1951, mai : les premières troupes chinoises atteignent Lhassa.
1953, juillet : début de la révolte de Kanting. Les Tibétains de l'Est prennent les armes.
1957, avril : début de l'offensive chinoise au Tibet oriental.
1959, 10 mars : les Khambas obligent le gouvernement du Dalaï-Lama à s'opposer à la Chine.
21 mars : les combats commencent à Lhassa.
26 mars : le Dalaï-Lama proclame l'unité du plus grand Tibet.
29 mars : le Dalaï-Lama se rend en Inde escorté par les Khambas.
1962, printemps : les Chinois chassent les combattants de la liberté tibétains de Loka et envahissent l'Inde.
1966, août : les exactions des Gardes rouges commencent au Tibet.
1973 : l'Inde reprend le Sikkim.
1974, mai : les Népalais expulsent les guérilleros tibétains de Mustang.
1976 : mort de Mao.
1980 : la Chine reconnaît ses erreurs au Tibet et instaure la politique de la porte ouverte.
1984 : la Chine persiste à refuser l'indépendance au Tibet.

Liste des personnages

Historiques

Sa Sainteté le XIVe Dalaï-Lama, chef spirituel et politique du Tibet.
Jarawhal NEHRU, Premier ministre de l'Inde.
Mao TSÉ-TOUNG, leader de la Chine communiste.
Raja DORGE, Premier ministre du Bhoutan.
Jigme DORGE, fils de Raja Dorge, Premier ministre du Bhoutan après son père.
Nawang NAGBO, ministre tibétain controversé.
MUHA, chef militaire tibétain.
Krishna MENON, ministre indien des Affaires étrangères sous le gouvernement Nehru.
Tchang KAÏ-CHEK, leader nationaliste chinois.

Non historiques

George STEVENS, planteur de thé, père d'Ariel.
Ashi PEMA (princesse Pema), née à Pardapa, mère d'Ariel.
Ariel GORDON, fille illégitime de George Stevens et d'Ashi Pema.
Ani-la WHITTLESEY, amie anglo-tibétaine de George.
Tsering LENDRUP, mari d'Ariel.
Wangchuk LENDRUP, père de Tsering.
NORDROP, meilleur ami de Tsering.
Comte François de CALMONT, zoologiste français.
F.F. STEVENS, frère de George Stevens.
Son Altesse le maharadjah de SARDUJA, ami de George Stevens.
PRABAKA, fils du maharadjah de Sarduja.
Le dzong dpon de BUMTHANG, premier mari d'Ashi Pema.
Le prince de TRADUM, second mari d'Ashi Pema.
CALAY, boy de George Stevens.
TRANDUL, servante tibétaine d'Ani-la.
BARNEJEE, employé des postes bengali.

Cet ouvrage a été réalisé sur
Système Cameron
par la SOCIÉTÉ NOUVELLE FIRMIN-DIDOT
Mesnil-sur-l'Estrée
pour le compte des Éditions Robert Laffont
le 26 janvier 1988

Imprimé en France
Dépôt légal : septembre 1987
N° d'édition : 31018 – N° d'impression : 8665